Programación

Edición 2025

Mª Isabel Barquilla Galeano

Programación

Edición 2025

Mª Isabel Barquilla Galeano

La ley prohíbe
fotocopiar este libro

Programación. Edición 2025
Thema: UMN Programación orientada a objetos (POO)
Bisac: COM051280
© Mª Isabel Barquilla Galeano
© De la edición: Ra-Ma 2025

Editado por:
RA-MA Editorial
Calle Jarama, 3A, Polígono Industrial Igarsa
28860 PARACUELLOS DE JARAMA, Madrid
Teléfono: 91 658 42 80
Fax: 91 662 81 39
Correo electrónico: *info@grupoeditorialrama.com*
Internet: *www.ra-ma.es* y *www.ra-ma.com*
ISBN impreso: 979-13-87764-68-5
ISBN ePub: 979-13-87764-69-2
Depósito legal: M-15027-2025
Maquetación: Antonio García Tomé
Diseño de portada: Antonio García Tomé
Filmación e impresión: Safekat
Impreso en España en junio de 2025

ÍNDICE

1

PRIMEROS PASOS EN JAVA. INSTALACIÓN DE UN IDE

1.1 PROGRAMA Y LENGUAJES DE PROGRAMACIÓN

Definición de programa

Un programa es una serie de órdenes o instrucciones con una finalidad concreta de realizar una función determinada.

Todos conocemos o ejecutamos algún programa como: editores de texto, navegadores, juegos, reproductores de música, etc. Normalmente, cuando queremos ejecutar un programa se lo indicamos al sistema con un doble clic sobre él o ejecutando comandos desde un intérprete de comandos o consola. Los programas están en binario (lenguaje máquina), que es el lenguaje que entiende el ordenador, pero el programador usará para hacer los programas un lenguaje entendible por los humanos (lenguaje de alto nivel) que luego se traducirá al lenguaje que entiende el ordenador mediante otros programas llamados compiladores o intérpretes.

El código fuente es el que escribe el programador que luego se compila a código máquina. Compilar es transformar el programa que entiende el programador al programa que entiende la máquina. El código fuente se escribe en un lenguaje de programación y el compilador lo transforma en lenguaje máquina (binario).

Los compiladores son programas específicos para un lenguaje de programación. No se puede compilar un programa escrito en lenguaje Java en un compilador de C porque éste no lo entendería.

El lenguaje máquina que genera Java es un lenguaje intermedio interpretable por la máquina virtual de Java instalada en el ordenador donde se va a ejecutar. Una máquina virtual es una máquina ficticia que traduce las instrucciones máquina ficticia en instrucciones para la máquina real. Su ventaja es que los programas en Java se pueden ejecutar en cualquier ordenador que tenga instalada la máquina virtual de Java. Los programas no cambian, cambia la máquina virtual dependiendo del hardware.

Compiladores e intérpretes

Los compiladores traducen un programa completo escrito en un lenguaje de programación a código máquina. Los intérpretes leen línea a línea el código fuente y lo ejecutan. Este proceso es más lento y requiere tener cargado en memoria el intérprete. Su ventaja está en la depuración y corrección de errores del programa que es más sencilla que en los compiladores.

1.1.1 El lenguaje Java

Java es uno de los lenguajes más utilizados en la actualidad. Es un lenguaje de propósito general y es usado como el lenguaje de Internet para hacer Applets, Servlets, páginas JSP, o JavaScript.

Su éxito está en que es un lenguaje multiplataforma, es decir, sirve para cualquier sistema operativo y cualquier hardware. Java utiliza una máquina virtual en el sistema destino lo que significa que no hace falta recompilar de nuevo las aplicaciones en cada sistema operativo. Java es un lenguaje interpretado que usa un código intermedio (**bytecode**) independiente de la arquitectura y por lo tanto puede ser ejecutado en cualquier sistema.

Compilación y ejecución de un programa C++

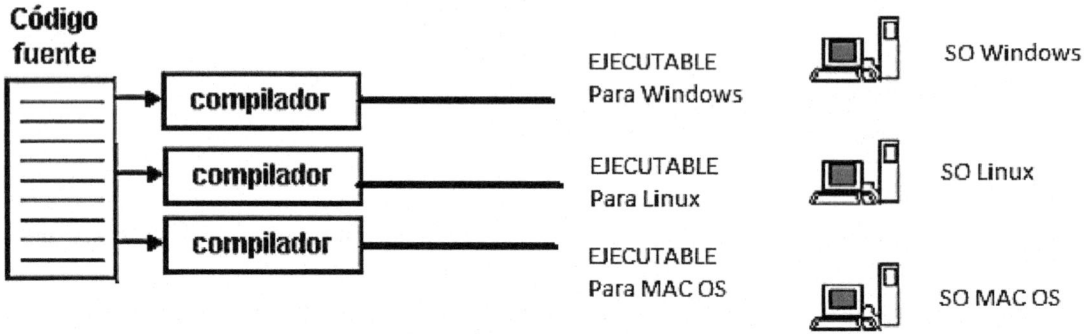

Compilación y ejecución de un programa Java

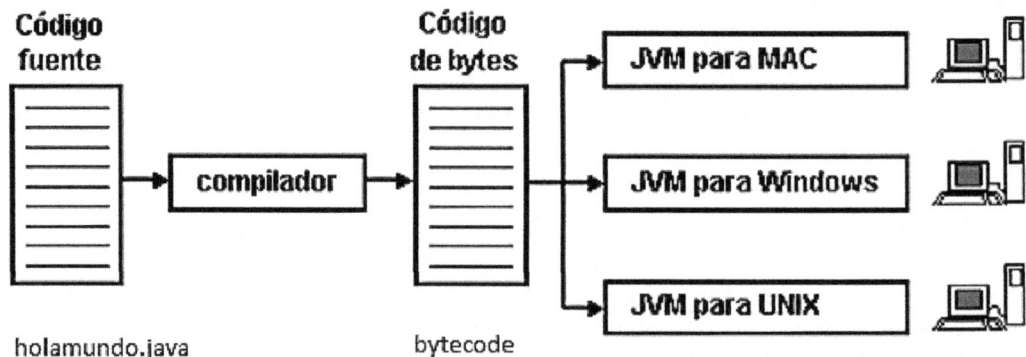

Como se ve en las figuras anteriores, en Java, una vez compilado el programa, se puede ejecutar en cualquier plataforma que tenga instalada la máquina virtual de Java. En otros lenguajes compilados como C++ se debe recompilar el programa para cada sistema destino.

Por tanto, Java es un compilador y a la vez un intérprete. El compilador compila a bytecode y el intérprete ejecuta ese código intermedio en la máquina real.

Razones para aprender Java: su presente y su futuro. Es un lenguaje sencillo .Es un lenguaje orientado a objetos. Es independiente de la plataforma.

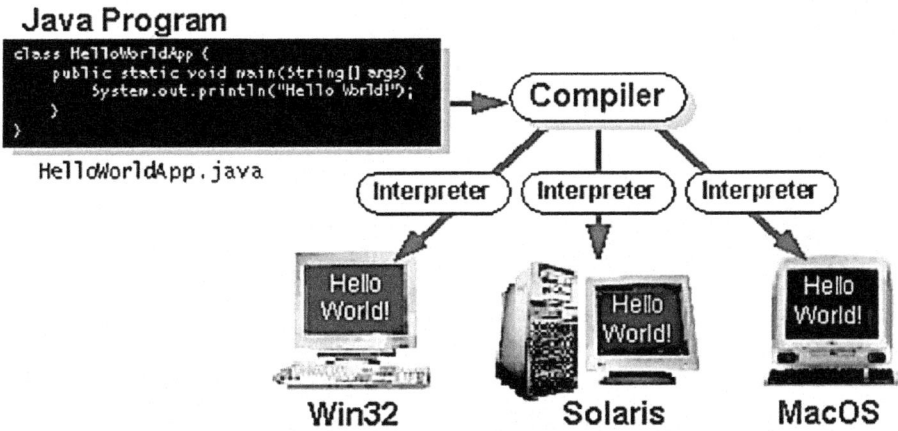

1.1.2 Mecanismo de creación de un programa en Java

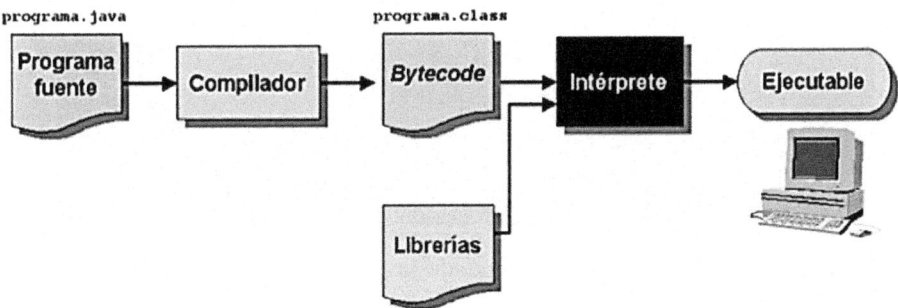

En este aspecto la principal originalidad de Java estriba en que es a la vez compilado e interpretado. Con el compilador de Java, el programa fuente con extensión .java es traducido a un lenguaje intermedio o pseudocódigo (no es código máquina) llamado Java *bytecode* generándose un programa *compilado* almacenado en un archivo con extensión **class**. Este archivo puede ser posteriormente interpretado y ejecutado por el intérprete de Java (lo que se conoce como la Máquina Virtual Java o *Java Virtual Machine*). Por eso Java es multiplataforma, ya que existe un intérprete para cada máquina diferente. Por tanto, la compilación se produce una vez y la interpretación cada vez que el programa se ejecuta. Este proceso se esquematiza en la siguiente figura.

1.1.3 El JDK

El JDK (**Java Development Kit**) no contiene herramientas gráficas para desarrollar programas pero sí contiene aplicaciones de consola y herramientas de compilación, documentación y depuración. El JDK incluye el JRE (Java Runtime Environment) que consta de los componentes mínimos para ejecutar una aplicación Java, como son la máquina virtual y las librerías de clases.

Herramientas de consola del JDK:

- **java**. Es la máquina virtual de Java.
- **javac**. Compilador de Java.
- **javap**. Desensamblador de clases.
- **jdb**. Depurador de consola de Java. **javadoc**. Generador de documentación.
- **appletviewer**. Visor de Applets. (componente de una aplicación que se ejecuta en el contexto de otro programa, por ejemplo un navegador web)

ACTIVIDAD TP1: vamos a utilizar el JDK que viene instalado en Linux

Abrimos un terminal y editamos el archivo HolaMundo.java

Tecleamos el código:

Y a continuación compilamos utilizando el comando **javac *nomfich.java*** y ejecutamos con el comando **java *nomfich***:

1.1.4 Los programas en Java

Los programas o aplicaciones en Java se componen de una serie de ficheros .class (ficheros en bytecode) que contienen las clases del programa. Estos ficheros no tienen por qué estar en la misma carpeta, pueden estar en carpetas diferentes o incluso en varias máquinas.

La aplicación se ejecuta desde el método principal o main( ) situada en una clase. A partir de ahí se van creando objetos a partir de las clases y se va ejecutando la aplicación. El main( ) es un método estático que puede crear objetos, incluidos los de su propia clase (ya veremos esto más adelante).

1.2 ESTRUCTURA Y BLOQUES FUNDAMENTALES DE UN PROGRAMA

Veamos nuestro sencillo programa en Java y comentaremos cada una de sus líneas:

```java
public class HolaMundo {
    /* programa holamundo*/
    public static void main(String[] args) {

/* lo único que hace este programa es mostrar la cadena "Hola Mundo" por pantalla*/
        System.out.println("Hola Mundo");
    }
}
```

En Java generalmente cada clase es un fichero distinto. Si hay varias clases en un fichero, la clase que tiene el mismo nombre que el del fichero debe llevar el modificador **public** (public class holamundo) y es la que se puede utilizar desde fuera del fichero. Las clases tienen el mismo nombre que su fichero .java y es importante que mayúsculas y minúsculas coincidan pues Java distingue entre las mayúsculas y las minúsculas.

La clase abarca desde la primera llave que abre { hasta la última que cierra }.

```java
public class HolaMundo {
.........
}
```

A continuación viene una línea que es un comentario:

```java
/* programa holamundo*/
```

Existen comentarios de una sola línea que se indican con dos barras a derecha seguidas (//) y comentarios de varias líneas indicados como en el ejemplo (/*......-varias líneas.........*/).

La función o método main( ):

```java
public static void main(String[] args) {
    ..........
}
```

El código Java en las clases se agrupa en métodos o funciones. Cuando Java va a ejecutar el código de una clase, busca el método **main** de dicha clase.

El método **main** tiene las siguientes particularidades:

- Es público (**public**) para poder llamarlo desde cualquier lado.
- Es estático (**static**) por ello se le puede llamar sin instanciar la clase.
- No devuelve ningún valor (**void**).
- Admite unos parámetros (**String [ ] arg**) que en este ejemplo no se utilizan.

En el ejemplo, el método main abarca el código contenido entre las llaves. A continuación viene una línea que es un comentario de dos líneas:

```
/* lo único que hace este programa es mostrar la
cadena "Hola Mundo" por pantalla */
```

Por último se mostrará un texto por pantalla ejecutando la siguiente línea: System.*out*.println("Hola Mundo");

Para sacar información por pantalla Java usa la clase **System** que puede ser llamada desde cualquier punto de un programa, que tiene un atributo **out** que a su vez tiene dos métodos muy utilizados: **print( )** y **println( )**. La diferencia entre ellos es que el segundo añade un retorno de línea al texto introducido. La orden termina con **;** (todas las ordenes en Java acaban en **;** salvo los cierres de llaves que ya de por sí terminan la orden).

1.3 ENTORNOS INTEGRADOS DE DESARROLLO

Un IDE o Entorno Integrado de Desarrollo es una herramienta con la cual se pueden desarrollar y probar proyectos en un lenguaje de programación determinado.

JDK

JDK (Java Development Kit) es el software necesario para poder desarrollar y ejecutar programas Java. También se denomina SDK (Standard Development Kit) o incluso J2SE (Java 2 plattform Standard Edition).

Para compilar y ejecutar Java no es necesario un IDE. Si configuramos de forma adecuada la variable de entorno PATH, bastará con ejecutar desde la línea de comandos en el directorio donde se encuentra la clase el fichero "holamundo.java" y se mostrará la salida en la línea de comandos.

Los IDE lo que hacen es facilitar las tareas de edición, compilación y depuración de programas desde un entorno gráfico más amigable para los programadores.

1.4 TIPOS DE DATOS SIMPLES

Los tipos de datos se utilizan generalmente al declarar variables y son necesarios para que el intérprete o compilador conozca de antemano el tipo de información que va a contener una variable.

En la siguiente página se muestra una tabla con los tipos de datos básicos de Java:

Tipo de datos	Información representada	Rango	Descripción
byte	Datos enteros	-128 ... +127	Se utilizan 8 bits (1 byte) Para almacenar el dato
short	Datos enteros	-32.768 ... +32.767	Dato de 16 bits de longitud
int	Datos enteros	-2.147.483.648 ... +2.146.483.647	Dato de 32 bits de longitud
long	Datos enteros	-9.223.372.036.854.775.808... +9.223.372.036.854.775.808	Dato de 64 bits de longitud
char	Datos enteros y caracteres	0 ... +65.535	Representa números unicode. Los ASCII (subconjunto de los unicode) se representan del 0 al 127
float	Datos en coma flotante de 32 bits	Precisión aproximada de 7 dígitos	Formato IEEE 754 (1 bit de signo, 8 de exponente y 24 de mantisa)
double	Datos en coma flotante de 64 bits	Precisión aproximada de 16 dígitos	Formato IEEE 754 (1 bit de signo, 11 de exponente y 52 de mantisa)
boolean	Valores booleanos	true / false	Evalúa si un resultado es V o F

1.4.1 ¿Cómo se utilizan los tipos de datos?

A continuación, se muestran ejemplos de utilización de tipos de datos en la declaración de variables.

Tipo de dato	Código
byte	byte a;
short	short b, c=3;
int	int d = -30; int e = 0xC125; //entero hexadecimal
long	long b = 434123; long c = 5L; // la L indica long
char	char car1 = 'c'; char car2 = 99; //car1 y car2 son lo mismo porque 99 en decimal es 'c'

float	float pi = 3.1416;
	float pi = 3.1416F; // la F indica float float
	medio = 1/2F; // ½ es 0.5

double	double millon = 1e6; // 1 x 10 elevado a 6 double medio = 1/2D; // la D en este caso indica double

1.5 CONSTANTES Y LITERALES

1.5.1 Constantes

Las constantes se declaran en mayúscula y las variables en minúscula (esto se hace como norma de estilo).

Las constantes se declaran siguiendo el siguiente formato:

```
final [static] <tipo de datos> <nombre de la constante> = <valor>;
```

Donde el calificador **final** identificará que es una constante, la palabra **static** si se declara implica que sólo existirá una copia de esta constante en el programa aunque se declare varias veces, el **tipo de datos** de la constante seguido del **nombre de la constante** y por último el **valor** que toma.

▶ Ejemplo: **final static double PI = 3.141592;**

Las constantes se usan en valores de datos que no cambian (IVA, PI, etc.). Usando constantes nos aseguramos de que su valor no va a poder ser cambiado nunca. El uso de constantes también permite cambiar el valor de ese dato de forma centralizada en una sola línea de código (si queremos cambiar el valor del IVA se hará solamente en una línea en lugar de usarse su valor literal 18 en muchas partes del programa).

1.5.2 Literales

Un literal puede ser una expresión:

▶ De tipo de dato simple.

▶ El valor **null**.

▶ Un **string** o cadena de caracteres (por ejemplo "Hola Mundo").

Ejemplos de literales en Java pueden ser: 'a', 322, 3.1416, "pi", "programación".

Es un valor que se expresa a sí mismo. Es decir, se sabe por sí mismo a qué tipo de datos pertenece expresado de diversas maneras.

Literal entero

▶ En decimal (base 10): ejemplo: 21

▶ Octal (base 8): ejemplo: 025

▶ Hexadecimal (base 16): ejemplo: 0x03A

Por defecto el literal es int. Puede añadirse al final del mismo la letra L o l para indicar que el entero es considerado como long.

Literal real

▶ Parte entera, el punto decimal (.) y la parte fraccionaria (Ej: 345.678 - 0.00056).

▶ notación exponencial o científica (Ej: 3.45678e2 - 5.6e-4)

Se puede poner una letra como sufijo:

▼ F o f Trata el literal como de tipo float.

▼ D o d Trata el literal como de tipo double.

Por defecto el literal es double. Si deseamos que se interprete como float debemos añadir el sufijo F

Literal carácter

▼ Un carácter entre comillas simples como 'a', 'ñ', 'Z', 'p', etc.

▼ El código Unicode del carácter: 97 es a, 65 es A.

▼ Entre comillas, anteponiendo la secuencia de escape '\' si el código Unicode lo expresamos en octal: '\141' es 'a', '\101' es 'A'.

▼ Entre comillas, anteponiendo la secuencia de escape '\u' si el código Unicode lo expresamos en hexadecimal: '\u0061' es 'a', '\u0041' es 'A'.

Existen unos caracteres especiales que se representan utilizando secuencias de escape:

• \' Comilla simple	• \b Backspace	• \t Tabulador
• \" Comillas dobles	• \n Cambio de línea	• \f Salto de página
• \\ Contrabarra	• \r Retorno de carro	

Literal booleano

Palabras reservadas true y false

▼ Ejemplo: boolean activado = false;

Literal Strings o cadena de caracteres

No forman parte de los tipos de datos elementales en Java

Encerrado entre comillas dobles (")

Ejemplo:

```
System.out.println("Primera línea\nSegunda línea del string");
System.out.println("Hol\u0061");
System.out.println("Escribe \\n y no saltes de línea");
```

Otros ejemplos:

```
// Decimal declaration and possible chars are [0-9]
    int decimal    =    495;

// HexaDecimal declaration starts with 0X or 0x
// and possible chars are [0-9A-Fa-f]
    int hexa       =    0X1EF;
```

```
        // Octal declaration starts with 0 and possible chars are [0-7]
        int octal    = 0757;

        // Binary representation starts with 0B or 0b
//and possible chars are [0-1]
        int binary    = 0b111101111;

        // Si el número tiene formato de cadena,
// puede convertirlo a int usando el siguiente
        String text = "0b111101111";
        int value =
text.toLowerCase().startsWith("0b") ? Integer.parseInt(text.substring(2), 2): Integer.
decode(text);
```

1.6 VARIABLES

Una variable es una zona de memoria donde se puede almacenar información del tipo que desee el programador.

En java las variables se pueden declarar, indicándole al compilador que se debe reservar espacio en memoria para almacenar la variable e inicializar su valor por separado.

int x;

x = 10;

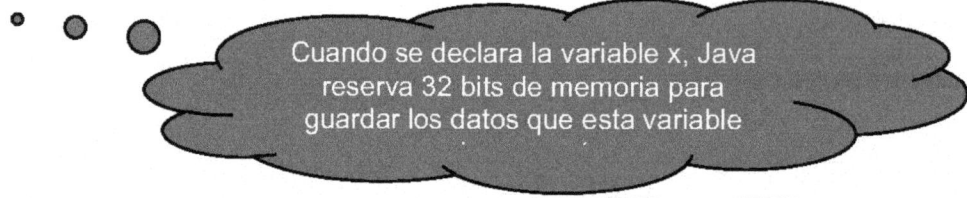

Cuando se declara la variable x, Java reserva 32 bits de memoria para guardar los datos que esta variable

O bien en una sola instrucción:

int x = 10;

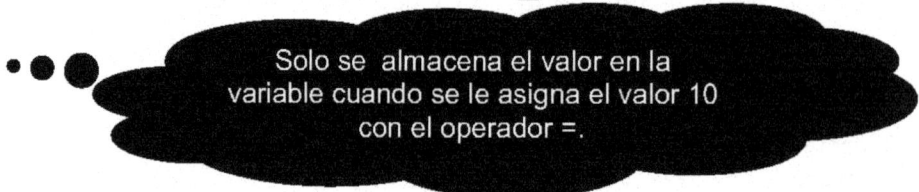

Solo se almacena el valor en la variable cuando se le asigna el valor 10 con el operador =.

Palabras clave: son las órdenes del lenguaje de programación. El compilador espera esos identificadores para comprender el programa, compilarlo y ejecutarlo. **No pueden usarse palabras clave para nombrar variables** en los programas ni tampoco caracteres especiales de los operadores.

Ejemplos de palabras clave: **boolean, double, long, int, private**, etc.

Java hace distinción entre mayúsculas y minúsculas:

- Var1, Var1 y VAR1 son distintos.
- La longitud máxima de los identificadores es prácticamente ilimitada.
- No puede ser una palabra reservada del lenguaje ni los valores lógicos true o false.
- No pueden ser iguales a otro identificador declarado en el mismo ámbito.
- Debe empezar por una letra y seguir con una sucesión de letras y dígitos. Se considera letra caracteres latinos, hebreos, cirílicos, etc… También '$' (no utilizar) y '_' (subrayado).
- No pueden utilizarse espacios en blanco ni símbolos coincidentes con operadores.

Convención:

- Los nombres de las variables y los métodos deberían empezar por una letra minúscula y los de las clases por mayúscula.
- Si el identificador está formado por varias palabras, la primera se escribe en minúsculas (excepto para las clases) y el resto de las palabras se empiezan por mayúscula.

Veamos un ejemplo:

```java
public class Suma {

    public static void main(String[] args) {

        int n1=0, n2 = 30, suma = 0;   // variables locales
        suma = n1+n2;
        System.out.println("LA SUMA ES:" + suma);
    }

}
```

Las variables se declaran dentro de un bloque (un bloque es el contenido entre las llaves {......}) y son accesibles solo dentro del bloque.

La variable **n1** es miembro de la clase **suma**, la variable **n2** y **suma** pertenecen al método **main** y solo pueden usarse dentro de **main**. Las variables declaradas en el bloque de código de un método son variables que se crean cuando el bloque se declara, y se destruyen cuando finaliza la ejecución de dicho bloque.

Las variables miembros de una clase se inicializan por defecto (a 0 las numéricas, a '\0' los caracteres y a null las referencias a objetos y cadenas) mientras que las variables locales no se inicializan por defecto.

Una variable local no puede declararse como static.

1.6.1 Visibilidad y vida de las variables

Visibilidad, scope o ámbito de una variable es la parte del código de una aplicación donde la variable es accesible y puede utilizarse. En Java las variables no pueden declararse fuera de una clase.

Es decir, se llama ámbito de una variable a la parte del programa en la que es conocida y se puede utilizar

- ▼ Una variable local se declara dentro del cuerpo de un método de una clase y es visible únicamente dentro de dicho método.

- ▼ Se puede declarar en cualquier lugar del cuerpo, incluso después de instrucciones ejecutables, aunque es una buena costumbre declararlas justo al principio.

- ▼ También pueden declararse variables dentro de un bloque entre llaves { … }

- ▼ Sólo serán "visibles" dentro de dicho bloque.

- ▼ Las variables definidas en un bloque deben tener nombres diferentes.

Generalmente, en Java, todas las variables dentro de un bloque son visibles y existen dentro de dicho bloque. Las funciones miembro de una clase, podrán acceder a todas las variables miembro de dicha clase pero no a las variables locales de otra función miembro.

1.6.2 Modificaciones de variables

Las variables se pueden modificar mediante indicadores.

- ▼ *Public:* la clase o variable de instancia es accesible desde todos los ámbitos.

- ▼ *Protected:* la clase o variable de instancia es accesible solo en el ámbito actual de la clase, el ámbito del paquete actual y todas las subclases de la clase actual.

- ▼ *Private:* la clase o variable de instancia es accesible solo en el ámbito actual de la clase. *Final* La variable es una constante, de modo que su valor no se puede modificar.

- ▼ *Static:* la variable es una variable de clase, compartida entre todos los objetos instancia de una clase.

- ▼ *Transient:* se declara que no es parte de un estado persistente del objeto.

- ▼ *Volatile:* la palabra clave volatile, hace referencia a concurrencia. Esta palabra clave es útil cuando existen muchos hilos tratando de leer el valor de una variable. Cuando una variable es marcada como volatile, el valor de esa variable es escrita y es leída desde la memoria principal. Para entender un poco el concepto es necesario tener claro algunas cosas.

Cuando se trabaja con hilos, usualmente cada hilo hace una copia de la variable a leer en su cache, cada hilo tiene una memoria cache que usa por performance, es más rápido y menos costoso. Pero el tener esto local, cuando muchos hilos trabajan sobre la misma variable, suelen ocurrir errores en cuanto a consistencia de la información.

 **NOTA**

Las keyword o palabras clave **transient** y **volatile** solo se aplican a variables de instancia. NO se puede aplicar a métodos, clases o variables locales (dentro de un método).

1.7 OPERADORES Y EXPRESIONES

1.7.1 Operadores aritméticos

Los operadores aritméticos son utilizados para realizar operaciones matemáticas.

Operador	Uso	Operación
+	A + B	Suma
-	A − B	Resta
*	A * B	Multiplicación
/	A / B	División
%	A % B	Módulo (resto de la división entera)

En el siguiente ejemplo se observa el uso de operadores aritméticos:

```
int n1 = 2, n2;

n2 = n1 * n1;          // n2 = 4
n2 = n2 − n1        // n2 = 2
n2 = n2 + n1 + 15;  // n2 = 19
n2 = n2 / n1        // n2 = 9
n2 = n2 % n1        // n2 = 1
```

1.7.2 Operadores relacionales

Los operadores relacionales se usan para evaluar la igualdad y la magnitud. En la siguiente tabla, A y B son los operandos y los operadores relacionales tienen los resultados siguientes:

Operador	Uso	Operación
<	A < B	A menor que B
>	A > B	A mayor que B
<=	A <= B	A menor o igual que B
>=	A >= B	A mayor o igual que B
!=	A !=B	A distinto que B
= =	A = =B	A igual que B

En el siguiente ejemplo se observa el uso de operadores relacionales:

```
int m = 2, n = 5;
boolean res;

res = m > n;   // res = false
res = m < n;   // res = true
res = m >= n;      // res = false
```

```
res = m <= n;      // res = true
res = m == n;      // res = false
res = m != n;      // res = true
```

1.7.3 Operadores lógicos

Los operadores lógicos se usan para realizar operaciones lógicas (AND, OR, NOT XOR lógico). En la siguiente tabla, se puede ver su uso:

Operador	Uso	Operación
&& o &	A && B	A AND B El resultado es **true** si ambos son **true** y **false** en caso contrario
|| o |	A || B	A OR B. El resultado es **false** si ambos son **false** y true en caso contrario
!	! A	NOT A. El resultado es **true** si el operando es **false** y **false** si el operando es **true**
^	A ^ B	A XOR B. El resultado es **true** si un operando es **true** y otro **false** en caso contrario el resultado es **false**

Veamos algún ejemplo:

```
int m = 2, n = 5;
boolean res;

res = m > n && m >= n;;    // res = false
res =!( m < n || m != n); // res = false
```

1.7.4 Operadores unitarios o unarios

Los operadores unitarios actúan sobre un solo operando.

Operador	Uso	Operación
~	~A	Complemento a 1 de A
-	-A	Cambio de signo de A
--	A--	Decremento de A
++	A++	Incremento de A
!	!A	NOT A (ya visto)

En el siguiente ejemplo se observa el uso de operadores unitarios:

```
int m = 2, n = 5;
m ++;  // m = 3
n--;   // n = 4
```

1.7.5 Operadores de bits

Operador	Uso	Operación
&	A & B	AND lógico. A AND B
|	A | B	OR lógico. A OR B
^	A ^ B	XOR lógico. A XOR B
<<	A << B	Desplazamiento a la izquierda de A, B bits, rellenando con ceros por la derecha
>>	A >> B	Desplazamiento a la derecha de A, B bits, rellenando con el BIT de signo por la izquierda
>>>	A >>> B	Desplazamiento a la derecha de A, B bits, rellenando con ceros por la izquierda

Veamos algún ejemplo:

```
int num = 5;
num = num << 1;  // num = 10, equivale a num = num * 2
num = num >> 1;  // num = 5,  equivale a num = num / 2
```

1.7.6 Operadores de asignación

Operador	Uso	Operación
=	A = B	Asignación (ya visto)B
*=	A *=| B	Multiplicación y asignación (A = A * B)
/=	A /= B	División y asignación (A = A / B)
%=	A %= B	Módulo y asignación (A = A % B)
+=	A += B	Suma y asignación (A = A + B)
-=	A -= B	Resta y asignación (A = A − B)

Veamos algún ejemplo:

```
int num = 5;
num += 5;   // num = 10, equivale a num = num +5
```

1.7.7 Precedencia de operadores

La precedencia de operadores se resume en la siguiente tabla:

```
                        OPERADORES
   MAS
 PRIORIDAD      () [] .
                -- ~ ! ++ --
                new (tipo)expresión
                *   /   %

                +   -
                <<   >>   >>>
                <   <=   >   >=   instanceof
                ==   !=
                &
                ^
                |
                &&
                ||
                ?:
   MENOS        = *= /= %= += -= <<= >>= >>>= &= |= ^=
 PRIORIDAD
```

Podemos usar paréntesis para dejar los programas más legibles y controlar las operaciones sin depender de la precedencia.

Supongamos que tenemos el siguiente código:

```
int a = 4;
a = 5 * a + 3;   // a = 5 * 4 + 3 = 23
```

1.8 CONVERSIONES DE TIPO (CAST)

Existan dos tipos de conversiones, las explícitas y las implícitas.

Conversiones implícitas. Se realizan de forma automática entre los tipos de datos diferentes. Requiere que la variable destino (la colocada a la izquierda) tenga más precisión que la variable origen (la situada a la derecha).

```
byte dato1 = 3; short dato2 = 5;
dato2 = dato1;   /* la variable dato2 contendrá el 5 con 16 bits en dato1 el 5 sólo tenía
8 bits */
```

Conversiones explícitas. En este caso el programador es quien fuerza la conversión mediante una operación llamada **cast** con el siguiente formato:

Veamos un ejemplo:

```java
int idato = 5;
byte bdato;
bdato = (byte)idato;
System.out.println(bdato);    // sacara 5 por pantalla
```

1.9 ACTIVIDAD GUIADA: INSTALACIÓN DEL ENTORNO DE DESARROLLO: INTELLIJ IDEA

Se va a utilizar la última versión de Java Además se utilizará el IDE Intellij IDEA Community junto a JavaFx y SceneBuilder.

1.9.1 Instalación de Java

En primer lugar, nos vamos a la página oficial de descargas para seleccionar la última

https://www.oracle.com/technetwork/es/java/javase/overview/index.html

Y nos sale una pantalla como la siguiente:

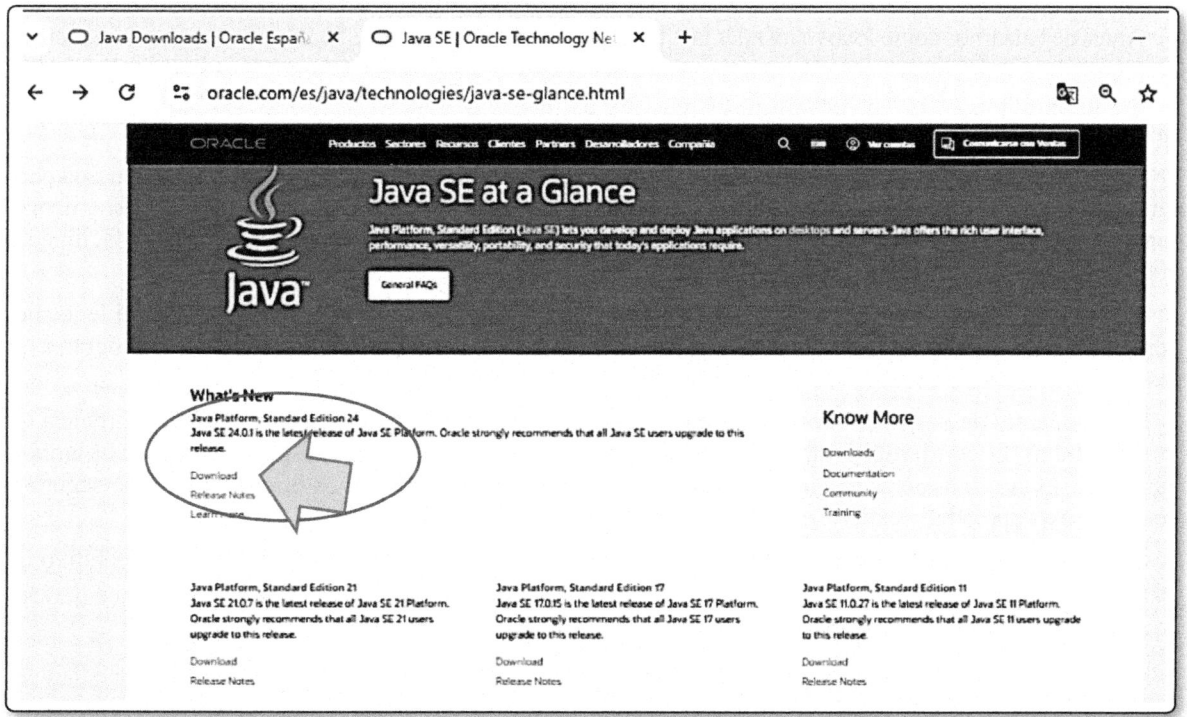

Pulsamos el botón DOWNLOAD y nos aparecerá la pantalla típica de selección del jdk según el sistema operativo del que dispongamos.

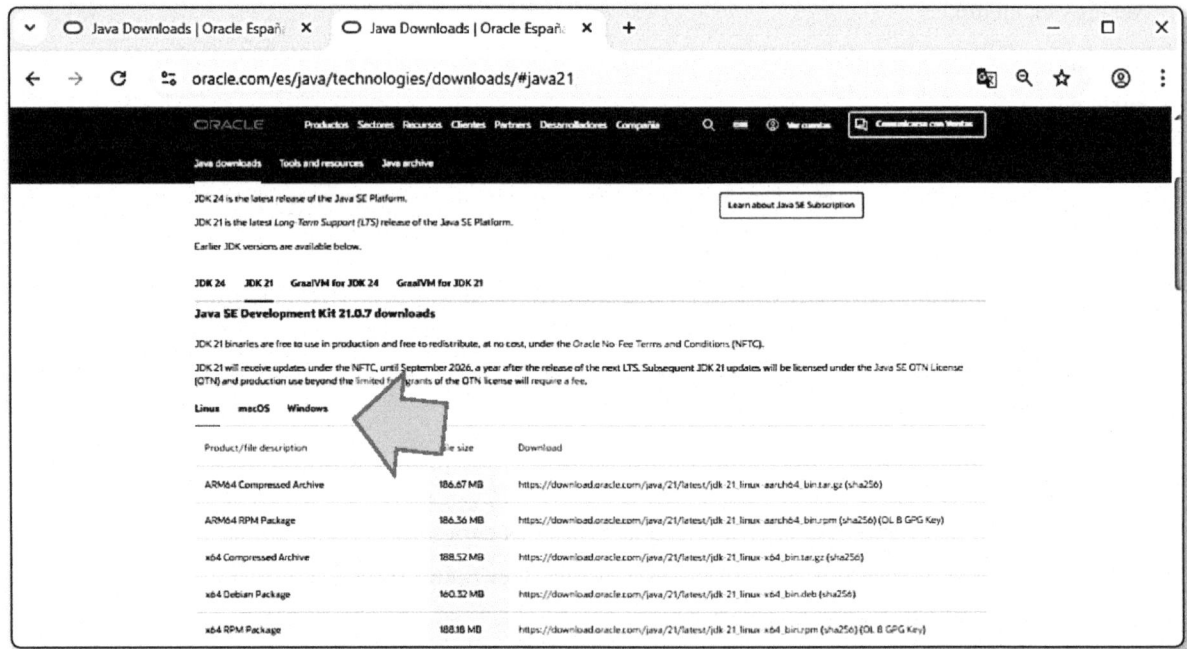

Antes de lanzarnos como locos a instalar la última versión de Java, como JDK 24, es importante detenernos un momento y reflexionar sobre lo que realmente necesitamos en nuestro entorno de prácticas. Es natural pensar que lo más nuevo siempre es lo mejor, pero ya sabemos que, en el mundo del software, esto no siempre es así.

La **versión 21 de Java** es una versión **LTS (Long-Term Support)**, lo que significa que está pensada para ser estable y recibir soporte y actualizaciones durante varios años. Esto nos garantiza que las herramientas funcionarán correctamente, que habrá menos errores inesperados y que podremos encontrar fácilmente documentación y ayuda si surge algún problema.

En cambio, las versiones como la **JDK 24** ofrecen las últimas novedades y experimentos del lenguaje, pero su soporte es muy limitado en el tiempo y pueden aparecer incompatibilidades con otros programas o materiales que utilicemos en clase.

Por eso, antes de dejarnos llevar por la emoción de tener lo más nuevo, pensemos en la importancia de la **estabilidad, la compatibilidad y el soporte**. En la mayoría de los casos, especialmente en el ámbito educativo, lo más sensato es elegir una versión LTS como la **JDK 21**, que nos ofrece un entorno seguro y confiable para aprender y experimentar sin sobresaltos.

En nuestro caso pulsamos la pestaña Windows, cada uno que utilice la pestaña del sistema operativo de su máquina.

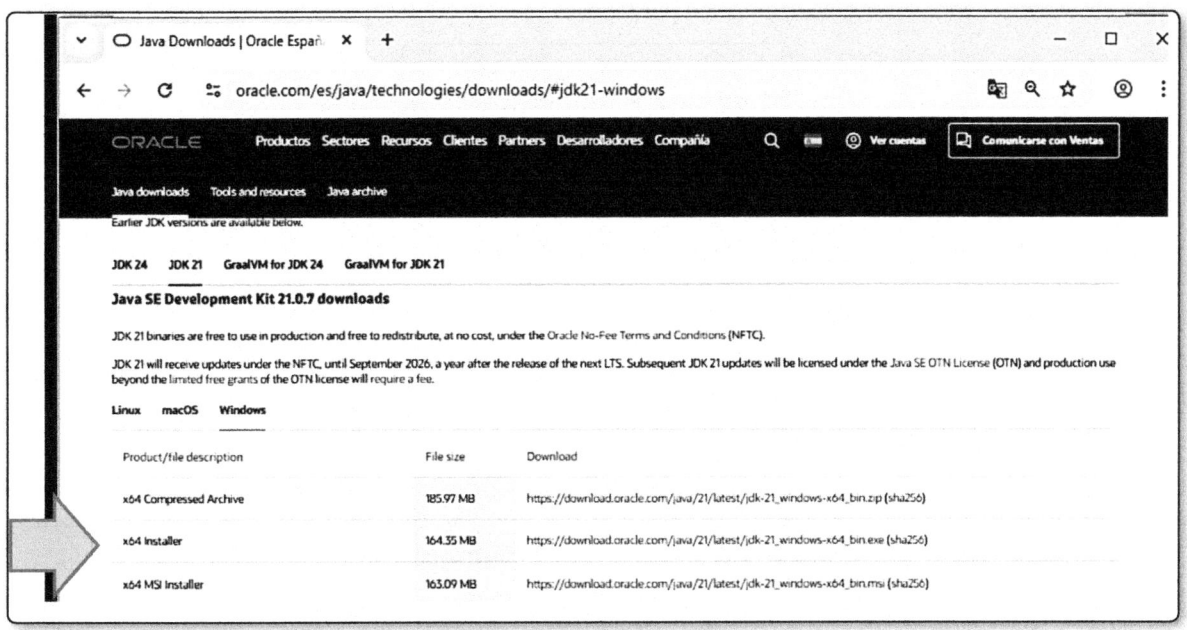

Vamos a seleccionar el instalador clásico x64 installer. Donde solo haremos click y seguiremos las instrucciones (ya sabes.. siguiente, siguiente). Lo descargamos y realizaremos doble click para ejecutar el archivo.

Una vez descargado procedemos a su instalación.

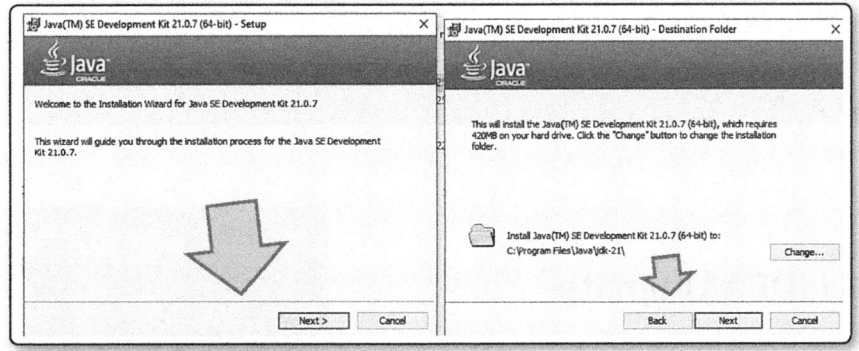

Si observamos, el directorio de instalación por defecto es:

C:\Program Files\Java\jdk-21\

Pulsamos el botón *Next* y nos saldrá el cuadro de diálogo siguiente:

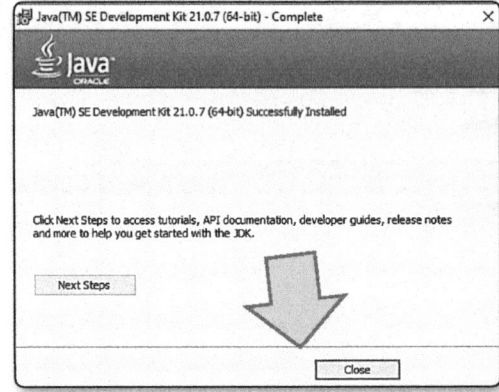

Ahora ya es decisión de cada uno si deseamos acceder a tutoriales, documentación e información adicional, pulsaríamos *Next Steps*. Sino, pulsamos el botón *Close*.

Una vez instalado el JDK, procedemos a instalar el IDE.

1.9.2 Intellij IDEA

Procedemos a la descarga del programa Intellij IDEA Community Edition del sitio web de Jetbrains https://www.jetbrains.com/es-es/idea/download/?section=windows. Tenemos disponible las versiones Ultimate y Community Edition. Nosotros seleccionaremos la segunda:

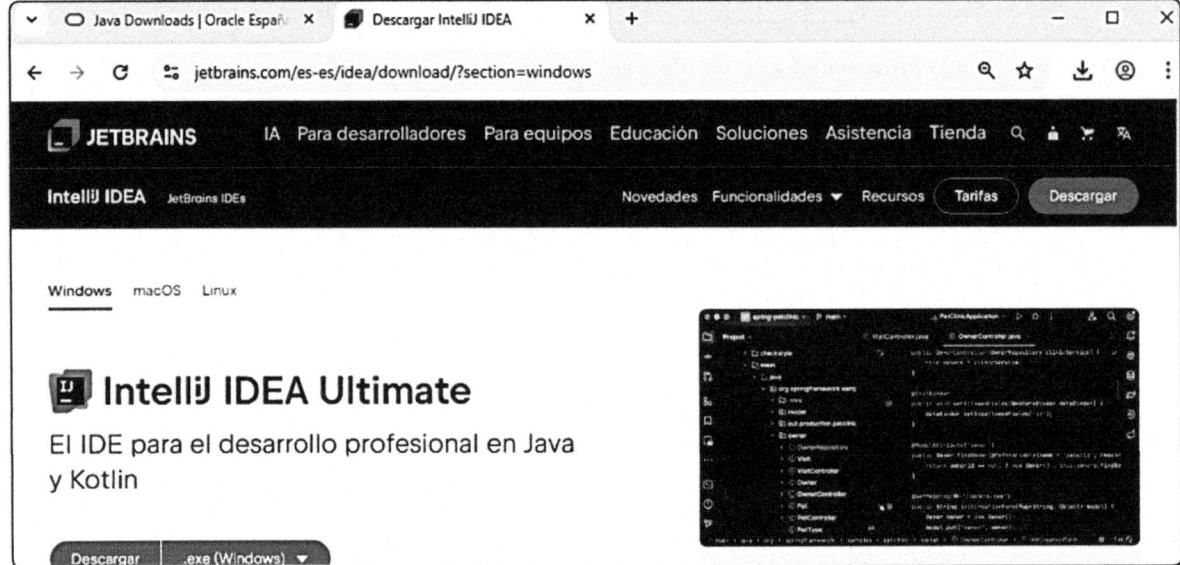

Un poco más abajo,

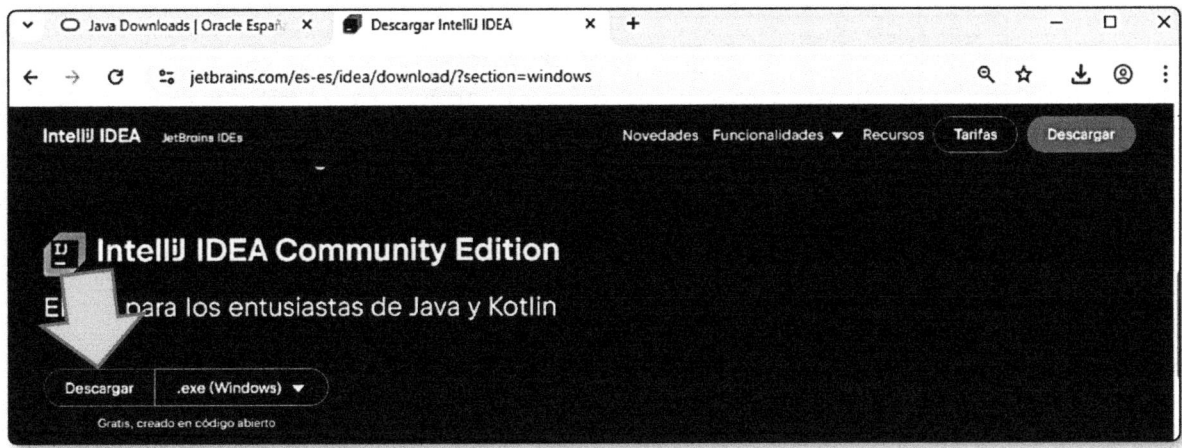

Pulsamos el botón de descarga y ahí nos aparece el archivo *ideal-2025.1.exe*

Ejecutamos el archivo de instalación haciendo doble click:

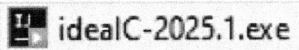

Y comienza la instalación

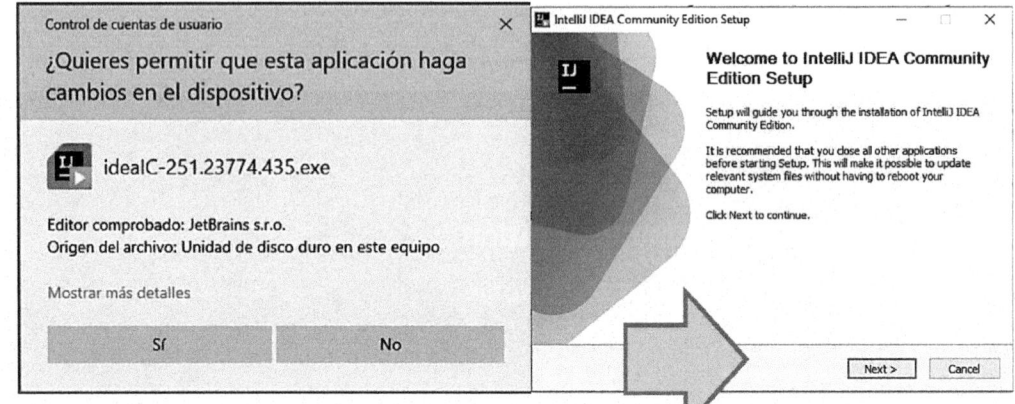

Y continuamos indicando el camino donde vamos a instalar el IntelliJ:

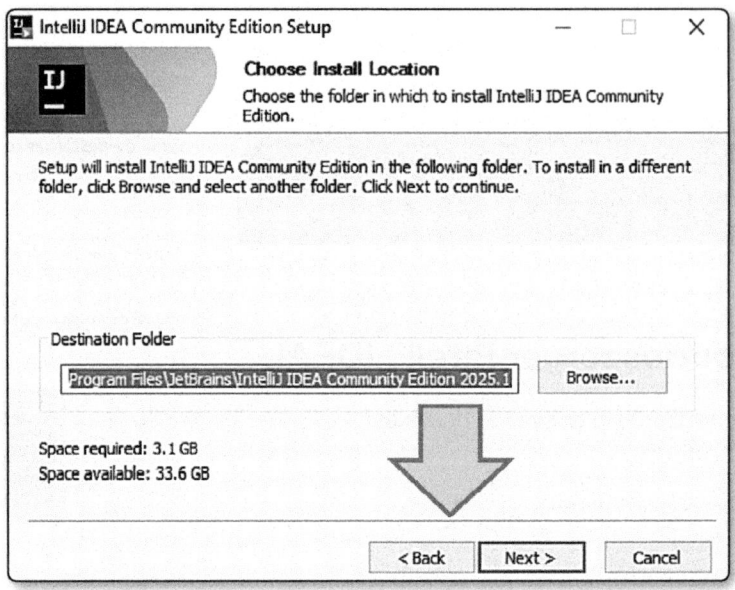

En este ejemplo, hemos dejado el lugar por defecto porque estoy haciendo la instalación en una máquina virtual. Pero si deseamos otro lugar, por ejemplo, en mi ordenador habitual tengo un disco duro principal pequeñito y lo instalo en un segundo disco duro indicando el path. Pulsamos *Next.*

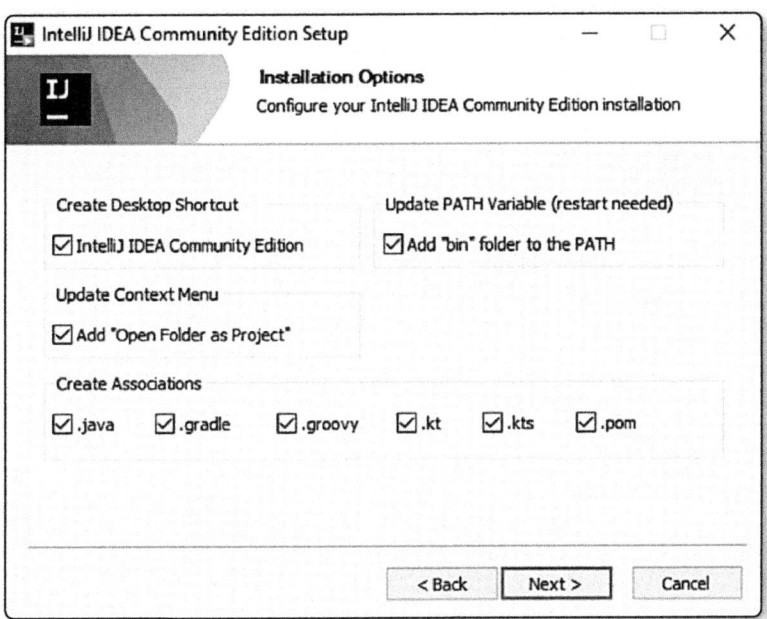

Vamos a activarlas todas, aunque para este curso podrías desactivar groovy, kt y kts (pero así ya lo tienes instalado para cuando pases a segundo curso del ciclo). Veamos lo que significa cada una de ellas para que te sea más fácil decidir.

▶ **Create Desktop Shortcut:**

Activa esta casilla. Facilita el acceso rápido al programa desde el escritorio.

▶ **Update PATH variable (restart needed):**

Es fundamental activarla. Añade la carpeta "bin" de IntelliJ al PATH del sistema, lo que permite ejecutar comandos de IntelliJ desde la línea de comandos (por ejemplo, idea. Para abrir el proyecto actual).

▶ **Add "Open Folder as Project":**

Activa esta casilla. Permite abrir directamente cualquier carpeta como un proyecto de IntelliJ desde el menú contextual de Windows. Es muy útil para proyectos rápidos y pruebas.

▶ **Create Associations:**

● **.java:** activa esta casilla. Asocia los archivos Java con IntelliJ IDEA para abrirlos directamente con un doble clic.

● **.gradle:** si vas a usar Gradle como sistema de construcción (muy común en proyectos Java modernos), activa esta casilla.

● **.groovy:** si vas a usar el lenguaje Groovy (menos común, pero a veces útil), puedes activarla.

● **.kt y .kts:** si planeas usar Kotlin (un lenguaje compatible con Java que está ganando popularidad), activa estas casillas. Si solo usas Java, puedes dejarlas desactivadas.

● **.pom:** si vas a usar Maven como sistema de construcción (otra opción común), activa esta casilla.

Una vez hayamos seleccionado los checks que nos interesen, pulsamos el botón *Next* y se nos abrirá el cuadro de diálogo siguiente donde pulsaremos el botón *Install* tal y como se muestra en la captura:

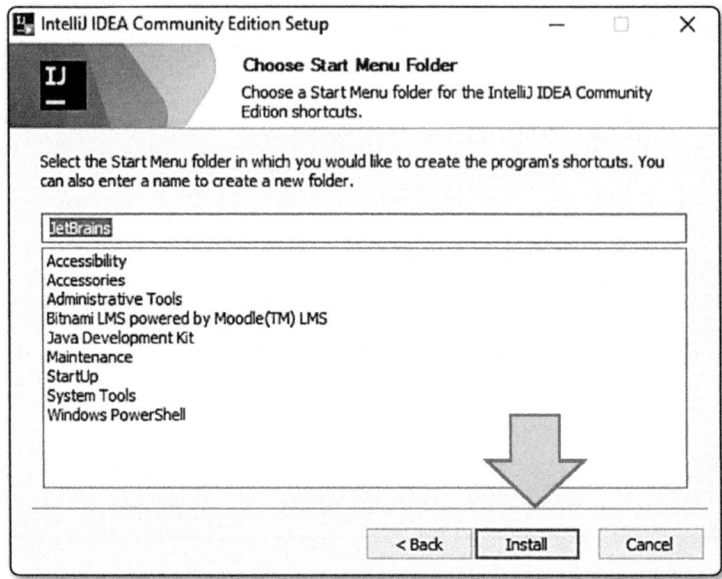

Y ahora a esperar un poquito, hasta que se complete la instalación y pulsemos *Finish*:

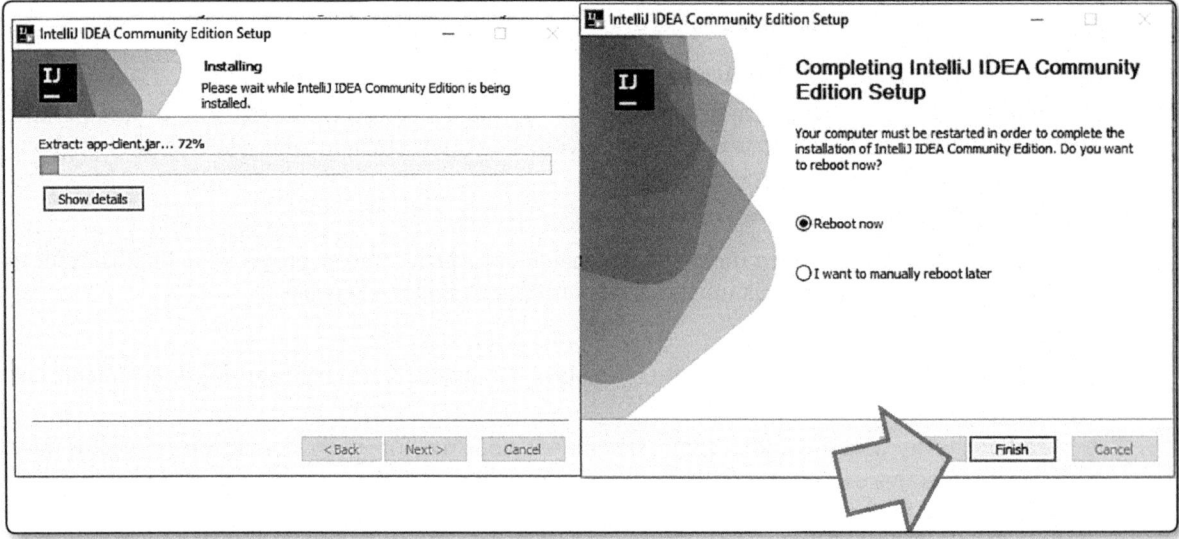

1.9.3 SceneBuilder

JavaFX es una gran evolución sobre AWT y Swing para desarrollar aplicaciones de escritorio en Java aportando varias mejoras. Una de las cosas que me parecía más complicada usando tanto AWT y más tarde usando Swing era la construcción de los elementos visuales mediante código. El código para construir las ventanas, paneles, rejillas, botones, etiquetas, etc era extenso y difícil de comprender la composición leyéndolo. Además de que ahora están bastante obsoletos, pero me ha parecido interesante nombrarlos. Con JavaFX se ha introducido una nueva herramienta visual llamada JavaFX Scene Builder que permite generar un archivo en formato FXML (declarativo en XML) que contiene la descripción de las ventanas o como llama JavaFX escenas. Este descriptor es similar a la forma de construir interfaces gráficas en la plataforma de Microsoft con los archivos XAML.

Con los archivos FXML que genera la aplicación JavaFX Scene Builder crear aplicaciones gráficas es mucho más sencillo y fácil de mantener. Proporciona un editor que sigue el principio lo que ves es lo que obtienes (WYSIWYG) y que permite generar los archivos FXML que posteriormente se pueden utilizar en la aplicación Java de escritorio para crear la interfaz visual.

Podemos descargar la aplicación JavaFX Scene Builder en su última versión, desde el enlace siguiente:

https://gluonhq.com/products/scene-builder/

Nos parece la página siguiente:

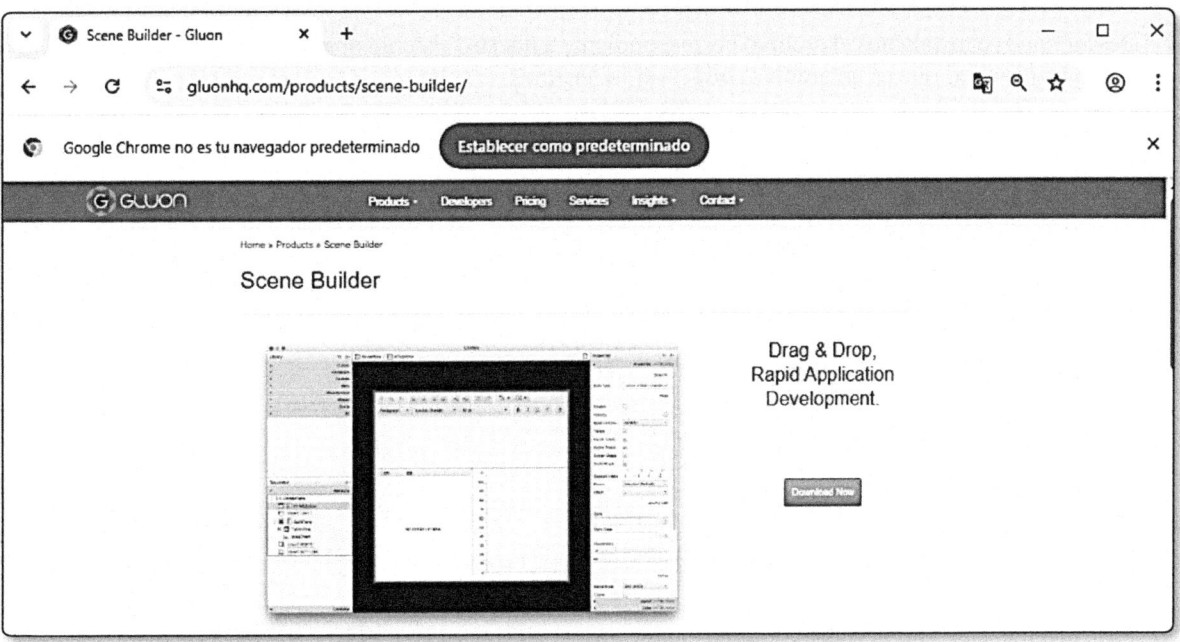

Nos vamos hacia abajo y buscamos la última versión que se nos acopla, que para nosotros en este momento es la 23.0.1:

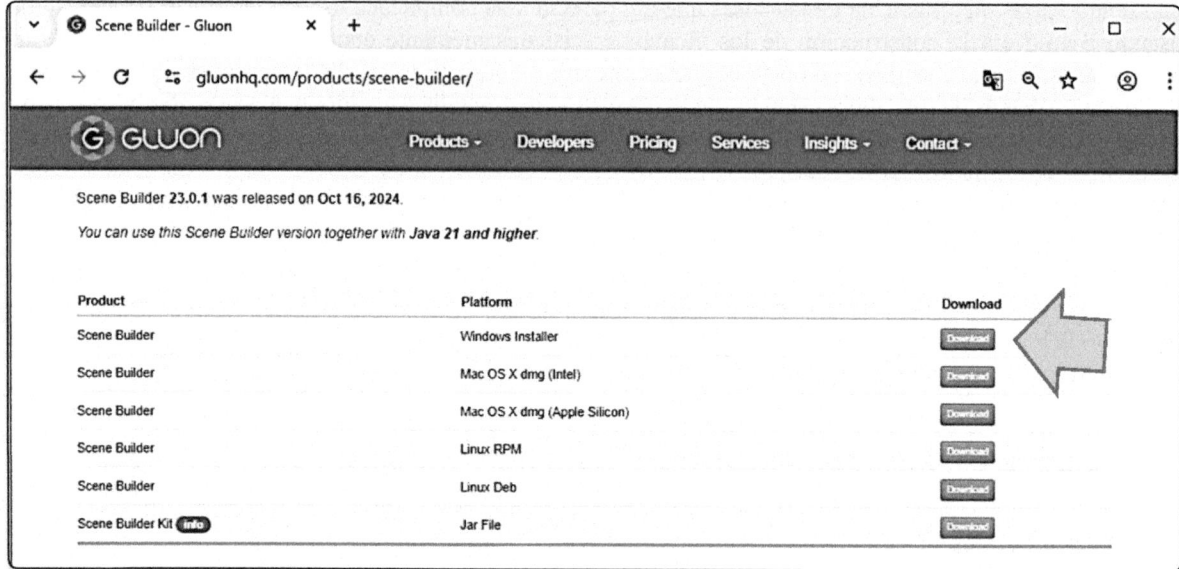

Descargamos e instalamos el archivo correspondiente a nuestro sistema operativo, por lo que en este caso es Windows Installer, que es un archivo *.msi* . Ahí lo tenemos:

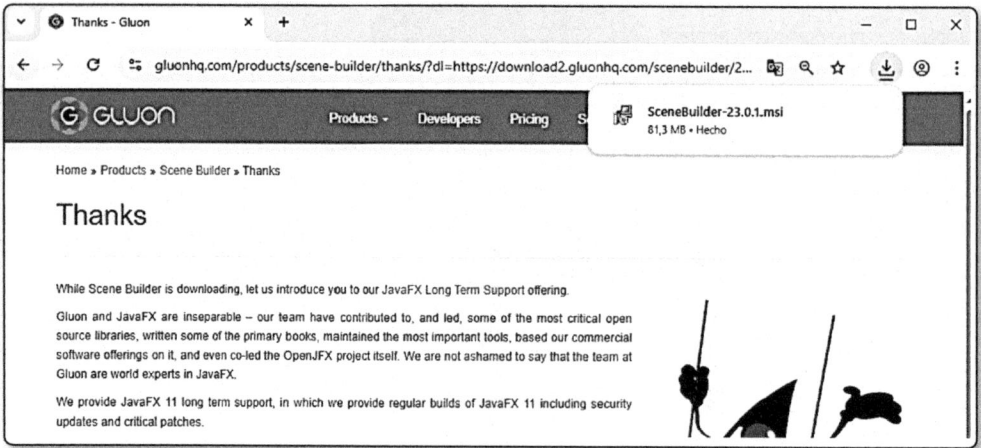

Para instalar el archivo hacemos doble click en el ⬛ SceneBuilder-23.0.1.msi para iniciar el instalador de Windows, y bueno siguiente, siguiente, aceptar términos.

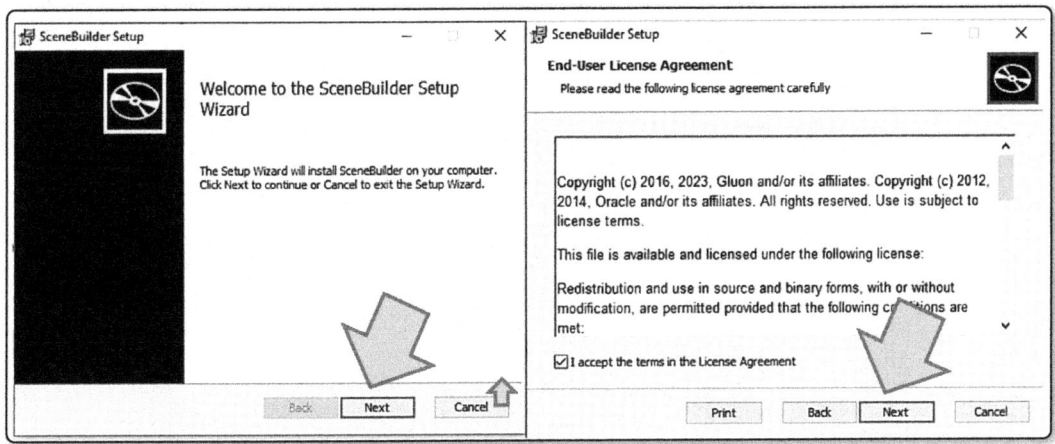

Indicamos el lugar de la instalación de SceneBuilder (apúntalo para luego decírselo a IntelliJ).

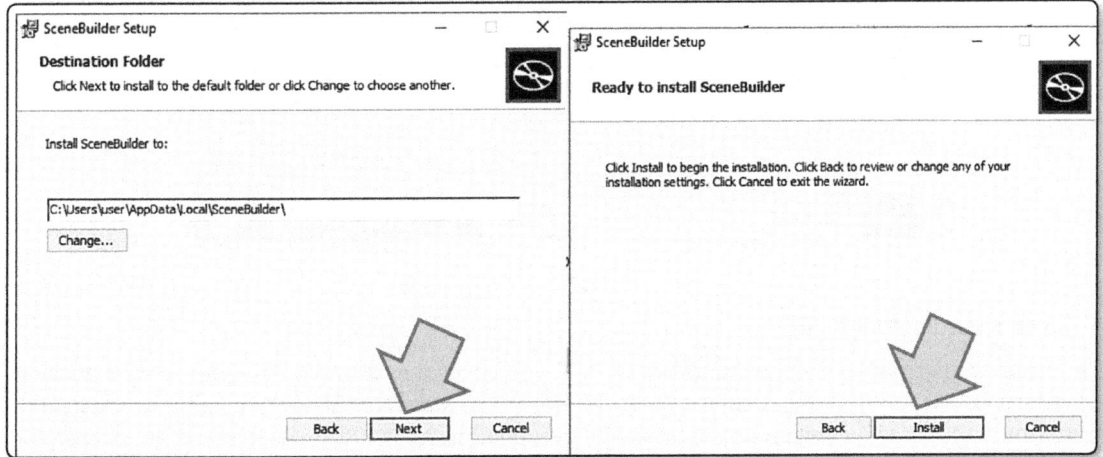

Lo instalamos hasta que nos salga que se ha completado:

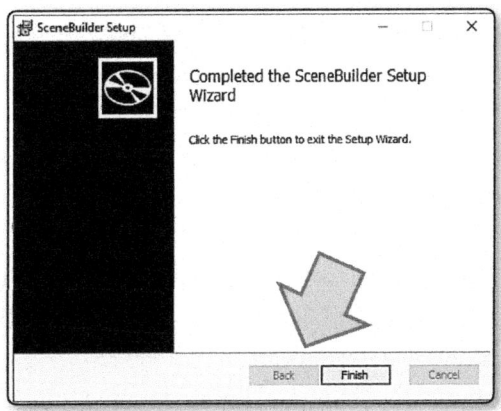

Una vez finalizado nos aparecerá el icono de instalación en nuestro escritorio:

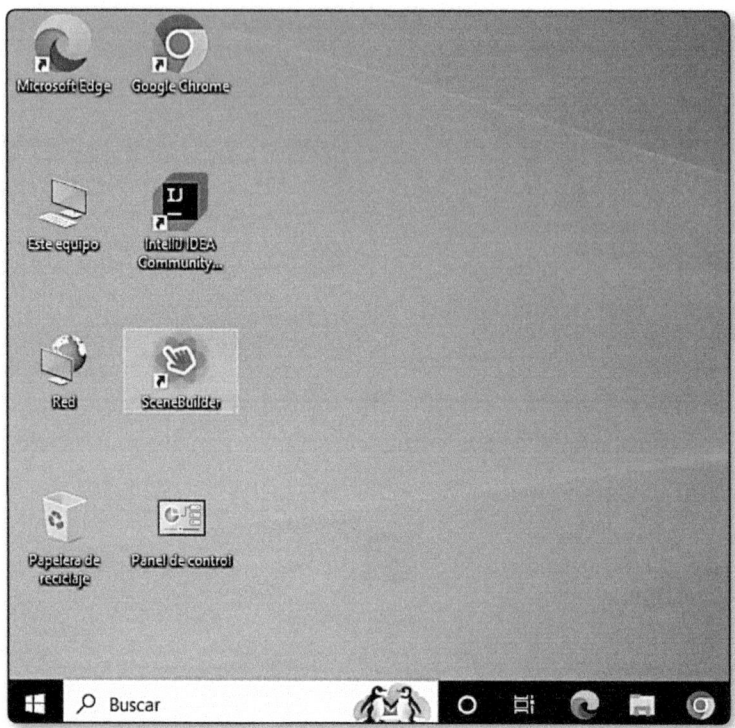

1.9.4 Cómo crear un archivo JAR

La forma de distribuir el código compilado a *bytecode* en Java es a través de archivos de extensión *jar*. Los archivos *jar* no son más que archivos comprimidos en formato *zip*. Si se les cambia de extensión y se descomprimen se extrae su contenido seguramente con una buena cantidad de archivos de extensión *class* que es la extensión para los archivos Java compilados a *bytecode* y que la máquina virtual interpreta para su ejecución. Las librerías que use la aplicación también se deben distribuir junto a esta para que funcione, por lo que la aplicación se distribuirá en forma de una colección de archivos *jar*. Por lo tanto el archivo JAR incluye las clases de una aplicación así como sus recursos asociados.

Para crear un archivo .jar ejecutable en IntelliJ IDEA Community:

1. Configurar artefacto:

   - **Archivo → Estructura del Proyecto → Artefactos → + → JAR → De módulos con dependencias.**
   - Selecciona la **clase principal** (Main Class) en el cuadro de diálogo.

2. Generar el JAR:

   - **Compilar → Construir artefacto → Selecciona tu artefacto → Construir.**
   - El archivo .jar se generará en la ruta:
   - proyecto/out/artifacts/nombre_del_artefacto

> **ⓘ NOTA**
>
> Si usas dependencias externas, en el paso de configuración del artefacto elige **"Extraer al JAR destino** para incluirlas dentro del archivo .jar. Si prefieres tener las bibliotecas externas en una carpeta separada, selecciona"**Copiar al directorio de salida y enlazar"**.

Ahora te estás preguntado ¿y eso cómo se usa? Para integrar un archivo .jar ejecutable en un proyecto Java haremos lo siguiente:

1. Incluir el .jar en el proyecto

   • En IntelliJ:
     – **Archivo → Estructura del Proyecto → Módulos → Dependencias → + → JARs o directorios.**
     – Selecciona el archivo .jar externo y confirma.
     – Esto permite acceder a las clases del .jar desde tu código.

2. Ejecutar el .jar desde código

   Usa Runtime.getRuntime().exec() onProcessBuilder para lanzar el.jar como un proceso externo.

1.9.5 Instalación en Lliurex

Para la instalación en los ordenadores de clase he creado un script y lo he comentado para quede más claro.

El script *install-script.sh* contiene los comandos siguientes.

```bash
#!/bin/bash

# Actualizar el sistema
sudo apt update && sudo apt upgrade -y

# Instalar Java 21
sudo apt install openjdk-21-jdk -y

# Verificar la instalación de Java
java -version

# Instalar IntelliJ IDEA Community Edition usando Snap
sudo snap install intellij-idea-community --classic

# Instalar Scene Builder (desde el repositorio oficial si está disponible, sino,
descargarlo)
# Verificar si el paquete está disponible en los repositorios
if apt-cache show scenebuilder >/dev/null 2>&1; then
    sudo apt install scenebuilder -y
else
    # Descargar Scene Builder (sustituir con la URL más reciente)
    wget https://gluonhq.com/download/scene-builder-11-0-0-linux/ -O scenebuilder.deb
    sudo apt install ./scenebuilder.deb -y
```

```
    rm scenebuilder.deb
fi

# Instalar JavaFX (ya incluido en JDK 21 pero verificar que está instalado)
sudo apt install openjfx -y

#Configurar variables de entorno
echo 'export JAVA_HOME=/usr/lib/jvm/java-21-openjdk-amd64' | sudo tee /etc/profile.d/
java.sh
echo 'export PATH=$PATH:$JAVA_HOME/bin' | sudo tee -a /etc/profile.d/java.sh
source /etc/profile

echo "¡Instalación completa! Reinicia si es necesario."
```

Más información en https://riptutorial.com/es/intellij-idea

1.10 EJERCICIOS RESUELTOS

Empezamos con una serie de ejercicios para aquellos que están comenzando desde cero con el lenguaje Java y tampoco tienen experiencia con ningún otro lenguaje de programación.

En estos ejercicios básicos iniciales se realizan las siguientes instrucciones: declarar variables, asignarles un valor, operar con ellas y mostrar resultados por pantalla.

Estos ejercicios son todos de estructura secuencial, es decir, no hay condiciones ni bucles. Tampoco se lee nada por teclado. El objetivo es familiarizarse con la declaración de variables y practicar la salida por consola utilizando los métodos print y println.

▶ **R1. Ejercicio:** averigua si las siguientes afirmaciones son verdaderas o falsas:

- En Java generalmente un programa consta de varias clases las cuales se compilan en un único fichero.
- El método **main** puede ser **static** o no. En caso de no ser **static** puede haber varios en un mismo programa.
- Los métodos y funciones difieren en Java en que los primeros no devuelven ningún valor.
- Es posible hacer **byte a = 200;**. El único problema es que como una variable byte solamente almacena hasta el valor 127 la variable a valdrá solo 127.

Solución:
Está al final de los ejercicios propuestos.

▶ **R2. Ejercicio**: escribe un programa Java que realice lo siguiente: declarar una variable N de tipo int, una variable A de tipo double y una variable C de tipo char y asigna a cada una un valor.

A continuación, muestra por pantalla:

- El valor de cada variable.
- La suma de N + A
- La diferencia de A − N
- El valor numérico correspondiente al carácter que contiene la variable C.

Si por ejemplo le hemos dado a N el valor 5, a A el valor 4.56 y a C el valor 'a', se debe mostrar por pantalla:

```
 Console  ⊠
<terminated> Ejemplo1 [Java Application] C:\Program Files\Java\jre
Variable N = 5
Variable A = 4.56
Variable C = a
5 + 4.56 = 9.559999999999999
4.56 - 5 = -0.4400000000000004
Valor numérico del carácter a = 97
```

Solución:

```java
public class Ejemplo2 {

    public static void main(String[] args) {
        int N = 5;
        double A = 4.56;
        char C = 'a';

        System.out.println("Variable N = " + N);
        System.out.println("Variable A = " + A);
        System.out.println("Variable C = " + C);
        System.out.println(N + " + " + A + " = " + (N+A));
        System.out.println(A + " - " + N + " = " + (A-N));
        System.out.println("Valor numérico del carácter " + C + " = " + (int)C);
    }
}
```

▶ **R3. Ejercicio:** realiza un programa en Java que dadas dos variables a y b, intercambie los valores de a y b.

Solución:

```java
class intercambio {
    public static void main(String[] args) {
        int a = 5, b = 8, tmp;

        tmp = a;
        a = b;
        b = tmp;

        System.out.println("El valor de a ahora es: " + a + " y el de b es:" +
b);
    }
}
```

▶ **R4. Ejercicio:** escribe un programa Java que realice lo siguiente: declarar dos variables X e Y de tipo int, dos variables N y M de tipo double y asigna a cada una un valor. A continuación muestra por pantalla:

- El valor de cada variable.
- La suma X + Y
- La diferencia X – Y
- El producto X * Y
- El cociente X / Y
- El resto X % Y
- La suma N + M
- La diferencia N – M
- El producto N * M
- El cociente N / M
- El resto N % M
- La suma X + N
- El cociente Y / M
- El resto Y % M
- El doble de cada variable.
- La suma de todas las variables.
- El producto de todas las variables.

Si por ejemplo le hemos dado a X el valor 1, a Y el valor 2, a M el valor 3.2 y a N el valor 4.7 se debe mostrar por pantalla:

Solución:

```
🖥 Console ⊠
<terminated> Ejemplo4 [Java Application] C:\Program Files\Java\jre
Variable X = 1
Variable Y = 2
Variable M = 3.2
Variable N = 4.7
1 + 2 = 3
1 - 2 = -1
1 * 2 = 2
1 / 2 = 0
1 % 2 = 1
4.7 + 3.2 = 7.9
4.7 - 3.2 = 1.5
4.7 * 3.2 = 15.040000000000001
4.7 / 3.2 = 1.46875
4.7 % 3.2 = 1.5
1 + 4.7 = 5.7
2 / 3.2 = 0.625
2 % 3.2 = 2.0
Variable X = 1 el doble es 2
Variable Y = 2 el doble es 4
Variable M = 3.2 el doble es 6.4
Variable N = 4.7 el doble es 9.4
1 + 2 + 4.7 + 3.2 = 10.9
1 * 2 * 4.7 * 3.2 = 30.080000000000002
```

```java
public class Ejemplo4 {

    public static void main(String[] args) {
        int X = 1, Y = 2;
        double M = 3.2, N = 4.7;
        System.out.println("Variable X = " + X);
        System.out.println("Variable Y = " + Y);
        System.out.println("Variable M = " + M);
        System.out.println("Variable N = " + N);
        System.out.println(X + " + " + Y + " = " + (X+Y));
        System.out.println(X + " - " + Y + " = " + (X-Y));
        System.out.println(X + " * " + Y + " = " + X*Y);
        System.out.println(X + " / " + Y + " = " + X/Y);
        System.out.println(X + " % " + Y + " = " + X%Y);
        System.out.println(N + " + " + M + " = " + (N+M));
        System.out.println(N + " - " + M + " = " + (N-M));
        System.out.println(N + " * " + M + " = " + N*M);
        System.out.println(N + " / " + M + " = " + N/M);
        System.out.println(N + " % " + M + " = " + N%M);
        System.out.println(X + " + " + N + " = " + (X+N));
        System.out.println(Y + " / " + M + " = " + Y/M);
        System.out.println(Y + " % " + M + " = " + Y%M);
        System.out.println("Variable X = " + X + " el doble es " + 2*X);
        System.out.println("Variable Y = " + Y + " el doble es " + 2*Y);
        System.out.println("Variable M = " + M + " el doble es " + 2*M);
        System.out.println("Variable N = " + N + " el doble es " + 2*N);
        System.out.println(X + " + " + Y + " + " + N + " + " + M + " = " + (X+Y+M+N));
        System.out.println(X + " * " + Y + " * " + N + " * " + M + " = " + (X*Y*M*N));
    }

}
```

▶ **R5. Ejercicio:** dentro de una clase joven tenemos las variables enteras de *edad*, *nivelEstudios* e *ingresos*.

Necesitamos almacenar en la variable *booleana jasp* el valor:

- Verdadero. Si la edad es menor o igual a 28, el nivelEstudios es mayor que tres y los ingresos superan los 28.000 euros.

- Falso. En caso contrario.

Escribe el código necesario. (2 líneas).

Solución:

```java
class joven {
    public static void main(String[] args) {
        int edad, nivelEstudios, ingresos;
        boolean jasp = false;
        jasp = ((edad <= 28) && (nivelEstudios < 3) && (ingresos > 28000));
    }
}
```

▶ **R6. Ejercicio:** ¿Qué mostrará este programa por pantalla?

```java
public class Test2 {
    public static void main(String[] args) {
        int i = 0x100;
        i >>>= 1;
        System.out.println(i);
    }
}
```

Solución:

128

▶ **R7. Ejercicio:** escribe un programa Java que declare una variable entera N y asígnale un valor. A continuación escribe las instrucciones que realicen lo siguiente:

- Incrementar N en 77.

- Decrementarla en 3.

- Duplicar su valor.

Si por ejemplo N = 1 la salida del programa será:

```
🖥 Console ☒
<terminated> Ejemplo7 [Java Application] C:\Pr
Valor inicial de N = 1
N + 77 = 78
N - 3 = 75
N * 2 = 150
```

Solución:

```java
public class Ejemplo7 {

    public static void main(String[] args) {
        int N = 1;

        System.out.println("Valor inicial de N = " + N);
        N+=77;
        System.out.println("N + 77 = " + N);
        N-=3;
        System.out.println("N - 3 = " + N);
        N*=2;
        System.out.println("N * 2 = " + N);

    }
}
```

▼ **R8. Ejercicio:** declara un String que contenga tu nombre, después muestra un mensaje de bienvenida por consola. Por ejemplo: si introduzco **"Isabel"**, me aparezca **"Bienvenida Isabel"**.

Solución:

```java
public class Ejemplo8Saludo {

    public static void main(String[] args) {
            String nombre="Isabel";

            System.out.println("Bienvenida "+ nombre);

    }
}
```

▼ **R9. Ejercicio:** estudia el ejemplo para ver cómo se trabaja a nivel de bit.

```java
public class TrabajandoAnivelDeBit {


    public static void main(String[] args) {


            byte operando1;
            byte operando2;
            byte resultado;

            // PONER UN BIT A 0
            operando1 = 43;                        //    0  0  1  0  1  0  1  1  ==>>  43 en
binario
            operando2 = 119;                       //    0  1  1  1  0  1  1  1  ==>> 119 en
binario
                                                   // & ---------------------
            resultado = (byte) (operando1 & operando2); // 0 0 1 0  0 0  1 1 ==>> 35 en
binario
            System.out.println("PONER UN BIT A 0");
            System.out.println("resultado: "+resultado);

            // PONER UN BIT A 1
            operando1 = 43;                        //    0  0  1  0  1  0  1  1  ==>>  43 en
binario
            operando2 = 16;                        //    0  0  0  1  0  0  0  0  ==>>  16 en
binario
                                                   // | ---------------------
            resultado = (byte) (operando1 | operando2);//0  0  1  1 1  0  1  1 ==>>59 en
binario
            System.out.println("PONER UN BIT A 1");
            System.out.println("resultado: "+resultado);

             // DESPLAZAMIENTO DE BITS HACIA LA DERECHA
```

```
        operando1 = 45;                // 0 0 1 0 1 1 0 1 ==>> 45 en
binario
                                       // al desplazar todos los bits
                                       // 2 posiciones hacia la derecha
obtenemos
        resultado = (byte) (operando1 >> 2); // 0 0 0 0 1 0 1 1 ==>> 11 en
binario
        System.out.println("DESPLAZAMIENTO DE BITS HACIA LA DERECHA");
        System.out.println("resultado: "+resultado);


        // VISUALIZAR LOS BITS DE UN BYTE
        byte datoAVisualizarBits = 45;    // 0 0 1 0 1 1 0 1 ==>> 45 en
binario

        for (byte i = 64; i >0 ; i = (byte)(i/2)){
            resultado =  (byte)(datoAVisualizarBits & i);
            if (resultado > 0)
                System.out.print("1  ");
              else
                System.out.print("0  ");
        }
    }
}
```

El resultado es el siguiente:

```
 Console ☒
<terminated> TrabajandoAnivelDeBit [Java Application] C:\Program
PONER UN BIT A 0
resultado: 35
PONER UN BIT A 1
resultado: 59
DESPLAZAMIENTO DE BITS HACIA LA DERECHA
resultado: 11
0  1  0  1  1  0  1
```

1.10.1 Ejercicios propuestos

Propuestos básicos/refuerzo

▼ **B1. Ejercicio:** programa java que declare cuatro variables enteras A, B, C y D y asígnale un valor a cada una. A continuación realiza las instrucciones necesarias para que:

- B tome el valor de C

- C tome el valor de A
- A tome el valor de D
- D tome el valor de B

Si por ejemplo A = 1, B = 2, C = 3 y D = 4 el programa debe mostrar:

```
🖥 Console ☒
<terminated> B1 [Java Application] C:\Program Files\Ja
Valores iniciales
A = 1
B = 2
C = 3
D = 4
Valores finales
B toma el valor de C -> B = 3
C toma el valor de A -> C = 1
A toma el valor de D -> A = 4
D toma el valor de B -> D = 2
```

▸ **B2. Ejercicio:** escribe un programa Java que dado un número entero obtiene y muestra por pantalla el doble y el triple de ese número.

```java
public class B2 {

    public static void main(String[] args) {

        int numero;

        numero = 7;
        System.out.println("Número introducido: " + numero);
        System.out.println("Doble de " + numero + " -> "+ 2*numero);
        System.out.println("Triple de " + numero + " -> "+ 3*numero);

    }
}
```

Ejercicios propuestos

▸ **P1. Ejercicio:** modifica el siguiente programa para que compile y funcione:

```java
class suma {
  static int n1 = 50;
  public static void main (String[] args) {
        int n2 = 30, suma = 0, n3;
        suma = n1 + n2;
        System.out.println("LA SUMA ES: " + suma);
        suma = suma + n3;
```

```
            System.out.println(suma);
    }
```

▶ **P2. Ejercicio:** ¿Por qué no compila el siguiente programa? Modifícalo para hacer que funcione:

```java
class suma {
        public static void main (String[] args) {
        int n1 = 50, n2 = 30, boolean suma = 0;
        suma = n1 + n2;
        System.out.println("LA SUMA ES: " + suma);
        }
}
```

▶ **P3. Ejercicio:** el siguiente programa tiene 3 fallos, averigua cuáles son y modifica el programa para que funcione.

```java
class cuadrado {
        public static void main (String[] args) {
        int nunero = 2,
        cuad = numero * número;
        System.out.println("EL CUADRADO DE " +NUMERO+" ES: " +
        cuad);
        }
}
```

▶ **P4. Ejercicio:** ¿Qué mostrará el siguiente código por pantalla?

```java
class ejer4 {
  public static void main (String[] args) {
        int nunero = 5;
        num += num - 1 * 4 + 1;
        System.out.println(num);
        Num = 4;
        num %= 7 * num % 3 * 7 >> 1;
        System.out.println(num);
    }
}
```

▶ **P5. Ejercicio:** realiza un programa que calcule la longitud de una circunferencia de radio 3 metros y muestre el resultado por pantalla.

▶ **P6. Ejercicio:** realiza un programa que calcule el área de una circunferencia de radio 5,2 cm y muestre el resultado por pantalla.

▶ **P7. Ejercicio:** realiza un programa que muestre en pantalla, respetando los retornos de línea, el siguiente texto:

Me gusta la programación.

Cada día más.

▹ P8. **Ejercicio: (ejercicio de dificultad alta)** realiza un programa que genere letras aleatoriamente y determine si son vocales o consonantes.

▹ P9. **Ejercicio:** dentro de una clase *joven* tenemos las variables *edad, nivel_de_estudios* e *ingresos*. Necesitamos almacenar en la variable *booleana jasp* el valor:

Verdadero: si la edad es menor o igual a 28 y el nivel_de estudios es mayor de tres, o bien, la edad es menor de 30 y los ingresos superan los 28.000 euros. Falso: en caso contrario.

Escribe el código necesario (2 líneas).

▹ P10. **Ejercicio:** realiza un programa con una variable entera **t** que contiene un tiempo en segundos y queremos conocer este tiempo pero expresado en horas, minutos y segundos.

Propuestos nivel avanzado

▹ 11. **Ejercicio: (ejercicio de dificultad alta)** realiza un programa que dado un importe en euros nos indique el mínimo número de billetes y monedas de curso legal que se pueden utilizar para obtener dicha cantidad.

Por ejemplo 231 euros:

- 1 billete de 200
- 1 billete de 20
- 1 billete de 10
- 1 moneda de 1

Solución al ejercicio resuelto de Verdadero o Falso de los resueltos:

Todas las afirmaciones son Falsas.

2

ESTRUCTURAS DE CONTROL

2.1 INTRODUCCIÓN

En el tema anterior se han realizando programas muy sencillos en los que hemos realizado salidas de datos por pantalla, utilizando la consola del sistema y ahora vamos a conseguir realizar entrada de datos a nuestros programas.

Además también surge la necesidad de utilizar estructuras de control para poder programar y resolver los ejercicios de una manera más eficiente.

2.2 ENTRADA DE INFORMACIÓN

Recordemos que una salida de datos es información de nuestro programa que sacamos al exterior para que la podamos ver y hasta ahora hemos utilizado la consola del sistema utilizando System para realizar una salida con out y utilizando el método print.

Para hacer más interesantes nuestros programas se va a introducir información en los programas.Lo ideal para hacer esto sería ideal construir una GUI (Interfaz Gráfica de Usuario) para ver información del programa e introducir datos en el mismo, pero para hacer esto en Java se necesita saber bastante, y lo veremos más adelante. De momento vamos a realizar la introducción de datos de una forma más sencilla, utilizando un par de clases que vienen en la API de Java:

2.2.1 La clase Scanner

La clase **Scanner** nos va a permitir introducir información utilizando la consola del sistema. Dicha clase se encuentra en el paquete **java.util** (incluiremos el paquete java.util.*). La clase Scanner facilita mucho la tarea de obtención de datos desde diferentes fuentes. Una de las utilidades de la clase Scanner es la obtención de datos tecleados finalizando con un "enter".

Lo primero que nos va a llamar la atención es ese **new Scanner(System.in);** ¿Qué narices es eso? Bueno parece muy tedioso pero, vamos a hacerlo simple ahora mismo. Lo que estamos haciendo es crear el **Scanner** dentro del programa asignándole a una zona de memoria en la RAM, la que se reserva gracias a la palabra **new**, en resumen, le estamos guardando un trocito de memoria al Scanner para poder utilizarlo sin problemas.

¿Y eso de **System.in**? Es para indicarle al Scanner que los datos que va a leer son del teclado, ya que puede leer datos de más fuentes; pero de momento veremos el teclado que es lo que nos interesa. Hasta aquí ahora mismo sólo tenéis que aprender esto de memoria o mirarlo cada vez que queráis introducir algo por teclado y copiarlo.

En el código siguiente se importa la clase Scanner, posteriormente se declara una instancia de la misma llamada "teclado" y se inicializa pasando como parámetro un objeto InputStream, el cual es devuelto por la clase System con ayuda de su método in. Luego vemos como se imprime el aviso correspondiente del tipo de datos que se va a pedir y se guarda todo lo que se introduce en la variable "nombre", hasta que se teclee un enter. Y todo se logra por medio del objeto Scanner llamado "teclado" y su método next().

T1.

```
import java.util.Scanner;
       ........

Scanner teclado=new Scanner(System.in);
String nombre; //declaro el String nombre
System.out.println("\nIntroduce tu nombre:");
nombre=teclado.next(); //el programa esperará que introduzcamos un String
System.out.println("Tu nombre es: "+nombre);
```

Observamos también otra cosa, y es que después de **teclado** va un punto, bueno eso es un tema complejo ya que nos vamos a la programación orientada a objetos, que es un tema que trataremos más adelante. Por ahora vamos a entender el punto y lo que viene después como el tipo de variable que vamos a asignarles a nuestras variables, como por ejemplo a nuestro **String nombre;** en este caso hemos puesto .next(), es decir, lo que el **teclado** espera como siguiente es un String.

De igual manera un objeto Scanner ofrece otros métodos que permiten recibir diferentes tipos: nextLine() para introducir un String, nextInt() para enteros o nextFloat(), nextDouble() para reales nextBoolean() para booleanos.

T2. Otro ejemplo

```
import java.util.Scanner;

public class ScannerDemo {

    public static void main(String[] args)
  {
        @SuppressWarnings("resource")
        Scanner sc = new Scanner(System.in);

        // entrada de una cadena
        System.out.println("Introduzca el Nombre: ");
```

```
        String nombre = sc.nextLine();

        // entrada de un carácter
        System.out.println("Introduzca el Género (V/H): ");
        char genero = sc.next().charAt(0);

        // Entrada de datos numéricos
        // byte, short y float
        System.out.println("Introduzca la edad: ");
        int edad = sc.nextInt();

        System.out.println("Introduzca el Telefono: ");
        long numTel = sc.nextLong();

        System.out.println("Introduzca el Promedio: ");
        double promedio = sc.nextDouble();

        // Imprima los valores para verificar si la entrada
        // fue obtenida correctamente.
        System.out.println("Nombre: " + nombre);
        System.out.println("Género: " + genero);
        System.out.println("Edad: " + edad);
        System.out.println("Teléfono: " + numTel);
        System.out.println("Promedio: " + promedio);
    }

}
```

2.2.2 La clase BufferedReader

Mediante la clase **BufferedReader** (por consola), que se encuentra en el paquete **java.io** (incluiremos el paquete java.io.*)

Lo hace mediante la clase **System** del paquete **java.lang**. La clase System contiene, entre otros tres objetos que están asociados a tres flujos estándar que se abren cuando se ejecuta el programa y se cierran cuando éste finaliza. Estos objetos static son los siguientes:

▶ **System.out.** Referencia la salida estándar (pantalla).

▶ **System.in.** Referencia la entrada estándar (teclado). Este objeto pertenece a la clase InputStream. Un ejemplo de utilización es el siguiente:

T3.

```
char c;
try {
        c = (char) System.in.read( );
} catch (Exception e) {
        e.printStackTrace( ); //printStackTrace: método donde se
                              //realizó la excepción
}
```

En este ejemplo se llama al método read( ) del objeto System.in que es el método básico de lectura de un carácter por teclado. Generalmente, lo que se hace es leer una línea entera desde teclado. Por tanto hay que utilizar el siguiente código:

```java
import java.io.*;

InputStreamReader isr = new InputStreamReader(System.in);
BufferedReader buff = new BufferedReader(isr);
String ln = buff.readLine();
```

En este código se crea un objeto del tipo **InputStreamReader** al que se le pasa como parámetro **new** el objeto **System.in**. En la siguiente línea, el objeto buff va a pedir un reader al crearse y aprovechamos para pasarle como parámetro el InputStreamReader (isr) que hemos creado anteriormente.

T4. Otra forma de leer datos desde teclado es la siguiente:

```java
int dato;
String sdato = System.console( ).readLine( ); //lectura de un string
dato = Integer.parseInt(sdato); // convierte un string a entero
```

▶ **System.err.** Referencia la salida de error estándar (pantalla). Este objeto se usa para mostrar mensajes de error. Como System.out tiene los métodos print( ) y println( ). Veamos un ejemplo de su uso:

```java
int a = 10, b = 0, c;
try {
        c = a/b;
} catch (ArithmeticException e) { // capturo la excepción error
        System.err.println("Error: " + e.getMessage( ) );
        return;
}
System.out.println("Resultado: " + c );
```

2.2.3 La clase JOptionPane

Mediante la clase **JOptionPane** (interfaz gráfica de usuario) La clase JOptionPane que se encuentra en el paquete **javax.swing** (incluiremos el paquete javax.swing.JOptionPane).

Con JOptionPane es fácil crear una ventana de diálogo estándar que solicita al usuario por un valor o informa de algo.

T5. Ejemplo:

```java
import javax.swing.JOptionPane;
```

```
String name = "";
name = JOptionPane.showInputDialog ("Escribe tu nombre");
String msg = "Hola " + name + "!";
JOptionPane.showMessageDialog(null, msg);
```

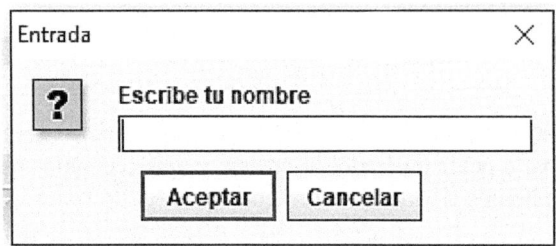 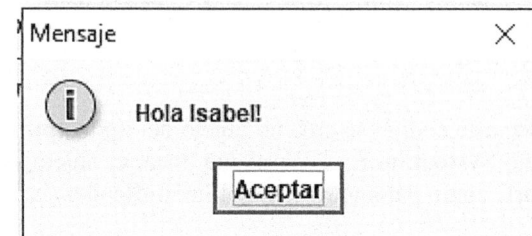

2.3 ESTRUCTURAS BASICAS DE CONTROL

T6. Un programa de computador se puede definir como una secuencia ordenada de instrucciones dedicadas a ejecutar una tarea. Debido a esto, aparece el concepto de flujo de ejecución de un programa, que define el orden que siguen las sentencias durante la ejecución del mismo.

El flujo de ejecución de un programa viene determinado por una serie de patrones o estructuras de programación. Cada una de estas estructuras de programación se comporta exteriormente como una sentencia única, de forma que se pueda concatenar dentro de otras estructuras y así componer el flujo de ejecución de un programa completo. Estas estructuras de programación son independientes del lenguaje de programación utilizado, siendo aplicables a cualquier lenguaje de programación existente en la actualidad.

Los tipos de estructuras de programación existentes son:

▶ **Secuencia**: constituida por 0, 1 ó N sentencias que se ejecutan según el orden en que se han escrito. Es la estructura más simple y la pieza más básica a la hora de componer estructuras.

▶ **Selección**: consta de una sentencia especial de decisión y de un conjunto de secuencias de instrucciones. La sentencia de decisión genera un resultado dentro de un rango (normalmente Verdadero o Falso) y dependiendo del ese resultado se ejecutará una de las secuencias de instrucciones. Pueden existir tantas secuencias de instrucciones como valores posibles del rango de decisión.

Repetición (o iteración) consta de una sentencia especial de decisión y de una secuencia de instrucciones. La sentencia de decisión sólo genera dos tipos de resultados, Verdadero o Falso. La secuencia de instrucciones se ejecutará de forma iterativa mientras que la sentencia de decisión genere el resultado correcto, en caso contrario finalizará la ejecución de la estructura de iteración.

En el lenguaje Java, como en C, una sentencia simple debe finalizar con un ";" para así identificarla como una sentencia única.

Si se desea generar secuencias de más de una sentencia es necesario agrupar entre delimitadores las sentencias que la componen. Para ello se utilizan los delimitadores "{" y "}".

Así la expresión

```
{
contador =0;
contador = contador + 1;
}
```

constituye una secuencia de instrucciones compuesta por dos sentencias.

2.4 ESTRUCTURAS DE SELECCIÓN

2.4.1 Estructuras if

T7. También llamada estructura de bifurcación, se utiliza cuando en un punto del programa se requiere que se elija entre dos o más acciones distintas, en función de alguna condición determinada. El orden físico y lógico de las sentencias no coinciden. En Java existen tres tipos de estructuras if (if, if-else y if-elseif-else).

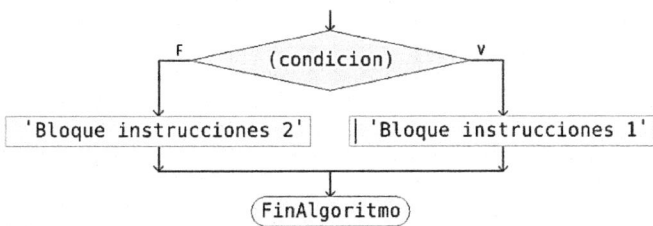

```
if (condicion)
    {
        //bloque de instrucciones 1
    }
else
    {
        //bloque de instrucciones 2
    }
```

T8. Un ejemplo de la utilización de estas estructuras es el siguiente:

```
int a = 4;
if (a == 4) {
    System.out.println("La variable es igual a 4");
}

if (a > 5) {
    System.out.println("La variable es mayor a 5");
```

```
} else {
        System.out.println("La variable es menor que 6");
}

if (a > 5) {
        System.out.println("La variable es mayor a 5");
} else
        if (a == 5){
                System.out.println("La variable es igual a 5");
        } else {
                System.out.println("La variable es menor que 5");
        }
```

T9. Otro ejemplo:

```
int matematicas = 4, lengua = 2;
if (matematicas >= 5)
 {
        if (lengua >=5)
            {
                System.out.println("Enhorabuena");
            }
        else {
                System.out.println("No has aprobado todas las asignaturas");
            }
 }
else {
        System.out.println("No has aprobado todas las asignaturas");
    }
```

2.4.2 Switch

T10. El switch es una estructura de selección múltiple, permite presentar varias acciones alternativas y elegir una de ellas en tiempo de ejecución. La selección se realiza por comparación entre una expresión y las constantes correspondientes a las distintas acciones a seguir.

Veamos la estructura del swith:

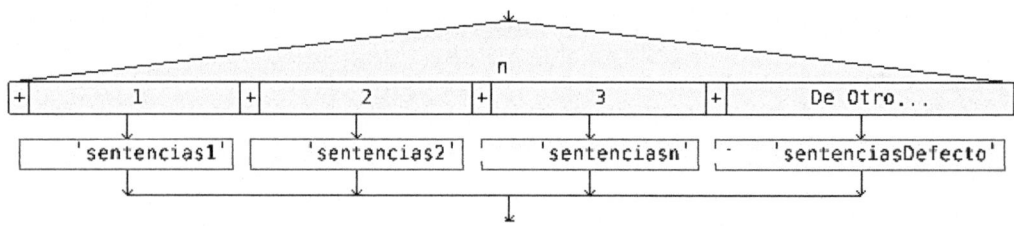

```
switch (expresión) {

        case valor1:
            sentencias1;
            [break;]
        case valor2:
            sentencias2;
            [break;]
        case valor3:
            sentenciasn;
            [break;]
        [default: sentenciasdefecto;]
}
```

Los break son opcionales, pero deben usarse si se quiere que detenga la ejecución del case correspondiente. Si no se incluyen los break, seguirá la ejecución hasta que encuentre la llave del cierre del switch.

T11. Veamos un ejemplo de utilización de esta estructura:

```
switch (posicion)
{
        case 1: System.out.println("ORO");
            break;
        case 2: System.out.println("PLATA");
            break;
        case 3: System.out.println("BRONCE");
            break;
        case 4: System.out.println("DIPLOMA");
            break;
        case 5: System.out.println("DIPLOMA");
            break;
        default: System.out.println("SIN PREMIO");
}
```

2.5 ESTRUCTURAS DE REPETICIÓN

T12. Las estructuras de repetición o bucles se utilizan cuando una o varias sentencias han de ser ejecutadas cero, una o más veces. En Java se realizan con las sentencias: while, do-while y for. Se debe tener cuidado en las expresiones booleanas de los bucles para que no se produzcan bucles infinitos (siempre tienen la condición lógica verdadera). De ser así, el programa se queda ejecutando el bucle para siempre y no acaba hasta que se mate el proceso.

2.5.1 Bucle while

T13. El bucle while se usa cuando se tiene que ejecutar un bloque de sentencias un número determinado de veces (0 o más veces).

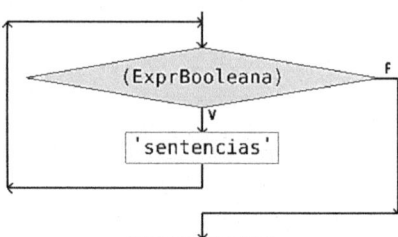

Su formato es el siguiente:

```
while (exprBooleana) {
    sentencias;
}
```

T14. Veamos un ejemplo:

```
int numero = 1;
while (numero <= 10) { //bucle que cuenta hasta 10
    System.out.println(numero);
    numero++;
}
```

2.5.2 Bucle do ... while

T15. El bucle do-while se usa cuando se tiene que ejecutar un bloque de sentencias un número determinado de veces (1 o más veces). Su formato es el siguiente:

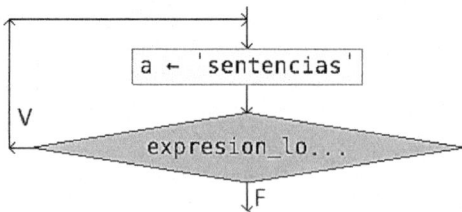

```
do {
    sentencias;
} while (boolexp);
```

T16. Un ejemplo de utilización de esta estructura es el siguiente:

```
int numero = 1;
do{ //bucle que cuenta hasta 10
      System.out.println(numero);
      numero++;
} while (numero <= 10);
```

Este ejemplo es igual al anterior lo único que se ha cambiado el **while** por el **do-while.**

2.5.3 Bucle for

T17. El bucle **for** se usa cuando se tiene que ejecutar un bloque de sentencias un número fijo y conocido de veces. Su formato es el siguiente:

```
for (inicialización; boolexp; increm) {
      sentencias;
};
```

T18. Un ejemplo de utilización de esta estructura es el siguiente:

```
int numero = 1;
for (numero = 1; numero <= 10; numero++){ //bucle que cuenta hasta 10
      System.out.println(numero);
}
```

El contador puede incrementarse o decrementarse en una cantidad diferente de 1.

2.6 ESTRUCTURAS DE SALTO

2.6.1 Sentencias break y continue

T19. La sentencia **break** sirve para estructuras de selección y de repetición. El programa al encontrar un break se saldrá del bloque que está ejecutando.

La sentencia **continue** sólo se utiliza en estructuras de repetición y lo que hace es terminar la iteración i y continuar por la iteración i+1.

```
int i = 0;
while ( i < 10){ //este programa muestra los números del 1 al 10 sin mostrar el 5
      i ++;
      if (i = = 5) { continue;}
      System.out.println( i );
}
```

2.6.2 Sentencias break y continue con etiquetas

Las sentencias **break** y **continue** con etiquetas mantienen el mismo funcionamiento salvo que en esta ocasión el programador puede controlar qué bucle es el que deja de ejecutar o en qué bucle continua.

T20. Un ejemplo de **break** con etiquetas es el siguiente:

```java
public class proba { //Un ejemplo de break con etiquetas es el siguiente:
 public static void main (String argv[]){
                      int i = 0;
        bucleext: while ( i < 100){
                  i ++;
                  for ( int j = 0; j < i; j++) {
                      if ( i== 5) { break bucleext;}
                      System.out.print( "*" );
                  }
                  System.out.println( "" );
              }
          }
    }
```

En este código solo se ejecutarán 4 iteraciones, en la quinta se deja de ejecutar el bucle **while** principal.

T21. En el siguiente código se muestra una pirámide.

```java
public class proba2 {

     public static void main (String argv[]){
            int i = 0;
            bucleext: while ( i < 20){
                  i ++;
                  for(int k=1;k<(20-i);k+=2) {
                        if ( i %2 == 0) { continue bucleext;};
                        System.out.print( " " );
                  }
                  for(int j=0;j<i;j++) {
                        System.out.print( "*" ); }
                  System.out.println( "" );
                  if ( i == 19) { break bucleext;}; }


     }
 }
```

Comprueba que el resultado es el siguiente:

```
 Problems   @ Javadoc   Declaration   Console  ☒
<terminated> proba2 [Java Application] C:\Program Files\Java\jre1.8.0_211\bin\javaw.exe (21 may. 2019 13:18:03)
          *
         ***
        *****
       *******
      *********
     ***********
    *************
   ***************
  *****************
 *******************
```

Y ahora estúdialo y modifícalo para crear una pirámide con más o menos líneas.

2.6.3 Sentencia return

T22. Las sentencias **return** es otra forma de salir de una estructura de control. La diferencia con break y continue es que return sale de la función o método que esta ejecutando y permite devolver un valor. Por ejemplo:

```
return 5; // sale de la función o método y devuelve el valor 5
```

2.7 CONTROL DE EXCEPCIONES

T23. El control de excepciones permite al programador controlar la ejecución del programa evitando que éste falle de forma inesperada. El formato de la estructura del control de excepciones es el siguiente:

```
try {
    sentencias a proteger
    } catch (exception_1)
       {
       //control de excepción 1
       }
     ......
     catch (exception_n)
       {
         //control de excepción n
       }
     [finally {
        //control opcional
     }]
```

El programa intentará proteger las sentencias situadas dentro del bloque **try**, en el caso de que ocurra un error se intentará controlar la excepción mediante los bloques **catch** (dependiendo de la instrucción se ejecutará un bloque de código u otro). El bloque **finally** es opcional, pero en caso de existir éste se ejecutará siempre.

T24. Veamos un ejemplo:

```java
public class test {

        public static void main(String[] args) {
                // TODO Auto-generated method stub

                int a = 10, b = 0, c; c = a/b;
                System.out.println( "Resultado: " +c);

        }
}
```

La división por cero es una indeterminación y provocará en la ejecución del programa un fallo que le hace terminar. El error que muestra es:

```
Problems  @ Javadoc  Declaration   Console 

<terminated> test [Java Application] C:\Program Files\Java\jre1.8.0_211\bin\javaw.exe (21 may. 2019 13:41:09)
Exception in thread "main" java.lang.ArithmeticException: / by zero
        at teoria.test.main(test.java:8)
```

Una forma de controlar esta situación es la siguiente:

```java
public class test {

        public static void main(String[] args) {
                // TODO Auto-generated method stub

                int a = 10, b = 0, c;
                try {
                    c = a/b;
                    }
                catch (ArithmeticException e) {
                System.out.println( "Error: "+ e.getMessage( ) );
                return;
                    }

                System.out.println( "Resultado: " +c);

        }
}
```

De esta manera se controla la ejecución del programa y éste finalizará de forma controlada.

Lo ejecutamos y nos sale el mensaje de error.

```
Problems   @ Javadoc   Declaration   Console ⊠
<terminated> test [Java Application] C:\Program Files\Java\jre1.8.0_211\bin\javaw.exe (21 may. 2019 13:45:58)
Error: / by zero
```

2.8 PRUEBA Y DEPURACIÓN DE APLICACIONES

T25. Las **pruebas de software** o **testing** son un conjunto de procesos que permiten verificar y validar la calidad de un producto software identificando errores de diseño e implementación (que el programas no hace exactamente lo que se pedía o lo hace pero de forma incorrecta).

Estas pruebas se integran dentro de las diferentes fases del ciclo de vida del software y es habitual que este proceso de pruebas se inicie desde el mismo momento que empieza el desarrollo y continúe hasta que finalice el mismo.

Este proceso de pruebas se ha descuidado a menudo y en ocasiones se ha sacrificado ante las presiones sobre plazos y costes de los proyectos, lo que lleva a una carencia en la planificación de la misma y una mala documentación desarrollada. Lo ideal es definir un **Plan de Prueba** con una planificación de tal proceso.

Este tipo de pruebas se encarga de ejecutar el software que se está desarrollando o ya está desarrollado bajo condiciones controladas, y aplicar sobre el mismo un conjunto de herramientas, técnicas y métodos para tratar de descubrir qué errores contiene. Estas condiciones controladas pueden ser normales o anormales, tratando de forzar al programa y producir errores en las respuestas para determinar si ocurren sucesos cuando no tendrían que ocurrir y viceversa.

Se pueden detectar **errores de programación** (o bugs, que son fallos en la semántica del código del programa) y **defectos de forma** (que el programa no realiza lo que el usuario espera).

2.8.1 Fallos del software

Hay muchas razones por las cuales se producen errores de programación o defectos de forma. Entre estos errores podemos destacar los siguientes:

- ▼ Poca o falta de comunicación entre el personal diferente que interviene en el proceso de desarrollo del SW (cliente, analista, diseñador, programador, etc.).

- ▼ Complejidad del SW, con poca reutilización de código y que requiere a personas muy expertas.

- ▼ Errores de programación por parte de los programadores, por excesiva confianza o poco análisis del problema.

- ▼ Cambios continuos durante el desarrollo del SW en los requerimientos, que conllevan a constantes rediseños.

- ▼ Presiones de tiempos. Conllevan omitir ciertas fases de pruebas y control.

- ▼ Pobre documentación del código. Dificulta la modificación del código el que la documentación sea escasa o de mala calidad.

El profesional que realiza las pruebas (**tester**) tiene altos conocimientos en lenguajes de programación y métodos, técnicas y herramientas especializadas de pruebas. Se encarga de someter el SW a una serie de acciones de forma que responda con su comportamiento como reacción. Debe tener la actitud de probar para tratar de encontrar los errores que no se ven a simple vista.

Para testear el SW adecuadamente, se debe crear un **entorno de pruebas** en una máquina independiente de la máquina de producción con las mismas condiciones de funcionamiento, por lo que existen herramientas dedicadas a este fin.

También es habitual que el equipo de testers o probadores de SW sea un personal diferente del que se encargó de desarrollar la aplicación sometida a prueba.

2.9 DOCUMENTACIÓN DE PROGRAMAS

T26. La documentación es el conjunto de manuales impresos o digitales y otra información descriptiva que explique un programa o aplicación informática.

Toda aplicación se puede contemplar desde dos puntos de vista:

▶ La **descripción física** o **técnica,** cómo es físicamente analizando los componentes que la forman: diagrama de clases, ficheros del sistema, interfaces, descripción de cada clase, descripción del sistema de almacenamiento de en bases de datos, elementos de interconexión con otros sistemas, etc.

▶ La **descripción funcional,** refiriéndose al funcionamiento del sistema, función de cada componente, interacción entre ellos, reglas de comunicación, etc.

La documentación debe cubrir ambas facetas, la **técnica** (información para los informáticos) y la **funcional** (información para todos, en especial para los usuarios).

La documentación es un proceso que comienza desde el principio del proyecto y es algo que nunca termina. Los proyectos según el ciclo de vida clásico, pasan por una serie de etapas que son:

1. **Fase inicial.** En ella se planifica el proyecto, se hacen estimaciones y se estudia la viabilidad del proyecto. Se establecen las bases de cómo se van a desarrollar las siguientes fases del proyecto.

2. **Análisis.** Consiste en recopilar, examinar y formular los requisitos del cliente y analizar cualquier restricción que se pueda aplicar.

3. **Diseño.** Se determinan los requisitos generales de la arquitectura de la aplicación y se da una definición precisa de cada subconjunto de la aplicación.

4. **Codificación.** Se implementa el SW en un lenguaje de programación creando las funciones definidas en la etapa de diseño.

5. **Pruebas.** Para garantizar que la aplicación cumple con los requerimientos originales y que los distintos módulos de la aplicación están integrados y preparados para la explotación.

6. **Explotación.** En ella se instala en SW en el entorno real de uso y se trabaja con el de forma cotidiana.

7. **Mantenimiento.** Se realizan procedimientos correctivos (corrección de fallos) y actualizaciones secundarias del SW (mantenimiento continuo) que consistirá en adaptar y evolucionar las aplicaciones.

En cada una de las fases se generan uno o más documentos. Estos documentos deben ser útiles y estar adaptados a los usuarios de dicha documentación (documentos para los programadores, para los analistas, para los usuarios, etc.).

Como mínimo, en cualquier aplicación de complejidad media se deberán generar los siguientes documentos:

▶ **Manual de usuario.** Será el documento que utilizará el usuario para desenvolverse en el programa. Deberá ser autoexplicativo y de ayuda para el usuario y con el sabrá cómo manejar la aplicación, qué debe y qué no debe hacer.

▶ **Manual técnico.** Es el manual dirigido a los técnicos y con él cualquier programador puede conocer la aplicación casi tan bien como su creador.

▶ **Manual de instalación.** En este manual se explican paso a paso los requisitos, cómo se instala y como se pone en funcionamiento la aplicación.

La documentación es muy necesaria en el desarrollo de aplicaciones ya que sin ella una aplicación es como un coche sin piezas de repuesto, cuando tenga un problema o una reparación no se podrá hacer nada.

2.10 EJEMPLOS E/S

Podemos mostrar los datos de dos maneras, a través de la consola o mediante un cuadro de dialogo. Este primero solo lo veremos si ejecutamos nuestro programa en **IntelliJ IDEA** o en una ventana de comandos.

Para mostrar un mensaje en consola, escribimos **System.out.println("cadena");** dentro del paréntesis, ademas de cadenas, podemos mostrar el valor de una variable, para ello, solo escribimos el nombre de la variable sin comillas dobles, no importa el tipo de variable.

También se puede incluir una cadena de texto mas el valor de una variable, para ello escribimos la cadena con comillas dobles, un signo + y el nombre de la variable, recuerda poner un espacio entre una variable y una cadena de texto. Por ejemplo, **System.out.println("El valor de la variable num es +num);** o **System. out.println("El precio final es "+precio+" euros");**

Incluso podemos escribir una fórmula y nos mostrara el resultado, debe estar entre paréntesis.Si queremos que no de un salto de linea, simplemente escribimos **System.out.print("cadena");**

Veamos un ejemplo de cada tipo:

TP27. System.out.println

```java
package teoria;
public class PruebaApp {

    public static void main(String[] args) {

        int precioProducto=300;

        final double IVA=0.21;
        System.out.println("Informacion del producto");

        System.out.println("El precio del producto es "+precioProducto);
```

```
        System.out.println("El precio del producto, incluyendo el IVA, es
                          "+(precioProducto+(precioProducto*IVA)));
    }
}
```

```
Problems   @ Javadoc   Declaration   Console ⊠
<terminated> PruebaApp [Java Application] C:\Program Files (x86)\Java\jre7\bin\javaw.exe (03/07/2013 16:44:15)
Informacion del producto
El precio del producto es 300
El precio del producto, incluyendo el IVA, es 363.0
```

Este es el resultado: Sigamos mostrando datos pero esta vez con un cuadro de dialogo, lo mejor de esto es que se podrá ver en cualquier sitio que lo ejecutemos.

Antes de escribir la linea de código, debemos importar el paquete necesario para poder utilizar la clase necesaria para el cuadro de dialogo.

Antes de la linea **public class "nombre_clase"**, escribimos **import javax.swing.JOptionPane;** después dentro del main **JOptionPane.showMessageDialog(null, "cadena");** por lo de null, no os preocupéis, lo entenderéis mas adelante y en la cadena podemos hacer lo mismo que hemos mostrado antes.

TP28. Muestra de datos con JOptionPane.*showMessageDialog*

```
import javax.swing.JOptionPane;

public class PruebaApp {

    public static void main(String[] args) {

        int precioProducto=300;

        final double IVA=0.21;

        JOptionPane.showMessageDialog(null, "El precio del producto,
            incluido el IVA es "+(precioProducto+(precioProducto*IVA)));
    }
}
```

Este es el resultado:

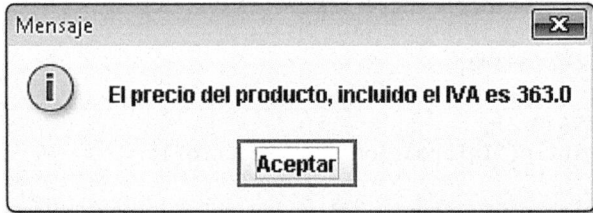

Hasta aquí para mostrar datos, ahora vamos a introducirlos nosotros. Usaremos la misma clase de antes pero con otro método. Recuerda que debemos importar el paquete antes de la clase. Escribimos **JOptionPane. showInputMessage("cadena");** se debe guardar en un **String.** Veamos un ejemplo:

TP29. Lectura de de datos con JOptionPane.*showInputDialog*

```
1   import javax.swing.JOptionPane;
2   public class PruebaApp {
3
4       public static void main(String[] args) {
5
6           String nombre=JOptionPane.showInputDialog("Introduce tu nombre");
7
8           JOptionPane.showMessageDialog(null, "Bien, tu nombre es "+nombre);
9       }
10
11  }
```

Esto es lo que nos muestra al ejecutar, debemos introducir un texto:

Una cosa a tener en cuenta, es que si introducimos un número y queremos hacer operaciones con él, debemos pasarlo a tipo numérico, ya que es un **String** cuando escribimos en la caja de texto. Para cambiar el tipo escribiremos, después de la linea donde introducimos los datos,lo siguiente: **Integer.parseInt(variable_texto);** solo debemos colocar la variable **String** que almacenamos al escribir en el cuadro de dialogo.

```
package teoria;

import javax.swing.JOptionPane;

public class TestApp {

    public static void main(String[] args) {
        final double IVA = 0.21;
        String texto_num = JOptionPane.showInputDialog("Introduce el precio del
producto");

        int precio = Integer.parseInt(texto_num);
        JOptionPane.showMessageDialog(null,
                    "EL producto tiene un precio de " + precio + " y su
                    precio final es de " + (precio + (precio * IVA)));
    }
}
```

Este es el resultado, si introdujéramos 100:

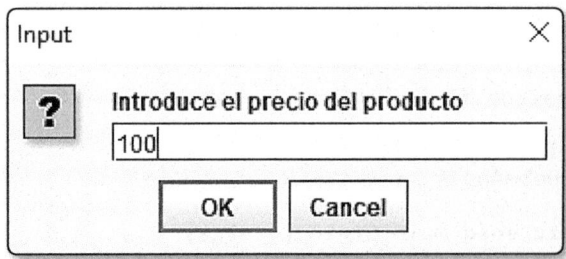

Pusando ok nos saldrá el resultado siguiente:

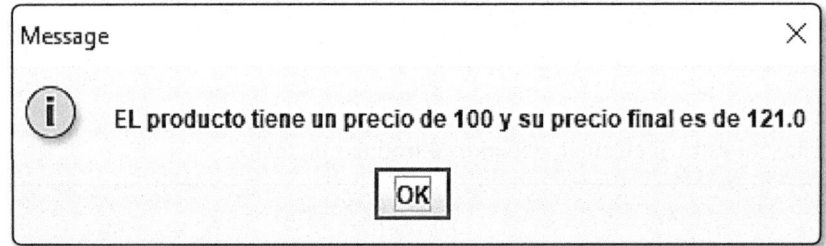

2.11 EJEMPLOS COMPLETOS

TP30. Analizar el ejemplo siguiente:

```java
import java.io.*;
public class ordenanum {

public static void main(String[] args) {
    // TODO Auto-generated method stub
    int n1, n2, n3;
    // Introducimos los tres números positivos, si son
    //negativos los vuelve a pedir
    do {
        System.out.println ("Introduce un número: ");
        BufferedReader entrada = new BufferedReader(new
                            InputStreamReader(System.in));
        n1 = Integer.parseInt(entrada.readLine());
    }while (n1<0);

    do {
        System.out.println ("Introduce un número: ");
        BufferedReader entrada = new BufferedReader(new
                            InputStreamReader(System.in));
        n2 = Integer.parseInt(entrada.readLine());
    }while (n2<0);
```

```
                        do {
                System.out.println ("Introduce un número: ");
                        BufferedReader entrada = new BufferedReader(new
                                            InputStreamReader (System.in));
                n3 = Integer.parseInt(entrada.readLine());
        }while (n3<0);

        if (n1<n2)
                if (n2<n3)
                        System.out.println (n1+ " < " +n2 + " < " +n3);
                else
                        if (n1<n3)
                                System.out.println (n1+ " < " +n3 + " < " +n2);
                        else
                                System.out.println (n3+ " < " +n1 + " < " +n2);
        else
                if (n1<n3)
                        System.out.println (n2+ " < " +n1 + " < " +n3);
                else
                        if (n2<n3)
                                System.out.println (n2+ " < " +n3 + " < " +n1);
                        else
                                System.out.println (n3+ " < " +n2 + " < " +n1);
    }

    }
```

TP31. Otro ejemplo que recoge las tres formas de entrada por teclado podría ser:

```
package teoria;
import javax.swing.JOptionPane; //
import java.util.Scanner; //
import java.io.*;
public class pruebaEntradaSalida {

  public static void main(String[] args) {
        String name = "";
        name = JOptionPane.showInputDialog("Escribe tu nombre");
        String msg = "Hola " + name + "!";
        JOptionPane.showMessageDialog(null, msg);

        Scanner teclado = new Scanner(System.in);
        String nombre;
        System.out.println("\nIntroduce tu nombre:");
        nombre = teclado.next(); //el programa esperará que introduzcamos un String
        System.out.println("Tu nombre es: " + nombre);

        InputStreamReader isr = new InputStreamReader(System.in);
```

```
        BufferedReader buff = new BufferedReader(isr);
        String name2 = "";
        System.out.print("Escribe tu nombre:");
        try {
            name2 = buff.readLine();
        } catch (IOException e) {
            System.out.println("Error!");
        }
        System.out.println("Hola " + name2 + "!");
    }
}
```

2.11.1 Recursos adicionales

Vídeos de E/S de datos
https://youtu.be/Ng0_7uZyIoA
https://www.youtube.com/watch?v=F_48qh3BcDs

API de Java
https://docs.oracle.com/javase/8/docs/api/

Para practicar
https://www.aprendeaprogramar.org/

2.11.2 Ejercicios resueltos

Condicionales

⚑ **R1.** Pedir el radio de un círculo y calcular su área. A=PI*r^2.

```java
import java.util.Scanner;

public class ud2R1 {
    public static void main(String[] args) {
        Scanner teclado = new Scanner(System.in);

        double a,r; // área y radio
        System.out.print("Introduce el radio de un circulo: ");
        r=teclado.nextFloat();
        a=Math.PI*(r*r); // para elevar al cuadrado otra opción es: Math.pow (r, 2)
        System.out.println("El área de una circunferencia de radio " + r+ " es: " +
a);
    }
}
```

▶ **R2**. Pedir dos números y decir si uno es múltiplo de otro

```java
import java.util.Scanner;

public class ud2R2 {

    public static void main(String[] args) {
        int n1,n2;
        Scanner teclado = new Scanner(System.in);
        System.out.print("Introduce un número: ");
        n1=teclado.nextInt();
        System.out.print("Introduce otro número: ");
        n2=teclado.nextInt();

        if(n1%n2==0)
            System.out.println("Son múltiplos");
        else
            System.out.println("No son múltiplos");
    }
}
```

▶ **R3**. Pedir dos números y mostrarlos ordenados de menor a mayor

```java
import java.util.Scanner;

public class ud2R3 {
    public static void main(String[] args) {
        int n1,n2;
        Scanner teclado = new Scanner(System.in);

        //leer los números
        System.out.print("Introduce un número: ");
        n1=teclado.nextInt();
        System.out.print("Introduce otro número: ");
        n2=teclado.nextInt();

        //comprobar condición
        if(n1<n2)
            System.out.println(n1 + "< " + n2);
        else
            System.out.println(n2 + " < " + n1);
    }
}
```

▶ **R4**. Pedir un número entre 0 y 9.999 y mostrarlo con las cifras al revés

```java
import java.util.Scanner;

public class ud2R4 {
```

```java
public static void main(String[] args) {
    int num;
    int dm, um, c, d, u;
    Scanner teclado = new Scanner(System.in);
    // 9 9 . 9 9 9 a nombramos cada dígito así:
    //dm um c d u: dm (decenas de millar), um:(unidades de millar)
    // c: (centenas), d: (decenas), u: (unidades)

    System.out.print("Introduzca un número entre 0 y 99.999: ");
    num=teclado.nextInt();

    // unidad
    u = num % 10;
    num = num / 10;

    // decenas
    d = num % 10;
    num = num / 10;

    // centenas
    c = num % 10;
    num = num / 10;

    // unidades de millar
    um = num % 10;
    num = num / 10;

    // decenas de millar
    dm = num;

    // mostramos:
    System.out.println (u + " " + d + " " + c + " " + um + " " + dm);
    // otra forma de hacerlo es utilizando el polinomio:
    num = 10000*u + 1000*d + 100*c + 10*um + dm;
    System.out.println (num);
    }
}
```

Bucles

▶ **R5.** Se desea conocer el lucky number (número de la suerte) de cualquier persona. Dicho número se consigue reduciendo la fecha de nacimiento a un número de solo un dígito.

Por ejemplo, la fecha de nacimiento de Isabel es: 03-09-1971 → 3 + 9 + 1971 = 1997 → 3 + 9 + 1 + 9 + 7 + 1 = 30 → 3 + 0 = 3. El número de la suerte de Isabel será el 3.

```java
import java.io.BufferedReader;
import java.io.IOException;
import java.io.InputStreamReader;
```

```java
/* R5. Número de la suerte. Reducir fecha nacimiento a un sólo dígito. IBG */
public class ud2R5
{

    public static void main(String[] args) throws IOException
    {
        int dd, mm, aaaa, diasmes, cifra, i, suma;
        boolean bisiesto = false;

        BufferedReader entrada =new BufferedReader (new
                                            InputStreamReader(System.in));

        // Introducir y validar datos
        do{
            System.out.print ("Introduzca su año de nacimiento aaaa = ");
            aaaa=Integer.parseInt(entrada.readLine());
            if (aaaa % 4 == 0)
                bisiesto =true;
        }while (aaaa<=0 || aaaa>9900);   // pongo límites fecha año 0..9900


        do{
            System.out.print ("Introduzca su mes de nacimiento mm = ");
            mm=Integer.parseInt(entrada.readLine());
        }while (mm<1 || mm>12);

        do{        // inicio bucle valida mes
            System.out.print ("Introduzca su dia de nacimiento dd= ");
            dd = Integer.parseInt(entrada.readLine());

            switch (mm) // miro si son 28, 29, 30 o 31 días
            {
                case 1:
                case 3:
                case 5:
                case 7:
                case 8:
                case 10:
                case 12:
                    diasmes = 31;
                    break;
                case 2:
                    if (bisiesto)
                        diasmes = 29;
                    else
                        diasmes = 28;
                    break;
                default: diasmes = 30;
            }
        }while (dd<1 || dd >diasmes);  // fin bucle valida mes
```

```java
        // obtener la cifra
        cifra = aaaa + mm + dd;
        System.out.println(aaaa + " + " + mm + " + " + dd + " = " + cifra);

        // sumar los dígitos de la cifra resultante
        suma=0;
        for (i=1; i<=4; i++)
        {
            suma =suma + (cifra % 10);
            cifra= cifra/10;

            if (cifra == 0 && suma>9)
            {    // reducir lo dos digitos  de la suma a uno solo
                cifra = suma;
                System.out.println("la suma es " + suma);
                suma = cifra % 10;
                cifra = cifra / 10;
                suma = suma + cifra;
            }
        }

        System.out.println("Tu número de la suerte es: " +suma);
    }
} // fin clase
```

▶ **R6.** Realiza un programa que sume un conjunto de valores introducidos por teclado hasta introducir el valor 0 (este valor, indica que ha finalizado la introducción de valores). Se debe mostrar el valor de la suma y decir si dicho valor es cero, mayor a cero o menor a cero.

```java
import java.util.Scanner;

public class ud2R6 {

    public static void main(String[] args) {
        Scanner teclado=new Scanner(System.in);
        int suma=0, valor;
        do {
            System.out.println("Introduce un valor: ");
            valor=teclado.nextInt();
            if (valor != 0) {
                suma=suma + valor;
            }
        } while (valor != 9999);

        System.out.println("Suma acumulada: " + suma);
        if (suma == 0)
            System.out.println("La suma es cero ");
```

```java
    else {
        if (suma > 0) {
            System.out.println("La suma es positiva ");
        } else {
            System.out.println("La suma es negativa ");
        }
    }
  }
}
```

▶ **R7.** Realiza un método que, dado un número de tres cifras, averigüe si es un número Armstrong. Un número es Armstrong cuando la suma de cada uno de sus dígitos elevado al número de dígitos que componen el número da como resultado el propio número. Veamos un ejemplo:

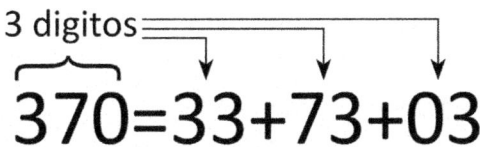

3 digitos

$$370 = 3^3 + 7^3 + 0^3$$

Otros ejemplos:

$123 = 1^3 + 2^3 + 3^3$

$371 = 3^3 + 7^3 + 1^3$

$407 = 4^3 + 0^3 + 7^3$

```java
import java.io.BufferedReader;
import java.io.IOException;
import java.io.InputStreamReader;

/* R7. número de Armstrong. ibg */
public class ud2R7 {
    public static int potencia(int base, int exponente) {
        int res=base;
        for (int i=0; i < exponente - 1; i++) {
            res=res * base;
        }
        return res;
    }

    public static int armstrong(int numero) {
        int cifra1=numero / 100;
        int cifra2=(numero - 100 * cifra1) / 10;
        int cifra3=numero - 100 * cifra1 - 10 * cifra2;
        int dat=potencia(cifra1, 3) + potencia(cifra2, 3) + potencia(cifra3, 3);
        if (dat == numero) return 1;
        return 0;
    }
```

```
        public static void main(String[] args) throws IOException {
            int numero;
            System.out.println("Introduce un número: ");
            BufferedReader entrada = new BufferedReader(new InputStreamReader
                                                        (System.in));
            numero=Integer.parseInt(entrada.readLine());
            if (armstrong(numero) == 1)
                System.out.println("El número " + numero + " es un número de
Armstrong");

            else
                System.out.println("El número " + numero + " no es un número de
Armstrong");

        }
    }
```

(i) NOTA

Vamos a hacer que el usuario introduzca el número para evaluar si es número de Armstrong. Lo hacemos añadiendo al método main el tratamiento de excepciones **throws IOException** y utilizando el paquete **java.io.** Esta clase permite introducir por consola un valor y pasarlo a entero mediante las sentencias:

BufferedReader entrada = new BufferedReader(new InputStreamReader (System.in));
numero = Integer.parseInt(entrada.readLine());

En este caso, la IOException es una checked exception, por lo cual, en caso de ser declarada tiene que ser manejada dentro del método. Existen dos modos de manejar una excepción: arrojándola o tratándola. Cuando arrojas una excepción (usando la palabra reservada throws) quiere decir que en el método donde la arrojas no es necesario darle un tratamiento en específico, sin embargo, la excepción podrá ser arrojada hacia algún trozo de código que mande llamar a este método. Por otro lado, el tratamiento de una excepción, realizado por medio de bloques try-catch lo que hace es que, si se lanza la excepción, el programa decide qué debe de hacer, cómo manejarla,cómo evitar que el programa caiga en un estado de inconsistencia.

2.11.3 Ejercicios propuestos

Básicos/refuerzo

Condicional simple

▶ **P1.** Crea un programa que pida al usuario un número entero y diga si es par (pista: habrá que comprobar si el resto que se obtiene al dividir entre dos es cero: if (x % 2 == 0)).

▶ **P2.** Crea un programa que pida al usuario dos números enteros y diga cuál es el mayor de ellos.

▶ **P3.** Crea un programa que pida al usuario dos números enteros y diga si el primero es múltiplo del segundo (pista: igual que en el ejercicio P1, habrá que ver si el resto de la división es cero: a % b == 0).

Medios

Condicional compuesto

▶ **P4**. Crea un programa que pida al usuario un número entero. Si es múltiplo de 10, informará al usuario y pedirá un segundo número, para decir a continuación si este segundo número también es múltiplo de 10.

▶ **P5**. Crea un programa que multiplique dos números enteros de la siguiente forma: pedirá al usuario un primer número entero. Si el número que se teclee es 0, escribirá en pantalla "El producto de 0 por cualquier número es 0". Si se ha tecleado un número distinto de cero, se pedirá al usuario un segundo número y se mostrará el producto de ambos.

▶ **P6**. Crea un programa que pida al usuario dos números enteros. Si el segundo no es cero, mostrará el resultado de dividir el primero entre el segundo. Por el contrario, si el segundo número es cero, escribirá "Error: no se puede dividir entre cero".

▶ **P7**. Crea un programa en java que pida al usuario un número entero y responda si es múltiplo de 2 o de 3.

▶ **P8**. Crea un programa que pida al usuario un número entero y responda si es múltiplo de 2 y de 3 simultáneamente.

▶ **P9**. Crea un programa que pida al usuario un número entero y responda si es múltiplo de 2 pero no de 3.

▶ **P10**. Crea un programa que pida al usuario un número entero y responda si no es múltiplo de 2 ni de 3.

▶ **P11**. Crea un programa que pida al usuario dos números enteros y diga si ambos son pares.

▶ **P12**. Crea un programa que pida al usuario dos números enteros y diga si (al menos) uno es par.

▶ **P13**. Crea un programa que pida al usuario dos números enteros y diga si uno y sólo uno es par.

▶ **P14**. Crea un programa que pida al usuario dos números enteros y diga "Uno de los números es positivo", "Los dos números son positivos" o bien "Ninguno de los números es positivo", según corresponda.

▶ **P15**. Crea un programa que pida al usuario tres números y muestre cuál es el mayor de los tres.

▶ **P16**. Crea un programa que pida al usuario dos números enteros y diga si son iguales o, en caso contrario, cuál es el mayor de ellos.

Avanzados

▶ **P17**. Pedir 3 números y mostrarlos ordenados de mayor a menor.

▶ **P18**. Pedir una nota de 0 a 10 y mostrarla con letra de la forma: Insuficiente, Suficiente, Bien, Notable, Sobresaliente.

▶ **P19**. Pedir el día, mes y año de una fecha e indicar si la fecha es correcta.

▶ **P20**. Pedir un número de a 99 y mostrarlo escrito. Por ejemplo 43, mostraría: cuarenta y tres.

Bucles

- **P21.** Ejercicio: transforma el siguiente bucle for en un bucle while.

```
for ( int i = 5; i < 15; i++) {
   System.out.print(i + " ");
}
System.out.println();
```

- **P22.** Realiza un programa utilizando bucles que muestre la siguiente figura por pantalla:

```
*
**
***
****
```

- **P23.** Realiza un programa que muestre por pantalla los 5 primeros números pares.
- **P24.** Realiza un programa que muestre por pantalla las tablas de multiplicar del 1 al 10 con el siguiente formato:

```
Tabla del 10
*************
10 x 1 = 10
10 x 2 = 20
10 x 3 = 30
10 x 4 = 40
10 x 5 = 50
10 x 6 = 60
10 x 7 = 70
10 x 8 = 80
10 x 9 = 90
10 x 10 = 100
```

- **P25.** Realiza un programa que transforme números en formato decimal a números en formato romano (número < 4000).
- **P26.** Escribe un programa en Java que le pida al usuario un entero N y dibuje un triángulo creciente de altura N. Por ejemplo, si N es 4, deberá dibujar:

```
   *
  **
 ***
****
```

- **P27.** Desarrolla un programa en Java que muestre un menú con 5 opciones numeradas del 1 al 5. El programa debe solicitar al usuario que elija una opción y mostrar un mensaje correspondiente a la opción seleccionada. El menú debe repetirse hasta que el usuario elija la opción 5 para salir. Si el usuario ingresa una opción inválida, el programa debe mostrar un mensaje de error y volver a solicitar una opción. Implementa el control de excepciones para manejar entradas no numéricas.

3

ESTRUCTURAS DE DATOS ESTÁTICAS: ARRAYS, STRINGS

3.1 ¿QUÉ ES UN ARRAY EN JAVA?

T1. Una array es una colección de elementos del mismo tipo, a la que se hace referencia por un nombre común e indicando la posición del dato individual que nos interesa. Es decir, está formado por una colección finita de elementos homogéneos (del mismo tipo) y ordenados a los que se accede a través de un índice que indica su posición en el array, y que se referencian bajo un nombre común. Así definida, esta colección de datos forma una estructura estática, es decir, que su tamaño será conocido en tiempo de compilación.

En Java se pueden definir vectores o arrays de varios tipos (bolean, int, byte, etc.) y también arrays de objetos. De esta manera se pueden almacenar varios valores en cada posición de memoria. Un array se compone de una serie de posiciones consecutivas en memoria.

3.2 ARRAYS UNIDIMENSIONALES

Un array unidimensional o vector,es una lista de variables relacionadas. Tales listas son comunes en la programación. Por ejemplo, puede usar un array unidimensional para almacenar los números de cuenta de los usuarios activos en una red. Otro array podría usarse para almacenar los promedios de bateo actuales para un equipo de béisbol.

a) **Declaración**

   Un array se declara de forma similar a una variable simple pero añadiendo corchetes para indicar que se trata de un array y no de una variable simple del tipo especificado.

   La forma general de declarar un arreglo unidimensional es:

   ```
   tipo[] nombre_array
   ```

o bien:

```
tipo nombre_array[];
```

La declaración de un array tiene dos componentes: el tipo y el nombre.

El **tipo** declara el tipo de elemento del array. El tipo de elemento determina el tipo de datos de cada elemento que comprende la matriz. Al igual que la matriz de tipo int, también podemos crear una matriz de otros tipos de datos primitivos como char, float, double..etc o tipo de datos definido por el usuario (objetos de una clase). Por lo tanto, el tipo de elemento para la matriz determina el tipo de datos que la matriz contendrá.

Por ejemplo, si queremos definir un grupo de números enteros, el tipo de datos que usaremos para declararlo será "int [ ]":

```
int[] vector;
```

Algunas propiedades de los arrays son:

- Los arrays se utilizan como contenedores para almacenar datos relacionados (en lugar de declarar variables por separado para cada uno de los elementos del array).
- Todos los datos incluidos en el array son del mismo tipo. Se pueden crear arrays de enteros de tipo int o de reales de tipo float, pero en un mismo array no se pueden mezclar tipos de datos, por ej. int y float.
- El tamaño del array se establece cuando se crea el array (con el operador new, igual que cualquier otro objeto).
- A los elementos del array se accederá a través de la posición que ocupan dentro del conjunto de elementos del array.
- Los arrays unidimensionales se conocen con el nombre de vectores.
- Los arrays bidimensionales se conocen con el nombre de matrices.

Ejemplos de declaraciones:

```
    // ambas son declaraciones válidas
    int intArray[];
    int[] intArray;
    //Tipo de datos primitivos

    byte[] byteArray;
    short[] shortArray;
    boolean[] booleanArray;
    long[] longArray;
    float[] floatArray;
    double[] doubleArray;
    char[] charArray;

  //Tipos de datos definidos por el usuario
```

```
// una serie de referencias a objetos de
// la clase MyClass (una clase creada por
// el usuario)

      MyClass[] myClassArray;

      Object[]  ao,      // array de Object
      Collection[] ca;  // array de Collection
   }
```

Aunque la primera declaración anterior establece el hecho de que *intArray* es una variable de matriz, en realidad **no existe una matriz**, simplemente le dice al compilador que esta variable (intArray) contendrá una matriz del tipo entero. Para vincular intArray con una matriz física real de enteros, debe asignar una usando **new** y asignarlo a intArray. Ya veremos...

b) **Instanciando un array en Java**

Cuando un array se declara, solo se crea una referencia del array. **Tras la declaración del array, se tiene que instanciar**, para ello se utiliza el operador *new*, que es el que realmente crea el array indicando un tamaño. Cuando se usa *new*, es cuando se reserva el espacio necesario en memoria. Un array no inicializado es un array **null** (sin valor).

Instanciamos el array de la siguiente manera:

```
tipo nombre-array []; // Declaramos 'nombre-array como array de tipo tipo
nombre-array = new tipo [3]; // Instanciamos 'notas' a tamaño 3
```

Por ejemplo:

```
int[] notas; // Declaramos 'notas' como array de tipo int
notas = new int[3]; // Instanciamos 'notas' a tamaño 3
```

Es habitual declarar e instanciar en una sola línea:

```
tipo[] nombre-array =  new tipo[tamaño];
```

donde:

- **tipo** especifica el tipo de datos que se asignará.
- tamaño especifica el número de elementos en el array.
- nombre-array es el nombre de la variable del array vinculado al mismo.

Por ejemplo:

```
int[]  datos =  new int[5];
```

Es decir, para usar new para asignar un array, debe especificar el tipo y la cantidad de elementos a asignar.

c) **Almacenamiento de valores en el array**

Los valores del array se asignan (almacenan) utilizando el índice del mismo entre corchetes.

```
int[]  datos =  new int[5];
```

Por ejemplo, para almacenar el valor 4 en la tercera posición del array escribiríamos:

```
datos[2] = 4;
```

También se pueden asignar valores al array en la propia declaración e instanciación:

```
int datos[] = {8, 10, 2, 3, 5};
int datos[]= new int[] {8, 10, 2, 3, 5}; //Equivalente a la anterior
```

Esto declara e inicializa un array de cinco elementos. El ejemplo sería equivalente a:

```
datos[0] = 8;
datos[1] = 10;
datos[2] = 2;
datos[3] = 3;
datos[4] = 5;
```

En el ejemplo anterior se crea un array de cinco enteros (con los tipos básicos se crea en memoria el array y se inicializan los valores, los números se inicializan a 0).

Índices →	0	1	2	3	4
Valores →	8	10	2	3	5

Como puede observar en la figura, los elementos se almacenan en la memoria de forma consecutiva, **empezando a numerar su posición desde 0**. Por lo tanto nuestro vector del ejemplo tendrá unos índices desde 0 hasta 4, para almacenar los cinco elementos.

Los arrays tienen una propiedad llamada **length**, que indica su tamaño. Nuestro vector datos tiene un tamaño de 5, lo podemos ver así:

```
System.out.println( datos.length ); // Mostrará un 5
```

d) **Recorrido de un array unidimensional**

Para recorrer un vector, i.e. acceder a todos sus elementos, siempre será necesario un bucle.

En el siguiente ejemplo declaramos e instanciamos un vector tipo int con las notas de un alumno y luego utilizamos un bucle for para recorrer el vector y mostrar todos los elementos.

TP2. Ejemplo:

```java
// Declaramos e instanciamos vector tipo int
int[] notas = new int[] {8, 3, 9, 4, 5};

// Como el vector es de tamaño 5 sus elementos estarán en posiciones de 0 a 4
// Recorremos el vector desde i=0 hasta i<5 (es decir, desde 0 hasta 4)
for (int i = 0; i < notas.length; i++) {
    System.out.println(notas[i]);

}
System.out.println();
```

El resultado sería:

```
pruebasTeoria ×

"C:\Program Files\Java\jdk-11.0.5\bin\jav
8 3 9 4 5
Process finished with exit code 0
```

TP3. Ahora vamos a calcular la nota media (sumar todas y luego dividir entre el número de notas):

```java
// Declaramos las variables suma y media
int suma = 0;
int media;

// Recorremos el vector desde 0 hasta 4, acumulando las notas en suma
for (int i = 0; i < notas.length; i++) {
    suma += notas[i]; // Equivale a: suma = suma + notas[i]
}
// Calculamos la media y la mostramos por pantalla
media = suma / notas.length;
System.out.println("La nota media es: " + media);
```

El resultado es:

```
pruebasTeoria ×

"C:\Program Files\Java\jdk-11.0.5\bin\java
8 3 9 4 5
La nota media es: 5


Process finished with exit code 0
```

e) Copia de vectores

T4. Para copiar vectores no basta con igualar un vector a otro como si fuera una variable simple.

Si partimos de dos vectores v1, v2 e hiciéramos v2=v1, lo que ocurriría sería que v2 apuntaría a la posición de memoria de v1. Eso es lo que se denomina un copia de referencia:

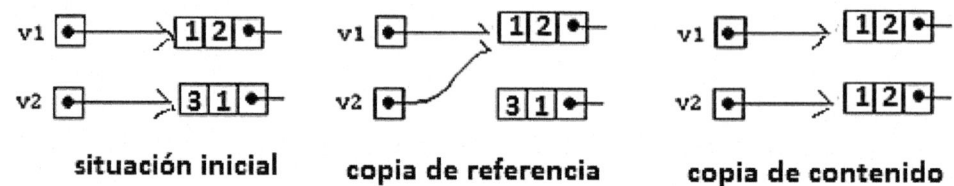

int [] v1 = new int[] {8, 3, 9, 4, 5};
int [] v2 = new int[4];

Si por ejemplo queremos copiar todos los elementos del vector v1 en el vector v2, existen dos formas para hacerlo:

1. Recorrer el vector v1 y copiar todos los elementos en el v2

```
for (int i = 0; i < v1.length; i++)
    v2[i] = v1[i];
```

2. Java maneja los vectores como objetos, por tanto hay una serie de métodos heredados de la clase Object que está en el paquete java.lang:Utilizar el método arraycopy:

```
System.arraycopy(v_origen, i_origen, v_destino, i_destino, length);
v_origen: vector origen
i_origen: posición inicial de la copia
v_destino: vector destino
i_destino: posición final de la copia
length: cantidad de elementos a copiar
```

```
// Copiamos todos los elementos de v1 en v2
System.arraycopy(v1,  srcPos: 0, v2,  destPos: 0, v1.length);
```

TP5. Otro ejemplo de copia de un array en otro utilizando el método arraycopy

```java
class SystemDemo {

    public static void main(String[] args) {

        int[] arr1 = { 0, 1, 2, 3, 4, 5 };
        int[] arr2 = { 5, 10, 20, 30, 40, 50 };

        // copies an array from the specified source array
        System.arraycopy(arr1, 0, arr2, 0, 1);
        System.out.print("array2 = ");
        System.out.print(arr2[0] + " ");
        System.out.print(arr2[1] + " ");
        System.out.print(arr2[2] + " ");
        System.out.print(arr2[3] + " ");
        System.out.print(arr2[4] + " ");
    }
}
```

El resultado de ejecución es:

```
SystemDemo ×
"C:\Program Files\Java\jdk-11.0.5\bin\
array2 = 0 10 20 30 40
Process finished with exit code 0
```

Otros métodos del paquete java.lang son

▸ **equals**. Permite discernir si dos referencias son el mismo objeto.

▸ **clone**. Duplica un objeto.

TP6. Un ejemplo de utilización de estos métodos es el siguiente:

```java
class PruebaCloneEquals {

    public static void main(String[] args) {

        byte[] T1 = {10, 11, 12, 11, 10, 9, 18, 19, 14, 13,15, 15};
        byte[] T2;
        T2=(byte[]) T1.clone();
        byte[] T3 = T1;

        if (T1.equals(T2))
            System.out.println("T1 == T2");
        else
```

```
            System.out.println("T1 != T2");
        if (T1.equals(T3))
            System.out.println("T1 == T3");

        else
            System.out.println("T1 != T3");
    }

}
```

El resultado de ejecución es el siguiente:

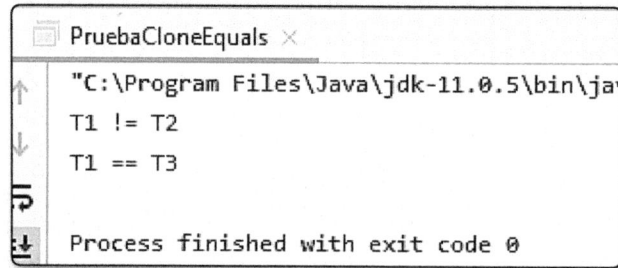

En el primer caso aunque los datos son los mismos, el objeto es diferente porque al clonarlo se crea otro objeto; y en el segundo caso, al asignar T1== T3 hace que la segunda referencia apunte al mismo lugar de memoria que la primera y no se dupliquen los datos. En ese caso el método *equals* si da como resultado *true*.

3.3 ARRAYS MULTIDIMENSIONALES O MATRICES

T7. Los arrays pueden tener más de una dimensión. Los más utilizados son los **arrays de 2 dimensiones**, conocidos como **matrices**.

Las matrices multidimensionales son matrices de matrices o **arrays de arrays**, donde cada elemento del array contiene la referencia de otro array. Se crea una matriz multidimensional al agregar un conjunto de corchetes ([]) por dimensión.

Para declarar un array bidimensional (o matriz 2x2):

```
tipo identificador[][];
```

o bien;

```
tipo [][] identificador;
```

Por ejemplo:

```
double [][] precios =new double[3][3];
```

Un ejemplo de matriz 5x5 sería:

	columnas	0	1	2	3	4
fila 0 ⇒		6	2	1	0	4
fila 1 ⇒		10	5	7	9	8
fila 2 ⇒		2	0	0	16	11
fila 3 ⇒		6	7	0	5	2
fila 4 ⇒		1	1	3	3	0

Tenemos 5 filas y 5 columnas, es decir, 25 elementos en total.

El elemento *m[0][0]* tiene el valor 6, y por ejemplo el elemento *m[2][3]* tiene el valor 16. Como puede observarse, accedemos a los elementos de la matriz indicando la posición de su fila y columna entre corchetes. Aplicaremos este concepto cuando programemos.

En matemáticas las matrices son muy importantes ya que sirven para representar datos, representar magnitudes o algún tipo de coordenadas. Nosotros en programación las utilizaremos para almacenar datos.

TP8. Veamos un ejemplo de matriz 3x3, inicializada y declarada a la vez:

```java
package resueltos;

public class MultiDimensional {

    public static void main(String args[])
    {
        // declarar e inicializar array 2D
        int[][] arr = { {2,7,9},{3,6,1},{7,4,2} };

        // imprimir array 2D
        for (int i=0; i< 3 ; i++)
        {
            for (int j=0; j < 3 ; j++)
                System.out.print(arr [i][j]+ " ");

            System.out.println();
        }
    }
}
```

El resultado de ejecución es el siguiente:

```
MultiDimensional ×

"C:\Program Files\Java\jdk-11.0.5\bin\ja
2 7 9
3 6 1
7 4 2

Process finished with exit code 0
```

3.3.1 Particularidad Java

TP9. En Java (y en C# también), se permite definir arrays N dimensionales donde cada fila puede tener un tamaño distinto.

```java
int[][] numeros = new int[2][];
numeros[0] = new int[5];        // Fila 1:  5 COLUMNAS
numeros[1] = new int[8];        //Fila 2:   8 COLUMNAS
numeros[0][0]=5;
numeros[0][1]=3;
numeros[1][7]=8;

//para recorrer los elementos nos servimos de la propiedad length
for (int i = 0; i< numeros.length; i++)
{
    for (int j =0; j<numeros[i].length; j++)          5 3 0 0 0
        System.out.print(numeros[i][j] + " ");        0 0 0 0 0 0 0 8
    System.out.println();
}
```

3.4 LA CLASE ARRAYS

T10. En el paquete *java.utils* se encuentra una clase estática llamada ***Arrays***. Esta clase estática permite ser utilizada como si fuera un objeto (como ocurre con Math). Esta clase posee **métodos** muy interesantes para utilizar sobre arrays.

Su uso es:

```java
Arrays.metodo(argumentos);
```

Algunos métodos son:

▸ *fill:* permite rellenar todo un array unidimensional con un determinado valor. Sus argumentos son el array a rellenar y el valor deseado:

Por ejemplo, llenar un array de 23 elementos enteros con el valor -1

```
int[] valores = new int[23];
Arrays.fill(valores,-1); // Almacena -1 en todo el array 'valores'
```

También permite decidir desde qué índice hasta qué índice rellenamos:

```
Arrays.fill(valores,5,8,-1); // Almacena -1 desde el 5º al 7º elemento
```

- ***equals:*** compara dos arrays y devuelve true si son iguales (false en caso contrario). Se consideran iguales si son del mismo tipo, tamaño y contienen los mismos valores.

```
boolean b = Arrays.equals(valores, valore2s); // devuelve true si los arrays son
iguales
```

- ***sort :*** permite ordenar un array en orden ascendente. Se pueden ordenar sólo una serie de elementos desde un determinado punto hasta un determinado punto.

```
int[] x={4,5,2,3,7,8,2,3,9,5};
Arrays.sort(x); // Ordena x de menor a mayor
Arrays.sort(x,2,5); // Ordena x solo desde 2º al 4º elemento
```

- ***binarySearch :*** permite buscar un elemento de forma ultrarrápida en un array ordenado. Devuelve el índice en el que está colocado el elemento buscado.

```
int[] x={1,2,3,4,5,6,7,8,9,10,11,12};
Arrays.sort(x);
System.out.println(Arrays.binarySearch(x,8)); //Devolvería 7
```

3.5 CADENAS DE CARACTERES. LA CLASE STRING

T11. Las cadenas de caracteres en Java se tratan como objetos de la clase String.

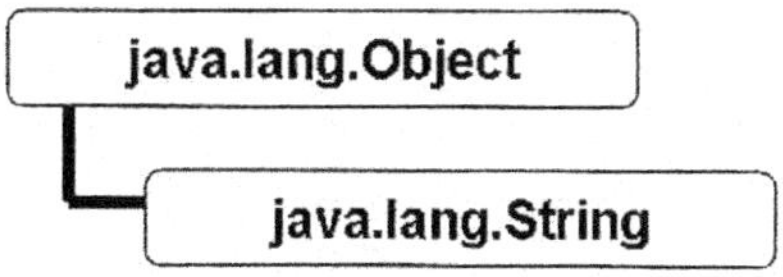

Una cadena de caracteres es como un vector de elementos de tipo *char*.

```
char[] palabra = {'p', 'a', 'l', 'a', 'a', 'r', 'a'}; // Array de char

char[] nombre1 = {'p', 'e', 'p', 'e'};
char[] nombre2 = { 112, 102, 112, 101};
char[] nombre3 = new char[4];
```

En el código anterior las variables nombre1 y nombre2 contienen exactamente lo mismo ya que java almacena los caracteres con sus códigos ASCII correspondientes (a la 'p' le corresponde el 112 y a la 'e' el 101). La variable nombre3 se ha creado como una cadena de 4 caracteres pero todavía no se ha inicializado y, por tanto, sus 4 posiciones contendrán el valor '\0'.

Las variables **String** permiten almacenar cadenas de texto. Es decir, es un bloque de caracteres alfanuméricos que utilizaremos para poder almacenar palabras y frases. Puede tener cero o más caracteres. Esto significa que vamos a poder guardar tanto letras, como números, como cualquier tipo de símbolo.

```
String cad = "";   //cadena vacía
```

Las cadenas pueden ocupar varias líneas utilizando el operador de concatenación "+".

```
String texto2 ="Este es un texto que ocupa"
        + "varias líneas, encadenadas  "
        + "con el símbolo '+'";
```

3.5.1 Métodos de la clase String

T12.

String (String dato). Constructor de la clase *String*.

```
String cad1 = "Isabel";
String cad2 = new String("Barquilla");
String cad3 = new String(cad2);
```

Creamos tres objetos de la clase *String*, el objeto *cad3* se crea a partir del objeto *cad2* y contendrá los mismos datos "Barquilla".

int length( ). Muestra la longitud de un objeto de la clase String.

```
String cad4="DANIEL";
System.out.println("HOLA".length());
```

Muestra la longitud del objeto String cad1 (5).

String concat (String s). Devuelve un objeto de la clase String que es la concatenación de dos Strings.

```
String cad1 = "Isabel ";
cad1 = cad1.concat("Barquilla");

//equivalente a
String cad1 = "Isabel";
String cad2 = "Barquilla";
String cad = cad1 + cad;
```

Muestra en pantalla la concatenación "Isabel Barquilla".

String toString ( ). Devuelve el propio String.

```
String cad1 = "Hola"; String cad2 = "Alfonso";
System.out.println(cad1.toString( ) + cad2.toString( ));
```

Muestra en pantalla la concatenación "Hola Alfonso".

int compareTo (String s). Compara el objeto String con el String pasado como parámetro y devuelve un número:

▶ **< 0** Si el *String* que la llama es **menor** al *String* que se le pasa como parámetro.
▶ **= 0** Si el *String* que la llama es **igual** al *String* que se le pasa como parámetro.
▶ **>0** Si el *String* que la llama es **mayor** al *String* que se le pasa como parámetro.

El método va comparando letra a letra ambos *String* y si encuentra que una letra u otra es mayor o menor que otra deja de comparar.

```
String cad1 = "EMMA";
String cad2 = "MARIA";
System.out.println(cad1.compareTo("emma"));          //muestra -32
System.out.println(cad1.compareTo("EMMA"));          //muestra 0
System.out.println(cad1.compareTo("EMMA MORENO"));   //muestra -32
System.out.println(cad2.compareTo("MARIA AMPARO"));  //muestra -7
System.out.println(cad2.compareTo("MAREA"));         //muestra 4
```

boolean equals ( ). Compara el contenido de dos objetos del tipo *String*.

```
String cad1 = "ISABEL";
String cad2 = new String("ISABEL");
if (cad1.equals (cad2))
    System.out.println("SON IGUALES");
else  System.out.println("SON DIFERENTES");
```

Muestra en pantalla la cadena "SON IGUALES".

String toLowerCase ( ). Convierte las letras mayúsculas del objeto String a minúsculas.

```
String cad1 = "ISABEL Barquilla");
String cad2 = cad1.toLowerCase( );
System.out.println(cad2.toString());
```

Muestra en pantalla la cadena "isabel barquilla".

String toUpperCase ( ). Convierte las letras minúsculas del objeto *String* a mayúsculas.

```
String cad1 = "ISABEL Barquilla");
String cad2 = cad1.toUpperCase( );
System.out.println(cad2.toString());
```

Muestra en pantalla la cadena "ISABEL BARQUILLA".

String trim ( ). Elimina los espacios en blanco que contenga el objeto *String* al principio y al final del mismo.

```
String cad1 = "  DANIEL        ";
String cad2 = cad1.trim( );
System.out.println(cad2.toString());
```

Muestra en pantalla la cadena "DANIEL".

String replace (char car, char newcar). Reemplaza cada ocurrencia del carácter *car* por el carácter *newcar.*

```
String cad1 = "COCODRILO";
String cad2 = cad1.replace("O", "U");
System.out.println(cad2.toString());
```

Muestra en pantalla la cadena "CUCUDRILO".

String substring (int ini, int fin). El método devuelve un nuevo *String* que será la subcadena que comienza en el carácter ini y termina en el carácter fin (que no se muestra). Si no se especifica el segundo parámetro, devolverá hasta el final de la cadena.

```
String cad1 =  "JUAN CARLOS MORENO";
System.out.println(cad1.substring(5, 11));
System.out.println(cad1.substring(12));
```

Muestra en pantalla las cadenas "CARLOS" y "MORENO".

boolean startsWith (String cad). El método devuelve **true** si el objeto *String* comienza con la cadena *cad*, en caso contrario devuelve **false**.

```
String cad1 = "MARÍA MORENO";
System.out.println(cad1.startsWith("JUAN"));
System.out.println(cad1.startsWith("MAR"));
```

Muestra en pantalla *false* y *true*.

boolean endsWith (String cad). El método devuelve **true** si el objeto *String* termina con la cadena *cad*, en caso contrario devuelve **false**.

```
String cad1 = "MARIA AMPARO";
System.out.println(cad1.endsWith("paro"));
System.out.println(cad1.endsWith("PARO"));
System.out.println(cad1.endsWith("ARIA"));
```

Muestra en pantalla *false, true*.y *false*.

char charAt (int pos). El método devuelve el carácter de la posición **pos** del objeto *String*. Si el **pos** no está entre 0 y lenght( )-1, Java lanzará una excepción.

```
String cad1 =  "ANTONIA DELLATE";
System.out.println(cad1.charAt(0)+ " "+cad1.charAt(8));
```

Muestra en pantalla la cadena "A D".

int indexOf(int c) o **int indexOf(String s).** El método admite dos tipos de parámetros y nos permite encontrar la primera ocurrencia de un carácter o una subcadena dentro de un objeto *String*. En caso de no encontrarlo, el método devuelve el valor -1.

```
String cad1 = "ISABELLA MORENA";
System.out.println(cad1.indexOf("B"));
System.out.println(cad1.indexOf("L"));
System.out.println(cad1.indexOf("MO"));
System.out.println(cad1.indexOf("ELLA"));
```

Muestra en pantalla el siguiente resultado: 3, 5, 9 y -1.

char [ ] toCharArray (). El método devuelve un vector o array de caracteres a partir del propio objeto *String*.

```
String cad1 = "MONO SABIO";
char cad2[ ] = cad1.toCharArray( );
```

El código anterior crea un array de caracteres *cad2* que contiene "MONO SABIO".

String valueOf (int dato). Convierte un número a un objeto *String*. La clase *String* es capaz de convertir los tipos primitivos *int, long, float* y *double*.

```
int edad1 = 6;
String str = String.valueOf(edad1);

float edad2 = 6;
str = String.valueOf(edad2);

long edad11 = 6;
str = String.valueOf(edad11);

double edad22 = 6.5;
str  = String.valueOf(edad22);
```

Para convertir un String en un número se haría de la siguiente forma:

```
String snumero = " 3     ";
int numeroErr=Integer.parseInt(snumero); // error, no se han eliminado los blancos
int numeroInt=Integer.parseInt(snumero.trim( ));
//para números con decimales se usará
String snumero2 = " 8.5     ";
double numeroD = Double.parseDouble(snumero2.trim());
```

▶ *format :* modifica el formato de la cadena a mostrar. Muy útil para mostrar sólo los decimales que necesitemos de un número decimal. Indicaremos "%" para indicar la parte entera más el número de decimales a mostrar seguido de una "f" :

```
System.out.println(String.format("%.2f", numeroD)); // Muestra el número con dos
decimales.
```

▶ *matches :* examina la expresión regular que recibe como parámetro (en forma de *String*) y devuelve verdadero si el texto que examina cumple la expresión regular. Una expresión regular es una expresión textual que utiliza símbolos especiales para hacer búsquedas avanzadas.

Las expresiones regulares pueden contener:

- ▶ Caracteres. Como a, s, ñ, y les interpreta tal cual. Si una expresión regular contuviera sólo un carácter, matches devolvería verdadero si el texto contiene sólo ese carácter. Si se ponen varios, obliga a que el texto tenga exactamente esos caracteres.

- ▶ Caracteres de control (\n,\\,....)

- ▶ Opciones de caracteres. Se ponen entre corchetes. Por ejemplo [abc] significa a, b ó c.

- ▶ Negación de caracteres. Funciona al revés, impide que aparezcan los caracteres indicados. Se pone con corchetes dentro de los cuales se pone el carácter circunflejo (^). [^abc] significa ni a ni b ni c.

- ▶ Rangos. Se ponen con guiones. Por ejemplo [a-z] significa: cualquier carácter de la a a la z.

- ▶ Intersección. Usa &&. Por ejemplo [a-x&&r-z] significa de la r a la x (intersección de ambas expresiones).

- ▶ Sustracción. Ejemplo [a-x&&[^cde]] significa de la a a la x excepto la c, d ó e.

- ▶ Cualquier carácter. Se hace con el símbolo punto (.)

- ▶ Opcional. El símbolo ? sirve para indicar que la expresión que le antecede puede aparecer una o ninguna veces. Por ejemplo a? indica que puede aparecer la letra a o no.

- ▶ Repetición. Se usa con el asterisco (*). Indica que la expresión puede repetirse varias veces o incluso no aparecer.

- ▶ Repetición obligada. Lo hace el signo +. La expresión se repite una o más veces (pero al menos una).

- ▶ Repetición un número exacto de veces. Un número entre llaves indica las veces que se repite la expresión. Por ejemplo \d{7} significa que el texto tiene que llevar siete números (siete cifras del 0 al 9). Con una coma significa al menos, es decir \d{7,} significa al menos siete veces (podría repetirse más veces). Si aparece un segundo número indica un máximo número de veces \d{7,10} significa de siete a diez veces.

ⓘ NOTA

Como ya sabemos, la lectura de un *String* utilizando la clase *Scanner* se realiza con el método *nextLine()*:

```
Scanner in = new Scanner(System.in);
String s = in.nextLine();
```

Si leemos un tipo de dato numérico, entero por ejemplo, antes de leer un *String* deberemos limpiar el buffer de entrada, de lo contrario leerá el valor '/n' (salto de línea) introducido después del número y se lo asignará a la variable *String*, con lo que no se leerá bien la entrada.

Deberemos hacer lo siguiente:

```
System.out.print("Introduce un número: ");
int n = in.nextInt();
in.nextLine(); // Limpiamos el buffer de entrada
System.out.print("Introduce un String: ");
String s = in.nextLine();
```

3.6 LA CLASE STRINGTOKENIZER

T13. Esta clase permite dividir una cadena de caracteres en elementos independientes si estos están separados por un espacio en blanco, retorno de carro (\r), retorno de línea (\n), avance de página(\f) o un tabulador (\t).

Veamos un ejemplo de utilización:

```
StringTokenizer str;
str = new StringTokenizer("UNO DOS TRES AL ESCONDITE INGLES");

System.out.println("La cadena str tiene " +str.countTokens( ) + " elementos");

while (str.hasMoreTokens( ))
    System.out.println("Elemento: " +str.nextToken( ));
```

Este código mostrará que la cadena str tiene 6 elementos y los mostrará en pantalla uno a uno.

Para usar esta clase se debe importar la clase StringTokenizer o todas las clases del paquete java.util.

```
import java.util.StringTokenizer; //O import java.util./*;
```

También es posible especificar los delimitadores dentro del constructor de la clase, veamos un ejemplo que usa como delimitador '|':

```
StringTokenizer  str2 = new StringTokenizer("UNO|DOS|TRES|AL|ESCONDITE|INGLES");
```

3.7 LA CLASE HASHMAP

T14. La HashMap (también, TreeMap y LinkedHashMap) nos permite almacenar elementos asociando a cada clave un valor.

Para cada clave tenemos un valor asociado. Podemos después buscar fácilmente un valor para una determinada clave. Las claves en el diccionario no pueden repetirse.

Algunos ejemplos donde podríamos usar un Mapa:

▰ Guardar en la clave las extensiones de archivos y en el valor los nombres de archivos que lo pueden abrir.

▰ En una agenda podemos guardar como 'clave' la fecha y hora y las actividades en el 'valor'.

Problema

Almacenar un diccionario las palabras en castellano como 'clave' y las traducciones de las mismas en el 'valor'. Probar los métodos más significativos de la clase HashMap.

TP15. Ejemplo:

```java
package resueltos;

import java.util.HashMap;
import java.util.Map;

public class pruebaHashTable {
    public static void main(String[] args) {

        Map<String, String> mapa1 = new HashMap<String, String>();

        mapa1.put("rojo", "red");
        mapa1.put("verde", "green");
        mapa1.put("azul", "blue");
        mapa1.put("blanco", "white");

        System.out.println("Listado completo de valores");
        for (String valor : mapa1.values())
            System.out.print(valor + "-");
        System.out.println();

        System.out.println("Listado completo de claves");
        for (String clave : mapa1.keySet())
            System.out.print(clave + "-");
        System.out.println();

        System.out.println("La traducción de 'rojo' es: " + mapa1.get("rojo"));
        if (mapa1.containsKey("negro"))
            System.out.println("No existe la clave 'negro'");

        System.out.println("La traducción de 'marron' es: " + mapa1.
getOrDefault("marrón", "No existe la clave marrón"));
        mapa1.remove("rojo");
        System.out.println(mapa1);
    }
}
```

El resultado de ejecución es el siguiente:

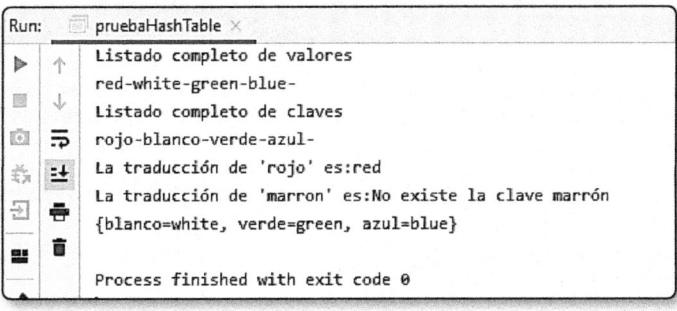

Veamos el ejemplo con detalle. La interfaz Map debe implementar estas clases, luego si creamos un objeto de la clase HashMap debemos hacerlo con la siguiente sintaxis:

```java
Map<String, String> mapa1 = new HashMap<String, String>();
```

La clase HashMap utiliza datos genéricos tanto para la clave como para el valor, en este ejemplo la clave y el valor son datos de tipo String.

Mediante el método put agregamos un elemento a la colección de tipo HashMap:

```java
mapa1.put("rojo", "red");
mapa1.put("verde", "green");
mapa1.put("azul", "blue");
mapa1.put("blanco", "white");
```

Para imprimir todos los valores del mapa lo recorremos mediante un for:

```java
for (String valor : mapa1.values())
    System.out.print(valor + "-");
```

De forma similar si queremos recorrer todas las claves del mapa:

```java
for (String clave : mapa1.keySet())
    System.out.print(clave + "-");
```

Para recuperar un valor para una determinada clave llamamos al método 'get' y le pasamos la clave a buscar, si dicha clave no existe en el mapa se nos retorna el valor 'null':

```java
System.out.println("La traducción de 'rojo' es: " + mapa1.get("rojo"));
```

Si queremos verificar si una determinada clave existe en el mapa lo hacemos mediante el método 'containsKey':

```java
if (mapa1.containsKey("negro"))
    System.out.println("No existe la clave 'negro'");
```

Una variante del método 'get' es 'getOrDefault' que nos retorna el segundo parámetro si no encuentra la clave en el mapa:

```java
System.out.println("La traducción de 'marron' es: " +
        mapa1.getOrDefault("marrón", "No existe la clave marrón"));
```

Para eliminar un elemento de la colección debemos hacer uso del método 'remove', pasamos una clave del mapa:

```java
mapa1.remove("rojo");
```

Para imprimir el mapa completo en la Consola podemos hacer uso del método 'println':

```
System.out.println(mapa1);
```

Hemos utilizado la clase HashMap para resolver el problema. La clase TreeMap es idéntica a HashMap con la salvedad que mantiene ordenado los datos por la clave. Finalmente la clase LinkedHashMap mantiene ordenado los elementos del mapa según el orden de inserción.

3.8 BÚSQUEDA BINARIA O DICOTÓMICA EN VECTORES ORDENADOS

T16. La búsqueda binaria **sólo es aplicable a arrays ordenados**, consiste en dividir el array en dos mitades y buscar el dato en la mitad que corresponda, siguiendo el mismo método hasta encontrarlo o hasta estar seguros que el elemento no se encuentra en dicho array, lo cual no implica recorrer el array entero.

En principio, se compara el dato a buscar con el elemento que ocupa la posición mitad del array. Si el dato no coincide con este elemento, se reduce el intervalo de búsqueda a la mitad inferior o superior del array dependiendo de si el dato a buscar es mayor o menor que el elemento situado en la mitad del array.

Este proceso se va repitiendo hasta encontrar el dato en el vector o hasta quedarse sin segmentos de búsqueda.

Este método es eficaz con arrays con muchos elementos ordenados, en arrays pequeños puede que sea menos eficiente que la búsqueda secuenciar porque realiza más comparaciones que aumentan el tiempo de ejecución.

TP17. Veamos la implementación de la búsqueda binaria o dicotómica

```
package resueltos;

class BusquedaBinaria{
    /**
     * Busca un valor numerico dentro de un arreglo numerico...
     * Previamente ordenado usando el metodo de busqueda binaria
     *
     * @param vector con los elementos; dato a buscar
     * @return posicion del elemento buscado, si no existe, retorna -1
     */
    public static int busquedaBinaria(int  vector[], int dato){
        int n = vector.length;
        int centro,inf=0,sup=n-1;
        while(inf<=sup){
            centro=(sup+inf)/2;
            if(vector[centro]==dato) return centro;
            else if(dato < vector [centro] ){
                sup=centro-1;
            }
            else {
                inf=centro+1;
            }
```

```
        }
        return -1;
    }

    public static void main(String []args){
        int[]vector ={1,4,7,8,9,14,23,47,56,60,61,63,65,66,68,69,70,73,76,77,79,80,82};
        int valorBuscado = 70;
        System.out.println(busquedaBinaria(vector,valorBuscado)); //posición 16
    }
}
```

3.9 ORDENACIÓN DE VECTORES

T18. Existen diferentes algoritmos para ordenar un vector. Algunos ejemplos son:

▼ Burbuja.

▼ Inserción.

▼ Selección.

▼ Quicksort (el más rápido de los cuatro).

Se puede puede encontrar la explicación y el código en diferentes lenguajes en la siguiente página web: https://en.wikibooks.org/wiki/Algorithm_Implementation/Sorting

3.9.1 Ordenación por método de la burbuja

Es un algoritmo muy utilizado porque es sencillo y fácil de entender. En cada iteración se pone el elemento más pequeño no ordenado en su lugar correcto (al igual que las burbujas de aire en el agua salen a la superficie, los elementos menores se van colocando al principio del vector de forma ordenada). También podría implementarse colocando el elemento mayor en su lugar correcto conociéndose como el algoritmo de la plomada.

TP19. Explicación del algoritmo:

Se trata de recorrer el array repetidas veces, de forma que cada iteración ponga el elemento menor NO ordenado en su sitio, lo cual provocará cambios en la posición de otros elementos del array. Se comienza con el elemento de la posición N-ésima y se van comparando sucesivos pares de elementos, intercambiándolos si el elemento de abajo del par (el situado en la casilla de índice más alto) es más pequeño que el elemento que le precede (situado en la casilla de índice más bajo). De esta forma, el elemento menor va "burbujeando" hacia arriba hasta el tope del array. Así, en la primera iteración subirá a la 1ª posición el elemento menor. En la segunda iteración, usando la misma técnica, el elemento menor de la parte no ordenada del array subirá a la 2ª posición y así sucesivamente con los elementos restantes del array.

Se utilizan dos índices. El índice i separa la parte ordenada de la no ordenada, señalando siempre el primer elemento de la parte no ordenada, mientras que el índice j se mueve por la parte no ordenada del array buscando un elemento para, según las especificaciones, ponerlo en su lugar. Los elementos iguales quedarán en posiciones consecutivas.

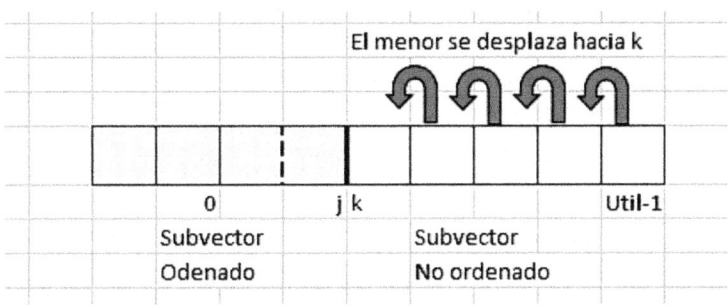

```java
static void ordenarBurbuja (double v[])
{
    double tmp;
    int i, j;
    int N = v.length;
    for (i=1; i<N; i++)
        for (j=N-1; j>=i; j--)
            if (v[j] < v[j-1]) {
                /* intercambio valores desordenados*/
                tmp = v[j];
                v[j] = v[j-1];

                v[j-1] = tmp;
            }
}
```

En cada iteración							Estado del vector después de cada iteración					
23	78	45	8	32	56		23	78	45	8	32	56
			no intercambiar									
23	78	45	8	32	56		8	23	78	45	32	56
			no intercambiar									
23	78	45	8	32	56		8	23	32	78	45	56
		intercambiar										
23	78	8	45	32	56		8	23	32	45	78	56
	intercambiar											
23	8	45	8	32	56		8	23	32	45	56	78
intercambiar												
23	78	45	8	32	56		8	23	32	45	56	78

3.10 EJERCICIOS RESUELTOS

- **R1**. En este programa se leen 10 temperaturas de diferentes ciudades y luego se muestra por pantalla la media de temperaturas. La constante POS contiene el número de temperaturas a registrar, que en el ejemplo vale 10 pero se puede aumentar o disminuir su valor y el programa seguirá funcionando.

```
public class Temperaturas {
    private static int[ ] temperaturas1;
    final static int POS = 10; //número de posiciones del vector
    public static void main(String[ ] args) {
        int dato = 0, media = 0;
        temperaturas1 = new int[POS];
        for (int i=0; i<POS; i++) { // leer los valores del vector
            try {
                System.out.println("Introduzca temperature: ");
                String sdato = System.console( ).readLine( );
                dato = Integer.parseInt(sdato);
            } catch(Exception e) {
                System.out.println("Error al introducir datos");
            }
            temperaturas1[i] = dato;
        }
        for (int i=0; i<POS; i++) { // hacer la media
            media = media + temperaturas1[i];
        }
        media = media / POS;
        System.out.println("La media de temperaturas es: " + media);
    }
}
```

- **R2**. Crea un programa que pida diez números reales por teclado, los almacene en un array, y luego muestre todos sus valores.

```
package resueltos;
import java.util.Scanner;

/* R2. Crea un programa que pida diez números reales por teclado, los almacene en un
* array, y luego muestre todos sus valores. */
public class ud3R2 {

    public static void main(String[] args) {
        double valores[] = new double[10];
        Scanner entrada = new Scanner(System.in);

        // Introducimos todos los valores en el array
        for (int i = 0; i < valores.length; i++) {
            System.out.print("Introduce valor " + i + ": ");
            valores[i] = entrada.nextDouble();
        }
```

```
        // Mostramos todos los valores del array
        for (int i = 0; i < valores.length; i++) {
            System.out.println("Valor " + i + ": " + valores[i]);
        }
    }
}
```

▶ **R3.** Expresión regular para fecha.

Imaginemos la fecha en formato *dd/mm/yyyy*. Son grupos de dos cifras separadas por barras. En una expresión regular \d representa una cifra. El día pueden ser una o dos cifras, es decir \d{1,2], el mes igual y el año vamos a obligar que sean cuatro cifras exactamente \d{4}

Si queremos comprobar que una cadena leída por teclado cumple ese patrón, podemos usar la clase Pattern. A la clase Pattern le decimos el patrón que queremos que cumpla nuestra cadena y nos dice si la cumple o no.

El siguiente ejemplo comprueba si la cadena cumple con la expresión regular. Ten en cuenta que cuando en Java metemos un caracter \ dentro de una cadena delimitada por "", debemos "escapar" esta \ con otra \, por ello todas nuestras \ en la expresión regular, se convierten en \\ en nuestro código *Java*.

```
package resueltos;

import java.util.regex.Pattern;

public class expresionRegularFecha {
    public static void main(String[] args) {
        String regexp = "\\d{1,2}/\\d{1,2}/\\d{4}";

        // Lo siguiente devuelve true
        System.out.println(Pattern.matches(regexp, "11/12/2014"));
        System.out.println(Pattern.matches(regexp, "1/12/2014"));
        System.out.println(Pattern.matches(regexp, "11/2/2014"));


        // Los siguientes devuelven false
        System.out.println(Pattern.matches(regexp, "11/12/14"));   // El año no tiene
cuatro cifras
        System.out.println(Pattern.matches(regexp, "11//2014"));   // el mes no tiene
una o dos cifras
        System.out.println(Pattern.matches(regexp, "11/12/14perico"));  // Sobra
"perico"
    }
}
```

▶ **R4.** Expresión regular para el DNI.

En España existe el DNI (Documento Nacional de Identidad), últimamente también llamado NIF (Número de identificación fiscal), que lleva un número único y sirve para identificar a la persona. Este número son 8 cifras seguidas de una letra, que normalmente se escribe en mayúscula. Esta letra es una especie de *checksum* de las cifras anteriores, por lo que hay un algoritmo para validar que el número completo es correcto. Quedan excluidas las letras 'I', 'O' y 'U'. Las dos primeras por poder confundirse con uno y cero respectivamente. La tercera por algún extraño motivo.

Una expresión regular no va a realizar este *checksum*, pero sí nos puede ayudar a hacer una primera comprobación: 8 cifras y una letra mayúscula. La expresión regular puede ser así \d{8}[A-HJ-NP-TV-Z]

El siguiente código muestra un ejemplo completo de la expresión regular de DNI.

```java
package resueltos;

import java.util.regex.Pattern;

public class expresionRegularDNI {
    public static void main(String[] args) {

        String dniRegexp = "\\d{8}[A-HJ-NP-TV-Z]";

        // Lo siguiente devuelve true
        System.out.println(Pattern.matches(dniRegexp, "01234567C"));

        // Lo siguiente devuelve false
        System.out.println(Pattern.matches(dniRegexp, "01234567U")); // La U no es
válida
        System.out.println(Pattern.matches(dniRegexp, "0123567X")); // No tiene 8
cifras
    }
}
```

▶ **R5.** Leer 5 números por teclado y a continuación realizar la media de los números positivos, la media de los negativos y contar el número de ceros.

```java
package resueltos;

import java.util.Scanner;

/*R5. Leer 5 números por teclado y a continuación realizar
 la media de los números positivos, la media de los negativos
 y contar el número de ceros.*/
public class ud3R5 {
    public static void main(String[] args) {
        Scanner entrada = new Scanner(System.in);

        int[] t=new int [5];
        int suma_pos,cont_pos,suma_neg,cont_neg,cont_cero;
        suma_pos=0;
        cont_pos=0;
        suma_neg=0;
        cont_neg=0;
        cont_cero=0;

        // utilizamos un bucle para leer los datos y otro para procesarlos
```

```java
        // se podrían hacer ambas operaciones, leer y procesar, en un solo bucle
        for (int i=0;i<5;i++){
            System.out.print("Introduzca un número: ");
            t[i]=entrada.nextInt();
        }
        for (int i=0;i<5;i++){
            if(t[i]==0)
                cont_cero++;
            else{
                if(t[i]>0){
                    suma_pos=suma_pos+t[i];
                    cont_pos++;
                }
                else{
                    suma_neg=suma_neg+t[i];
                    cont_neg++;
                }
            }
        }
        if(cont_pos==0)
            System.out.println("No se puede realizar la media de números
positivos");
        else
            System.out.println("La media de los positivos: "+(float)suma_pos/cont_
pos);
        if(cont_neg==0)
            System.out.println("No se puede realizar la media de números
negativos");
        else
            System.out.println("La media de los negativos: " + (float)suma_neg/cont_
neg);
        System.out.println("La cantidad de cero es de: " + cont_cero);
    }
}
```

R6. Leer por teclado dos tablas de 10 números enteros y mezclarlas en una tercera de la forma: el 1° de A, el 1° de B, el 2° de A, el 2° de B, etc.

```java
package resueltos;

import java.util.Scanner;

/*R6. Leer por teclado dos tablas de 10 números enteros y mezclarlas en una
tercera de la forma: el 1º de A, el 1º de B, el 2º de A, el 2º de B, etc. */
public class ud3R6 {
    public static void main(String[] args) {
        Scanner entrada = new Scanner(System.in);
        int a[], b[], c[];
        int i,j;
        a=new int[10];
        b=new int[10];
```

```java
        // la tabla c tendrá que tener el doble de tamaño que a y b.
        c = new int [20];

        // leemos la tabla a
        System.out.println("Leyendo la tabla a");
        for (i=0;i<a.length;i++){
            System.out.print("número: ");
            a[i]=entrada.nextInt();
        }
        // leemos la tabla b
        System.out.println("Leyendo la tabla b");
        for (i=0;i<b.length;i++){
            System.out.print("número: ");
            b[i]=entrada.nextInt();
        }
        // asignaremos los elementos de la tabla c
        // para las tablas a y b utilizaremos como índice i
        // y para la tabla c utilizaremos como índice j.
        j=0;
        for (i=0;i<10;i++){
            c[j]=a[i];
            j++;
            c[j]=b[i];
            j++;
        }
        System.out.println("La tabla c queda: ");
        for (j=0;j<20;j++) // seguimos utilizando j, para la tabla c. Aunque se
podría utilizar i.
            System.out.print(c[j]+" ");
        System.out.println("");
    }
}
```

▶ **R7.** Un vector de objetos String permite en un único vector almacenar diferentes elementos que son todos de tipo String. Veamos un ejemplo en el que se leerán nombres por teclado y se irán almacenando en un vector de String. A continuación se mostrarán por pantalla dichos nombres según la posición que se han leído:

```java
package resueltos;

import java.io.IOException;
import java.util.Scanner;

public class ejemploArraydeStrings {
    private static String[ ] lista;
    final static int POS = 10; //número de posiciones del array

    public static void muestra( ) {
        for (int i = 0; i < POS; i++)
            System.out.println("Elemento "+ i+" "+lista[i]);
    }
```

```
/* programa principal*/
public static void main(String[ ] args) throws IOException {
    lista = new String[POS];
    Scanner entrada=new Scanner(System.in);

    for (int i=0; i < POS; i++) {
        System.out.println ("Introduce un nombre: ");
        lista[i] = entrada.next();
    }
    System.out.println("");
    muestra( );
    System.out.println("");
    }
}
```

3.11 EJERCICIOS PROPUESTOS

Básicos

▶ **P1.** Realiza de nuevo el ejemplo **T4,** copia de un array en otro utilizando el método arraycopy, pero utiliza un bucle for para mostrar la información por pantalla.

▶ **P2.** Crea un programa que pida diez números reales por teclado, los almacene en un array, y luego lo recorra para averiguar el máximo y mínimo y mostrarlos por pantalla.

▶ **P3.** Leer 5 números y mostrarlos en el mismo orden introducido.

▶ **P4.** Crea un programa que pida veinte números enteros por teclado, los almacene en un array y luego muestre por separado la suma de todos los valores positivos y negativos.

▶ **P5.** Leer 10 números enteros. Debemos mostrarlos en el siguiente orden: el primero, el último, el segundo, el penúltimo, el tercero, etc.

Avanzados

▶ **P6.** Leer los datos correspondiente a dos tablas de 12 elementos numéricos, y mezclarlos en una tercera de la forma: 3 de la tabla A, 3 de la B, otros 3 de A, otros 3 de la B, etc.

▶ **P7.** Leer por teclado una serie de 10 números enteros. La aplicación debe indicarnos si los números están ordenados de forma creciente, decreciente, o si están desordenados.

▶ **P8.** Crea un programa que cree un array de enteros de tamaño 100 y lo rellene con valores enteros aleatorios entre 1 y 10 (utiliza 1 + Math.random()*10). Luego pedirá un valor N y mostrará en qué posiciones del array aparece N.

▶ **P9.** Diseñar una aplicación que declare una tabla de 10 elementos enteros. Leer mediante el teclado 8 números. Después se debe pedir un número y una posición, insertarlo en la posición indicada, desplazando los que estén detrás.

▶ **P10.** Hacer un programa que acepte un String por teclado. Por la salida queremos que nos diga cuántas letras tiene (contando espacios en blanco si es que los tiene).

�P **P11.** Hacer un programa que acepte un String por teclado. Por la salida queremos que nos diga cuántas letras tiene sin contar espacios en blanco.

▶ **P12.** Hacer un programa que acepte un String por teclado. Por la salida queremos que nos diga cuántas letras 'a' tiene.

▶ **P13.** Hacer un programa que acepte varios números por teclado hasta llegar a un 0, cuando llegue a un 0 no pedirá más y nos mostrará por pantalla el mayor de los números introducidos (como máximo 10, contando el 0).

▶ **P14.** Hacer un programa que acepte e inicialice un vector de Strings y declare cuatro marcas de coches. Recorrer el vector utilizando el bucle for-each para indicar las marcas de coches almacenadas.

La salida por pantalla será:

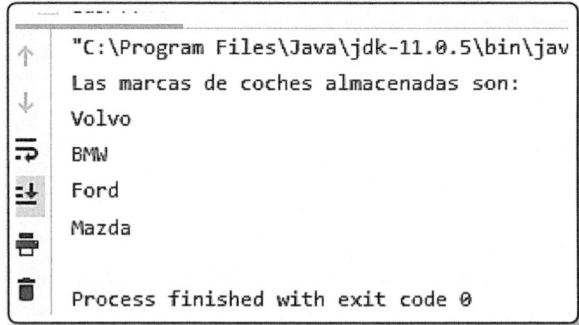

▶ **P15.** Hacer un programa que simule un torneo de baloncesto. Primero se pedirá que se introduzca por teclado 8 nombres de equipos diferentes. Después de meterlos, se emparejarán (1º con 2º, 3º con 4º, 5º con 6º y 6º con 7º) por pantalla de la siguiente manera:

Primera ronda:

- 1.equipo1 – 2.equipo2:
- 1.equipo3 – 2.equipo4:
- 1.equipo5 – 2.equipo6:
- 1.equipo7 – 2.equipo8:

Después de cada **:** se debe introducir un número por teclado, que debe ser 1 ó 2. Si escribimos 1 gana el equipo de la izquierda, si escribimos 2, el de la derecha.

Después de la primera ronda y meter todos los ganadores, aparecerán el ganador del partido 1 contra el del 2 y el del 3 contra el 4 de esta manera (supongamos que ganan, en este orden: equipo1, equipo3, equipo6 y equipo7):

Segunda ronda:
- 1.equipo1 – 2.equipo3:
- 1.equipo6 – 2.equipo7:

Y nuevamente, después de **:** metemos por teclado 1 ó 2 dependiendo de quién gane (supongamos que equipo1 y equipo6):

Tercera ronda:
- 1.equipo1 – 2.equipo6:

Metemos por teclado quién gana finalmente (supongamos que gana el 6):
- `Ganador: equipo6`

▶ **P16.** Crea un programa que cree un array de enteros de tamaño 100 y lo rellene con valores enteros aleatorios entre 1 y 10 (utiliza 1 + Math.random()*10). Luego pedirá un valor N y mostrará en qué posiciones del array aparece N.

▶ **P17.** Realiza un programa que lea una frase por teclado e indique si la frase es un palíndromo o no (ignorando espacios y sin diferenciar entre mayúsculas y minúsculas). Supondremos que el usuario solo introducirá letras y espacios (ni comas, ni puntos, ni acentos, etc.). Un palíndromo es un texto que se lee igual de izquierda a derecha que de derecha a izquierda. Por ejemplo:
- Anita lava la tina
- Dabale arroz a la zorra el abad
- Amigo no gima
- Amo la pacífica paloma
- A man a plan a canal Panama
- No traces en ese cartón

▶ **P18.** Crear una tabla bidimensional de tamaño 5x5 y rellenarla de la siguiente forma: la posición T[n,m] debe contener n+m. Después se debe mostrar su contenido.

▶ **P19.** Crea un programa que cree una matriz de tamaño NxM (tamaño introducido por teclado) e introduzca en ella NxM valores (también introducidos por teclado). Luego deberá recorrer la matriz y al final mostrar por pantalla cuántos valores son mayores que cero, cuántos son menores que cero y cuántos son igual a cero.

▶ **P20.** Crear y cargar una tabla de tamaño 4x4 y decir si es simétrica o no, es decir si se obtiene la misma tabla al cambiar las filas por columnas.

▶ **P21.** Crear y cargar dos matrices de tamaño 3x3, sumarlas y mostrar su suma.

▶ **P22.** Crear una matriz "marco" de tamaño 8x6: todos sus elementos deben ser 0 salvo los de los bordes que deben ser 1. Mostrarla. Saldrá así:

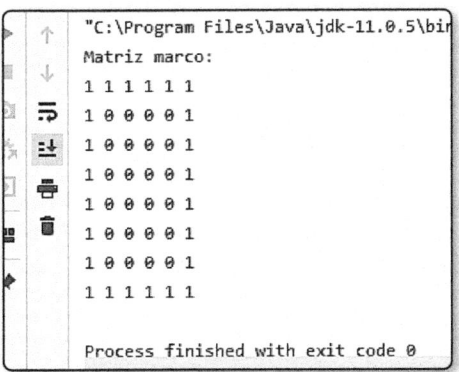

▶ **P23.** Crear una tabla de tamaño 7x7 y rellenarla de forma que sea una matriz identidad, es decir, que los elementos de la diagonal principal sean 1 y el resto 0.

▶ **P24.** Crear y cargar una tabla de tamaño 10x10, mostrar la suma de cada fila y de cada columna.

▶ **P25.** Utilizando dos tablas de tamaño 5x9 y 9x5, cargar la primera y trasponerla en la segunda.

3.12 ACTIVIDADES DE AMPLIACIÓN. ISA DESAFÍA

En el tema anterior empezamos con los retos para disfrutar y practicar con la programación. Los retos están extraídos de la web www.aceptaelreto.com. Son opcionales, y servirán para ir entrenando para el concurso de programación *Programame*, que se suele celebrar en el mes de diciembre.

Aquí os dejo otro; podéis pinchar el enlace para ver el enunciado en la plataforma

https://www.aceptaelreto.com/problem/statement.php?id=427

o bien consultar el enunciado a continuación:

Problema número 427

Yo soy tu...

Tiempo máximo: 2,000 s Memoria máxima: 4096 KiB

http://www.aceptaelreto.com/problem/statement.php?id=427

El estreno de las películas de la saga *La Guerra de las Galaxias* ha generado siempre mucha expectación. Cuando se supo que en *El Imperio Contraataca* se desvelaría un importante parentesco, se dispararon los rumores y las noticias falsas.

Para confundir a los especuladores (y crear más interés), la productora decidió filtrar infinidad de frases del estilo "A, yo soy tu B", donde "A" era un nombre, y "B" un parentesco.

Para conseguir crear a tiempo una magnitud considerable de noticias falsas, se recurrió a programadores para automatizar la tarea.

Éstos recibían listas de los nombres y parentescos, y tenían que generar la frase correspondiente de acuerdo con la plantilla.

Por miedo a que en aquellas listas se filtrara la pareja real de la película, "Luke" y "padre", los programas escribían TOP SECRET si se la encontraban. Pero en 1980 no había tanta preocupación por la seguridad como hay hoy, y solo hacían el cambio si ambas palabras coincidían exactamente, incluidas las mayúsculas y minúsculas.

Entrada

El programa deberá leer, de la entrada estándar, un primer número indicando cuántos casos de prueba vendrán a continuación.

Cada caso de prueba constará de dos líneas, ambas de no más de 100 caracteres sin espacios. La primera contendrá el nombre del personaje y la segunda el parentesco.

Salida

Para cada caso de prueba, el programa generará la frase que se debía filtrar a la prensa siguiendo el esquema descrito, salvo que el personaje y el parentesco sean, exactamente, "Luke" y "padre" respectivamente. En ese caso se escribirá "TOP SECRET". Esta comparación será sensible a mayúsculas.

```
4
C-3PO
creador
Luke
padre
Princesa
Principe
Luke
Padre
```

Entrada de ejemplo

Salida de ejemplo

```
C-3PO, yo soy tu creador
TOP SECRET
Princesa, yo soy tu Principe
Luke, yo soy tu  Padre
```

Autor: Sergi García Barea.

Revisores: Pedro Pablo Gómez Martín y Marco Antonio Gómez Martín.

4

MÉTODOS Y FUNCIONES. RECURSIVIDAD

4.1 INTRODUCCIÓN A MÉTODOS Y FUNCIONES. MODULARIDAD

T1. Hasta ahora hemos para resolver un cierto problema, hemos creado programas a partir de cada uno de esos pasos. Esto es razonable cuando los problemas son sencillos, pero cuando tenemos programas más complicados, el programa resultatía muy grande. Es por ello que se divide un problema grande en otros más pequeños, dándole modularidad.

La programación modular se basa en la siguiente máxima: **es más fácil resolver muchos problemas pequeños que un problema grande**. En la programación modular, dividimos un programa en una serie de módulos que funcionan de forma **independiente**. Todos estos módulos se enlazan posteriormente usando el paso de parámetros.

La programación modular es, entonces, un **método de abstracción**, descomponemos un problema en otros más sencillos. Además, acepta **técnicas de refinamiento**. Cada módulo puede, a su vez, descomponerse en otros submódulos, y estos en otros, y así sucesivamente.

Las ventajas son varias, como por ejemplo **permiten el trabajo en equipo**; además **facilita la depuración**; también **posibilitan la reutilización**; otra ventaja es que **facilita el mantenimiento**.

Cada módulo se trata como una caja negra, y se **facilita la creación de librerías**: los módulos que consideremos de uso común para nuestros programas podemos incluirlos en librerías, que utilizaremos a través de su interfaz.

4.1.1 Características deseables para un módulo

Ha de realizar una **única tarea** y ser **pequeño**. Más vale tener un programa con muchos módulos pequeños que un programa con pocos módulos grandes. El módulo es un conjunto de instrucciones que se escriben **una única vez**, pero podemos ejecutarlas tantas veces como deseemos.

Tiene un **identificador**, que nos sirve para llamarlo y dispone de una serie de **parámetros de entrada, de salida o de entrada/salida**. Estos parámetros son opcionales. Esta parte es lo que denominamos la **interface** de un módulo, porque permite comunicar el módulo, que en principio está aislado, con el exterior. Mediante los parámetros de entrada, podemos recibir valores del módulo superior; usando los parámetros de salida, podemos devolver valores; y usando parámetros de entrada/salida, podemos realizar simultáneamente ambas tareas.

Puede ser **llamado desde otro módulo.**

Los tipos de módulos que podemos encontrar son: **programas, procedimientos y funciones**.

Los métodos en Java, las funciones y los procedimientos, especialmente en Java, son una herramienta indispensable para programar. Java nos permite crear o hacer nuestros propios métodos y usarlos sencillamente como también nos facilita hacer uso de los métodos de otras librerías (funciones matemáticas, aritméticas, de archivos, de fechas, etc.). Cualquiera que sea el caso, las funciones permiten automatizar tareas que requerimos con frecuencia y que además se pueden generalizar por medio de parámetros o argumentos.

Aprender a crear métodos en Java y usarlos correctamente es de gran importancia, separar nuestro código en módulos y según las tareas que requerimos. En Java una función debe contener la implementación de una utilidad de nuestra aplicación, esto nos pide que por cada utilidad básica (abrir, cerrar, cargar, mover, etc.) sería adecuado tener al menos una función asociada a ésta, pues sería muy complejo usar o crear un método que haga todo de una sola vez, por esto es muy buena idea separar cada tarea en una función o método (según corresponda).

Veamos cómo se hace en Java, donde las funciones son lo que llamamos métodos, que pueden devolver un valor (funciones) o no (procedimientos).

4.2 CREAR UN MÉTODO O FUNCIÓN EN JAVA

Recordemos que un método o función siempre retorna algo, por lo tanto es obligatorio declararle un tipo (el tercer componente de la sintaxis anterior), puede ser entero (int), booleano (boolean), o cualquiera que consideremos, inclusive tipos complejos, luego debemos darle un nombre a dicha función, para poder identificarla y llamarla (invocarla) durante la ejecución, después al interior de paréntesis, podemos poner los argumentos o parámetros. Luego de la definición de la "firma" del método, se define su funcionamiento entre llaves; todo lo que esté dentro de las llaves es parte del cuerpo del método y éste se ejecuta hasta llegar a una instrucción *return*.

4.3 ACERCA DE LOS ARGUMENTOS O PARÁMETROS

Hay algunos detalles respecto a los argumentos de un método, veamos:

▸ Una función, un método o un procedimiento pueden tener una cantidad cualquiera de parámetros, es decir pueden tener cero, uno, tres, diez, cien o más parámetros. Aunque habitualmente no suelen tener más de 4 o 5.

▸ Si una función tiene más de un parámetro cada uno de ellos debe ir separado por una coma.

▸ Los argumentos de una función también tienen un tipo y un nombre que los identifica. El tipo del argumento puede ser cualquiera y no tiene relación con el tipo del método.

▸ Al recibir un argumento nada nos obliga a hacer uso de éste al interior del método, sin embargo para qué recibirlo si no lo vamos a usar.

▸ En Java los parámetros que podemos recibir pueden ser por valor por referencia, esto implica que si modificamos los valores recibidos al interior del método, estos pueden mantener sus cambios o no después de ejecutada el método (esto lo explico con más detalle enseguida).

a) Consejos acerca de return

Debes tener en cuenta dos cosas importantes con la sentencia return:

- Cualquier instrucción que se encuentre después de la ejecución de return NO será ejecutada. Es común encontrar funciones con múltiples sentencias return al interior de condicionales, pero una vez que el código ejecuta una sentencia return lo que haya de allí hacia abajo no se ejecutará.

- El tipo del valor que se retorna en una función debe coincidir con el del tipo declarado a la función, es decir si se declara int, el valor retornado debe ser un número entero.

- En el caso de los procedimientos (void) podemos usar la sentencia *return* pero sin ningún tipo de valor, sólo la usaríamos como una manera de terminar la ejecución del procedimiento.

T2. Veamos un ejemplo de su definicion, recuerda que lo hacemos fuera del main:

```
package teoria;

public class ud4T1 {

    public static int sumaNumeros (int num1, int num2){

    }

    public static void main(String[] args) {

    }

}
```

Lo de **public** (o **private**) y **static**, como hemos comentado en otras ocasiones, no es importante que sepas lo que significan ahora, ya que lo veremos con más detalle cuando veamos la programación orientada a objetos. También hemos puesto que *sumaNumeros* devuelva un **int**, cuando ponemos que devuelva un **valor**, debemos poner algún **return** con el tipo de valor que ponemos a devolver. En **return** podemos poner una fórmula o una variable. Sigamos con el ejemplo:

```
package teoria;

public class ud4T1 {

    public static int sumaNumeros (int num1, int num2){
        int resultado=num1+num2;
        return resultado;
    }

    public static void main(String[] args) {

    }

}
```

También podríamos escribir **return num1+num2;** no es estrictamente necesario colocar un **return** al final, aunque es lo más normal, cuando ejecuta la línea de código **return**, sale del método devolviendo el valor.

Ya tenemos el método, pero ahora debemos invocarlo en el **main**, ya que sino no serviría de nada. Para invocarlo, escribimos el nombre en el **main** y le pasamos los parámetros que necesite, no podemos ni quitarle ni añadirle mas de los que necesita, ya que sino dará un error en la compilación. Sigamos con el ejemplo:

```java
package teoria;
public class ud4T1 {

    public static int sumaNumeros (int num1, int num2){
        int resultado=num1+num2;
        return resultado;
    }

    public static void main(Strin[] args) {
        int operador1=3;
        int operador2=5;
        sumaNumeros(operador1, operador2);
    }

}
```

Como vemos, no es necesario que el nombre de los **parámetros** del método (**parámetros formales**) sean iguales a los **parámetros** con los que invocamos el método (**parámetros actuales o reales**).

Solo nos falta un detalle, almacenar el resultado del método, ya que ahora mismo no estamos haciendo nada con él. Sigamos con el ejemplo:

```java
package teoria;

public class ud4T1 {

    public static int sumaNumeros (int num1, int num2){
        int resultado=num1+num2;
        return resultado;
    }

    public static void main(String[] args) {
        int operador1=3;
        int operador2=5;

        int resultado=sumaNumeros(operador1, operador2);
        System.out.println("El resultado de la suma es "+resultado);
    }

}
```

Antes hemos comentado que no es necesario que devuelva un **tipo de valor**, puede no devolver nada, esto se suele usar cuando no necesitamos manejar algún valor calculado en el **método**. Por ejemplo, mostrar un mensaje. Al no devolver ningún valor, no debemos poner **return** y no es necesario almacenar el resultado del método como hemos visto antes.

Para indicar al **método** que no devuelva nada, en el valor devuelto escribimos **void**. Veamos un ejemplo con el ejemplo anterior.

```java
public class ud4T1 {
    public static void sumaNumeros (int num1, int num2){

        int resultado=num1+num2;
        System.out.println("El resultado de la suma es "+resultado);
    }
    public static void main(String[] args) {

        int operador1=3;
        int operador2=5;
        sumaNumeros(operador1, operador2);

    }
}
```

TP3. Comprueba si un número entero positivo es primo o no utilizando función que devuelve true o false.

SOLUCIÓN

```java
import java.util.Scanner;

/* TP1 Comprueba si un número entero positivo es primo o no utilizando función
 *  que devuelve true o false */
public class ud4TP1NumeroPrimo {

    /**
     * Un número es primo cuando únicamente es divisible entre
     * él mismo y la unidad.
     *
     * @param x un número entero positivo
     * @return true si el número es primo
     * @return false en caso contrario
     */
    public static boolean esPrimo(int x) {
        for (int i = 2; i < x; i++) {
            if ((x % i) == 0) {
                return false;
            }
        }
```

```java
        return true;
    }


    /** programa principal **/
    public static void main(String[] args) {
        Scanner teclado = new Scanner (System.in);
        System.out.println("Introduzca un número entero positivo: ");
        int n = teclado.nextInt();

        if (esPrimo(n)) {
            System.out.println("El " + n + " es primo.");
        } else {
            System.out.println("El " + n + " no es primo.");
        }
    }
}
```

4.4 PASO DE PARÁMETROS: POR VALOR Y POR REFERENCIA

T4. Existen dos tipos de parámetros y es importante comprender la diferencia.

Parámetros de tipo simple (paso por valor): como int, double, boolean, char, etc. En este caso **se pasan por valor**. Es decir, **el valor se copia al parámetro** y por lo tanto si se modifica dentro de la función esto no afectará al valor fuera de ella porque **son variables distintas**.

TP5. Paso de parámetros por valor

```java
package teoria;

public class ud4T2 {
    // El parámetro 'n' es independiente de la 'n' del main. ¡Son variables distintas!
    public static void imprime_doble(int n) { // Se copia el valor 10 a esta nueva 'n'
        n = 2 * n; // Se duplica el valor de la 'n' de esta función, no afecta fuera
        System.out.println("Valor de n en la función: " + n); // 'n' vale 40
    }

    public static void main(String[] args) {
        int n = 20;
        System.out.println("Valor inicial de n: " + n); // n vale 20
        imprime_doble(n); // Se le pasa el 20 a la función
        System.out.println("Valor final de n: " + n); // n sigue valiendo 20
    }

}
```

Si ejecutamos el programa:

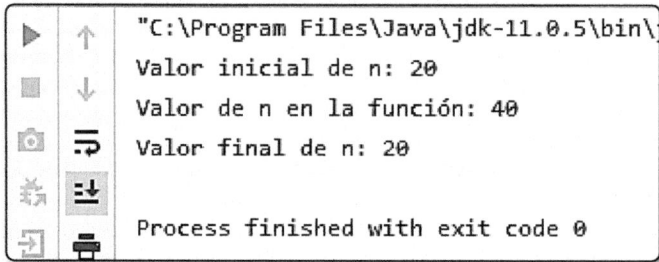

```
"C:\Program Files\Java\jdk-11.0.5\bin\
Valor inicial de n: 20
Valor de n en la función: 40
Valor final de n: 20

Process finished with exit code 0
```

Parámetros de tipo objeto (paso por referencias): como objetos de tipo String, los Arrays, etc. En este caso no se copia el objeto, sino que **se le pasa a la función una referencia al objeto original (un puntero).** Por ello **desde la función se accede directamente al objeto** que se encuentra fuera. Los cambios que hagamos dentro de la función afectarán al objeto.

TP6. Ejemplo paso de parámetros por referencia

```java
package teoria;

import java.util.Arrays;

public class ud4T3 {
    // Suma x a todos los elementos del vector v
    public static void suma_x_al_vector(int[] v, int x) {
        for (int i = 0; i< v.length; i++)
            v[i] = v[i] + x;
    }

    public static void main(String[] args) {
        int v[] = {5,4, 20, 33};
        System.out.println("Vector antes: " + Arrays.toString(v));
        suma_x_al_vector(v, 10);
        System.out.println("Vector después: " + Arrays.toString(v));
    }
}
```

Ejecución:

```
ud4T3 ×
"C:\Program Files\Java\jdk-11.0.5\bin\java
Vector antes: [5, 4, 20, 33]
Vector después: [15, 14, 30, 43]

Process finished with exit code 0
```

4.5 VARIABLES LOCALES Y VARIABLES GLOBALES

T7. Hasta ahora, hemos declarado las variables dentro de "main". Ahora nuestros programas tienen varios "bloques", así que las variables se comportarán de forma distinta según donde las declaremos.

Las variables se pueden declarar dentro de un bloque (una función), y en ese caso sólo ese bloque las conocerá, no se podrán usar desde ningún otro bloque del programa. Es lo que llamaremos "variables **locales**".

Por el contrario, si declaramos una variable al comienzo del programa, fuera de todos los "bloques" de programa, se tratará una "**variable global**", a la que se podrá acceder desde cualquier parte. Por ahora, para nosotros, una variable global deberá ser precedida por la palabra "**static**" (dentro de poco veremos el motivo real y cuándo no será necesario).

En general, deberemos intentar que la **mayor cantidad de variables** posible sean **locales** (lo ideal sería que todas lo fueran). Así conseguimos que cada parte del programa trabaje con sus propios datos, y ayudamos a evitar que un error en un fragmento de programa pueda afectar al resto. La forma correcta de pasar datos entre distintos trozos de programa no es a través de variables globales, sino usando los parámetros de cada función y los valores devueltos. Aun así, esta restricción es menos grave en lenguajes modernos, como Java o C#, que en otros lenguajes más antiguos, como C, porque, como veremos en el próximo tema, el hecho de descomponer un programa en varias clases minimiza los efectos negativos de esas variables que se comparten entre varias funciones, además de que muchas veces tendremos datos compartidos, que no serán realmente "variables globales" sino datos específicos del problema, que llamaremos "**atributos**", como también veremos en el tema de programación orientada a objetos.

TP8. Vamos a practicar el uso de variables locales con un ejemplo. Crearemos una función que calcule la potencia de un número entero (un número elevado a otro), así como el cuerpo del programa que la use. La forma de conseguir elevar un número a otro será realizando varias multiplicaciones, es decir:

$$2^4 = 2 \cdot 2 \cdot 2 \cdot 2$$

(multiplicamos 4 veces el 2 por sí mismo). En general, como podemos necesitar calcular operaciones como "6 elevado a 100" (o en general números que pueden ser grandes), usaremos la orden "for" para multiplicar tantas veces como haga falta:

```java
package teoria;

import java.util.Scanner;

/* T4. Ejemplo de función con variables locales */
public class ud3T4 {
    static int Potencia(int base,  int exp)
    {
        int temporal =  1; // Valor inicial que voy incrementando
        for(int i=1; i<=exp; i++)  // Multiplico "n" veces
            temporal *=  base; // Para aumentar el valor temporal

        return temporal; // Al final, obtengo el valor que buscaba
    }

public static void main(String[] args)
```

```java
    {
        Scanner teclado = new Scanner(System.in);
        int num1, num2;

        System.out.println("Introduzca la base: ");
        num1 = teclado.nextInt();

        System.out.println("Introduzca el exponente: ");
        num2 = teclado.nextInt();

        System.out.println(num1 + " elevado a "+ num2 + " vale: " +
                        Potencia(num1,num2));
    }
}
```

En este caso, las variables "temporal" e "i" son locales a la función "Potencia": para "main" no existen. Si en "main" intentáramos hacer *i=4;* obtendríamos un mensaje de error. De igual modo, "num1" y "num2" son locales para "main": desde la función "Potencia" no podemos acceder a su valor (ni para leerlo ni para modificarlo), sólo desde "main". Este ejemplo no contiene ninguna variable global.

Ejecución:

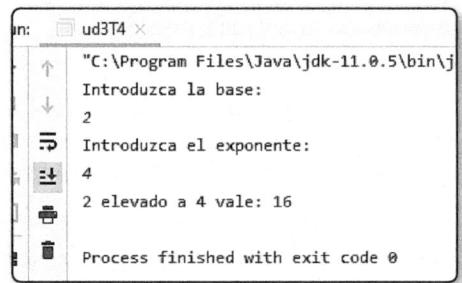

4.6 CREACIÓN DE BIBLIOTECAS DE RUTINAS MEDIANTE PAQUETES

Si la función *esPrimo()* va a ser usada en tres programas diferentes se puede copiar y pegar su código en cada uno de los programas, pero hay una solución mucho más elegante y práctica.

Las funciones de un determinado tipo (por ejemplo funciones matemáticas) se pueden agrupar para crear un paquete (*package*) que luego se importará desde el programa que necesite esas funciones.

Cada paquete se corresponde con un directorio. Por tanto, si hay un paquete con nombre *matematicas* debe haber un directorio llamado también *matematicas* en la misma ubicación del programa que importa ese paquete (normalmente el programa principal).

Las funciones se pueden agrupar dentro de un paquete de dos maneras diferentes. Puede haber subpaquetes dentro de un paquete; por ejemplo, si quisiéramos dividir las funciones matemáticas en funciones relativas al cálculo de áreas y volúmenes de figuras geométricas y funciones relacionadas con cálculos estadísticos, podríamos crear dos directorios dentro de matemáticas con nombres geometria y estadistica respectivamente. Estos subpaquetes se llamarían *matematicas.geometria* y *matematicas.estadistica*. Otra manera de agrupar las funciones dentro de un mismo paquete consiste en crear varios ficheros dentro de un mismo directorio. En este caso se podrían crear los ficheros *Geometria.java* y *Estadistica.java*.

TP9. Entenderemos mejor todos estos conceptos con un ejemplo completo. Vamos a crear un paquete con nombre matemáticas que contenga dos clases: *Varias* (para funciones matemáticas de propósito general) y *Geometria*. Por tanto en el disco duro, tendremos una carpeta con nombre matematicas que contiene los ficheros Varias.java y Geometria.java. El contenido de estos ficheros se muestra a continuación.

```java
package matematicas;

public class Varias {
    /**
     * Comprueba si un número entero positivo es primo o no.
     * Un número es primo cuando únicamente es divisible entre
     * él mismo y la unidad.
     * @param x un número entero positivo
     * @return    true si el número es primo
     * @return     false  en caso contrario
     */
    public static boolean esPrimo(int x) {

        for (int i = 2; i < x; i++) {
            if ((x % i) == 0) {
                return false;
            }
        }
        return true;
    }

    /**
     * Devuelve el número de dígitos que contiene un número entero
     *
     * @param x un número entero
     * @return    la cantidad de dígitos que contiene el número
     */
    public static int digitos(int x)  {

        if (x == 0) {
            return 1;
        } else {
            int n = 0;
            while (x > 0) { x = x / 10; n++;
            }
            return n;
        }
    }
}
```

Se incluye a continuación *Geometría.java*. Recuerda que tanto *Varias.java* como *Geome- tría.java* se encuentran dentro del directorio matemáticas.

```java
package matematicas;

/**
 * Funciones geométricas
 *
 * @author Mª Isabel Barquilla Galeano
 */

public class Geometria {
    /**
     * Calcula el volumen de un cilindro.
     * Tanto el radio como la altura se deben proporcionar en las
     * mismas unidades para que el resultado sea congruente.
     *
     * @param r radio del cilindro
     * @param h altura del cilindro
     * @return    volumen del cilindro
     */
    public static double volumenCilindro(double r, double h) {
        return Math.PI * r * r * h;
    }

    /**
     * Calcula la longitud de una circunferencia a partir del radio.
     *
     * @param r radio de la circunferencia
     * @return    longitud de la circunferencia
     */
    public static double longitudCircunferencia(double r) {
        return 2 * Math.PI * r;
    }
}
```

Observa que en ambos ficheros se especifica que las clases declaradas (y por tanto las funciones que se definen dentro) pertenecen al paquete matemáticas mediante la línea package matemáticas. Ahora ya podemos probar las funciones desde un programa externo. El programa *PruebaFunciones.java* está fuera de la carpeta matemáticas, justo en un nivel superior en la estructura de directorios.

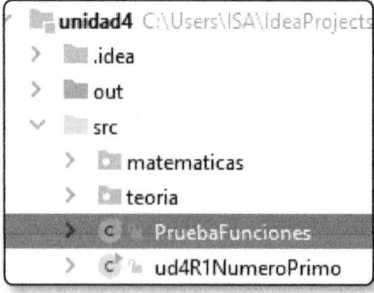

```java
/**
 * Dice si un número es o no es primo usando una función
 *
 * @author Mª Isabel Barquilla Galeano
 */

import matematicas.Varias;
import matematicas.Geometria;
import java.util.Scanner;

public class PruebaFunciones {
    public static void main(String[] args) {
        Scanner teclado = new Scanner(System.in);
        int n;

        // Prueba esPrimo()
        System.out.print("Introduzca un número entero positivo: ");
        n = teclado.nextInt();

        if (matematicas.Varias.esPrimo(n)) { System.out.println("El " + n + " es
primo.");
        } else {
            System.out.println("El " + n + " no es primo.");
        }


        // Prueba digitos()
        System.out.print("Introduzca un número entero positivo: ");
        n = teclado.nextInt();

        System.out.println(n + " tiene " + matematicas.Varias.digitos(n) + "
dígitos.");

        // Prueba volumenCilindro()
        double r, h;

        System.out.println("Cálculo del volumen de un cilindro");
        System.out.print("Introduzca el radio en metros: ");
        r = teclado.nextDouble();
        System.out.print("Introduzca la altura en metros: ");

        h = teclado.nextDouble();

        System.out.println("El volumen del cilindro es " + matematicas.Geometria.
volumenCilindro(r, h) + " m3");
    }
}
```

Las líneas

```
import matematicas.Varias;
import   matematicas.Geometria;
```

cargan las clases contenidas en el paquete *matematicas* y, por tanto, todas las funciones contenidas en ellas. No vamos a utilizar el comodín de la forma *import matematicas.*;* ya que está desaconsejado su uso en el estándar de codificación en Java de Google.

El uso de una función es muy sencillo; hay que indicar el nombre del paquete, el nombre de la clase y finalmente el nombre de la función con los parámetros adecuados. Por ejemplo, como vemos en el programa anterior, *matematicas.Varias.digitos(n)* devuelve el número de dígitos de n; siendo *matematicas* el paquete, *Varias* la clase, *digitos* la función y n el parámetro que se le pasa a la función.

4.7 RECURSIVIDAD

T10. Una función recursiva es aquella en cuya definición aparece ella misma. Un algoritmo recursivo se define en función de partes más sencillas de sí mismo.

El mecanismo para llamar desde un procedimiento o función es el mismo tanto si la función se llama a sí misma o a otra.

El mismo problema podemos resolverlo de forma recursiva y de manera tradicional. Sin embargo, hay problemas cuya solución natural recursiva es mucho más sencilla.

Todas las funciones recursivas se caracterizan por:

1. Caso recursivo: es necesario realizar una o varias llamadas a la propia función, para devolver un valor.

2. Caso o casos base: devolvemos directamente un valor y no requerimos ninguna llamada. Es la condición de parada de la recursividad.

Atendiendo al número de llamadas que se generan, hay dos tipos de recursividad: la **Recursividad Simple** donde cada llamada recursiva genera, como mucho, otra llamada recursiva; y la **Recursividad Múltiple** donde cada llamada recursiva puede generar más de una llamada a la propia función.

Atendiendo a la forma de activar la recursividad podemos encontrarnos con la **Recursividad Directa,** si el procedimiento o función se llama a sí mismo; y la **Recursividad Indirecta** cuando una función llama a otra, y ésta, a su vez, llama a la primera.

a) **Ejemplo de recursividad simple**

Es un clásico: el factorial

$$n! = n * (n-1)!$$

La descripción de esta función es completamente recursiva. Esta regla se aplica a todos los valores, excepto al factorial de 0, que es 1. Lo podemos definir de la siguiente manera:

- Si N>0   →Factorial (N) = N * Factorial(N-1) CASO RECURSIVO
- Si N=0   →Factorial(0) = 1   CASO BASE

Se irán realizando llamadas sucesivas hasta llegar al caso base:

Ejemplo:

Factorial (3) = 3 * Factorial(2)

2 * Factorial(1)

1 * Factorial(0)

1

Se resolverá parcialmente cada función, hasta llegar a la función inicial.

Factorial(3) = 3*2*1*1 = 6

Como se observa en el ejemplo, en Java los métodos pueden llamarse a sí mismos. Si dentro de un método existe la llamada a sí mismo decimos que el método es recursivo.

Cuando un método se llama a sí mismo, se asigna espacio en la pila para las nuevas variables locales y parámetros.

Al volver de una llamada recursiva, se recuperan de la pila las variables locales y los parámetros antiguos y la ejecución se reanuda en el punto de la llamada al método.

TP11. Veamos la implementación en Java, donde se puede comparar la forma recursiva con la iterativa

```java
package teoria;

// Un simple programa de recursividad
class Factorial
{
    // Esto es un método recursivo
    int facR (int n){
        int resultado;
        if (n==1) return 1;
        resultado=facR(n-1)*n;
        return resultado;
    }

    // Esto es un equivalente iterativo
    int facI (int n){
        int t, resultado;

        resultado=1;
        for (t=1; t<=n; t++) resultado *=t;
        return resultado;
    }
}

class Recursividad{
    public static void main(String[] args) {

        Factorial f= new Factorial();

        System.out.println("Factorial utilizando un método recursivo:");
        System.out.println("El factorial de 3 es: "+f.facR(3));
        System.out.println("El factorial de 6 es: "+f.facR(6));
```

```
        System.out.println();

        System.out.println("Factorial utilizando un método iterativo:");
        System.out.println("El factorial de 3 es: "+f.facI(3));
        System.out.println("El factorial de 6 es: "+f.facI(6));
        System.out.println();
    }
}
```

El resultado de ejecución sería el siguiente:

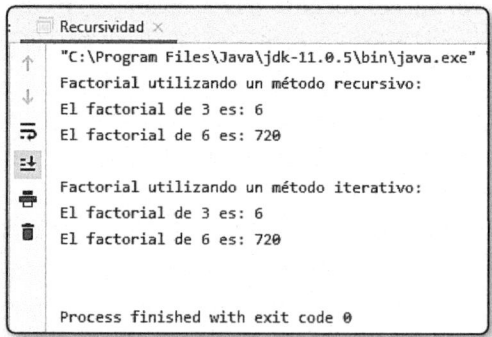

La operación del método no recursivo **factI()** debe ser clara. Utiliza un bucle que comienza en 1 y multiplica progresivamente cada número por el nuevo producto.

La operación del **factR()** es un poco más compleja. Cuando se llama a **factR()** con un argumento de 1, el método devuelve 1; de lo contrario, devuelve el producto de **FacR(n-1)*n**.

Para evaluar esta expresión, se llama a **factR()** con *n-1*. Este proceso se repite hasta que n es igual a 1 y las llamadas al método comienzan a devolver. Por ejemplo, cuando se calcula el factorial de 2, la primera llamada a **factR()** hará que se realice una segunda llamada con un argumento de 1. Esta llamada devolverá 1, que luego se multiplicará por 2 (el valor original de *n*). La respuesta es 2. Puede encontrar interesante insertar instrucciones *println()* en **factR()** para mostrar a qué nivel está cada llamada y cuáles son los resultados intermedios.

Cuando un método se llama a sí mismo, a las nuevas variables y parámetros locales se les asigna almacenamiento en la pila o stack, y el código del método se ejecuta con estas nuevas variables desde el principio. **Una llamada recursiva no hace una nueva copia del método**. Solo los argumentos son nuevos. A medida que retorna o devuelve cada llamada recursiva, las viejas variables y parámetros locales se eliminan de la pila, y la ejecución se reanuda en el punto de la llamada dentro del método. Se podría decir que los métodos recursivos se "desplazan" hacia afuera y hacia atrás.

b) Inconvenientes, coste y aplicaciones de la recursividad

La recursividad puede ser una forma bastante elegante de resolver problemas, pero tiene un inconveniente. Es que cuando se realizan muchas llamadas, se produce un desbordamiento de la pila o heap overflow. Si realizamos muchas llamadas, podemos agotar el espacio en la pila y provocar un desbordamiento de la misma.

Una de las aplicaciones más extendidas de la recursividad es la técnica llamada divide y vencerás. Por ejemplo la conocida ramificación y poda o Branch & Bound.

4.8 EJERCICIOS RESUELTOS

▶ **R1.** Crea un programa que nos genere una cantidad de números enteros aleatorios que nosotros le pasaremos por teclado. Crea un método donde pasamos como parámetros entre que números queremos que los genere, podemos pedirlas por teclado antes de generar los números. Este método devolverá un número entero aleatorio. Muestra estos números por pantalla.

```java
package teoria;
import javax.swing.JOptionPane;
/*R1. Crea un programa que nos genere una cantidad de números enteros
aleatorios que nosotros le pasaremos por teclado. Crea un método donde
pasamos como parámetros entre que números queremos que los genere,
podemos pedirlas por teclado antes de generar los números. Este método
devolverá un número entero aleatorio. Muestra estos números por pantalla.*/
public class ud4R1 {
    public static int generaNumero(int num1, int num2){
        return ((int)Math.floor(Math.random()*(num2-num1)+num1));
    }
    public static void main(String[] args) {
        //Introducimos los datos necesarios
        String texto=JOptionPane.showInputDialog("Introduce la cantidad de números a
mostrar");
        int cantNumeros=Integer.parseInt(texto);

        texto=JOptionPane.showInputDialog("Introduce un número (desde)");
        int numero1=Integer.parseInt(texto);

        texto=JOptionPane.showInputDialog("Introduce un número (hasta)");
        int numero2=Integer.parseInt(texto);

        //Generamos los números
        for(int i=0;i<cantNumeros;i++){
            System.out.println(generaNumero(numero1, numero2));
        }
    }

}
```

▶ **R2.** Crea un programa que nos convierta un número en base decimal a binario. Esto lo realizara un método al que le pasaremos el número como parámetro, devolverá un String con el número convertido a binario. Para convertir un número decimal a binario, debemos dividir entre 2 el número y el resultado de esa división se divide entre 2 de nuevo hasta que no se pueda dividir mas, el resto que obtengamos de cada división formara el número binario, de abajo a arriba.

Por ejemplo: si introducimos un 8 nos deberá devolver 1000.

Solución:

```java
package teoria;

import javax.swing.*;
/*R2. Crea una aplicación que nos convierta un número en base decimal
a binario. Esto lo realizara un método al que le pasaremos el número
como parámetro, devolverá un String con el número convertido a binario.
Para convertir un número decimal a binario, debemos dividir entre 2 el
número y el resultado de esa división se divide entre 2 de nuevo hasta
que no se pueda dividir más, el resto que obtengamos de cada división
formara el número binario, de abajo a arriba.
Por ejemplo: si introducimos un 8 nos deberá devolver 1000
*/
public class ud4R2 {
    public static String decimalBinario (int numero){
        String binario="";
        String digito;
        for(int i=numero;i>0;i/=2){
            if(i%2==1){
                digito="1";
            }else{
                digito="0";
            }
            //Se añade el digito al principio)
            binario=digito+binario;
        }
        return binario;
    }

    public static void main(String[] args) {
        String texto=JOptionPane.showInputDialog("Introduce un número");
        int numero=Integer.parseInt(texto);
        String binario=decimalBinario(numero);
        System.out.println("El número "+numero+ " en binario es "+binario);
    }
}
```

▶ **R3.** Crea una aplicación que nos cuente el número de cifras de un número entero positivo (hay que controlarlo) pedido por teclado. Crea un método que realice esta acción, pasando el número por parámetro, devolverá el número de cifras.

```java
package teoria;

import javax.swing.*;

/* Crea un programa que nos cuente el número de cifras de un
número entero positivo (hay que controlarlo) pedido por teclado.
 Crea un método que realice esta acción, pasando el número por
```

```java
parámetro, devolverá el número de cifras.*/
public class ud4R3 {
    public static int cuentaCifras (int numero){
        int contador=0;
        for (int i=numero;i>0;i/=10){
            //Incrementamos el contador
            contador++;
        }
        return contador;
    }

    public static void main(String[] args) {
        int numero=0;
        do{
            String texto=JOptionPane.showInputDialog("Introduce un número
positivo");
            numero=Integer.parseInt(texto);
        }while(numero<0);

        int numCifras=cuentaCifras(numero);
        //Controlamos en el caso de que haya una cifra o mas
        if (numCifras==1){
            System.out.println("El numero "+numero+ " tiene "+numCifras+" cifra");
        }else{
            System.out.println("El numero "+numero+ " tiene "+numCifras+" cifras");
        }
    }
}
```

▶ **R4.** Ejemplos de diversas funciones pasando un array como parámetro.

```java
package teoria;
/* R4. Diversas funciones de array bidimiensional */
public class ud4R4 {
// Funciones

    /**
     * Devuelve el número de filas de un array bidimensional de
     * números enteros.
     *
     * @param x un array bidimensional de números enteros
     * @return número de filas del array
     */
    public static int filasArrayIntBi(int x[][]) {
        return x.length;
    }

    /**
     * Devuelve el número de columnas de un array bidimensional
```

```java
 * de números enteros.
 *
 * @param x un array bidimensional de números enteros
 * @return número de columnas del array
 */
public static int columnasArrayIntBi(int x[][]) {
    return x[0].length;
}

/**
 * Devuelve el máximo de un array bidimensional
 * de números enteros.
 *
 * @param x un array bidimensional de números enteros
 * @return el valor máximo encontrado en el array
 */
public static int maximoArrayIntBi(int x[][]) {
    int maximo=Integer.MIN_VALUE;
    for (int f=0; f < filasArrayIntBi(x); f++) {
        for (int c=0; c < columnasArrayIntBi(x); c++) {
            if (x[f][c] > maximo) {
                maximo=x[f][c];
            }
        }
    }
    return maximo;
}

/**
 * Muestra por pantalla el contenido de un array bidimensional
 * de números enteros.
 *
 * @param x un array bidimensional de números enteros
 */
public static void muestraArrayIntBi(int x[][]) {
    String formatoNumero="%" + matematicas.Varias.digitos(maximoArrayIntBi(x)) +
"d";
    for (int f=0; f < filasArrayIntBi(x); f++) {
        for (int c=0; c < columnasArrayIntBi(x); c++) {
            System.out.printf(formatoNumero + " ", x[f][c]);
        }
        System.out.println();
    }
}

/******* programa principal ******/
public static void main(String[] args) {
    int[][] n=new int[6][9];
    for (int i=0; i < 6; i++) {
        for (int j=0; j < 9; j++) {
```

```
                n[i][j]=(int) (Math.random() * 100000);
            }
        }
        muestraArrayIntBi(n);
        System.out.println("El máximo del array es: "+ maximoArrayIntBi(n));
        System.out.println("El número de columnas  del array es: "+
columnasArrayIntBi(n));
        System.out.println("El número de filas  del array es: "+ filasArrayIntBi(n));

    }
}
```

Recursividad

▼ **R5.** Ejemplo de resultado de ejecución "Stack Overflow" (desbordamiento de la pila). Implementación de un método recursivo que reciba un parámetro de tipo entero y luego llame en forma recursiva con el valor del parámetro menos 1.

```
/*R5. Implementar un método recursivo que imprima en forma descendente de 5 a 1 de
uno en uno. Se desbordará la pila*/
package teoria;

public class RecursividadR5 {
    void imprimir(int x) {
        System.out.println(x);
        imprimir(x-1);
    }

    public static void main(String[] ar) {
        RecursividadR5 re=new RecursividadR5();
        re.imprimir(5);
    }
}
```

Desde main se llama a la función imprimir y se le envía el valor 5. El parámetro x recibe el valor 5. Se ejecuta el algoritmo de la función, imprime el contenido del parámetro (5) y seguidamente se llama a una función, en este caso a sí misma (por eso decimos que es una función recursiva), enviándole el valor 4.

El parámetro x recibe el valor 4 y se imprime en pantalla el cuatro, llamando nuevamente a la función imprimir enviándole el valor 3.

Si continuamos este algoritmo podremos observar que en pantalla se imprime:

5 4 3 2 1 0 -1 -2 -3 . . . .

hasta que se bloquee el programa.

Tener en cuenta que cada llamada a una función consume 4 bytes por la llamada y en este caso 4 bytes por el parámetro x. Como nunca finaliza la ejecución completa de las funciones se desborda la pila estática por las sucesivas llamadas.

```
-9615
-9616
Exception in thread "main" java.lang.StackOverflowError
    at java.base/sun.nio.cs.UTF_8$Encoder.encodeLoop(UTF_8.java:564)
    at java.base/java.nio.charset.CharsetEncoder.encode(CharsetEncoder.java:576)
    at java.base/sun.nio.cs.StreamEncoder.implWrite(StreamEncoder.java:292)
    at java.base/sun.nio.cs.StreamEncoder.implWrite(StreamEncoder.java:281)
    at java.base/sun.nio.cs.StreamEncoder.write(StreamEncoder.java:125)
    at java.base/java.io.OutputStreamWriter.write(OutputStreamWriter.java:211)
    at java.base/java.io.BufferedWriter.flushBuffer(BufferedWriter.java:120)
    at java.base/java.io.PrintStream.write(PrintStream.java:605)
    at java.base/java.io.PrintStream.print(PrintStream.java:676)
    at java.base/java.io.PrintStream.println(PrintStream.java:812)
    at teoria.RecursividadR5.imprimir(RecursividadR5.java:5)
```

▶ **R6.** Implementar un método recursivo que imprima en forma descendente de 5 a 1 de uno en uno.

```
package teoria;
/*R6. Implementar un método recursivo que imprima en forma descendente de 5 a 1 de
uno en uno.*/
public class RecursividadR6 {
    void imprimir(int x) {
        if (x > 0) {
            System.out.println(x);
            imprimir(x - 1);
        }
    }

    public static void main(String[] ar) {
        RecursividadR6 re=new RecursividadR6();
        re.imprimir(5);
    }
}
```

Ahora sí podemos ejecutar este programa y observar los resultados en pantalla. Se imprimen los números 5 4 3 2 1 y no se bloquea el programa.

Analizad qué sucede cada vez que el if (x>0) se evalúa como falso, ¿a qué línea del programa retorna?

▶ **R7.** Imprimir los números de 1 a 5 en pantalla utilizando recursividad.

```
package teoria;
/* R7. Imprimir los números de 1 a 5 en pantalla utilizando recursividad. */
    public class RecursividadR7 {
        void imprimir(int x) {
            if (x>0) {
                imprimir(x-1);
                System.out.println(x);
            }
        }

    public static void main(String[] ar) {
```

```
        RecursividadR7 re=new RecursividadR7();
        re.imprimir(5);
    }
}
```

Con este ejemplo se presenta una situación donde debe analizarse línea a línea la ejecución del programa y el porqué de estos resultados.

¿Por qué se imprime en pantalla 1 2 3 4 5 ?

Veamos cómo se apilan las llamadas recursivas:

En la primera llamada desde la función main el parámetro x recibe el valor 5.

5	x

Cuando llamamos desde la misma función le enviamos el valor de x menos 1 y la memoria queda de la siguiente forma:

5	x
4	x`

Debemos entender que el parámetro x en la nueva llamada está en otra parte de la memoria y que almacena un 4, nosotros le llamaremos x prima.

Comienza a ejecutarse la función, la condición del if se valúa como verdadero por lo que entra al bloque y llama recursivamente a la función imprimir pasándole el valor 3 al parámetro.

5	x
4	x`
3	x``

Nuevamente la condición se valúa como verdadero y llama a la función enviándole un 2, lo mismo ocurre cuando le envía un 1 y un 0.

5	x
4	x`
3	x``
2	x```
1	x````
0	x`````

```java
void imprimir(int x) {
    if (x>0) {
        imprimir(x-1);
        System.out.println(x);
    }
}
```

Cuando x vale 0 la condición del if se valúa como falsa y sale de la función imprimir.

¿Qué línea ahora se ejecuta ?

Vuelve a la función main ? NO.

Recordemos que la última llamada de la función imprimir se había hecho desde la misma función imprimir por lo que vuelve a la línea:

```java
System.out.println(x);
```

Ahora sí, analicemos qué valor tiene el parámetro x. Observemos la pila de llamadas del gráfico:

5	x
4	x`
3	x``
2	x```
1	x````

x cuarta tiene el valor 1. Por lo que se imprime dicho valor en pantalla.

Luego de imprimir el 1 finaliza la ejecución de la función, se libera el espacio ocupado por el parámetro x y pasa a ejecutarse la siguiente línea donde se había llamado la función:

```java
System.out.println(x);
```

Ahora x en esta instancia de la función tiene el valor 2.

Así sucesivamente hasta liberar todas las llamadas recursivas.

Es importante tener en cuenta que siempre en una función recursiva debe haber un if para finalizar la recursividad (en caso contrario la función recursiva será infinita y provocará que el programa se bloquee).

4.9 EJERCICIOS PROPUESTOS

▶ **P1.** Queremos hacer una función que acepta un número como parámetro. La función debe imprimir por pantalla la tabla de multiplicar (0 a 10) de ese número.

▶ **P2**. Queremos hacer dos funciones: la primera nos dirá si un número es positivo o negativo (devolviendo un *boolean*), después usaremos esa función dentro de otra que dependiendo del resultado que devuelva la primera nos imprimirá por pantalla "es positivo" o "es negativo".

▶ **P3.** Queremos un programa que se ejecute de forma constante, que lea una cadena e imprima "lacadena (IA)". La forma de hacer que el programa pare es introducir la cadena "salir".

Ejemplo:

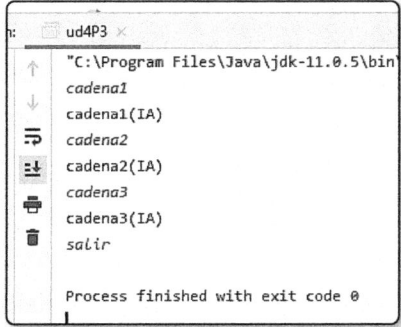

▶ **P4.** Queremos hacer un programa para administrar los alumnos de la ESO de un instituto. Son 4 cursos y dentro de cada curso hay 3 clases A, B y C. Queremos hacer un programa que nos permita: añadir alumnos a un aclase, eliminar alumnos de una clase, informar del número de alumnos de una clase y salir del programa. Para ello os dejo la estructura que debería tener el programa:

● Añadir alumno.
● Eliminar alumno.
● Alumnos en clase.
● Salir.

Elige una opción:

Si elegimos 1) nos aparecerá esto:

● Primero elige el curso:

Y una vez introducido por teclado aparecerá:

● Ahora la clase:

Para eliminar e informar el procedimiento es el mismo pero cambiando las operaciones internas.

El programa se ejecutará hasta que el menú principal se introduzca un 4.

▶ **P5.** Crea una biblioteca con funciones matemáticas que contenga las siguientes 14 funciones. Recuerda que puedes usar unas dentro de otras si es necesario.

● **esCapicua**: devuelve verdadero si el número que se pasa como parámetro es capicúa y falso en caso contrario.

● **esPrimo**: devuelve verdadero si el número que se pasa como parámetro es primo y falso en caso contrario.

● **siguientePrimo**: devuelve el menor primo que es mayor al número que se pasa como parámetro.

● **potencia**: dada una base y un exponente devuelve la potencia.

● **digitos**: cuenta el número de dígitos de un número entero.

- **voltea**: le da la vuelta a un número.
- **digitoN**: devuelve el dígito que está en la posición n de un número entero. Se empieza contando por el 0 y de izquierda a derecha.
- **posicionDeDigito**: da la posición de la primera ocurrencia de un dígito dentro de un número entero. Si no se encuentra, devuelve -1.
- **quitaPorDetras**: le quita a un número n dígitos por detrás (por la derecha).
- **quitaPorDelante**: le quita a un número n dígitos por delante (por la izquierda).
- **pegaPorDetras**: añade un dígito a un número por detrás.
- **pegaPorDelante**: añade un dígito a un número por delante.
- **trozoDeNumero**: toma como parámetros las posiciones inicial y final dentro de un número y devuelve el trozo correspondiente.
- **juntaNumeros**: pega dos números para formar uno.

Recursividad

▸ **P6.** Escribe un programa en Java que defina una función esPrimo que, de forma recursiva, devolverá un booleano indicando si el número que recibe como parámetro es primo o no. Pruébala desde el programa principal para comprobar si el 49 y el 47 son primos.

La cabecera de la función debe ser así:

```
static boolean esPrimo(int numero, int divisor)
```

▸ **P7.** Escribe un programa en Java que calcule de forma recursiva cuántas veces aparece una cadena b dentro de otra cadena a. La función recursiva sólo debe recibir como parámetros las dos cadenas a y b.

▸ **P8.** Invertir una cadena de texto de forma recursiva. Indicar la pila de llamadas para el texto "hola".

Por ejemplo: invertir("hola") = "aloh"

- Caso base: una cadena de tamaño 1 da como resultado ella misma.
- Caso recursivo: una cadena de tamaño N da como resultado el primer carácter al final y seguir invirtiendo el resto de la cadena.

▸ **P9.** Implementar un método recursivo para ordenar los elementos de un vector.

4.10 ACTIVIDADES DE AMPLIACIÓN. ISA DESAFÍA

En el tema anterior ya hicimos algún reto para disfrutar y practicar con la programación. Los retos están extraídos de la web www.aceptaelreto.com. Son opcionales, y servirán para ir entrenando para el concurso de programación *Programame*, que se suele celebrar en el mes de diciembre.

Aquí os dejo otro; podéis pinchar el enlace para ver el enunciado en la plataforma

https://www.aceptaelreto.com/problem/statement.php?id=462

o bien consultar el enunciado a continuación:

Problema número 462

Mundo limpio

Tiempo máximo: 1,000 s Memoria máxima: 4096 KiB

http://www.aceptaelreto.com/problem/statement.php?id=462

Cuando una persona prevé que llega su final, se plantea muchas cosas. Si su vida ha tenido sentido, si habrá hecho feliz a la gente que le rodea, si podría haber tomado otros caminos distintos, qué cosas cambiaría si pudiera...

En su lecho de muerte, mi abuelo me sorprendió con unas declaraciones fuera de lo normal:

Hijo[1], yo, igual que tú, llevo gafas desde los dos años. Estimo que eso significa que he visto el mundo limpio en mi vida unos míseros 27 días en total. Ahora que ha llegado mi hora me he dado cuenta de que debido a toda esa suciedad acumulada en mis cristales he dejado de ver muchas cosas preciosas, colores vivos, detalles... Por favor, no hagas lo que yo, y límpiate las gafas más a menudo.

Para darle un sentido épico a la historia, me gustaría poder decir que se lo prometí allí mismo, que nos fundimos en un abrazo final y que en ese momento nos dejó. La realidad es bien distinta. Mi cabeza se puso a intentar estimar cúantos días habría visto yo el mundo limpio y me perdí sus últimas palabras.

Entrada

La entrada comienza con el número de casos de prueba que deben procesarse.

A continuación aparece cada caso de prueba en una línea independiente. Cada línea comienza con un número que indica el número total de veces que una persona se ha limpiado las gafas en su vida (nunca más de 100.000 veces, que sumarían más de 270 años a razón de una limpieza diaria). A continuación, en formato HH:MM:SS, se indica el tiempo aproximado que las gafas se mantienen limpias (siempre menos de un día).

Salida

Por cada caso de prueba se escribiraá el tiempo total de "mundo limpio" que se estima que ha tenido la persona. El formato seraá d HH:MM:SS, donde d representa el número de días completos, y HH, MM y SS las horas, minutos y segundos del último día incncluso (cada uno debe ocupar dos dígitos).

2
60 00:00:01
3200 00:12:09

Entrada de ejemplo

0 00:01:00
27 00:00:00

Salida de ejemplo

Autores: Marco Antonio Gómez Martín y Pedro Pablo Gómez Martín.

Revisores: Ferran Borrell Micola, Sei Coll, Cristina Gómez Alonso, Marc Nicolau Reixach y Joan Rodriguez Bellido.

---

1   Nunca le gustó llamarme *nieto*. Bien pensado, a mí tampoco.

5

INTRODUCCIÓN A LA PROGRAMACIÓN ORIENTADA A OBJETOS

Al entrar en el segundo bloque dejamos atrás todo lo básico dentro de la programación y pasamos a ver una de las partes más importantes de cómo se estructura la programación hoy en día: la Programación Orientada a Objetos (POO).

5.1 INTRODUCCIÓN

La POO (Programación Orientada a Objetos) es un paradigma de programación, es decir, una forma de programar que se basa en el uso, como su nombre indica, de objetos.

Cuando hablamos de POO oiremos hablar de conceptos como: **atributo, método, clase, interfaz, herencia, implementación, polimorfismo...** Son todos conceptos que iremos viendo, entendiendo y aprendiendo poco a poco a lo largo del curso; mediante las explicaciones, actividades y ejercicios tanto resueltos como propuestos y proyectos que el alumno se proponga.

En la POO se continúa trabajando con las variables básicas (int, float, String...) y también con las nuevas variables que creemos que serán los objetos. La idea de programar con objetos es hacer que tanto objetos como variables se comuniquen entre sí.

Además, otro de los puntos importantes de la POO es que nos permiten tener el código de forma bien estructurada y organizada, ya que podemos guardar mucha información y métodos en un solo objeto.

5.2 CLASES Y OBJETOS

T1. Las clases son los moldes de los cuales se generan los objetos. Los objetos se instancian y se generan; instancia y objeto son sinónimos. Por ejemplo, Isabel será un objeto de la clase Persona.

Un *objeto* es una colección de datos y las subrutinas o *métodos* que operan sobre ellos. Los objetos representan cosas físicas o abstractas, pero que tienen un *estado* y un *comportamiento*. Por ejemplo, una mesa, un estudiante, un círculo, una cuenta corriente, un préstamo, un automóvil, ... se consideran objetos.

Así, ciertas propiedades definen a un objeto y ciertas propiedades definen lo que hace. Las que definen el objeto se conocen como *campos de datos o atributos* y el comportamiento de los objetos se define como *métodos*.

Las clases se escriben en ficheros ASCII que tienen el mismo nombre que la clase y extensión **.java.** La definición de una clase en Java empieza con la palabra reservada **class**, y el conjunto de atributos y métodos de la clase se define en un bloque delimitado por llaves, del siguiente modo:

```
1   class Persona{
2       //Declaración de atributos
3       //Definición de métodos
4   }
```

Recordemos cómo se crea una clase. Vamos a nuestro IDE Intellij IDEa. En el package tema4, con click derecho y seleccionamos *New → Java Class*

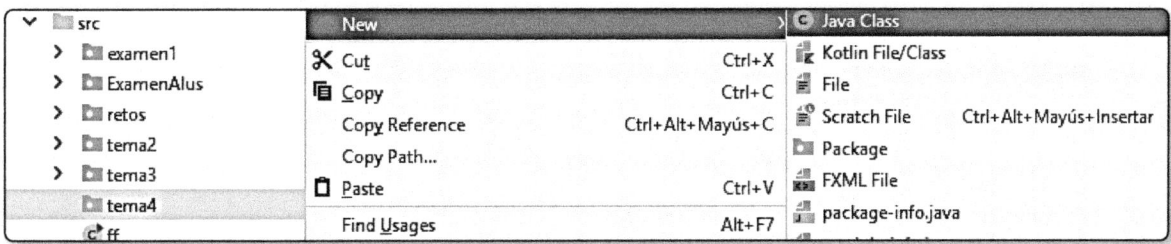

Después nos aparecerá un cuadro de diálogo, donde introduciremos el nombre de la clase simplemente dadle valor al campo de texto. Por convención los nombres de las clases comienzan por MAYÚSCULA.

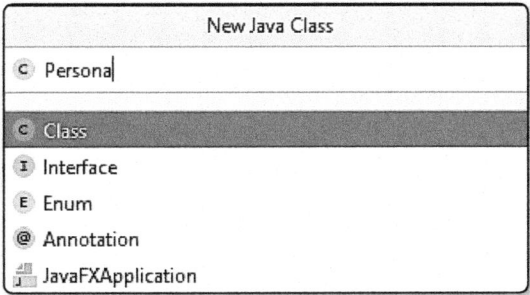

Al conjunto de valores definidos en la clase se le llama atributos de la clase. Al conjunto de operaciones que define una clase se le llama métodos de la clase.

Cuando hablamos de miembros de una clase hacemos referencia tanto a los atributos como a los métodos de la clase.

Cuando declaramos objetos hablamos en términos de instanciar una clase. Cuando se crea un objeto de una clase, se dice que **la clase está instanciada**. Todas las instancias comparten los atributos y el comportamiento de la clase. Pero los valores de esos atributos, es decir, el estado son únicos para cada objeto. Una sola clase puede tener cualquier cantidad de instancias.

5.2.1 Referencia al objeto this

Java proporciona una referencia al objeto con el que está trabajando. Esta referencia se llama **this**, que no es ni más ni menos que el objeto que está ejecutando el método. Esta referencia en ocasiones nos servirá para resolver ambigüedades o para devolver referencias al propio objeto.

TP2. Veamos un ejemplo:

```java
public class Rectangulo {
    private int ancho=0;
    private int alto=0;

    Rectangulo(int an, int al) {
        ancho=an;     // se puede omitir el this
        this.alto = al;
    }

    public int getAncho() {
        return this.ancho;
    }

    public int getAlto() {
        return alto;
    }    //se puede omitir el this

    public  Rectangulo incrementaAncho() {
        ancho++;     // se puede omitir el this
        return this;
    }

    public Rectangulo incrementaAlto() {
        this.alto++;
        return this;
    }
```

TP3. ACTIVIDAD TEÓRICO-PRÁCTICA: la agenda

Supongamos que queremos programar una aplicación de agenda telefónica. El objetivo de nuestra agenda telefónica es gestionar una serie de contactos. Cada uno de estos contactos representa a una Persona. Dicho de otro modo cada uno de los contactos de la agenda está creado a partir de la misma plantilla *Persona*, que es la abstracción de una persona del mundo real en el contexto de la aplicación de la agenda telefónica.

¿Qué necesitamos especificar para crear un objeto o ejemplar de la clase *Persona*? Cada uno de los objetos creados a partir de esta clase contendrá una serie de valores que lo identifican, como el nombre y los apellidos del contacto y su número de teléfono.

El conjunto de todos los valores de un objeto va a determinar su estado en un momento concreto. Por otro lado, sobre cada uno de los objetos vamos a poder llevar a cabo un conjunto de operaciones definidas en la clase.

Volviendo al ejemplo de la agenda telefónica, cada una de las *Persona* de la agenda va a tener una serie de datos de interés, que pueden o no variar a lo largo del tiempo (un contacto de mi agenda puede cambiar de número de teléfono, pero no es probable que cambie de apellidos), y me va a ofrecer una serie de operaciones que puedo realizar sobre ella, como por ejemplo consultar su nombre.

5.2.2 Miembros de una clase

Ahora que ya sabemos que debemos abstraer una *Persona* del mundo real en el contexto de nuestra aplicación la siguiente pregunta es: ¿Cuáles son las características, o datos, de una persona relevante en el contexto de una agenda telefónica? Sin duda uno de estos datos es el número de teléfono de la persona; cada contacto de mi agenda tiene, de manera simplificada, un número de teléfono. ¿Qué otros datos pueden ser de interés almacenar en una agenda telefónica?, parece evidente que, al menos, el nombre y los apellidos de cada uno de los contactos.

TP3.1. Vamos a nuestra clase Persona y declararemos los atributos que nos interesan del modo siguiente:

```java
package unidad5;

public class Persona {
    //Declaración de atributos
    String nombre;
    String apellido;
    String telefono;

    //Definición de métodos
}
```

Observa que al escribir el nombre de la clase hemos empezado la palabra por una letra mayúscula, y que al empezar el nombre de un atributo lo hemos empezado por minúscula. Esta es una convención de codificación en Java que conviene seguir, puesto que está ampliamente extendida entre los desarrolladores Java.

Veamos ahora cómo definir las operaciones que podremos realizar sobre las instancias de la clase *Persona*.

5.2.3 Métodos de una clase

Una vez hemos creado una instancia de la clase *Persona*, ¿Cómo podemos recuperar a partir de ella su nombre?, ¿Cómo podemos recuperar el nombre que almacenamos en un contacto de nuestra agenda?

Una posibilidad es simplemente leer el valor del atributo, pero el acceso directo a los atributos de una clase está desaconsejado. Para leer el valor de un atributo se utilizan métodos denominados **getters**.

La respuesta es: a través de una llamada a un método que devuelva el nombre del contacto. En el caso de la recuperación del nombre, el tipo de dato de retorno es una cadena class String. Un método que cumple este objetivo es el siguiente:

TP3.2

```
    //Definición de métodos
    public String getNombre(){
        return nombre;
    }
}
```

En estas pocas líneas de código hay varias novedades:

1. Un método tiene un nombre que lo identifica, en este caso *getNombre*.

2. Delante del nombre del método escribimos el tipo del valor de retorno, en nuestro caso, como lo que el método devuelve es el nombre cuyo tipo es un *String*, este será el tipo del valor retorno.

3. Detrás del nombre del método aparecen unos paréntesis *()* sin nada en su interior. Dentro de los paréntesis se define la lista de argumentos del método. En nuestro caso la lista está vacía, lo que indica que no necesito especificar ningún argumento para poder hacer uso del método.

4. La definición de método va dentro de las llaves.

5. Para devolver un valor utilizamos la palabra reservada *return*.

Ahora ya podemos implementar los getters que faltan:

```
public String getApellido() {
    return apellido;
}

public String getTelefono() {
    return telefono;
}
```

En muchas ocasiones resulta interesante poder modificar el valor de los atributos. Como ya se ha comentado anteriormente, un contacto de mi agenda podría cambiar de número de teléfono, luego parece buena idea que la clase Persona me proporcione un método que permita modificar el valor del atributo *telefono*, como el que se muestra a continuación:

```
public void setTelefono(String nuevoTel){
    telefono = nuevoTel;
}
```

y a continuación implementamos los demás setters de los atributos que faltan:

```
public void setNombre(String nombre) {
    this.nombre=nombre;
}

public void setApellido(String apellido) {
    this.apellido=apellido;
}
```

Ya tenemos escritos métodos que nos permiten leer y modificar los atributos de la clase Persona. Ahora queremos crear ejemplares de esta clase, para ello necesitamos escribir métodos especiales que nos sirvan para crear instancias de la clase, a estos métodos especiales se les llama constructores de la clase.

5.2.4 Constructores

Para crear un ejemplar de una clase utilizamos métodos especiales llamados constructores de la clase. Como se verá a continuación un constructor tiene estructura de función, pero tiene algo raro, no es *void* pero tampoco dice qué devuelve ni tiene *return*. Esto es porque el constructor es un tipo especial de función que no devuelve nada, pero tampoco es *void*; sirve para para dar un valor inicial a los atributos de los objetos cuando los creamos y también para guardar un espacio en memoria al crear el objeto.

Puede no haber constructor en una clase, puede haber uno o varios constructores. Lo normal es que haya uno o varios. Se definen varios constructores en una clase cuando queremos inicializar el objeto de múltiples formas. Al esto se le llama **sobrecarga del constructor**, tenemos un mismo constructor con diferentes métodos con el mismo nombre, pero con diferente número y tipos de parámetros. Cuando creamos un objeto con **new**, Java elige el constructor más adecuado dependiendo de los parámetros utilizados.

TP3.3 Veamos el constructor de nuestra clase *Persona*:

```java
public Persona(String nombre, String apellido, String telefono) {
    this.nombre=nombre;
    this.apellido=apellido;
    this.telefono=telefono;
}
```

Volvemos a tener nuevos conceptos en estas líneas de código:

1. Un constructor es un método cuyo nombre coincide con el de la clase, en nuestro caso el nombre del método es Persona que es precisamente el nombre de la clase.

2. Como cualquier otro método, tiene una lista de argumentos que en este caso no está vacía, si no que indica que va a recibir tres argumentos de tipo String.

3. Fíjate que los nombres de los tres argumentos coinciden con los nombres de los atributos; la clase tiene declarado un atributo de tipo String llamado nombre y el primer argumento del constructor también se llama nombre y es de tipo String. ¿Cómo resolvemos la ambigüedad entre el nombre del atributo y el nombre del argumento?, utilizando la palabra reservada **this**; si escribimos *this.nombre* estamos haciendo referencia al atributo, si sólo escribimos nombre, estamos haciendo referencia al argumento del método.

4. Un constructor no devuelve ningún valor de retorno, ya que estos métodos especiales nos sirven para crear objetos.

Escribamos otro constructor para la clase Persona:

```java
//constructor por defecto
Persona(){}
```

Más novedades conceptuales en estas líneas de código:

1. La lista de argumentos de este constructor está vacía.
2. No hemos escrito ninguna línea de código entre las llaves.

A este constructor tan particular se le llama Constructor por defecto. De momento quédate con la idea de que es importante que tus clases definan el constructor por defecto, de hecho, todas tus clases deberían definirlo. Si tu clase no proporciona ningún constructor, el compilador de Java crea el constructor por defecto para la clase, de modo que puedas crear instancias a partir de ella. Por lo tanto, nuestra clase completa quedaría así:

```java
package unidad5.agenda;

public class Persona {
    //Declaración de atributos
    String nombre;
    String apellido;
    String telefono;

    //Definición de métodos setters y getters
    public String getNombre(){
        return nombre;
    }

    public String getApellido() {
        return apellido;
    }

    public String getTelefono() {
        return telefono;
    }

    public void setTelefono(String nuevoTel){
        telefono = nuevoTel;
    }

    public void setNombre(String nombre) { this.nombre = nombre; }

    public void setApellido(String apellido) {
        this.apellido = apellido;
    }

    //constructor
    public Persona(String nombre, String apellido, String telefono) {
        this.nombre=nombre;
        this.apellido=apellido;
        this.telefono=telefono;
    }
    //constructor por defecto
    Persona(){}
}
```

Lo siguiente que vamos a hacer es escribir una clase para probar nuestra clase Persona, para ello crea en el proyecto una nueva clase y llámala *PruebaPersona* y como nombre de paquete introduce *unidad5.agenda*. Y tecleamos el código mostrado a continuación:

```java
package unidad5.agenda;

public class PruebaPersona {
public static void main(String[] args) {

        Persona unaPersona = new Persona("Isabel", "Barquilla", "555915");
    //INCORRECTO. SALE ALGO POR PANTALLA PORQUE LOS
    //ATRIBUTOS SON PUBLIC. PERO ESO NO ESTÁ BIEN
    //SI PONEMOS LOS ATRIBUTOS como private. Ya nos dará error de compilación
    //sale en rojo,
    System.out.println("Muestra información ACCEDIENDO DIRECTAMENTE A LOS CAMPOS");
    System.out.println("Nombre: "+ unaPersona.nombre);
    System.out.println("Apellido: "+ unaPersona.apellido);
    System.out.println("Telefono: "+ unaPersona.telefono);

    //FORMA CORRECTA
    System.out.println("Muestra información utilizando los getters");
    System.out.println("Nombre: "+ unaPersona.getNombre());
    System.out.println("Apellido: "+ unaPersona.getApellido());
    System.out.println("Telefono: "+ unaPersona.getTelefono());
    System.out.println();
  }
}
```

Quitando la parte errónea, ejecutamos y sale:

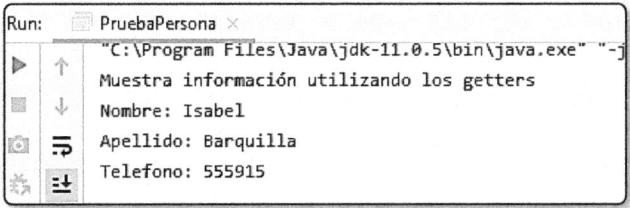

La clase Principal está repleta de novedades. Esta clase tiene un único método *public static void main(String[] args),* este método, como ya sabemos, es el punto de entrada a la ejecución de un programa Java.

Vemos cómo se usa el operador *new* para crear una instancia de la clase, escribimos tras new un constructor de la clase, en este caso Persona("Isabel", "Barquilla", "5559655156"), new utilizará el constructor con tres argumentos de la clase Persona para crear una nueva instancia. `Persona unaPersona;` → `Declaración del objeto.` El **new** se usa para reservar memoria y construir el objeto: `unaPersona = new Persona("Isabel", "Barquilla","5559655156")`.

Fíjate que a la izquierda de new tenemos *Persona unaPersona =,* esto indica que nos guardamos lo que el operador new devuelve en la variable de tipo referencia a Persona que llamamos *unaPersona.*

TP4. ACTIVIDAD DE REFLEXIÓN: en el ejemplo anterior estamos recuperando la información almacenada en una instancia de la clase Persona de dos modos: accediendo directamente a sus atributos, o llamando a los métodos de la clase. ¿Qué sentido tiene declarar métodos de acceso a los atributos de una clase si puedo acceder directamente a ellos?

Si ejecutamos:

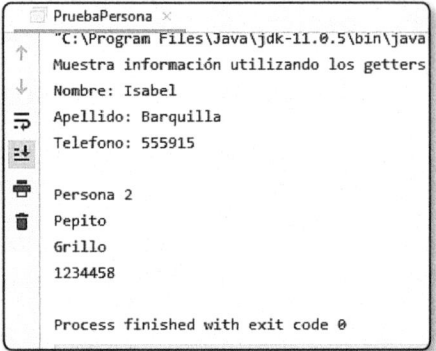

TP5. EJERCICIO PROPUESTO: crear una persona vacía, introducir datos y mostrarlos por pantalla.

En la clase `PruebaPersona`, añadimos el código siguiente

```java
//EJERCICIO PROPUESTO. CREAR PERSONA VACÍA, INTRODUCIR DATOS
    //Y MOSTRARLOS
    System.out.println("Persona 2");
    // 1) crear persona vacía
    // (hoja en blanco de la agenda)
    //eso reserva espacio en memoria para cuando tengas los datos
    Persona pers2= new Persona();
    // 2) meter datos con los setter
    //pediriamos datos al usuario. pero los pongo directamente
    pers2.setNombre("Pepito");
    pers2.setApellido("Grillo");
    pers2.setTelefono("1234458");
    // 3) mostrar datos con los getter

    System.out.println(pers2.getNombre());
    System.out.println(pers2.getApellido());
    System.out.println(pers2.getTelefono());

    }
```

5.2.5 Asignación de objetos

Cuando trabajamos con objetos estamos trabajando con referencias. Una referencia es una localización de la memoria donde se encuentra el objeto. Veamos mediante un ejemplo sencillo cómo trabaja Java con las referencias a los objetos.

TP6. Tenemos la siguiente clase rectángulo, y desde main creamos dos instancias (objetos) de tipo rectángulo:

```
public class Rectangul {
    private int ancho;
    private int alto;

    Rectangul(int an, int al) {
        this.ancho=an;
        this.alto=al;
    }

    Rectangul() {
        alto=ancho=0;
    }

    Rectangul(int dato) {
        ancho=alto=dato;
    }

    public int getAncho() {
        return this.ancho;
    }

    public int getAlto() {
        return this.alto;
    }


public Rectangul incrementarAncho() {
        ancho++;
        return this;
    }

    public Rectangul incrementarAlto() {
        this.alto++;
        return this;
    }
}
```

Como esta clase es pública, desde el método main de otra clase ejecutamos el código:

```
    public static void main(String[] args) {
        Rectangul r1=new Rectangul(5, 7);
        Rectangul r2=new Rectangul();

        r2=r1;
        r2.incrementarAncho();
        r2.incrementarAlto();
```

```
        System.out.println("Alto: " + r1.getAlto());
        System.out.println("Ancho: " + r1.getAncho());
    }
```

¿Qué resultado se mostrará por pantalla?

- ▰ Opción 1: Alto: 7   Ancho: 5
- ▰ Opción 2: Alto: 8   Ancho: 6

La respuesta es la opción 2 porque al hacer **r2 = r1** se copia la referencia al objeto y no el contenido de un objeto en otro (como se ve en la figura anterior).

Para copiar el contenido de un objeto a otro podemos usar un **constructor copia**.

5.2.6 Constructor copia

Con el constructor copia se inicializa un objeto asignándole los valores de otro objeto diferente de la misma clase. Este **constructor copia** tendrá solo un parámetro: un objeto de la misma clase.

TP7. Para el ejemplo anterior el constructor copia sería el siguiente:

```
//CONSTRUCTOR COPIA
Rectangul (Rectangul r) {
    this.ancho = r.getAncho( );
    this.alto = r.getAlto( );
}
```

Ahora comprobamos que podemos copiar el contenido de r1 en r2 de la forma siguiente:

```
public static void main(String[] args) {

    //prueba constructor copia
    Rectangul r1=new Rectangul(5, 7);
    Rectangul r2 = new Rectangul(r1);

    r2.incrementarAncho( );
    r2.incrementarAlto( );
    System.out.println ("Alto: "+ r1.getAlto( ));
    System.out.println ("Ancho: "+ r1.getAncho( ));

}
```

Ahora el resultado que se mostrará será:

- ▰ Alto: 7
- ▰ Ancho: 5

5.2.7 La clase Object

TP8. La clase Object es la raíz jerárquica de Java.

Cualquier clase implementada en Java siempre va a ser una subclase de la clase **Object**. Eso quiere decir que va a heredar todos los métodos de **Object**. De todos los métodos de la clase **Object** vamos a ver con más profundidad los siguientes:

- ▼ **clone** ( )→ permite "clonar" un objeto.
- ▼ **equals** ( ) → permite comparar un objeto con otro.
- ▼ **toString** ( ) → devuelve el nombre de la clase.
- ▼ **finalize** ( )→ borra definitivamente el objeto.

Método clone ( )

T9. Este método permite copiar un objeto en otro. Equivale a utilizar un método constructor de copia. La clase **Object** tiene el método clone( ) que es el mecanismo de Java para clonar objetos. Es posible y a veces necesario implementar el método **clone**, el cual sobrescribirá al método **clone** de su superclase y podrá actuar de una forma más específica que el método genérico **clone**( ).

El método genérico **clone**( ) hace una copia superficial del objeto. Esta copia superficial solo hace una copia del contenido de un objeto en otro, lo que en algunas ocasiones provoca que la modificación del contenido de un objeto implique el cambio en el clonado y viceversa. Ambos objetos apuntan al mismo sitio en memoria.

Por el contrario, las copias en profundidad pueden hacer una copia selectiva del contenido de un objeto en otro. En este caso ambos objetos tendrán identidad propia. Veámoslo en la figura siguiente:

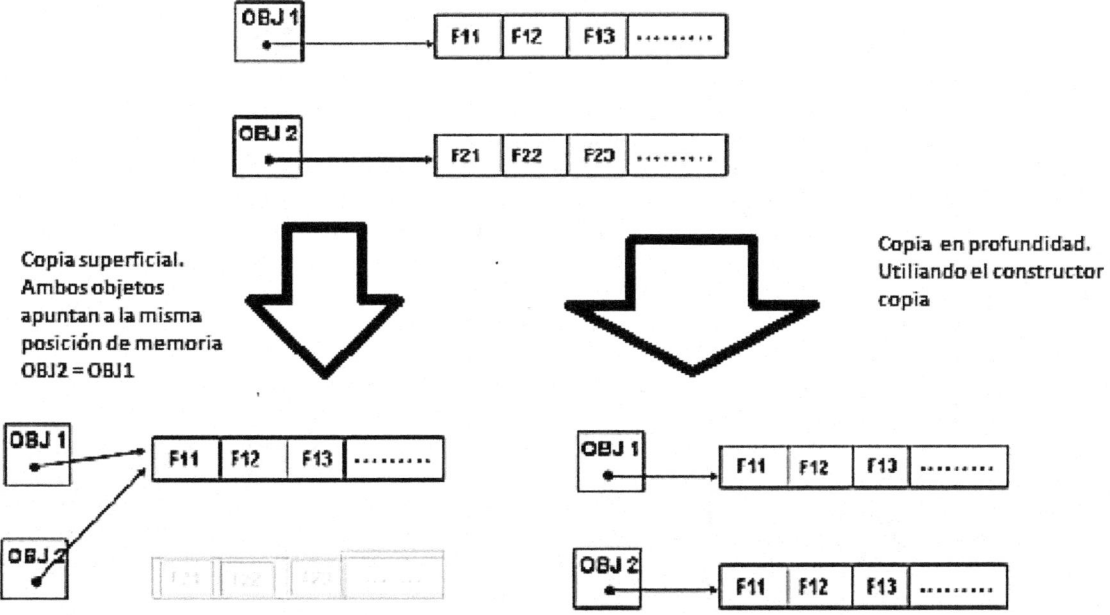

TP10. Ejemplo de clonación en Java:

```java
public class Rectangulo implements Cloneable{
    private int ancho=0;
    private int alto=0;
    private String nombre;

    public Object clone(){
        Object objeto = null;

        try {
            objeto = super.clone( );
        } catch (CloneNotSupportedException ex) {
            System.out.println("Error al duplicar");
        }
        return objeto;

    }

    Rectangulo(int an, int al) {
        ancho=an;     // se puede omitir el this
        this.alto = al;
    }

    public int getAncho() {
        return this.ancho;
    }

    public int getAlto() {
        return alto;
    }     //se puede omitir el this

    public void setAncho(int ancho) {
        this.ancho=ancho;
    }

    public void setAlto(int alto) {
        this.alto=alto;
    }

    public String getNombre() {
        return nombre;
    }

    public void setNombre(String nombre) {
        this.nombre=nombre;
    }

    public  Rectangulo incrementaAncho() {
        ancho++;     // se puede omitir el this
```

```java
        return this;
    }

    public Rectangulo incrementaAlto() {
        this.alto++;
        return this;
    }


public static void main(String[] args) {

    Rectangulo r1=new Rectangulo(5, 7);
    Rectangulo r2=(Rectangulo) r1.clone();

    r2.incrementaAncho();
    r2.incrementaAlto();
    r1.setNombre("Chiquito");
    r2.setNombre("Grande");

    System.out.println("R1: nombre: " + r1.getNombre());
    System.out.println("R1: alto: " + r1.getAlto());
    System.out.println("R1: ancho: " + r1.getAncho());
    System.out.println("R2: nombre: " + r2.getNombre());
    System.out.println("R2: alto: " + r2.getAlto());
    System.out.println("R2: ancho: " + r2.getAncho());
    }
}
```

La clase objeto de la clonación deberá de implementar la interfaz **Cloneable**. Si no se implementa esta interfaz, el programa lanzará una excepción del tipo *CloneNotSupportedException*. Se ha implementado el método clone que hace una llamada al método clone( ) de su clase base.

Método equals ( )

El método **equals( )** permite realizar una comparación entre un objeto y otro. Comprueba que ambas referencias sean iguales, con lo cual no obtenemos más ventaja que con el operador ==. No hace una comparación en profundidad sino que se limita a comprobar las referencias de los objetos. Si se quiere realizar una comprobación en profundidad habrá que reescribir este método.

TP11. Veamos un ejemplo de utilización de este método:

```java
public static void main(String[] args) {

    //método equals
    System.out.println("Método equals");
    Rectangulo r3 = new Rectangulo(5, 7);
    Rectangulo r4 = new Rectangulo(5, 7);
    Rectangulo r5 = r3;
    if (r3.equals(r4))
```

```
        System.out.println("R3 y R4 son iguales");
    if (r3.equals(r5))
        System.out.println("R3 y R5 son iguales");
    }
}
```

El resultado en pantalla será:

```
Método equals
R3 y R5 son iguales
```

Método toString ( )

TP12. El método **toString( )** permite obtener el nombre de la clase desde la cual se invocó. Además del nombre de la clase, devuelve el carácter '@' y la representación hexadecimal del código hash del objeto. Un ejemplo de la llamada a este método sería:

```
public static void main(String[] args) {

    //método toString
    System.out.println("método toString");
    Rectangulo r6 = new Rectangulo(5, 7);
    Rectangulo r7 = new Rectangulo(5, 7);
    Rectangulo r8 = r6;
    System.out.println("Nombre R6: "+ r6.toString( ));
    System.out.println("Nombre R7: "+ r7.toString( ));
    System.out.println("Nombre R6: "+ r8.toString( ));

}
```

Al hacer en el código la asignación r8 = r6 ambas referencias apuntan al mismo objeto con lo cual al invocar al método *toString( )* el resultado es el mismo.

```
método toString
Nombre R6: tema4.ejemplos.Rectangulo@4e04a765
Nombre R7: tema4.ejemplos.Rectangulo@783e6358
Nombre R7: tema4.ejemplos.Rectangulo@4e04a765
```

Método finalize ( )

T13. Cuando el recolector de basura de Java (garbage collector) tiene constancia de que no existen más referencias a un objeto concreto, invoca a este método y libera la memoria ocupada por ese objeto. Si el programador necesita realizar una acción una vez destruido el objeto deberá reescribir este método.

5.2.8 Comentarios de documentación

T14. Todos los programadores son conscientes de la importancia de documentar su trabajo. Como ya hemos ido haciendo en unidades anteriores, una tarea de documentación es incluir comentarios en el propio código para que otros programadores puedan conocer en el momento de la lectura de código los detalles de implementación.

Para realizar tareas de documentación Java nos proporciona tres tipos de comentarios:

1. Comentarios de una única línea.
2. Comentarios de más de una línea.
3. Comentarios de documentación.

Los que ya conocemos: los comentarios de una única línea empiezan con y el texto del comentario restringe su extensión a una única línea; y los comentarios de más de una línea empiezan con /*, el texto del comentario puede ocupar cuantas líneas necesitamos, pero es necesario indicar que el comentario acaba insertando al final */.

Pero, sin duda, los comentarios de documentación son una herramienta realmente potente en Java. Los comentarios de documentación se incluyen en el código y nos sirven para, a partir de ellos, crear documentación de nuestro código en formato html. En los comentarios de documentación podemos añadir etiquetas que nos permiten enriquecer la documentación generada. Veamos cómo se introducen los comentarios de documentación y las etiquetas que tenemos disponibles.

Un comentario de documentación siempre debe empezar por /**, nota que tras la barra se escriben dos asteriscos, y debe acabar por */, como los comentarios de más de una línea.

Dentro de los comentarios de documentación podemos utilizar etiquetas para añadir información que enriquezca la documentación generada. Por ejemplo, podemos utilizar la etiqueta para indicar quien es el autor del código de una clase, como en el siguiente ejemplo:

```
Ejercicio1.java    Persona.java    PruebaPersona.java
1    package tema4.agenda;
2    /** Implementación de la clase persona
3     *  Esta clase describe a un nueva persona de
4     *  contacto en la agenda de teléfonos
5     *  @author ISA
6     *  @version 1.0
7     */
8    public class Persona {
9        //Declaración de atributos
```

Otros comentarios de documentación:

▼ @version   Indicamos la versión del código.

▼ @param nombre   Descripción del parámetro.

▼ @return   Significado del valor de retorno.

▼ @deprecated   Razón de por qué este método está obsoleto.

▼ @see #metodo()   Referencia cruzada al método.

▼ @exception   Excepción que se puede producir en el método.

▼ @throws   Excepción no gestionada.

Además, en los comentarios de documentación podemos incluir código HTML.

TP15. Tecleamos el código completo y documentado de la clase Persona; teniendo en cuenta que ahora hemos declarado los atributos de la clase como *private*:

```java
package unidad5.agenda;
/** Implementación de la clase persona
 *  Esta clase describe a una nueva persona de
 *  contacto en la agenda de teléfonos
 *  @author Isabel Barquilla Galeano desde Intellij IDEA
 *  @version 1.0
 */
public class Persona {
    //Declaración de atributos
    private String nombre;
    private String apellido;
    private String telefono;
    private static int nInstancias=0;

    /**
     *  Constructor por defecto
     */
    public Persona(){
        nInstancias++;
    }

    /**
     *  Constructor con parámetros.
     * @param nombre    Nombre del contacto nuevo
     * @param apellido  Apellidos del contacto nuevo
     * @param telefono  Teléfono del contacto nuevo
     */
    public Persona(String nombre, String apellido, String telefono) {
        this.nombre=nombre;
        this.apellido=apellido;
        this.telefono=telefono;
        nInstancias++;
    }

    //Definición de métodos setters y getters
    /**
     * Devuelve el número de instancias creadas
     * @return El número de instancias
     */
    public static int getnInstancias(){
        return nInstancias;
```

```java
    }

    /**
     * Devuelve el nombre del contacto
     * @return Nombre del contacto
     */
    public String getNombre(){
        return nombre;
    }

    /**
     * Devuelve los apellidos del contacto
     * @return Apellidos del contacto
     */
    public String getApellido() {
        return apellido;
    }
    /**
     * Devuelve el número de teléfono del contacto
     * @return Número de teléfono del contacto
     */
    public String getTelefono() {
        return telefono;
    }

    /**
     * Cambia el nombre del contacto
     * @param nombre El nuevo nombre del contacto
     * @see #Persona(String nombre, String apellido, String telefono)
     */
    public void setNombre(String nombre) {
        this.nombre = nombre;
    }

    /**
     * Cambia los apellidos del contacto
     * @param apellido Los nuevos apellidos del contacto
     * @deprecated Este método se eliminará en versiones futuras
     * see #Persona(String nombre, String apellido, String telefono)
     */
    public void setApellido(String apellido) {
        this.apellido = apellido;
    }

    /**
     * Cambia el número de teléfono de contacto
     * @param nuevoTel El teléfono nuevo del contacto
     */
    public void setTelefono(String nuevoTel){
        this.telefono = nuevoTel;
    }
}
```

Ejecuta de nuevo el programa y averigua porqué ahora dará error.

El paquete de desarrollo Java nos proporciona una herramienta para generar la documentación de nuestras clases en formato HTML a partir del código.

Esta herramienta se llama **javadoc**. La generación de código se puede realizar desde consola de este modo: *javadoc Persona.java /ruta/a/directorio*

Si no se especifica la ruta la documentación se generará en el directorio donde se encuentre el fichero Persona.java.

Para generarlo desde Intellij pulsamos la opción de menú ***Tools → Generate JavaDoc…***

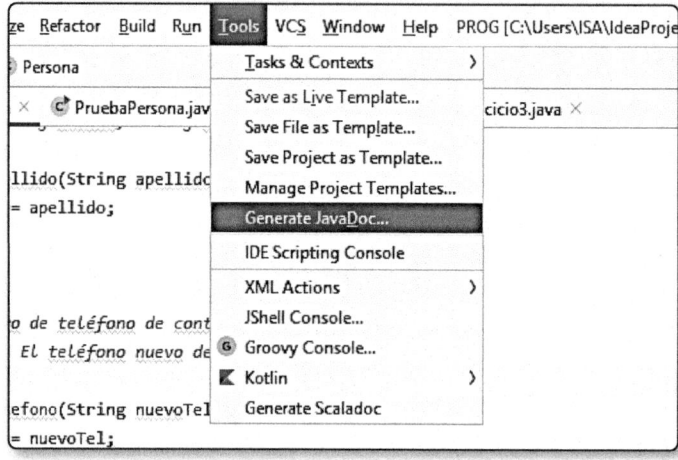

Y rellenamos el cuadro de diálogo como sigue:

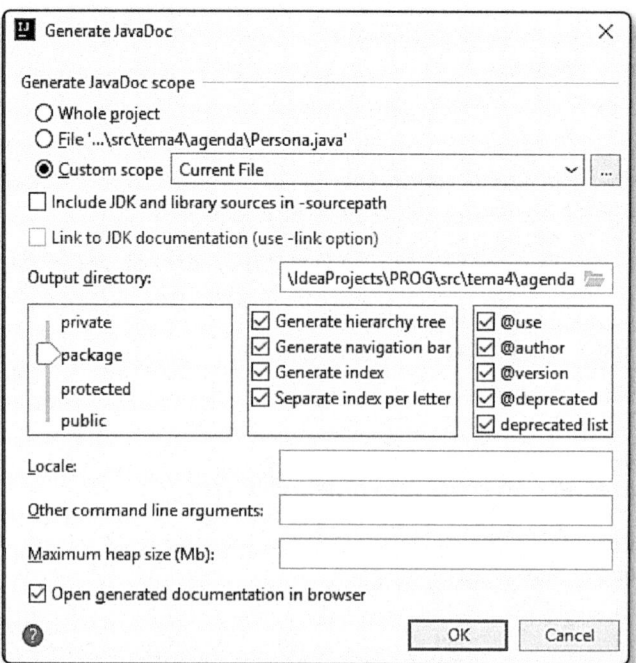

Podemos ver la documentación generada en nuestro navegador:

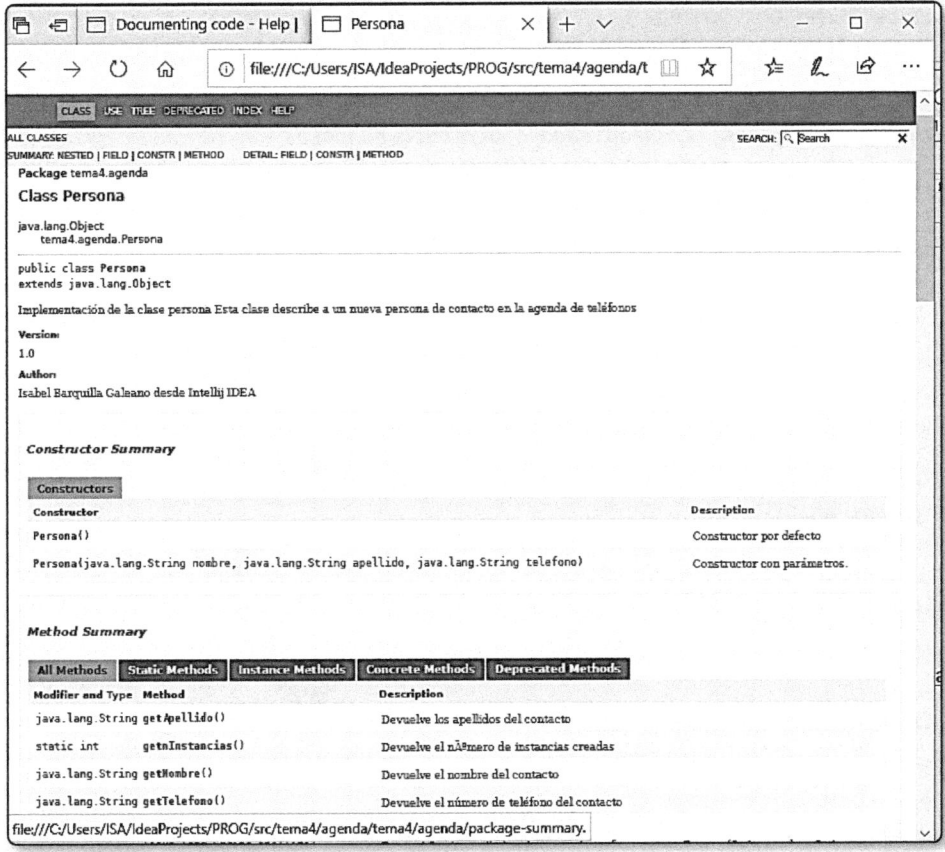

Para ampliar información consultemos el enlace siguiente:

https://www.jetbrains.com/help/idea/working-with-code-documentation.html

5.3 USO DE MÉTODOS ESTÁTICOS Y DINÁMICOS

5.3.1 Miembros estáticos de una clase / miembros de clase

TP16. En Java no existen variables globales, por tanto, si queremos utilizar una variable única y que puedan utilizar todos los objetos de una clase deberemos declararla estática (static).

Cuando un método o atributo se define como **static** (estático) quiere decir que se va a crear para esa clase solo una instancia de ese método o atributo.

En el siguiente ejemplo se verá un atributo *static numBichos* que contará el número de bichos que se van generando. Si ese atributo no fuera estático sería imposible contar los bichos ya que en cada instancia del objeto se crearía una variable numBichos. Igualmente los métodos *nuevoBicho( )*, *muestraBichos( )* o *main( )* tienen sentido que sean estáticos.

```java
package unidad5.ejemplos;

public class Bicho {
    // *** atributos o propiedades ***
    private static int numbichos= 0; //propiedad estática nº bichos
    private String nombre; // propiedad o atributo nombre
    private int numpatas; // propiedad o atributo numpatas

    // *** métodos de la clase ***

    Bicho( ) {
        nombre = "aranya";
        numpatas = 8;
        sumaBicho( );
    }

    Bicho( String nombre, int numpatas) {
        this.nombre = nombre;
        this.numpatas = numpatas;
        sumaBicho( );
    }

    static void sumaBicho( ) {
        numbichos++;
    };

    static void muestraBichos( ) {
        System.out.println(numbichos);
    };

    //programa principal
    public static void main (String[ ] args) { // metodo main
        Bicho b1,b2,b3,b4;       //declaración de objetos

        b1 = new bicho( );        //crea una objeto bicho
        b1.muestraBichos( );      //muestra 1
        b2 = new bicho("libelula", 6);  //muestra 2
        muestraBichos( );
        b3 = new bicho( );        //crea un objeto bicho
        b4 = new bicho( );        //crea un objeto bicho
        b3.muestraBichos( );      //muestra 4
        muestraBichos( );         //muestra 4
    }
}
```

TP17. ACTIVIDAD DE REFLEXIÓN: ¿notas algo extraño en la utilización de *muestraBichos*? ¿por qué no da error?

5.3.2 Métodos de instancia y de clase

T18. Los métodos de una clase son una abstracción del comportamiento de la clase. Los algoritmos formarán parte de los métodos y contendrán la lógica de la aplicación a desarrollar.

Los métodos pueden dividirse en dos bloques:

▶ Métodos de **instancia**. Son aquellos utilizados por la instancia u objeto.
▶ Métodos de **clase**. Son aquellos comunes para una clase. Un método por clase.

5.3.3 Métodos de instancia

Los métodos de instancia son los métodos comunes. Cada instancia u objeto tendrá sus propios métodos independientes del mismo método de otro objeto de la misma clase. Los métodos de instancia pueden acceder a los miembros de instancia y también a los de clase.

TP18.1 Veamos un método de instancia (**getArea**):

```
public class Cuadrado {
    private int lado;
    Cuadrado (int l) { this.lado = l;}
    public int getArea( ) { return lado*lado;}

}
```

En la clase siguiente, aunque compile sin problemas se pueden hacer ciertos cambios:

```
public class Test1 {
    public static int var;
    public int var2;

    public void prueba( ) {
        var = 3;
        // test.var = 3     es una forma más correcta var2 = 5;
    }
}
```

La llamada a un método de instancia sería la siguiente:

```
Test1 t = new Test1( );
t.prueba( ); //método de instancia
```

5.3.4 Métodos estáticos o métodos de clase

Debemos recordar las siguientes reglas:

▶ Los métodos **static** no tienen referencia this.
▶ Un método **static** no puede acceder a miembros o métodos que no sean static.
▶ Un método **no static** puede acceder a miembros static y no static.

TP18.2 Veamos alguna de estas reglas con un programita:

```java
public class Test2 {
    public int dato=0;

    public static int datoestatico=0;

    public void metodo() {
        this.datoestatico++;
    }

    public static void metodoestatico() {
        this.datoestatico++;  // Error al compilar acceso a this
        datoestatico++;
    }

    public static void main(String[] args) {
        dato++;     // Error al compilar acceso a miembro no static
        datoestatico++;
        metodoestatico();
        metodo();   // Error al compilar acceso a método no static
    }
}
```

Veamos los errores:

```java
this.datoestatico++;  // Error al compilar acceso a this
```

Es un error porque los métodos static no tienen referencia this (regla 1).

```java
dato++;     // Error al compilar acceso a miembro no static
```

Es un error porque un método static no tiene acceso a miembros no static (regla 2).

```java
metodo();   // Error al compilar acceso a método no static
```

Es un error porque un método static no tiene acceso a métodos no static (regla 2). Los métodos de clase (static) no pueden acceder a miembros de instancia (no static).

Un ejemplo de métodos de clase son las funciones de la librería **java.lang.Math** las cuales pueden ser llamadas anteponiendo el nombre de la clase Math. Por ejemplo:

▼ static int abs(int a)

▼ static long abs(long a)

▼ static double pow(double a, double b)

5.4 LIBRERÍAS DE OBJETOS (PAQUETES)

T19. En la programación, a menudo es útil agrupar piezas relacionadas de un programa. En Java, esto se puede lograr mediante el uso de paquetes.

Un paquete tiene dos propósitos:

En primer lugar, proporciona un mecanismo mediante el cual las partes relacionadas de un programa se pueden organizar como una unidad. Se debe acceder a las clases definidas dentro de un paquete a través del nombre de su paquete. Por lo tanto, un paquete proporciona una forma de nombrar una colección de clases.

En segundo lugar, un paquete participa en el mecanismo de control de acceso de Java. Las clases definidas dentro de un paquete se pueden hacer privadas (private) para ese paquete y no se puede acceder por código fuera del paquete. Por lo tanto, el paquete proporciona un medio por el cual las clases pueden encapsularse. Examinemos cada característica un poco más de cerca.

Los paquetes sirven para agrupar clases relacionadas y definen un espacio de nombres (*namespace*) para las clases que contienen.

En general, cuando nombra una clase, está asignando un nombre del *namespace*. Un *namespace* define una región declarativa. En Java, **no hay dos clases que puedan usar el mismo nombre** del mismo namespace. Por lo tanto, dentro de un namespace dado, cada nombre de clase debe ser único.

En programas grandes, encontrar nombres únicos para cada clase puede ser difícil. Además, debe evitar las colisiones de nombres con código creado por otros programadores que trabajan en el mismo proyecto y con la biblioteca de Java. **La solución a estos problemas es el paquete** porque le da una manera de particionar el espacio de nombres (namespace). Cuando se define una clase dentro de un paquete, el nombre de ese paquete se adjunta a cada clase, evitando así las colisiones de nombres con otras clases que tienen el mismo nombre, pero están en otros paquetes.

Dado que un paquete generalmente contiene clases relacionadas, Java define derechos de acceso especiales para el código dentro de un paquete. En un paquete, **puede definir código al que pueda acceder otro código dentro del mismo paquete pero no mediante código fuera del paquete**. Esto le permite crear grupos independientes de clases relacionadas que mantienen su operación privada.

5.4.1 Definiendo un paquete

T20. Todas las clases en Java pertenecen a algún paquete. Cuando no se especifica ninguna declaración de paquete, se usa el paquete predeterminado (global). Además, **el paquete predeterminado no tiene nombre**, lo que hace que el paquete predeterminado sea transparente. Es por eso por lo que no ha tenido que preocuparse por los paquetes anteriormente.

Si bien el paquete predeterminado está bien para programas de muestra cortos, es inadecuado para aplicaciones reales. La mayoría de las veces, definirá uno o más paquetes para su código.

Para crear un paquete, coloque un comando de paquete en la parte superior de un archivo fuente de Java. Las clases declaradas dentro de ese archivo pertenecerán al paquete especificado. Como un paquete define un espacio de nombres, los nombres de las clases que colocas en el archivo formaran parte del espacio de nombres de ese paquete.

Esta es la forma general de la declaración del paquete:

```
package nombrepaquete;
```

Al igual que el resto de Java, los nombres de los paquetes distinguen entre mayúsculas y minúsculas. Esto significa que el directorio en el que se almacena un paquete debe ser exactamente el mismo que el nombre del paquete.

Se puede crear una jerarquía de paquetes. Para hacerlo, simplemente separe cada nombre de paquete del que está encima de él mediante el uso de un punto. La forma general de una declaración de paquete multinivel se muestra aquí:

```
package pack1.pack2.pack3...packN;
```

Por supuesto, debe crear directorios que admitan la jerarquía de paquetes que crea. Por ejemplo,

```
package alpha.beta.gamma;
```

debe almacenarse en …/alpha/beta/gamma, donde **…** especifica la ruta a los directorios especificados.

En nuestro ejemplo de los bichos tenemos:

```
package unidad5.ejemplos;
```

Localizamos el archivo de los bichos mediante el explorador:

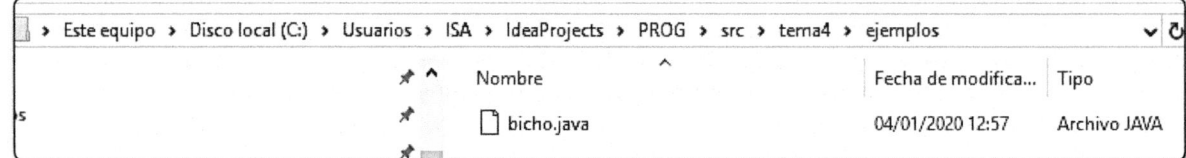

5.4.2 Encontrar paquetes y CLASSPATH

Como se acaba de explicar, los paquetes se reflejan en los directorios. Esto plantea una pregunta importante: **¿cómo sabe el sistema de tiempo de ejecución de Java dónde buscar los paquetes que usted crea**?

1. En primer lugar, de forma predeterminada, el sistema de tiempo de ejecución Java utiliza el directorio de trabajo actual como punto de partida. Por lo tanto, si tu paquete está en un subdirectorio del directorio actual, se encontrará.

2. En segundo lugar, puede especificar una ruta o rutas de directorio estableciendo la variable de entorno **CLASSPATH**.

3. En tercer lugar, puede usar la opción *–classpath* con java y *javac* para especificar la ruta a sus clases.

Por ejemplo, tenemos el paquete **package** mipaquete:

Para que un programa encuentre *mipaquete*, el programa se puede ejecutar desde un directorio inmediatamente arriba de *mipaquete*, o **CLASSPATH** debe configurarse para incluir la ruta a *mipaquete*, o la opción *–classpath* debe especificar la ruta a *mipaquete* cuando se ejecuta el programa a través de Java.

T20.1 Veamos otro ejemplo dentro del paquete de la unidad5:

```java
package unidad5.ejemplos;

class Libros {
    private String titulo;
    private String autor;
    private int anio;

    Libros(String t, String a, int d){
        titulo=t;
        autor=a;
        anio=d;
    }

    void mostrar(){
        System.out.println(titulo);
        System.out.println(autor);
        System.out.println(anio);
        System.out.println();
    }
}

 package unidad5.ejemplos;

class DemoLibro {
    public static void main(String[] args) {
        Libros libros[]=new Libros[5];

        libros[0]= new Libros("Aprendiendo a Programar en Java","Sonia
            Jaramillo",2015 );
        libros[1]= new Libros("Estructuras de Datos en Java","Mark
            Allen Weis",2013 );
        libros[2]= new Libros("Fundamentos de programación Java",
            "Ricardo Marcelo Villalobos",2012);
        libros[3]= new Libros("Introducción a la Programación
         Orientada A Objetos","Franciso Aragón Mesa",2014 );
        libros[4]= new Libros("Java Cómo Programar","Paul Deitel",
          2017);

        for (int i=0; i<libros.length;i++) libros[i].mostrar();
    }
}
```

Ejecuta el programa y averigua su classpath. En el caso de mi proyecto es:

```
-classpath C:\Users\ISA\IdeaProjects\PROG\out\production\PROG\unidad5.ejemplos.DemoLibro
```

TP21. ACTIVIDAD: añade a la clase Libros los getters y los setters correspondientes, sin generarlos automáticamente.

TP22. ACTIVIDAD 2: recorrer el array de DemoLibro y mostrar el índice del array en que se encuentra y el par (título, anio) del libro correspondiente.

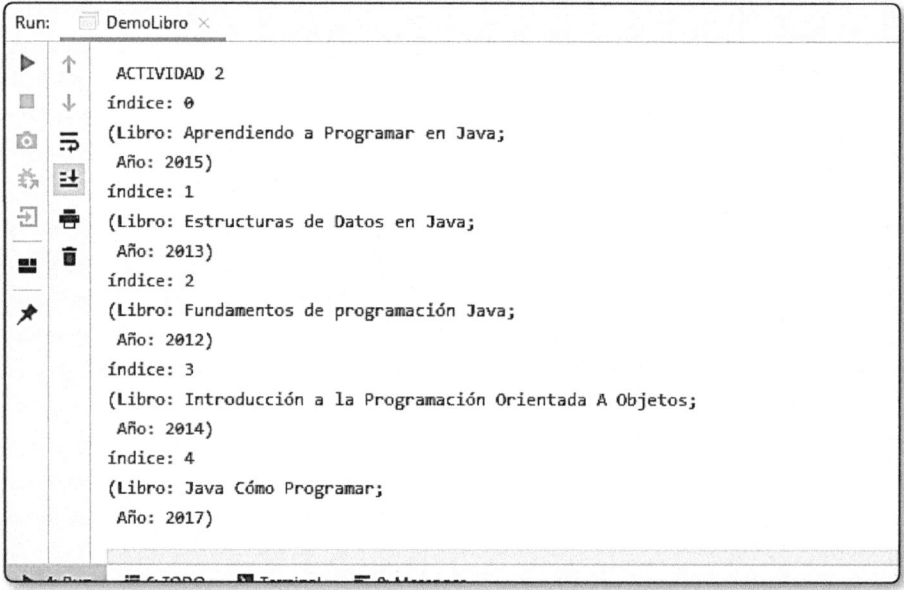

5.4.3 Nivel de acceso para paquetes

T23. Este enfoque de varias capas para el control de acceso admite una gran variedad de privilegios de acceso. La siguiente tabla resume los diversos niveles de acceso.

Relación	private	default	protected
Visible dentro de la misma clase	SÍ	SÍ	SÍ
Visible dentro del mismo paquete por subclase	NO	SÍ	SÍ
Visible dentro del mismo paquete por no subclase	NO	SÍ	SÍ
Visible dentro de diferente paquete por subclase	NO	NO	SÍ
Visible dentro de diferente paquete por no subclase	NO	NO	NO

Examinemos cada opción de acceso individualmente.

▶ Si un miembro de una clase **no tiene un modificador de acceso explícito**, entonces es visible dentro de su paquete, pero no fuera de su paquete. Por lo tanto, utilizará la especificación de acceso predeterminada (default) para los elementos que desea mantener en privado para un paquete pero público dentro de ese paquete.

▶ Los miembros explícitamente declarados públicos (public) son los más visibles, y se **puede acceder desde diferentes clases y diferentes paquetes**.

▶ Un miembro privado (private) es accesible solo para los otros miembros de su clase. Un miembro privado no se ve afectado por su membresía en un paquete.

▶ Se puede acceder a un miembro especificado como protegido (protected) dentro de su paquete y a subclases en otros paquetes.

Una clase de nivel superior tiene solo dos niveles de acceso posibles: *predeterminado* y *público*. Cuando una clase se declara como *pública*, se puede acceder fuera de su paquete. Si una clase tiene acceso predeterminado, solo se puede acceder por otro código dentro de su mismo paquete. Además, **una clase que se declara pública debe residir en un archivo con el mismo nombre**.

Continuando con el ejemplo de los libros *Libros* como *DemoLibro* estaban en el mismo paquete, por lo que no había ningún problema con *DemoLibro* al utilizar *Libros* porque el privilegio de acceso predeterminado (**default**) otorga acceso a todos los miembros del mismo paquete.

Sin embargo, si *Libros* estuviera en un paquete y *DemoLibro* en otro, la situación sería diferente. En este caso, el acceso a *Libros* sería denegado. Para que *Libros* esté disponible para otros paquetes, debe realizar tres cambios.

1. Primero, *Libros* debe declararse público. Esto hace que el Libro sea visible fuera de *ejemplos*.

2. En segundo lugar, su constructor debe hacerse público y,

3. finalmente, su método *mostrar()* debe ser público. Esto les permite ser visibles también fuera de *ejemplos*. Por lo tanto, para que *Libros* pueda ser utilizado por otros paquetes, debe recodificarse como se muestra aquí:

TP24. Práctica de acceso a atributos privados

```
package unidad5. ejemplos;

public class Libros {
    private String titulo;
    private String autor;
    private int anio;

    public Libros(String t, String a, int d){
        titulo=t;
        autor=a;
        anio=d;
    }
```

```java
    public void mostrar(){
        System.out.println(titulo);
        System.out.println(autor);
        System.out.println(anio);
        System.out.println();
    }
}
```

Para usar *Libros* desde otro paquete, debe usar la declaración *import* que se describe en la siguiente sección, o debe calificar completamente su nombre para incluir su especificación de paquete completo.

Por ejemplo, aquí hay una clase llamada *LibroLeido*, que está contenida en el paquete *packextlibros*. Y que califica completamente *Libros* para usarlo:

```java
package unidad5.packextlibros;

public class LibroLeido {

    public static void main(String[] args) {
        //Llamamos a Libros desde su paquete packlibros
        unidad5.ejemplos.Libros libros[]=new unidad5.ejemplos.Libros[5];

        libros[0]=new tema4.ejemplos.Libros("Aprendiendo a Programar en
                    Java", "Sonia Jaramillo", 2015);
        libros[1]=new tema4.ejemplos.Libros("Estructuras de Datos en Java",
                    "Mark Allen Weis", 2013);
        libros[2]=new tema4.ejemplos.Libros("Fundamentos de programación
                    Java", "Ricardo Marcelo Villalobos", 2012);
        libros[3]=new tema4.ejemplos.Libros("Introducción a la Programación
                    Orientada A Objetos", "Franciso Aragón Mesa", 2014);
        libros[4]=new tema4.ejemplos.Libros("Java Cómo Programar", "Paul
                    Deitel", 2017);

        for (int i=0; i < libros.length; i++) libros[i].mostrar();
    }
}
```

5.4.4 Comprendiendo los miembros protegidos

Los recién llegados a Java a veces se confunden con el significado y el uso de protected. El **modificador protegido** crea un miembro al que se puede acceder dentro de su paquete y a subclases en otros paquetes.

Por lo tanto, un miembro protegido está disponible para todas las subclases para usar, pero aún está protegido del acceso arbitrario por código fuera de su paquete. Para comprender mejor los efectos de la **protected**, trabajemos a través de un ejemplo. Primero, cambiamos la clase *Libros* para que sus variables de instancia estén protegidas (protected), como se muestra aquí:

TP25. Práctica de acceso a atributos protegidos

```java
public class Libros {
    protected String titulo;
    protected String autor;
    protected int anio;

    public Libros(String t, String a, int d){
        titulo=t;
        autor=a;
        anio=d;
    }

    public void mostrar(){
        System.out.println(titulo);
        System.out.println(autor);
        System.out.println(anio);
        System.out.println();
    }
}
```

A continuación, creamos una subclase de *Libros*, llamada *LibrosExt*, y otra *DemoProtected* que use *LibrosExt*. *LibrosExt* agrega un campo que almacena el nombre del editor y varios métodos de acceso. Ambas clases estarán en el paquete llamado *packextlibros*: :

```java
package unidad5.packextlibros;

public class LibrosExt extends tema4.ejemplos.Libros {
    private String editorial;


    public LibrosExt(String t, String a, int d,String e) {
        super(t, a, d);
        editorial=e;
    }

    public void mostrar(){
        super.mostrar();
        System.out.println(editorial);
        System.out.println();
    }

    public String getEditorial(){return editorial;}
    public void setEditorial(String e){editorial=e;}

    //Esto está OK porque las subclases pueden acceder a miembros protegidos
    public String getTitulo(){return  titulo;}
    public void setTitulo(String t){titulo=t;}
    public String getAutor(){return autor;}
```

```java
    public void setAutor(String a){autor=a;}
    public int getAnio(){return anio;}
    public void setAnio(int d){anio=d;}
}

class DemoProtected{
    public static void main(String[] args) {
        LibrosExt libros []= new LibrosExt[5];

        libros[0]= new LibrosExt("Aprendiendo a Programar en Java","Sonia
Jaramillo",2015,"ELIZCOM" );
        libros[1]= new LibrosExt("Estructuras de Datos en Java","Mark Allen
Weis",2013,"Addison Wesley" );
        libros[2]= new LibrosExt("Fundamentos de programación Java","Ricardo Marcelo
Villalobos",2012,"Macro");
        libros[3]= new LibrosExt("Introducción a la Programación Orientada A
Objetos","Franciso Aragón Mesa",2014 ,"Desconocido");
        libros[4]= new LibrosExt("Java Cómo Programar","Paul Deitel",2017,"Pearson");

        for (int i=0; i<libros.length;i++) libros[i].mostrar();

        //Encontrado autores por libros
        System.out.println("Mostrando todos los libros para Paul Deitel:");
        for (int i=0 ; i<libros.length;i++)
            if (libros[i].getAutor()=="Paul Deitel")
                System.out.println(libros[i].getTitulo());
        //libros[0].titulo="Titulo de prueba"; //ERROR - NO ACCESIBLE
    }
}
```

Salida:

```
Aprendiendo a Programar en Java
Sonia Jaramillo
2015
...
...
Mostrando todos los libros para Paul Deitel:
Java Cómo Programar
```

Observamos primero el código dentro de *LibrosExt*. Debido a que *LibrosExt* extiende (extends) de *Libros*, tiene acceso a los miembros protegidos (protected) de *Libros*, a pesar de que *LibrosExt* se encuentra en un paquete diferente.

Por lo tanto, puede acceder a *título*, *autor* y *anio* directamente, como lo hace en los métodos de acceso que crea para esas variables. Sin embargo, en *DemoProtected*, se deniega el acceso a estas variables porque *DemoProtected* no es una subclase de *Libros*. Por ejemplo, si eliminamos el símbolo de comentario de la siguiente línea, el programa no se compilará.

```
//libros[0].titulo="Titulo de prueba"; //ERROR - NO ACCESIBLE
```

5.5 LA BIBLIOTECA DE CLASES JAVA ESTÁ CONTENIDA EN PAQUETES

T26. Java define una gran cantidad de clases estándar que están disponibles para todos los programas. Esta biblioteca de clase a menudo se denomina API de Java (Application Programming Interface/interfaz de programación de aplicaciones). La API de Java se almacena en paquetes. En la parte superior de la jerarquía del paquete está Java. Descendiendo de Java hay varios subpaquetes. Aquí están algunos ejemplos:

Tabla de sub-paquetes en Java.	
SUBPAQUETE	**DESCRIPCIÓN**
java.lang	Contiene una gran cantidad de clases de uso general
java.io	Contiene clases de E/S
java.net	Contiene clases que admiten redes
java.util	Contiene una gran cantidad de clases de utilidad, incluido Collections Framework
java.awt	Contiene clases que son compatibles con Abstract Window Toolkit

Desde el comienzo de este curso, has estado usando **java.lang**. Contiene, entre muchos otros, la clase **System**, que ha estado utilizando al realizar la salida utilizando *println()*.

El paquete **java.lang** es único porque se importa automáticamente en cada programa Java. Esta es la razón por la que no tuvo que importar *java.lang* en los programas de ejemplo anteriores. Sin embargo, debe importar explícitamente los otros paquetes.

5.6 EJERCICIOS RESUELTOS

Crea un paquete unidad5.resueltos para realizarlos

Actividades básicas de refuerzo

▶ **R1.** ACTIVIDAD: añade a la clase Libros los getters y los setters correspondientes, sin generarlos automáticamente.

Solución:

```java
//getters
public String getTitulo() {
    return titulo;
}

public String getAutor() {
    return autor;
}

public int getAnio() {
    return anio;
}
//setters
```

```
    public void setTitulo(String titulo) {
        this.titulo=titulo;
    }
```

▶ **R2.** ACTIVIDAD: recorrer el array de DemoLibro y mostrar el índice del array en que se encuentra y el par (título, anio) del libro correspondiente.

Solución:

```
class DemoLibro {
    public static void main(String[] args) {
        Libros libros[]=new Libros[5];

        libros[0]= new Libros("Aprendiendo a Programar en Java","Sonia
                            Jaramillo",2015 );
        libros[1]= new Libros("Estructuras de Datos en Java","Mark Allen
                            Weis",2013 );
        libros[2]= new Libros("Fundamentos de programación Java","Ricardo
                            Marcelo Villalobos",2012);
        libros[3]= new Libros("Introducción a la Programación Orientada A
                            Objetos","Franciso Aragón Mesa",2014 );
        libros[4]= new Libros("Java Cómo Programar","Paul Deitel",2017);

        for (int i=0; i<libros.length;i++) libros[i].mostrar();

        //ACTIVIDAD 2
        System.out.println("\n\n ACTIVIDAD 2");
        for (int i=0; i<libros.length;i++){
            System.out.println("índice: " +i);
            System.out.println("(Libro: " + libros[i].getTitulo() +"; \n Año:
                        " + libros[i].getAnio()+")");
        }
    }
}
```

Actividades

▶ **R3.** Crea una clase llamada Cuenta que tendrá los siguientes atributos: titular y cantidad (puede tener decimales).

El titular será obligatorio y la cantidad es opcional. Crea dos constructores que cumplan lo anterior.

Crea sus métodos get, set y toString.

Tendrá dos métodos especiales:

- *ingresar(double cantidad):* se ingresa una cantidad a la cuenta, si la cantidad introducida es negativa, no se hará nada.

- *retirar(double cantidad):* se retira una cantidad a la cuenta, si restando la cantidad actual a la que nos pasan es negativa, la cantidad de la cuenta pasa a ser 0.

Solución:

```java
package unidad5.resueltos;

/**
        * Clase Cuenta
        * @author Isabel Barquilla
        */
public class Cuenta {

    //Atributos
    private String titular;
    private double cantidad;

    //Constructores
    public Cuenta(String titular) {
        this(titular, 0); //Sobrecarga
    }

    public Cuenta(String titular, double cantidad) {
        this.titular = titular;
        //Si la cantidad es menor que cero, lo ponemos a cero
        if (cantidad < 0) {
            this.cantidad = 0;
        } else {
            this.cantidad = cantidad;
        }
    }

    //Metodos
    public String getTitular() {
        return titular;
    }

    public void setTitular(String titular) {
        this.titular = titular;
    }

    public double getCantidad() {
        return cantidad;
    }

    public void setCantidad(double cantidad) {
        this.cantidad = cantidad;
    }

    /**
     * Mete dinero en la cuenta,
     * solo si es positivo la cantidad
     *
     * @param cantidad
```

```java
    */
    public void ingresar(double cantidad) {
        if(cantidad > 0){
            this.cantidad += cantidad;
        }
    }

    /**
     * Retira una cantidad en la cuenta, si se quedara en negativo se quedaría
     * en cero
     *
     * @param cantidad
     */
    public void retirar(double cantidad) {
        if (this.cantidad - cantidad < 0) {
            this.cantidad = 0;
        } else {
            this.cantidad -= cantidad;
        }
    }

    /**
     * Devuelve el estado del objeto
     *
     * @return
     */
    @Override
    public String toString() {
        return "El titular " + titular + " tiene " + cantidad + " euros en la
cuenta";
    }

}
```

Ahora probamos nuestra clase:

```java
package unidad5.resueltos;
public class CuentaApp {

    public static void main(String[] args) {

        Cuenta cuenta_1 = new Cuenta("Isabel");
        Cuenta cuenta_2 = new Cuenta("Alfonso", 300);

        //Ingresa dinero en las cuentas
        cuenta_1.ingresar(300);
        cuenta_2.ingresar(400);

        //Retiramos dinero en las cuentas
        cuenta_1.retirar(500);
```

```
        cuenta_2.retirar(100);

        //Muestro la informacion de las cuentas
        System.out.println(cuenta_1); // 0 euros
        System.out.println(cuenta_2); // 600 euros

    }

}
```

R4. Realiza una clase *Temperatura,* la cual convierta grados Celsius a Fahrenheit y viceversa. Para ello crea dos métodos *double celsiusToFahrenheit(double)* y *double fahrenheitToCelsius (double).*

En la construcción ten en cuenta las siguientes fórmulas:

- Fahrenheit a Celsius C = (F – 32) / 1,8
- Celsius a Fahrenheit F = (1,8) C + 32

Usar en el paso de Fahrenheit a Celsius la siguiente información:

```
import java.text.DecimalFormat;
...
DecimalFormat formateador = new DecimalFormat("####.###");
// Esto sale en pantalla con tres decimales, es decir: 3,432
System.out.println (formateador.format (3.43242383));
```

Solución:

```
package unidad5.resueltos;
import java.text.DecimalFormat;

class Temperatura {
    public static double celsiusToFahrenheit(double temp) {
        return (1.8) * temp + 32;
    }
    public static double fahrenheitToCelsius (double temp) {
        return (temp - 32) / 1.8;
    }

    public static void main (String[] args) {
        DecimalFormat formateador = new DecimalFormat("####.###");

        System.out.println("0 grados Celsius son "+celsiusToFahrenheit(0)+
        " Grados Fahrenheit");
        System.out.println("15 grados Celsius son "+celsiusToFahrenheit(15)+
        " Grados Fahrenheit");
        System.out.println("20 grados Celsius son "+celsiusToFahrenheit(20)+
        " Grados Fahrenheit");

//aquí utilizar el formateador de salida con tres decimales
        System.out.println("0 grados Fahrenheit son "+
```

```
formateador.format( fahrenheitToCelsius(0))+ " Grados Celsius");

        System.out.println("40 grados Fahrenheit son "
+formateador.format(fahrenheitToCelsius(40))+ " Grados Celsius");
        System.out.println("70 grados Fahrenheit son "+
formateador.format(fahrenheitToCelsius(70))+ " Grados Celsius");
    }
}
```

El resultado debe salir:

```
Run:    Temperatura ×
"C:\Program Files\Java\jdk-11.0.5\bin\java.exe" "-javaagent:C:\Program Files\JetBrains\IntelliJ IDE
0 grados Celsius son 32.0 Grados Fahrenheit
15 grados Celsius son 59.0 Grados Fahrenheit
20 grados Celsius son 68.0 Grados Fahrenheit
0 grados Fahrenheit son -17,778 Grados Celsius
40 grados Fahrenheit son 4,444 Grados Celsius
70 grados Fahrenheit son 21,111 Grados Celsius

Process finished with exit code 0
```

▶ **R5.** Tenemos la siguiente clase *coche*:

```
package unidad5.resueltos;

public class Coche {
    private int velocidad;
    Coche( ) { velocidad = 0; }

}
```

Añade a la clase *coche* los siguientes métodos:

- *int getVelocidad( )*. Este método devuelve la velocidad actual.
- *void acelera(int mas)*. Este método actualiza la velocidad a **más** kilómetros más.
- *void frena(int menos)*. Este método actualiza la velocidad a **menos** kilómetros menos.

Solución:

```
package unidad5.resueltos;

public class Coche {
    private int velocidad;
    Coche( ) { velocidad = 0; }

    public int getVelocidad( )  { return velocidad; }
    public void acelera( int mas ) { velocidad += mas; }
    void frena( int menos ) { velocidad -= menos; }
}
```

Se propone al alumno crear una clase *PruebaCoche* en la que se cree alguna instancia de Coche y se pruebe la funcionalidad de los tres métodos.

▶ **R6.** Indica si son V o F las afirmaciones siguientes:

a) Las clases que forman parte de un paquete deben derivar todas ellas de una misma superclase.

b) En una clase Java los atributos pueden ser tipos primitivos o bien pueden ser objetos de otra clase.

c) Cuando se escribe un programa o aplicación orientada a objetos, lo que se hace es definir las clases de objetos dotándolas de estado y comportamiento y cuando se ejecute el programa se crearán los objetos, ya sea estática o dinámicamente.

d) La ocultación de información significa que al proporcionar los ficheros *.class*, el programador no tiene por qué proporcionar los ficheros .java donde reside el código.

e) Un paquete o *package* es un conjunto de clases relacionadas entre sí, las cuales están ordenadas de forma arbitraria.

f) Un *javabean* es un componente reutilizable que encapsula varios objetos en uno solo.

g) El método *void printStackTrace( )* indica el método donde se lanzó la excepción.

h) La abstracción en POO es una de las propiedades fundamentales de la misma mediante la cual los objetos se ven según su comportamiento.

i) El polimorfismo permite crear varias formas del mismo método, de tal manera que un mismo método ofrezca comportamientos idénticos, pero con distinta forma.

j) Las clases se escriben en ficheros ASCII. El nombre del fichero puede ser cualquiera, pero lo importante es que la extensión sea .java.

k) En un programa orientado a objetos primero se crean los objetos y entre ellos se envían mensajes procesándose la información, para luego destruirse y liberar la memoria que estaban ocupando.

Solución:

Está al final de los ejercicios propuestos.

▶ **R7.** ¿Está correctamente definida la siguiente clase? ¿Compilará o habrá que modificarla para poder generar el fichero .class?

```java
class Pajaro {
    public void setEdad( int e )  { edad = e; }
    public void printEdad( ) { System.out.println ( edad ); }
    public void setColor( char c ) { color = c; }
    private char color;
    private int edad;
}
```

Solución:

La clase compilará y funcionará sin problemas. No obstante, los atributos se suelen colocar por convenio en la parte superior del cuerpo de la clase y los métodos en la parte inferior.

▶ **R8.** A continuación tenemos una clase con errores de compilación, averígualos y corrígelos para que compile: (Se ha eliminado el color del editor para no dar pistas).

```java
public clas satelite {
        private double meridiano;
        private double paralelo
        private double distancia_tierra;

        satelite ( double m, double p, double d ) {
        meridiano = m;
        paralelo = p;
        distancia_tierra = d;
}
satélite ( ) {
        meridiano = paralelo = distancia_tierra = 0;
}

public void setPosicion(double m; double p;, double d ) {
        meridiano = m; paralelo = p; distancia_a_tierra = d;
}

public void printPosicion(  )  {
        System.Out.println («El satellite se encuentra en el paralelo »+paralelo+
        « meridiano »+ meridiano+ « a una distancia de la tierra de » +
        distancia_tierra+ « kilómetros» );
    }
}
```

SOLUCIÓN: al final de los ejercicios propuestos al alumnado.

R9. Crea una clase rebajas con un método *descubrePorcentaje( )* que descubra el descuento aplicado en un producto. El método recibe el precio original del producto y el rebajado y halla el porcentaje.

Datos de ejemplo para probar: 1) el descuento original es 145 y el actual 79; 2) el descuento original es 145 y el actual 79. Obtendrían la siguiente salida con formato:

```
Rebajas ×

"C:\Program Files\Java\jdk-11.0.5\bin\java.exe" "-javaa
45,52
75,00


Process finished with exit code 0
```

Solución:

```java
package unidad5.resueltos;

import java.text.DecimalFormat;

public class Rebajas {
    //método
```

```java
public static double descubrePorcentaje ( double original, double actual) {
    return ( original - actual ) * 100 / original;
}
//principal
public static void main (String[] args) {
    DecimalFormat formateador = new DecimalFormat("####.00");

    System.out.println(formateador.format( descubrePorcentaje (145, 79) ));
    System.out.println( formateador.format( descubrePorcentaje (200, 50)) );
}

}
```

5.7 EJERCICIOS PROPUESTOS

Básicos

CLASES SENCILLAS

▶ **P1.** Implementar la clase Operaciones que tiene dos atributos enteros y cuatro métodos. Necesita un constructor que introduzca el valor de los dos atributos y 4 métodos que permiten sumar, restar, multiplicar y dividir los atributos y mostrar el resultado.

▶ **P2.** Crea un programa con una clase llamada *Punto* que representará un punto de dos dimensiones en un plano. Solo contendrá dos atributos enteros llamadas **x** e **y** (coordenadas).

En el *main* de la clase principal *PruebaPunto* instancia 3 objetos Punto con las coordenadas (5,0), (10,10) y (-3, 7).

Muestra por pantalla sus coordenadas (utiliza un System.out.println para cada punto).

Modifica todas las coordenadas (prueba distintos operadores como = + - += *=...) y vuelve a imprimirlas por pantalla.

▶ **P3.** Crea un programa con una clase llamada *Persona* que representará los datos principales de una persona: **dni, nombre, apellidos** y **edad**.

En el *main* de la clase principal *PruebaPersona* instancia dos objetos de la clase *Persona*. Luego, pide por teclado los datos de ambas personas (guárdalos en los objetos). Por último, imprime dos mensajes por pantalla (uno por objeto) con un mensaje del estilo "Antonio López García con DNI ... es / no es mayor de edad".

▶ **P4.** Crea un programa con una clase llamada *Rectangulo* que representará un rectángulo mediante dos coordenadas (x1,y1) y (x2,y2) en un plano, por lo que la clase deberá tener cuatro atributos enteros: **x1, y1, x2, y2**.

En el main de la clase principal *PruebaRectangulo* instancia 2 objetos *Rectangulo* en (0,0)(5,5) y (7,9)(2,3). Muestra por pantalla sus coordenadas, perímetros (suma de lados) y áreas (ancho x alto). Modifica todas las coordenadas como consideres y vuelve a imprimir coordenadas, perímetros y áreas.

▶ **P5.** Crea un programa con una clase llamada *Articulo* con los siguientes atributos: **nombre**, **precio** (sin IVA), **iva** (siempre será 21) y **cuantosQuedan** (representa cuantos quedan en el almacén).

En el main *PruebaArticulo* de la clase principal instancia un objeto de la clase artículo. Asígnale valores a todos sus atributos (los que quieras) y muestra por pantalla un mensaje del estilo "Pijama - Precio:10€ - IVA:21% - PVP:12,1€" (el PVP es el precio de venta al público, es decir, el precio con IVA). Luego, cambia el precio y vuelve a imprimir el mensaje.

EJERCICIOS AVANZADOS

▶ **P6.** Crear un proyecto en IntelliJ llamado *Juego* que contiene dos clases llamadas: *Dado* y *JuegodeDados*. La clase **Dado** tendrá un atributo que será el valor del dado y 3 métodos, el primero obtendrá el valor de una tirada del dado, el segundo imprimirá el valor de esa tirada y el tercero retorna el valor de la tirada.

La clase **JuegodeDados** tendrá tres métodos, el primero definirá tres dados para hacer una partida, el segundo hará la tirada de los tres dados y dirá si el usuario ha ganado o ha perdido (se considera que ha ganado si el valor de la tirada de los tres dados es el mismo, ejemplo: 3 - 3 - 3). El tercer método será main que llamará a los otros dos métodos para realizar una partida de dados.

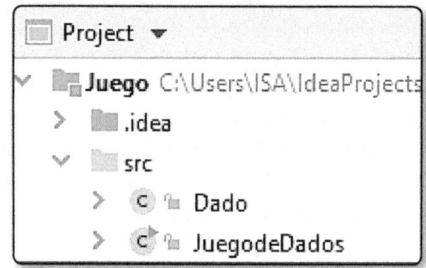

▶ **P7.** Haz una clase llamada *Persona* que siga las siguientes condiciones:

Sus atributos son: *nombre, edad, DNI, sexo* (H hombre, M mujer)**,** *peso y altura.* No queremos que se accedan directamente a ellos. Piensa que modificador de acceso es el más adecuado, también su tipo. Si quieres añadir algún atributo puedes hacerlo.

Por defecto, todos los atributos menos el DNI serán valores por defecto según su tipo (0 números, cadena vacía para String, etc.). Sexo sera hombre por defecto, usa una constante para ello.

Se implantarán varios constructores:

- Un constructor por defecto.
- Un constructor con el nombre, edad y sexo, el resto por defecto.
- Un constructor con todos los atributos como parámetro.

Los métodos que se implementaran son:

- **calcularIMC()**: calculara si la persona está en su peso ideal (peso en kg/(altura^2 en m)), si esta fórmula devuelve un valor menor que 20, la función devuelve un -1, si devuelve un número entre 20 y 25 (incluidos), significa que está por debajo de su peso ideal la función devuelve un 0 y si devuelve un valor mayor que 25 significa que tiene sobrepeso, la función devuelve un 1. Te recomiendo que uses constantes para devolver estos valores.
- **esMayorDeEdad()**: indica si es mayor de edad, devuelve un booleano.

- **comprobarSexo(char sexo)**: comprueba que el sexo introducido es correcto. Si no es correcto, será H. No será visible al exterior.

- **toString()**: devuelve toda la información del objeto.

- **generaDNI()**: genera un número aleatorio de 8 cifras, genera a partir de este su número su letra correspondiente. Este método se invocará cuando se construya el objeto. Puedes dividir el método para que te sea más fácil. No será visible al exterior.

- Métodos set de cada parámetro, excepto de DNI.

Ahora, crea una clase ejecutable que haga lo siguiente:

- Pide por teclado el nombre, la edad, sexo, peso y altura.

- Crea 3 objetos de la clase anterior, el primer objeto obtendrá las anteriores variables pedidas por teclado, el segundo objeto obtendrá todos los anteriores menos el peso y la altura y el último por defecto, para este último utiliza los métodos set para darle a los atributos un valor.

- Para cada objeto, deberá comprobar si está en su peso ideal, tiene sobrepeso o por debajo de su peso ideal con un mensaje.

- Indicar para cada objeto si es mayor de edad.

- Por último, mostrar la información de cada objeto.

Puedes usar métodos en la clase ejecutable, para que os sea más fácil.

- ⚑ **P8**. Realiza una función que dada una fecha de nacimiento de una persona que indique cuántos años tiene.

5.8 ACTIVIDADES DE AMPLIACIÓN. ISA DESAFÍA

En temas anteriores ya hicimos algún reto para disfrutar y practicar con la programación. Los retos están extraídos de la web www.aceptaelreto.com. Son opcionales, y servirán para ir entrenando para el concurso de programación *Programame*, que se suele celebrar en el mes de diciembre; ahora ya, para el del año que viene.

Aquí os dejo otro; podéis pinchar el enlace para ver el enunciado en la plataforma.

Problema número 485
Senda pirenaica

http://www.aceptaelreto.com/problem/statement.php?id=485

ESTRUCTURAS DINÁMICAS DE DATOS:
LISTAS, PILAS, COLAS. COLECCIONES

6.1 INTRODUCCIÓN

En esta unidad se verán las estructuras de datos dinámicas tales como listas y los conceptos de pilas y colas. Además, veremos algunas colecciones de datos en Java.

6.2 LISTAS

T1. Una *lista enlazada* es una colección o secuencia de elementos dispuestos uno detrás de otro, en la que cada elemento se conecta al siguiente por un "enlace" o "referencia". La idea básica consiste en construir una lista cuyos elementos llamados *nodos* se componen de dos partes (*campos*): la primera parte contiene la información y es, por consiguiente, un valor de un tipo genérico (denominado Dato, TipoElemento, Info, etc.) y la segunda parte es una referencia (denominada *enlace*) que apunta, enlaza, al *siguiente* elemento de la lista.

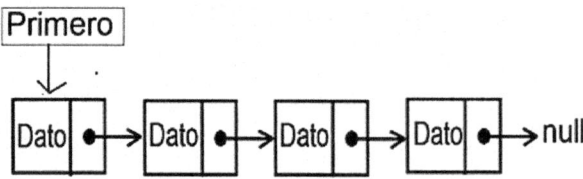

En Java indicamos un Nodo así:

```
public class Nodo {
    protected int dato;
    protected Nodo sig;
}
```

Los enlaces se representan por flechas para facilitar la comprensión de la conexión entre dos nodos; ello indica que el enlace tiene la dirección en memoria del siguiente nodo. Los enlaces también sitúan los nodos en una secuencia. El primer nodo se enlaza al segundo nodo, el segundo se enlaza al tercero y así sucesivamente hasta llegar al último. El nodo último ha de representarse de forma diferente para significar que éste no se enlaza a ningún otro. Las listas se pueden dividir en cuatro categorías.

a) Tipos de listas

T2.

Los diferentes tipos de listas dependen de la forma de enlazar los nodos, son:

▼ *Listas simplemente enlazadas*. Cada nodo (elemento) contiene un único enlace que conecta ese nodo al nodo siguiente o nodo sucesor. La lista es eficiente en recorridos directos ("adelante").

▼ *Listas doblemente enlazadas*. Cada nodo contiene dos enlaces, uno a su nodo predecesor y el otro a su nodo sucesor. La lista es eficiente tanto en recorrido directo ("adelante") como en re corrido inverso ("atrás").

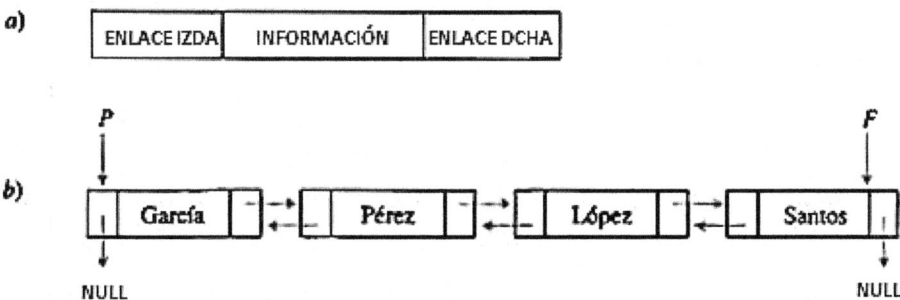

▼ *Lista circular simplemente enlazada*. Una lista enlazada simplemente en la que el último elemento (cola) se enlaza al primer elemento (cabeza) de tal modo que la lista puede recorrerse de modo circular ("en anillo").

▼ *Lista circular doblemente enlazada*. Una lista doblemente enlazada en la que el último elemento se enlaza al primer elemento y viceversa. Esta lista se puede recorrer de modo circular (en anillo) tanto en dirección directa ("adelante") como inversa ("atrás").

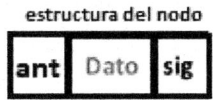

estructura del nodo

La implementación de cada uno de los cuatro tipos de estructuras de listas se puede desarrollar utilizando referencias.

b) Operaciones sobre listas

T3. Las siguientes operaciones son las que pueden considerarse básicas para manejar listas. En realidad, la decisión de qué operaciones son las básicas depende de las características de la aplicación que se va a realizar con los datos de la lista.

- Listavacia(L Inicializa la lista L como lista vacía.
- Esvacia(L) Determina si la lista L está vacía.
- Insertar(L, x, p) Inserta en la lista L un nodo con el campo dato x, delante del nodo de dirección p.
- Localizar(L, x) Devuelve la posición/dirección donde está el campo de información x.
- Suprimir(L, x) Elimina de la lista el nodo que contiene el dato x.
- Anterior(L, p) Devuelve la posición/dirección del nodo anterior a p.
- Primero(L) Devuelve la posición/dirección del primer nodo de la lista L.
- Anula(L) Vacía la lista L.

c) La clase Lista

TP4. Una lista enlazada se compone de una serie de nodos enlazados mediante referencias. En Java, se declara una clase para contener las dos partes del nodo: dato y enlace. Por ejemplo, para una lista enlazada de números enteros la clase Nodo:

```
public class Nodo {
    protected int dato;
    protected Nodo sig;

    //constructor del nodo
    public Nodo(int x){
        dato = x;
        sig = null;
    }
}
```

d) Definición de la clase Lista

El acceso a una lista se hace mediante una, o más, *referencias* a los nodos. Normalmente, se accede a partir del primer nodo de la lista, llamado **cabeza, cabecera o primero** de la lista. En ocasiones, se mantiene también una referencia al último nodo de la lista enlazada, llamado **cola** de la lista.

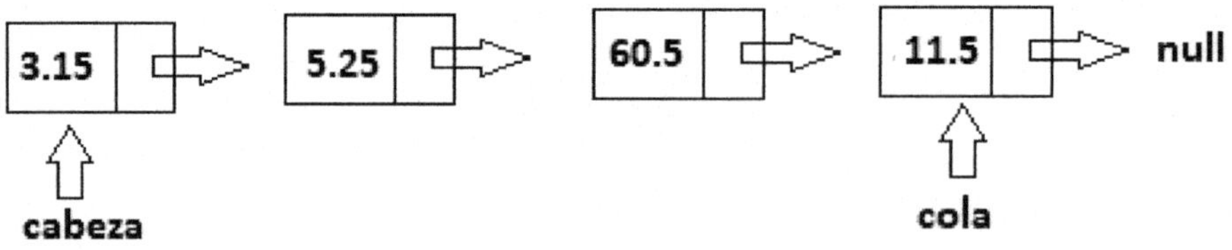

La clase **Lista** define el atributo cabeza o primero para acceder a los elementos de la lista. Normalmente, no es necesario definir el atributo referencia cola. El constructor de lista inicializa primero a null (*lista vacía*).

Los métodos de la clase lista implementan las operaciones de una lista enlazada: *inserción*, *búsqueda...* Además, el método que crea la lista ListaEnlazada() construye iterativamente el primer elemento (primero) y los elementos sucesivos de una lista enlazada.

TP5. A continuación se declara la clase lista para representar una lista enlazada de números enteros. La declaración se realiza paso a paso con el fin de describir detalladamente las operaciones. En primer lugar, la declaración del nodo de la lista con el dato de la lista, dos constructores básicos y métodos de acceso:

```java
public class Nodo {
    protected int dato;
    protected Nodo sig;

    //constructor del nodo
    public Nodo(int x){
        dato = x;
        sig = null;
    }

    //setters y getters
    public int getDato() {
        return dato;
    }

    public Nodo getSig() {
        return sig;
    }

    public void setDato(int dato) {
        this.dato = dato;
    }

    public void setSig(Nodo sig) {
        this.sig = sig;
    }
}
```

Y a continuación la clase Lista. El método que crea una lista en primer lugar crea una lista vacía.

```java
public class ListaEnlazada { //va a gestionar la lista
    protected Nodo primero;


    //crear la lista vacía
    public ListaEnlazada(){
        primero = null;
    }
…..
}
```

La referencia primero (a veces se denomina cabeza) se ha inicializado en el constructor a un valor *nulo*, es decir, a *lista vacía*.

En el programa principal:

```
ListaEnlazada lista; //lista de enteros
lista = new ListaEnlazada(); //crea la lista vacía
```

Para ir añadiendo nodos a la lista haremos lo siguiente:

```
//insertamos varios elementos por la cabeza
lista.insertarCabezaLista(19);
```

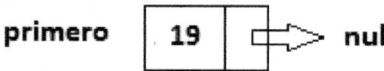

La operación de crear un nodo se puede realizar en un método insertarCabezaLista(n) al que se pasa el valor del campo. Si ahora se desea añadir un nuevo elemento con el 61, y situarlo en el primer lugar de la lista:

```
lista.insertarCabezaLista(61);
```

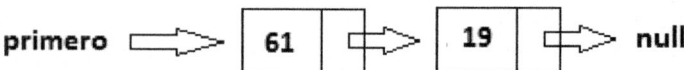

Por último, para obtener una lista compuesta de 4, 61, 19 se habrá de ejecutar

```
lista.insertarCabezaLista(4);
```

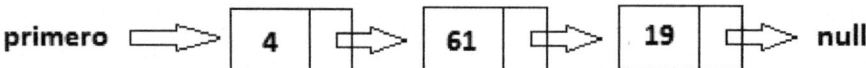

e) Inserción de un elemento en una lista

TP7. El nuevo elemento que se desea incorporar a una lista se puede insertar de distintas formas, según la posición de inserción. Ésta puede ser:

- En la cabeza (elemento primero) de la lista.
- En el final de la lista (elemento último).
- Antes de un elemento especificado, o bien.
- Después de un elemento especificado.

6.2.1 Inserta un nuevo elemento en la cabeza de la lista

La posición más eficiente para insertar un nuevo elemento es la *cabeza*, es decir, por el primer nodo de la lista. El proceso de inserción se resume en este algoritmo:

▼ Crear un nodo e inicializar el campo dato al nuevo elemento. La referencia del nodo creado se asigna a nuevo, variable local del método.

▼ Hacer que el campo enlace del nuevo nodo apunte al primero) de la lista original.

▼ Hacer que primero apunte al nodo que se ha creado.

El código en Java será el siguiente:

```java
//insertar al principio o cabeza de la lista
public ListaEnlazada insertarCabezaLista(int entrada){
    //crear nodo
    Nodo nuevo = new Nodo(entrada);
    nuevo.sig = primero;
    primero = nuevo;
    return this;
}
```

6.2.2 Insertar entre dos nodos de la lista

Por ejemplo, en la lista de la figura siguiente insertar el elemento 75 entre los nodos con los datos 25 y 40. El algoritmo para la operación de insertar entre dos nodos (n1, n2) requiere las siguientes etapas:

1. Crear un nodo con el nuevo elemento y el campo *sig* a *null*. La referencia al nodo se asigna a nuevo.

2. Hacer que el campo enlace del nuevo nodo apunte al nodo n2, ya que el nodo creado se ubicará justo antes de n2 (en el ejemplo de la figura, el nodo 40).

3. Buscamos el nodo 25, que ocupa la posición anterior al que será el nuevo nodo. La variable referencia anterior tiene la dirección del nodo n1 (en el ejemplo de la figura, el nodo 25), entonces hacer que anterior.sig apunte al nodo creado.

En el programa principal:

```java
lista.insertarCentro(25,75);
```

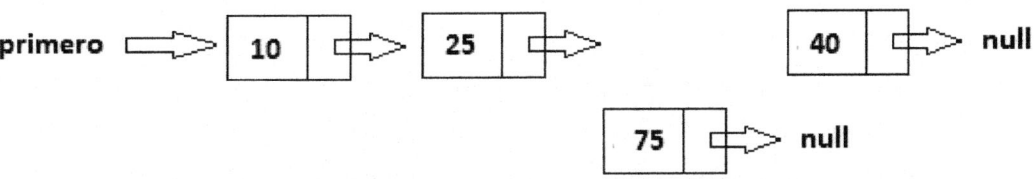

Veamos la implementación del método para insertarlo:

```
//insertar en el medio detrás de un elemento llamado posicion
public ListaEnlazada insertarCentro(int posicion, int entrada){
    Nodo nuevo = new Nodo(entrada);

    if (posicion == 0)
        insertarCabezaLista(entrada);
    else{
        Nodo anterior = buscarPosicion(posicion);
        nuevo.sig = anterior.sig;
        anterior.sig = nuevo;
    }
    return this;

}
```

6.2.3 Búsqueda en listas enlazadas

TP8. La operación *búsqueda* de un elemento en una lista enlazada recorre la lista hasta encontrar el nodo con el elemento. El algoritmo, una vez encontrado el nodo, devuelve la referencia a ese nodo (en caso negativo, devuelve null). Otro planteamiento es que el método devuelva true si encuentra el nodo con el elemento, y false si no está en la lista.

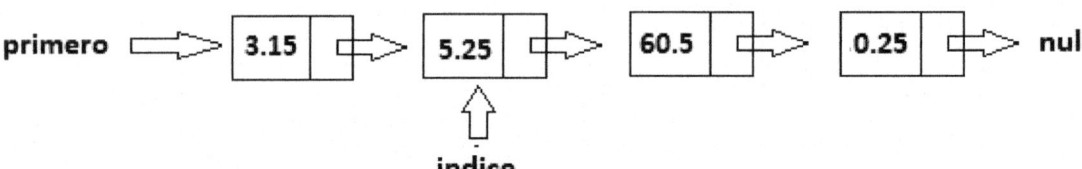

El método buscarLista, de la clase Lista, utiliza la referencia índice para recorrer la lista, nodo a nodo. El bucle de búsqueda inicializa índice al nodo primero, compara el nodo referencia do por índice con el elemento buscado. Si coincide, la búsqueda termina; en caso contrario, índice avanza al siguiente nodo. La búsqueda termina cuando se encuentra el nodo, o bien cuando se ha re corrido la lista y entonces índice toma el valor null. La comparación entre el dato buscado y el dato del nodo, que realiza el método buscarLista( ), utiliza el operador == por claridad; realmente sólo se utiliza dicho operador si los datos son de tipo simple (int, double, ...). Normalmente, los datos de los nodos son objetos y entonces se utiliza el método equals( ) que compara dos objetos.

```
public Nodo buscarLista(Nodo destino)
{
    Nodo indice;
    for (indice = primero; indice!= null; indice = indice.sig)
        if (destino.equals(indice.dato))
        return indice;

    return null;
}
```

6.3 PILAS

T9. La pila o LIFO (Last In Firsr Out) es una secuencia de elementos del mismo tipo en la que el acceso a la misma se realiza por un único lugar denominado cima:

Vemos como el acceso a los elementos de la pila se realiza siempre sobre un único extremo. Las operaciones que caracterizan la pila son las de introducir un nuevo elemento sobre la cima (push) y la de extraer el elemento situado en la cima (pop). Una forma de ver esta estructura de datos es como una pila de libros en la que sólo se puede coger el libro que está en la cima o apilar más libros sobre la misma, pero los libros que sostienen la pila no son accesibles pues de otro modo todo se desmoronaría.

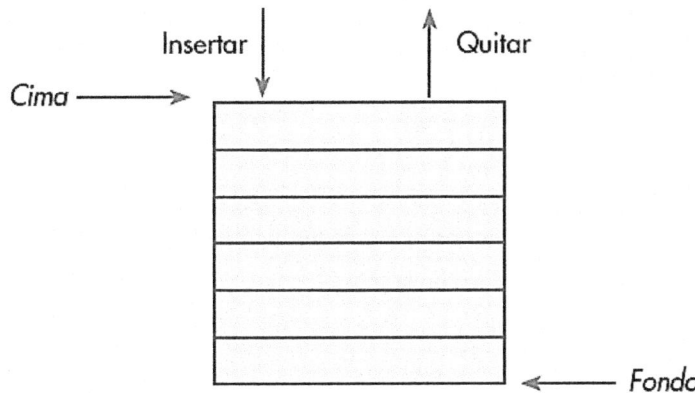

Las pilas son muy útiles en varios escenarios de programación. Dos de los más comunes son:

▶ **Pilas que contienen direcciones de retorno:**

Cuando el código llama a un método, la dirección de la primera instrucción que sigue a la llamada se inserta en la parte superior de la pila de llamadas de métodos del *thread* actual. Cuando el método llamado ejecuta la instrucción *return,* se saca la dirección de la parte superior de la pila y la ejecución continúa en esa dirección. Si un método llama a otro método, el comportamiento LIFO de la pila asegura que la instrucción *return* del segundo método transfiere la ejecución al primer método, y la del primer método transfiere la ejecución al código que sigue al código que llamó al primer método. Como resultado una pila "recuerda" las direcciones de retorno de los métodos llamados.

▶ **Pilas que contienen todos los parámetros del método llamado y las variables locales:**

Cuando se llama a un método, la JVM reserva memoria cerca de la dirección de retorno y almacena todos los parámetros del método llamado y las variables locales de ese método. Si el método es un método de ejemplar, uno de los parámetros que almacena en la pila es la referencia this del objeto actual.

Comportamiento del Modelo Pila

▶ Pila de Ejemplo:

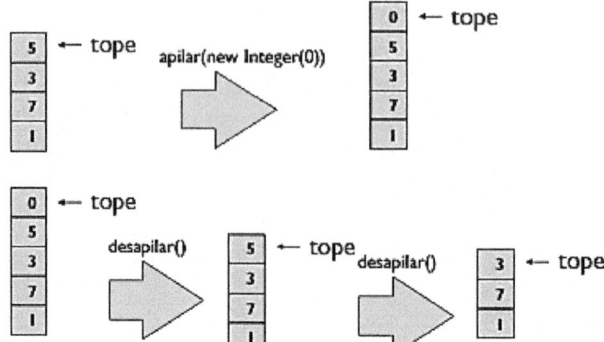

6.3.1 Operaciones de la pila

Las operaciones que sirven para definir una pila y poder manipular su contenido son las siguientes.

Tipo de dato   Elemento que se almacena en la pila

Operaciones

�
- CrearPila: Inicia.
- *Insertar (push):* Pone un dato en la pila.
- *Quitar (pop):* Retira (saca) un dato de la pila.
- *Pila vacía:* Comprueba si la pila no tiene elementos.
- *Pila llena:* Comprueba si la pila está llena de elementos.
- *Limpiar pila:* Quita todos sus elementos y deja la pila vacía.
- CimaPila: Obtiene el elemento cima de la pila.
- *Tamaño de la pila:* Número de elementos máximo que puede contener la pila.

Podemos implementar las pilas utilizando un array o con listas. Veamos la implementación con listas:

```
public class NodoPila {
    Object elemento;
    NodoPila siguiente;
    NodoPila(Object x)
    {
        elemento = x;
        siguiente = null;
    }

}
```

La clase PilaLista implementa las operaciones del *TAD pila*. Además, dispone del atributo cima que es la dirección del primer nodo de la lista. El constructor inicializa la pila vacía (cima == null), realmente, a la condición de *lista vacía*.

La clase PilaLista:

```
public class PilaLista
{
    private NodoPila cima;
    public PilaLista( )
    {
        cima = null;
    }
// operaciones

}
```

Las operaciones insertar, quitar, cima acceden a la lista directamente con la referencia cima (apunta al último nodo apilado). Entonces, como no necesitan recorrer los nodos de la lista, no dependen del número de nodos.

La clase PilaLista forma parte del mismo paquete que NodoLista, por ello tiene acceso a todos sus miembros.

Veamos la implementación de las operaciones:

Verificación del estado de la pila:

```
public boolean pilaVacia() {
    return cima == null;
}
```

Poner un elemento en la pila. Crea un nuevo nodo con el elemento que se pone en la pila y se enlaza por la cima.

```
public void insertar(Object elemento)
{
    NodoPila nuevo;
    nuevo = new NodoPila(elemento);
    nuevo.siguiente = cima;
    cima = nuevo;
}
```

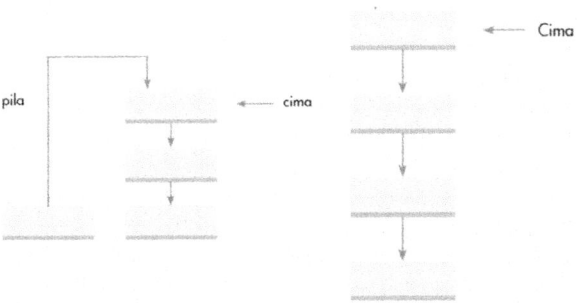

Eliminación del elemento cima. Retorna el elemento cima y lo quita de la pila.

```java
public Object quitar( ) throws Exception
{
    if (pilaVacia( ))
        throw new Exception ("Pila vacía, no se puede extraer.");
    Object aux = cima.elemento;
    cima = cima.siguiente;
    return aux;
}
```

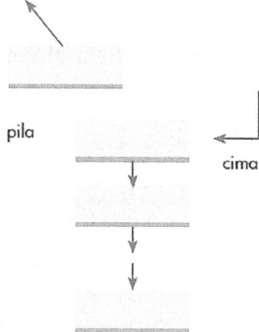

Obtención del elemento cabeza o cima de la pila, sin modificar la pila:

```java
public Object cimaPila( ) throws Exception
{
    if (pilaVacia( ))
        throw new Exception ("Pila vacía, no se puede leer cima.");
    return cima.elemento;
}
```

Vaciado de la pila. Libera todos los nodos de que consta la pila. Recorre los n nodos de la lista enlazada, entonces es una operación lineal, O(n).

```java
public void limpiarPila() {
    NodoPila t;
    while (!pilaVacia()) {
        t=cima;
        cima=cima.siguiente;
        t.siguiente=null;
    }
}
```

6.4 COLAS

T10. Una **cola** es una estructura de datos que almacena elementos en una lista y permite acceder a los datos por uno de los dos extremos de la cola. Un elemento se inserta en la cola (parte *final*) de la lista y se suprime o elimina por el frente (parte inicial, *frente*) de la lista. Las aplicaciones utilizan una cola para almacenar elementos en su orden de aparición o concurrencia.

Los elementos se eliminan (se quitan) de la cola en el mismo orden en que se almacena, por ello una cola es una estructura de tipo **FIFO** (*first-in/first-out*, *primero en entrar-primero en salir* o bien *primero en llegar-primero en servirse*).

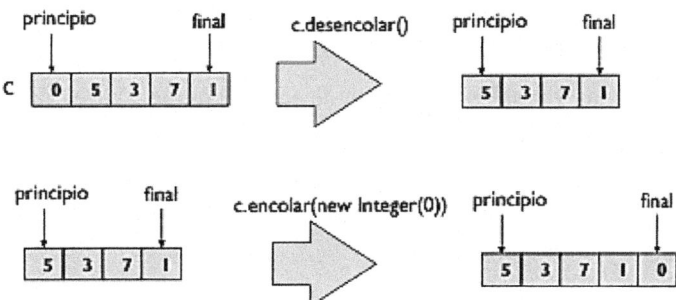

a) Operaciones de la Cola

TP11. Las operaciones que sirven para definir una cola y poder manipular su contenido son las siguientes:

Tipo de dato   Elemento que se almacena en la cola

Operaciones

- ◤ CrearCola: Inicia la cola como vacía.
- ◤ *Insertar:* Añade un elemento por el final de la cola.
- ◤ *Quitar:* Retira (extrae) el elemento frente de la cola.
- ◤ *Cola vacía:* Comprobar si la cola no tiene elementos.
- ◤ *Cola llena:* Comprobar si la cola está llena de elementos.
- ◤ *Frente:* Obtiene el elemento frente o primero de la cola.
- ◤ *Tamaño de la cola:* Número de elementos máximo que puede contener la cola.

Las colas se implementan utilizando una estructura estática (arrays) o una estructura dinámica (listas enlazadas, Vector...). Utilizar un array tiene el problema del avance lineal de frente y fin; este avance deja *huecos* por la *izquierda del array*. Llega a ocurrir que fin alcanza el índice más alto del array, sin poder añadir nuevos elementos y sin embargo haber posiciones libres a la izquierda de frente.

Veamos la implementación con estructura dinámica lista enlazada:

La implementación del *TAD Cola* con una lista enlazada permite ajustar el tamaño exactamente al número de elementos de la cola; la lista enlazada crece y decrece según las necesidades, según se incorporen elementos o se retiren. Utiliza dos punteros(referencias) para acceder a la lista, frente y fin, que son los extremos por donde salen y por donde se ponen, respectivamente, los elementos de la cola.

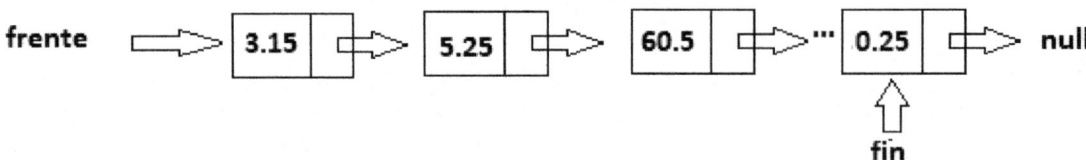

La referencia frente apunta al primer elemento de la lista y por tanto será el primer elemento en retirarse de la cola. La referencia fin apunta al último elemento de la lista y también de la cola.

Declaración de Nodo y Cola

Se utilizan las clases Nodo y ColaLista. El Nodo representa al elemento y al enlace con el siguiente nodo; al crear un Nodo se asigna el elemento y el enlace se pone null. Con el objetivo de genera lizar, el elemento se declara de tipo Object.

La clase ColaLista define las variables (atributos) de acceso: frente y fin, y las operaciones básicas del *TAD cola*. El constructor de ColaLista inicializa frente y fin a null, es decir, a la condición *cola vacía*.

```java
public class Nodo {
    Object elemento;
    Nodo siguiente;

    public Nodo(Object x)
    {
        elemento = x;
        siguiente = null;
    }
}
```

Veamos ahora la implementación de la cola mediante listas:

```java
public class ColaLista
{
    protected Nodo frente;
    protected Nodo fin;

    // constructor: crea cola vacía
    public ColaLista( )
    {
        frente=fin=null;
    }

    // insertar: pone elemento por el final
    public void insertar(Object elemento) {
        Nodo a;
```

```java
        a=new Nodo(elemento);
        if (colaVacia()) {
            frente=a;
        } else {
            fin.siguiente=a;
        }
        fin=a;
    }


    // quitar: sale el elemento frente
    public Object quitar( )throws Exception
    {
        Object aux;
        if (!colaVacia()) {
            aux = frente.elemento;
            frente = frente.siguiente;
        } else
                throw new Exception("Eliminar de una cola vacía");
        return aux;
    }

    // libera todos los nodos de la cola
    public void borrarCola() {
        Nodo T;
        for (; frente != null; ) {
            T = frente;
            frente = frente.siguiente;
            T.siguiente = null;
        }
        System.gc(); //ejecuta el Garbage Collector para liberar recursos
    }

    // acceso al primero de la cola
    public Object frenteCola() throws Exception {
        if (colaVacia())
            throw new Exception("Error: cola vacía");

        return (frente.elemento);
    }

    // verificación del estado de la cola
    public boolean colaVacia( )
    {
        return (frente == null);
    }


}
```

6.5 COLECCIONES DE DATOS

Las colecciones son almacenes de objetos dinámicos. Para usarlas haremos uso del Java Collections Framework (JCF), el cual contiene un conjunto de clases e interfaces del paquete **java.util** para gestionar colecciones de objetos.

En Java las principales interfaces que disponemos para trabajar con colecciones son: Collection, Set, List, Queue y Map:

- **Collection<E>**: un grupo de elementos individuales, frecuentemente con alguna regla aplicada a ellos.
- **List<E>**: **Interfaz List.** Esta interfaz representa una colección de datos ordenada en la cual se *admiten datos duplicados* y sobre la cual el usuario tiene control respecto a en qué posición de la lista se encuentra cada elemento. Podríamos pensar en este contenedor como en una lista doblemente enlazada, donde cada elemento tiene un elemento anterior y un elemento siguiente y donde, por tanto, la posición de cada elemento dentro de la lista está bien definida. Para dar soporte a las operaciones que permiten añadir un elemento en una posición determinada de la lista, borrar un elemento que se encuentre en una posición determinada, añadir una colección de elementos después de una posición determinada.

Las dos implementaciones más comunes de la interfaz List son ArrayList y LinkedList

En resumen, son elementos en una secuencia particular que mantienen un orden y permite duplicados. La lista puede recorrerse en ambas direcciones con un ListIterator. Hay 3 tipos de constructores:

- **ArrayList<E>**: su ventaja es que el acceso a un elemento en particular es ínfimo. Su desventaja es que, para eliminar un elemento, se ha de mover toda la lista para eliminar ese «hueco».
- **Vector<E>**: es igual que ArrayList, pero sincronizado. Es decir, si usamos varios hilos, no tendremos de qué preocuparnos hasta cierto punto.
- **LinkedList<E>**: en esta, los elementos están conectados con el anterior y el posterior. La ventaja es que es fácil mover/eliminar elementos de la lista, simplemente moviendo/eliminando sus referencias hacia otros elementos. La desventaja es que para usar el elemento N de la lista, debemos realizar N movimientos a través de la lista.

Otros:

1. **Set<E>**: no puede haber duplicados. Cada elemento debe ser único, por lo que si existe uno duplicado, no se agrega. Por regla general, cuando se redefine *equals()*, se debe redefinir *hashCode()*. Es necesario redefinir *hashCode()* cuando la clase definida se colocará en un HashSet. Los métodos *add(o)* y *addAll(o)* devuelven false si o ya estaba en el conjunto.
2. **Queue<E>**: colección ordenada con extracción por el principio e inserción por el principio (LIFO – Last Input, First Output) o por el final (FIFO – First Input, First Output). Se permiten elementos duplicados. No da excepciones cuando la cola está vacía/llena, hay métodos para interrogar, que devuelven *null*. Los métodos *put()/take()* se bloquean hasta que hay espacio en la cola/haya elementos.
3. **Map<K,V>**: un grupo de pares objeto clave-valor, que no permite duplicados en sus claves. Es quizás el más sencillo, y no utiliza la interfaz Collection. Los principales métodos son: *put()*, *get()*, *remove()*.

1. **HashMap<K,V>**: se basa en una tabla hash, pero no es sincronizado.

2. **HashTable<K,V>**: es sincronizado, aunque que no permite *null* como clave.

3. **LinkedHashMap<K,V>**: extiende de HashMap y utiliza una lista doblemente enlazada para recorrerla en el orden en que se añadieron. Es ligeramente más rápida a la hora de acceder a los elementos que su superclase, pero más lenta a la hora de añadirlos.

4. **TreeMap<K,V>**: se basa en una implementación de árboles en el que ordena los valores según las claves. Es la clase más lenta.

En esta unidad solo veremos los ArrayList y los LinkedList. Los demás se dejan por si el alumnado desea profundizar más.

6.5.1 List y ArrayList

La clase ArrayList es un array redimensionable, y se puede encontrar en el paquete *java.util*.

La diferencia entre construir un array y un ArrayList en Java, es que el tamaño del array no puede modificarse (si quieres añadir o quitar elementos de un array, tienes que crear uno nuevo). En cambio, podemos añadir o quitar elementos de un ArrayList siempre que queramos. La sintaxis es ligeramente diferente:

TP13. Ejemplo: crea un objeto ArrayList llamada **cars** que almacenará strings:

```
import java.util.ArrayList; // import the ArrayList class
ArrayList<String> cars = new ArrayList<String>(); // Create an ArrayList object
```

Añadir elementos

ArrayList tiene varios métodos muy útiles. Por ejemplo para añadir elementos al ArrayList, utilizamos el método **add()**:

TP14. Ejemplo:

```
package tema6.Colecciones;
import java.util.ArrayList; // import the ArrayList class
public class ejemploArraylist1 {

    public static void main(String[] args) {
        ArrayList<String> cars = new ArrayList<String>();
        cars.add("Volvo");
        cars.add("BMW");
        cars.add("Ford");
        cars.add("Mazda");
        System.out.println(cars);
    }
}
```

Acceso a un elemento

Para acceder a un elemento en el ArrayList, utilizamos el método **get()** y hacemos referencia al número de índice:

Ejemplo:

```
cars.get(0);
```

Recuerda: los índices en los arrays empiezan por 0. [0] es el primer elemento, [1] el segundo elemento, y así sucesivamente.

Modificar un elemento

Para modificar un elemento, utilizamos el método **set(),** haciendo referencia a su número de índice.

TP15. A continuación vamos a cambiar "Volvo", que está en la posición 0, por "Opel"

```
package tema6.Colecciones;
import java.util.ArrayList; // import the ArrayList class

public class ejemploArraylist1 {

    public static void main(String[] args) {
        ArrayList<String> cars = new ArrayList<String>();
        String s;
        cars.add("Volvo");
        cars.add("BMW");
        cars.add("Ford");
        cars.add("Mazda");
        cars.set(0, "Opel");
        System.out.println(cars);

    }
}
```

Borrar un elemento

Para borrar un elemento, utilizamos el método **remove(),** haciendo referencia a su número de índice.

```
package tema5.Colecciones;
import java.util. ArrayList; // import the ArrayList class
public class ejemploArraylist1 {

    public static void main(String[] args) {
        ArrayList<String> cars = new ArrayList<String>();
        String s;
        cars.add("Volvo");
        cars.add("BMW");
        cars.add("Ford");
```

```
        cars.add("Mazda");
        cars.set(0, "Opel");
        cars.remove(0);
        System.out.println(cars);

    }
}
```

Tamaño del ArrayList

Para saber cuántos elementos tiene un ArrayList, utilizamos el método **size**:

Ejemplo:

```
cars. size();
```

Recorrer un ArrayList

Para recorrer un ArrayList con un bucle **for,** y utilizando el método **size()** para especificar cuántas veces se ejecutará el bucle tenemos:

```
package tema6.Colecciones;
import java.util.ArrayList; // import the ArrayList class
public class ejemploArraylist1 {

    public static void main(String[] args) {
        ArrayList<String> cars=new ArrayList<String>();
        String s;
        // añado algunos elementos "a mano" para una prueba rápida
        cars.add("Volvo");
        cars.add("BMW");
        cars.add("Ford");
        cars.add("Mazda");
        cars.set(0, "Opel");
        cars.remove(0);

        for (int i=0; i < cars.size(); i++) {
            System.out.println(cars.get(i));

        }
    }
}
```

También podemos recorrer un ArrayList utilizando un bucle **for-each**:

```
package tema6.Colecciones;
import java.util.ArrayList; // import the ArrayList class
public class ejemploArraylist1 {
```

```java
public static void main(String[] args) {
    ArrayList<String> cars=new ArrayList<String>();
    String s;
    // Añado algunos elementos "a mano" para una prueba rápida
    // Lo normal sería hacer un bucle e ir pidiendo datos
    cars.add("Volvo");
    cars.add("BMW");
    cars.add("Ford");
    cars.add("Mazda");
    cars.set(0, "Opel");
    cars.remove(0);

    for (String i : cars) {
        System.out.println(i);
    }
}
}
```

Otros tipos

Los elementos en un ArrayList son en realidad objetos. En los ejemplos anteriores, hemos creado elementos (objetos) de tipo "String". Recordemos que un String en Java es un objeto (no un tipo primitivo). Para utilizar otros tipos, tal como int, necesitamos especificar una clase envoltorio equivalente (wrapper class): **Integer**. Para otros tipos primitivos de datos, usamos: **Boolean** para boolean, **Character** para char, **Double** para double, etc.

Ejemplo:

```java
package tema6.Colecciones;
import java.util.ArrayList;

public class EjemploArrayListEnteros
{
    public static void main(String[] args) {
        ArrayList<Integer> misNumeros = new ArrayList<Integer>();
        misNumeros.add(10);
        misNumeros.add(15);
        misNumeros.add(20);
        misNumeros.add(25);

        for (int i : misNumeros) {
            System.out.println(i);
        }
    }
}
```

Ordenar un ArrayList

Otra clase útil del paquete **java.util**, es la clase **Collections**, que incluye el método **sort()** para almacenar listas numérica o alfabéticamente.

Por ejemplo: ordenar un ArrayList de Strings:

```java
package tema6.Colecciones;
import java.util.ArrayList; // import the ArrayList class
import java.util.Collections;
public class ejemploArraylist1 {

    public static void main(String[] args) {
        ArrayList<String> cars=new ArrayList<String>();
        String s;
      // introducimos algunos datos para una prueba rápida
        cars.add("Volvo");
        cars.add("BMW");
        cars.add("Ford");
        cars.add("Mazda");
        cars.set(0, "Opel");
        cars.remove(0);

        Collections.sort(cars);  // Sort cars
        for (String i : cars) {
            System.out.println(i);
        }
    }
}
```

Otro ejemplo: ordenar un ArrayList de Integers:

```java
package tema6.Colecciones;
import java.util.ArrayList;
import java.util.Collections;

public class EjemploArrayListEnteros
{
    public static void main (String[] args){
    ArrayList<Integer> misNumeros = new ArrayList<Integer>();

    misNumeros.add(10);
    misNumeros.add(25);
    misNumeros.add(11);
    misNumeros.add(15);
    misNumeros.add(14);
    System.out.println("Lista inicial: \n\n");
    System.out.println(misNumeros);
    //ordenamos
    Collections.sort(misNumeros);
```

```java
        System.out.println("\n\nLista ordenada: \n");
        for(int i:misNumeros){
            System.out.println(i);
        }
        //revertir el orden
        System.out.println("\n\nLista ordenada al revés: \n");
        Collections.reverse(misNumeros) ;
        System.out.println(misNumeros);

        //saber posición de un elemento
        System.out.println(misNumeros.indexOf(11));

    }
}
```

Si nos fijamos en el ejemplo anterior, podemos ver que se puede invertir fácilmente el orden de los elementos del ArrayList y también saber la posición de la lista que ocupa un elemento determinado.

Ejemplo completo:

```java
package tema6.Colecciones;
import java.util.ArrayList;
import java.util.Collections;

public class EjemploArrayList1 {
    public static void main(String[]args){
        ArrayList<String> cars = new ArrayList<String>();

        //añadir elementos
        cars.add("Volvo");
        cars.add("BMW");
        cars.add("Ford");
        cars.add("Mazda");
        System.out.println("\n Elementos ANTES de insertar en pos 2");
        System.out.println(cars);
        //añadir un elemento en una posición concreta
        //y los otros elementos se desplazarán
        cars.add(2,"Mercedes");
        System.out.println("Elementos DESPUÉS de insertar en pos 2" +cars);

        //acceso a un elemento: método get
        String s = cars.get(0);
        System.out.println("\nHa seleccionado el coche " + s);

        //moficar un elemento: método set
        cars.set(2, "VolksWagen");

        //saber cuántos elementos tiene el ArrayList
        System.out.println("Tamaño del ArrayList: "+ cars.size());
        //borrar un elemento: método remove
```

```java
    cars.remove(2);

    //ver todos los elementos
    System.out.println(cars);
    System.out.println();

    //recorridos de la lista,
    //accedemos uno a uno
    for (int i=0; i<cars.size();i++){
        System.out.println(cars.get(i));
    }
    //recorrer uno a uno con for-each
    for(String i:cars){
        System.out.println(i);
    }

    //utilizando la clase Collections
    //vamos a ordenar el ArrayList de String
    System.out.println("\n\nLista ordenada de coches: ");
    Collections.sort(cars); //ordena cars
    for(String coche:cars){
        System.out.println(coche);
    }
  }

}
```

6.6 CLASES WRAPPERS

Las clases envoltorio proporcionan una vía para utilizar tipos de datos primitivos (int, boolean, etc) como objetos.

La tabla siguiente muestra los tipos primitivos y la clase equivalente que los envuelve:

Primitive Data Type	Wrapper Class
byte	Byte
short	Short
int	Integer
long	Long
float	Float
double	Double
boolean	Boolean
char	Character

A menudo, debemos utilizar clases envoltorio, por ejemplo cuando trabajamos con colecciones de objetos, como un **ArrayList**, donde los tipos primitivos de datos no se pueden utilizar (la lista solo puede almacenar objetos):

Por ejemplo:

```java
ArrayList<int> misNumeros = new ArrayList<int>(); //Inválido
```

La forma correcta es:

```java
ArrayList<Integer> misNumeros = new ArrayList<Integer>();
```

6.6.1 Crear objetos Wrapper

Para crear un objeto envoltorio, utilizamos la clase envolvente en lugar del tipo primitivo. Para coger el valor, simplemente imprimimos el objeto:

```java
package tema6.Colecciones;

public class EjemploWrapper {

    public static void main(String[] args) {
        Integer myInt = 5;
        Double myDouble = 5.99;
        Character myChar = 'A';
        System.out.println(myInt);
        System.out.println(myDouble);
        System.out.println(myChar);
    }
}
```

Desde que ahora trabajamos con objetos, podemos utilizar ciertos métodos para obtener información acerca de ese objeto específico.

Por ejemplo, los métodos siguientes se usan para obtener el valor asociado al objeto wrapper correspondiente: **intValue()**, **byteValue()**, **shortValue()**, **longValue()**, **floatValue()**, **doubleValue()**, **charValue()**, **booleanValue()**.

Por ejemplo:

```java
package tema6.Colecciones;

public class EjemploWrapper {
        public static void main(String[] args) {
            Integer myInt = 5;
            Double myDouble = 5.99;
            Character myChar = 'A';
```

```
        System.out.println(myInt.intValue());
        System.out.println(myDouble.doubleValue());
        System.out.println(myChar.charValue());
    }
}
```

Otro método útil es **toString()**, que convierte objetos wrapper en strings.

En el ejemplo siguiente, convertimos un **Integer** a String, y utilizamos el método **length()** de la clase String para sacar la longitud del "string".

```
public static void main(String[] args) {
    Integer myInt = 100;
    String myString = myInt.toString();
    System.out.println(myString.length());
}
```

6.7 EJERCICIOS RESUELTOS

▶ **R1. Comprueba lo que hace el código siguiente. ¿Qué es lo que hace el iterador?**

```
package tema6.Colecciones;

import java.util.ArrayList;
import java.util.Iterator;
import java.util.LinkedList;
import java.util.List;

public class ejemploList1 {
    public static void main(String[] args) {
        // LinkedList
        List lista1 = new LinkedList();

        // Añadimos nodos y creamos un Iterator
        lista1.add("Madrid");
        lista1.add("Sevilla");
        lista1.add("Valencia");
        Iterator iterador = lista1.iterator();

        // Recorremos y mostramos la lista
        while (iterador.hasNext()) {
            String elemento = (String) iterador.next();
            System.out.print(elemento + " ");
        }
        System.out.println("--LinkedList--");

        // ArrayList
        List lista2 = new ArrayList();
```

```java
        // Añadimos nodos y creamos un Iterator
        lista2.add("Madrid");
        lista2.add("Sevilla");
        lista2.add("Valencia");
        Iterator iterador2 = lista2.iterator();

        // Recorremos y mostramos la lista
        while (iterador2.hasNext()) {
            String elemento = (String) iterador2.next();
            System.out.print(elemento + " ");
        }
        System.out.println("--ArrayList--");
    }
}
```

R2. Calcular la suma y la media aritmética de los valores contenidos en un ArrayList.

Programa que lea una serie de valores numéricos enteros desde el teclado y los guarde en un ArrayList de tipo Integer. La lectura de números termina cuando se introduzca el valor -99. Este valor no se guarda en el ArrayList. A continuación el programa mostrará por pantalla el número de valores que se han leído, su suma, su media. Por último se mostrarán todos los valores leídos, indicando cuántos de ellos son mayores que la media.

Vamos a utilizar 3 métodos además del método main para resolverlo:

- Método leerValores(): pide por teclado los números y los almacena en el ArrayList. La lectura acaba cuando se introduce el valor -99. El método devuelve mediante return el ArrayList con los valores introducidos.

- Método calcularSuma(): recibe como parámetro el ArrayList con los valores numéricos y calcula y devuelve su suma. En este método se utiliza un Iterator para recorrer el ArrayList.

- Método mostrarResultados(): recibe como parámetro el ArrayList, la suma y la media aritmética. Muestra por pantalla todos los valores, su suma y su media y calcula y muestra cuantos números son superiores a la media. En este método se utiliza un for para colecciones para recorrer el ArrayList.

Solución:

```java
package tema6.Colecciones;

import java.util.ArrayList;
import java.util.Iterator;
import java.util.Scanner;

public class SumaMediaEnterosArrayList {

    //pedir por teclado los valores y guardarlos en el ArrayList
    //la lectura acaba cuando se introduzca -99
    public static ArrayList<Integer> leerValores() {
        ArrayList<Integer> valores = new ArrayList();
        Scanner sc = new Scanner(System.in);
```

```java
        int n;
        System.out.print("Introduce entero. -99 para acabar: ");
        n = sc.nextInt();
        while (n != -99) {
            valores.add(n);
            System.out.print("Introduce entero. -99 para acabar: ");
            n = sc.nextInt();
        }
        return valores;
    }

    //recorrer el ArrayList y sumar todos sus elementos
    public static double calcularSuma(ArrayList<Integer> valores) {
        double suma = 0;
        Iterator it = valores.iterator();
        while (it.hasNext()) {
            suma = suma + (Integer) it.next();
            //next() devuelve un dato de tipo Object. Hay que convertirlo a Integer
        }
        return suma;
    }

    //Mostrar valores, su suma y su media aritmética
    //y cuántos hay superiores a la media
    public static void mostrarResultados(ArrayList<Integer> valores, double suma,
double media) {
        int cont = 0;
        System.out.println("Valores introducidos: ");
        System.out.println(valores);
        System.out.println("Suma: " + suma);
        System.out.printf("Media: %.2f %n", media);
        for (Integer i : valores) {
            if (i > media) {
                cont++;
            }
        }
        System.out.println(cont + " valores superiores a la media");
    }

    public static void main(String[] args) {
        ArrayList<Integer> array = leerValores();

        double suma = calcularSuma(array);
        double media = suma / array.size();

        mostrarResultados(array, suma, media);
    }
}
```

▶ **R3.** Convertir una List en un array

Solución:

```java
public static void main(String[] args) {
//convertir una lista en un array
 List<String> milista = new ArrayList<String>();

 //añado elementos
 milista.add("Elemento 1");
 milista.add("Elemento 2");
 System.out.println("Mi lista es: \n" + milista);

 //Lo siguiente será crear el array sobre el que vamos volcar el
 // contenido de la lista. A la hora de crear el array deberemos de
 // asignarle el tamaño que tenga la lista.
 // Para saber el tamaño de una lista en java utilizamos el método .size()
 String[] miarray = new String[milista.size()];

 //El interface List tiene un método .toArray() este es el método clave que
 // nos va a convertir una lista en un array con Java. Así que simplemente
 // invocamos el método indicando como parámetro el array sobre el que queremos
volcar el contenido.

 miarray = milista.toArray(miarray);

 //Ahora, para comprobar que hemos realizado bien el proceso de convertir una
lista
 // en un array con Java vamos a recorrer el contenido del array y ver que es el
mismo
 // que insertamos en la lista.
 for(String s : miarray)
     System.out.println(s);
}
} //fin main
```

▶ **R4.** Codifica y analiza el ejemplo siguiente de uso de List, ArrayList y los métodos utilizados en el mismo.

```java
package tema6.Colecciones;

import java.util.*;


public class ListDemo {
    public static void main(String[] args) {
        //crear una lista
        List<Integer> l1 = new ArrayList<Integer>();
        l1.add(0,1);
```

```java
l1.add(1,2);
l1.add(2,3);
System.out.println("lista l1: "+l1);

//creo otra lista
List<Integer> l2 = new ArrayList<Integer>();
l2.add(4);
l2.add(5);
l2.add(6);
System.out.println("lista l2: "+l2);

//Añadir l2 desde el índice 1, desplazando los otros
//elementos de l1
l1.addAll(1,l2);
System.out.println("lista l1: "+l1);

// sublista concreta
List list1 = l1.subList(0, 3);
System.out.println(list1);
list1 = l1.subList(2, l1.size());//6-2=4 elementos lista desde 2
System.out.println(list1);

//borrar  elemento del indice 1
l1.remove(1);
System.out.println(l1); //[1, 5, 6, 2, 3]

//ver elemento del índice 3
System.out.println(l1.get(3)); //2

//reemplazar elemento 0 por 5
l1.set(0,5);
System.out.println(l1); //[5, 5, 6, 2, 3]


//CONVERTIR UNA LISTA EN ARRAY
List<String> milista = new ArrayList<String>();

//añado elementos
milista.add("elemento 1");
milista.add("elemento 2");
System.out.println("Mi lista es: \n"+ milista);

//ahora crearemos el array sobre el que vamos a volcar
//el contenido de la ista.
//al crear el array necesito saber el tamaño de la lista
//para ello usamos .size()
String[] miarray = new String[milista.size()];

miarray = milista.toArray(miarray);
```

```
// comprobar que está bien
// recorremos el contenido del array
// para ver que obtenemos lo mismo
System.out.println("\nmi array es: ");
for(String s:miarray){
    System.out.println(s);
}

    }

}
```

6.8 EJERCICIOS PROPUESTOS

▸ **P1.** Escribir un programa en Java que calcule la longitud (número de elementos) de una lista simplemente enlazada de enteros.

▸ **P2.** Investiga la colección HasMap para saber qué hace y qué métodos utiliza para crear la clase, añadir elementos, acceder a un elemento, borrar un elemento y recorrer los elementos.

▸ **P3.** Calcular la altura media de los alumnos de una clase. Programa Java que pida por teclado las alturas de N alumnos de una clase y las guarde en un ArrayList de tipo Double. A continuación, el programa calculará la altura media de todos los alumnos, cuántos alumnos hay más altos que la media y cuantos más bajos.

Para resolverlo vamos a utilizar 4 métodos además del método main:

- Método *numeroAlumnos():* este método pide por teclado el número de alumnos de la clase y devuelve dicho número al programa principal.

- Método *leerAlturas():* pide por teclado las alturas de los N alumnos y las almacena en el ArrayList. Este método recibe como parámetros el ArrayList inicialmente vacío y el número de alumnos a leer.

- Método *calcularMedias():* calcula y devuelve la media de los alumnos de la clase. Este método recibe como parámetro el ArrayList con las alturas de todos los alumnos.

- Método *mostrarResultados():* muestra por pantalla todas las alturas y calcula y muestra el número de alumnos con altura superior e inferior a la media. Recibe como parámetros el ArrayList con las alturas de todos los alumnos y la media calculada anteriormente.

▸ **P4.** Un cine de un pueblo pequeño nos propone hacer una aplicación para controlar las personas de una cola de un cine en los grandes estrenos de películas.

Un conjunto de personas esperará la **cola** para sacar una entrada, tendremos que calcular la entrada según la edad de la persona (mínimo 5 años). **Utiliza la ColaLista implementada en esta unidad para realizar las operaciones de la cola.**

La edad de las personas se genera aleatoriamente entre 5 y 60 años. Os recomiendo realizar un método en el main para generar Personas en la cola.

Al final, deberemos mostrar la **cantidad total recaudada**. El número de personas de la cola se elige al azar entre 0 y 50.

Os dejo la clase **Persona**. Solo tenéis que hacer el main.

```java
public class Persona {

    private int edad;

    /**
     * Constructor por defecto
     * @param edad
     */
    public Persona(int edad){
        this.edad=edad;
    }

    /**
     * Devuelve la edad
     * @return Edad acutal
     */
    public int getEdad() {
        return edad;
    }

    /**
     * Modifica la edad
     * @param edad Valor edad
     */
    public void setEdad(int edad) {
        this.edad = edad;
    }

}
```

Te recomiendo usar un mensaje de traza para saber si la recaudación es correcta según la edad (opcional).

Recuerda que al final la lista debe quedar vacía, una vez que una persona paga su entrada ya no está en la cola.

Aquí os dejo la lista de precios:

EDAD	PRECIO
Entre 5 y 10 años	2 €
Entre 11 y 17 años	3.5 €
Mayor de 18 años	4.5 €

▶ **P5.** Realiza el ejercicio anterior pero el lugar de usar una lista enlazada, usar la clase ArrayList. Usa un iterador para recorrer el ArrayList. Usa la misma clase Persona del ejercicio anterior.

P6. Un supermercado nos pide que hagamos una pequeña aplicación que almacene los productos pasados por el escáner.

La aplicación debe almacenar **Productos** (clase), cada producto al crearse contiene una cantidad, un precio (estos dos generados aleatoriamente). El nombre del producto será básico (producto1, producto2, producto3, etc.).

Utiliza la clase *Producto*, solo agrégala a tu proyecto.

```java
public class Producto {

    private int cantidad;
    private double precio;

    /**
     * Constructor por defecto
     * @param cantidad
     * @param precio
     */
    public Producto(int cantidad, double precio){
        this.cantidad=cantidad;
        this.precio=precio;
    }

    /**
     * Devuelve la cantidad de productos
     * @return Cantidad de producto
     */
    public int getCantidad() {
        return cantidad;
    }

    /**
     * Devuelve el precio
     * @return Precio del producto
     */
    public double getPrecio() {
        return precio;
    }

    /**
     * Devuelve el precio final que tiene un producto
     * @return precio final
     */
    public double precioFinal(){

        //Formateamos el precio final por problemas de precision
        DecimalFormat df=new DecimalFormat("#,##");
        return Double.parseDouble(df.format(this.precio * this.cantidad));
    }

}
```

El precio ya viene con los impuestos incluidos.

Calcular el precio total de una lista de entre 1 y 8 productos (aleatorio). Mostrar un ticket con todo lo vendido y el precio final como se hacen en los supermercados. Da igual el formato, lo importante son los datos, no el estilo:

	Cantidad	Precio	Total
Producto 1	4	3,5	14
Producto 2	8	2,5	20
Precio final			34

▶ **P7.** Realiza el ejercicio anterior del supermercado, pero el lugar de usar una lista enlazada, usar la clase ArrayList. Usa un iterador para recorrer el ArrayList.

6.9 ACTIVIDADES DE AMPLIACIÓN: ISA DESAFÍA

En el tema anterior ya hicimos algún reto para disfrutar y practicar con la programación. Los retos están extraídos de la web www.aceptaelreto.com. Son opcionales, y servirán para ir entrenando para el concurso de programación *Programame*.

Aquí os dejo otro; podéis pinchar el enlace para ver el enunciado en la plataforma

http://www.aceptaelreto.com/problem/statement.php?id=485

7

HERENCIA, POLIMORFISMOS, CLASES ABSTRACTAS

7.1 INTRODUCCIÓN

En esta unidad vamos a profundizar en los conceptos de programación orientada a objetos. En la unidad anterior ya trabajamos con clases de utilidad Wrappers.

Veremos cómo interactúa un objeto con el mundo exterior y aprenderemos nuevos conceptos de clases y métodos abstractos, y ampliaremos las posibilidades del diseño y programación de aplicaciones utilizando conceptos como polimorfismo, sobreescritura, overloading, casting.. y comprenderemos el concepto de clases anidadas.

7.2 HERENCIA

T1. La herencia es un pilar importante de OOP (Programación Orientada a Objetos). Es el mecanismo en Java por el cual una clase permite heredar las características (atributos y métodos) de otra clase. Aprenda más a continuación.

En el lenguaje de Java, una clase que se hereda se denomina **superclase**. La clase que hereda se llama **subclase**. Por lo tanto, una subclase es una versión especializada de una superclase. Hereda todas las variables y métodos definidos por la superclase y agrega sus propios elementos únicos.

Terminología importante

- ▸ **Superclase**: la clase cuyas características se heredan se conoce como superclase (o una clase base o una clase principal).

- ▸ **Subclase**: la clase que hereda la otra clase se conoce como subclase (o una clase derivada, clase extendida o clase hija). La subclase puede agregar sus propios campos y métodos además de los campos y métodos de la superclase.

- **Reutilización**: la herencia respalda el concepto de "reutilización", es decir, cuando queremos crear una clase nueva y ya hay una clase que incluye parte del código que queremos, podemos derivar nuestra nueva clase de la clase existente. Al hacer esto, estamos reutilizando los campos/atributos y métodos de la clase existente.

7.2.1 ¿Qué es Herencia?

Podemos definir la herencia como la capacidad de crear clases que adquieren de manera automática los miembros (atributos y métodos) de otras clases que ya existen, pudiendo al mismo tiempo añadir atributos y métodos propios.

Java soporta la herencia permitiendo una clase a incorporar otra clase en su declaración. Esto se hace mediante el uso de la palabra clave **extends**. Por lo tanto, la subclase se añade (se extiende) a la superclase.

Ventajas de la Herencia

Entre las principales ventajas que ofrece la herencia en el desarrollo de aplicaciones, están:

- **Reutilización del código**: en aquellos casos donde se necesita crear una clase que, además de otros propios, deba incluir los métodos definidos en otra, la herencia evita tener que reescribir todos esos métodos en la nueva clase.
- **Mantenimiento de aplicaciones existentes**: utilizando la herencia, si tenemos una clase con una determinada funcionalidad y tenemos la necesidad de ampliar dicha funcionalidad, no necesitamos modificar la clase existente (la cual se puede seguir utilizando para el tipo de programa para la que fue diseñada) sino que podemos crear una clase que herede a la primera, adquiriendo toda su funcionalidad y añadiendo la suya propia.

7.2.2 Ejemplo de cómo usar la herencia en Java

La palabra clave utilizada para la herencia es **extends**

TP2. Ejemplo: comencemos con un breve ejemplo que ilustra varias de las características clave de la herencia. El siguiente programa crea una superclase llamada *DosDimensiones*, que almacena el *ancho* y la *altura* de un objeto bidimensional, y una subclase llamada *Triangulo*.Utilizamos la palabra clave **extends** para crear una subclase.

```
//Clase para objetos que tengan dos dimensiones
public class DosDimensiones {
    double base;
    double altura;

   void mostrarDimension() {
        System.out.println("La base y altura es: " + base + " y " + altura);
    }
 }

public class Triangulo extends DosDimensiones {
    String estilo;

    double area(){
```

```java
        return base*altura/2;
    }
    void mostrarEstilo(){
        System.out.println("Triangulo es: "+estilo);
    }

}

//Una subclase de DosDimensiones para Triangulo
public class Lados3 {
    public static void main(String[] args) {
        Triangulo t1=new Triangulo();
        Triangulo t2=new Triangulo();

        t1.base=4.0;
        t1.altura=4.0;
        t1.estilo="Estilo 1";

        t2.base=8.0;
        t2.altura=12.0;
        t2.estilo="Estilo 2";

        System.out.println("Información para T1: ");
        t1.mostrarEstilo();
        t1.mostrarDimension();
        System.out.println("Su área es: "+t1.area());
        System.out.println();

        System.out.println("Información para T2: ");
        t2.mostrarEstilo();
        t2.mostrarDimension();
        System.out.println("Su área es: "+t2.area());
    }
}
```

El programa obtiene la salida siguiente:

```
"C:\Program Files\Java\jdk-11.0.5\bin\java.exe" "-javaagent:
Información para T1:
Triangulo es: Estilo 1
La base y altura es: 4.0 y 4.0
Su área es: 8.0

Información para T2:
Triangulo es: Estilo 2
La base y altura es: 8.0 y 12.0
Su área es: 48.0
```

Tenga en cuenta que durante la herencia **solo se crea el objeto de la subclase**, no de la superclase. En la práctica, la herencia y el polimorfismo se usan juntos en Java para lograr un rendimiento rápido y legibilidad del código.

7.2.3 Control de Acceso a Miembros en Herencia

A menudo una variable de instancia de una clase se declarará privada (private) para evitar su uso no autorizado o alteración. Heredar una clase no anula la restricción de acceso privado. Por lo tanto, aunque una subclase incluye a todos los miembros de su superclase, no puede acceder a los miembros de la superclase que se han declarado privados.

TP3. Por ejemplo, si, como se muestra aquí, la *base* y la *altura* e vuelven privados en *DosDimensiones*, entonces *Triangulo* no podrá acceder a ellos.

```java
//Clase para objetos de dos dimensiones
class DosDimensiones{
    private double base;
    private double altura;
    void mostrarDimension(){
        System.out.println("La base y altura es: "+base+" y "+altura);
    }
}

//Una subclase de DosDimensiones para Triangulo
class Triangulo extends DosDimensiones{
    String estilo;
    double area(){
        return base*altura/2; //Error! no se puede acceder
    }
    void mostrarEstilo(){
        System.out.println("Triangulo es: "+estilo);
    }
}
```

La clase *Triangulo* no se compilará porque la referencia a la *base* y *altura* dentro del método *area()* causa una infracción de acceso. Como la *base* y *altura* se declaran privados, solo son accesibles para otros miembros de su propia clase. Las subclases no tienen acceso a ellas.

Recuerde que un miembro de la clase que ha sido declarado [java]private[java] seguirá siendo privado para su clase. No es accesible por ningún código fuera de su clase, incluidas las subclases.

Al principio, podría pensar que el hecho de que las subclases no tengan acceso a los miembros privados de las superclases es una restricción seria que impediría el uso de miembros privados en muchas situaciones. Sin embargo, eso no es verdad. Los programadores de Java suelen utilizar **métodos de acceso** para proporcionar acceso a los miembros privados de una clase.

Aquí hay una reescritura de las clases *DosDimensiones* y *Triangulo* que usa métodos para acceder a las variables de instancia privadas *base* y *altura*:

```java
//Clase para objetos de dos dimensiones
class DosDimensiones{
    private double base;
    private double altura;
    //Métodos de acceso para base y altura
    double getBase(){return base;}
    double getAltura(){return altura;}
    void setBase(double b){base=b;}
    void setAltura (double h){altura=h;}
    void mostrarDimension(){
        System.out.println("La base y altura es: "+base+" y "+altura);
    }
}
```

```java
//Una subclase de DosDimensiones para Triangulo
class Triangulo extends DosDimensiones{
    String estilo;
    double area(){
        return getBase()*getAltura()/2;
    }
    void mostrarEstilo(){
        System.out.println("Triangulo es: "+estilo);
    }
}
```

```java
class Lados3 {
    public static void main(String[] args) {
        Triangulo t1=new Triangulo();
        Triangulo t2=new Triangulo();

        t1.setBase(4.0);
        t1.setAltura(4.0);
        t1.estilo="Estilo 1";

        t2.setBase(8.0);
        t2.setAltura(12.0);
        t2.estilo="Estilo 2";

        System.out.println("Información para T1: ");
```

```
    t1.mostrarEstilo();
    t1.mostrarDimension();
    System.out.println("Su área es: " + t1.area());
    System.out.println();

    System.out.println("Información para T2: ");
    t2.mostrarEstilo();
    t2.mostrarDimension();
    System.out.println("Su área es: " + t2.area());
  }
}
```

La salida obtenida vuelve a ser:

```
"C:\Program Files\Java\jdk-11.0.5\bin\java.exe" "-javaagent:
Información para T1:
Triangulo es: Estilo 1
La base y altura es: 4.0 y 4.0
Su área es: 8.0

Información para T2:
Triangulo es: Estilo 2
La base y altura es: 8.0 y 12.0
Su área es: 48.0
```

7.2.4 Constructores y herencia

T4. En una jerarquía, es posible que tanto las superclases como las subclases tengan sus propios constructores. Esto plantea una pregunta importante: ¿**qué constructor es responsable de construir un objeto de la subclase, el de la superclase, el de la subclase o ambos**? La respuesta es esta: el constructor para la superclase construye la porción de la superclase del objeto, y el constructor para la subclase construye la parte de la subclase.

Esto tiene sentido porque la superclase no tiene conocimiento ni acceso a ningún elemento en una subclase. Por lo tanto, su construcción debe estar separada. En la práctica, la mayoría de las clases tendrán constructores explícitos (no predeterminados). Aquí verá cómo manejar esta situación.

Cuando solo la subclase define un constructor, el proceso es sencillo: simplemente construye el objeto de la subclase. La porción de superclase del objeto se construye automáticamente utilizando su constructor predeterminado. Por ejemplo, aquí hay un programa para *Triangulo* que define un constructor. También hace que el estilo sea privado, ya que ahora lo establece el constructor.

TP5.

```java
class DosDimensiones {
    private double base;
    private double altura;

    //Métodos de acceso para base y altura
    double getBase() {
        return base;
    }

    double getAltura() {
        return altura;
    }

    void setBase(double b) {
        base=b;
    }

    void setAltura(double h) {
        altura=h;
    }

    void mostrarDimension() {
        System.out.println("La base y altura es: " + base + " y " + altura);
    }
}
```

```java
    //Una subclase de DosDimensiones para Triangulo
    //Triangulo.java
    class Triangulo extends DosDimensiones{
        private String estilo;
        //Constructor
        Triangulo(String s, double b, double h){
            setBase(b);
            setAltura(h);
            estilo=s;
        }

        double area(){
            return getBase()*getAltura()/2;
        }

        void mostrarEstilo(){
            System.out.println("Triangulo es: "+estilo);
        }
    }
```

```
class Lados3 {
    public static void main(String[] args) {
        Triangulo t1=new Triangulo("Estilo 1",4.0,4.0);
        Triangulo t2=new Triangulo("Estilo 2",8.0,12.0);

        System.out.println("Información para T1: ");
        t1.mostrarEstilo();
        t1.mostrarDimension();
        System.out.println("Su área es: "+t1.area());
        System.out.println();

        System.out.println("Información para T2: ");
        t2.mostrarEstilo();
        t2.mostrarDimension();
        System.out.println("Su área es: "+t2.area());
    }
}
```

La salida es la misma que antes.

```
"C:\Program Files\Java\jdk-11.0.5\bin\java.exe" "-javaagent:
Información para T1:
Triangulo es: Estilo 1
La base y altura es: 4.0 y 4.0
Su área es: 8.0

Información para T2:
Triangulo es: Estilo 2
La base y altura es: 8.0 y 12.0
Su área es: 48.0
```

Aquí, el constructor de *Triangulo* inicializa los miembros de *DosDimensiones* que hereda, junto con su propio campo de *estilo*.

Cuando tanto la superclase como la subclase definen constructores, el proceso es un poco más complicado porque deben ejecutarse tanto la superclase como los constructores de subclase. En este caso, debe usar otra de las palabras clave de Java, **super**, que tiene dos formas generales.

▶ El primero llama a un constructor de superclase.

▶ El segundo se usa para acceder a un miembro de la superclase que ha sido ocultado por un miembro de una subclase.

7.2.5 Acceso a métodos de la superclase

Para acceder a métodos de la superclase se utilizará la palabra reservada **super** (palabra reservada disponible en cualquier método no estático de una subclase).

Es importante tener en cuenta que *super* es una referencia al objeto actual teniendo en cuenta la instancia de su superclase.

TP6.

```java
public class Padre {
    protected int dato;
    public void m ( ) {
        System.out.println("Método clase padre");
    }
}

public class Hijo extends Padre{
    private int dato;
    public void m ( ) {
        System.out.println("Método clase hijo");
        super.dato = 10;
        dato = 20;
    }
    public void getDato( ) {
        System.out.println(super.dato);
    }
    public void mostrar( ) {
        this.m ( );
        m ( );
        super.m ( );
    }

}
```

Ahora hacemos un programa principal:

```java
public class TestPadreHijo {
    public static void main(String[] args) {
        Hijo h=new Hijo();
        h.mostrar();
        h.getDato();
    }
}
```

El resultado de ejecución es el siguiente:

```
"C:\Program Files\Java\jdk-11
Método clase hijo
Método clase hijo
Método clase padre
10
```

De este código extraemos lo siguiente:

▶ Para acceder a métodos sobrescritos de la superclase usamos la palabra **super**.

▶ Es posible acceder a miembros *protected* de la superclase usando la palabra **super**.

Debemos recordar que *this* se usa para acceder a campos y métodos de la clase y *super* para la superclase, no importa que estos estén sobrescritos.

Cambiemos un poco el código anterior para ver como lo visto anteriormente con super y this es aplicable en las llamadas a los constructores de los objetos.

TP7.

```java
public class Padre {
    protected int dato1, dato2;

    Padre(int x, int y) {
        dato1=x;
        dato2=y;
    }

    Padre() {
        this(5, 5);
    }
}
```

Ahora el código del hijo:

```java
public class Hijo extends Padre{
    private int dato1, dato2;

    Hijo (int x, int y) {
        super (2,2);
        dato1 = x;
        dato2 = y;
    }
    Hijo ( ) {
        dato1 = 3;
        dato2 = 3;
    }
    public void getDato ( ) {
        System.out.println("Padre dato1: " + super.dato1);
        System.out.println("Padre dato2: " + super.dato2);
        System.out.println("Hijo dato1: " + this.dato1);
        System.out.println("Hijo dato2: " + this.dato2);
    }

}
```

Y la clase para testearlo:

```
public class TestPadreHijo {
    public static void main(String[ ] args) {
        Hijo h1 = new Hijo (1, 1);

        h1.getDato ( );
        Hijo h2 = new Hijo ( );
        h2.getDato ( );
    }
}
```

El resultado en pantalla de ejecutar este código será el siguiente:

```
"C:\Program Files\Ja
Padre dato1: 2
Padre dato2: 2
Hijo dato1: 1
Hijo dato2: 1
Padre dato1: 5
Padre dato2: 5
Hijo dato1: 3
Hijo dato2: 3
```

Obsérvese cómo se usa **this** y **super** en las llamadas a los constructores.

Cosas importantes de super

- La llamada a **super()** debe ser la primera instrucción en el constructor de la clase derivada.

- Si un constructor no invoca explícitamente un constructor de superclase, el compilador de Java inserta automáticamente una llamada al constructor sin argumento de la superclase. Si la superclase no tiene un constructor sin argumentos, obtendrá un error en tiempo de compilación. Por ejemplo, el objeto hace tener un constructor, por lo que si objeto es la única superclase, no hay ningún problema.

- Si un constructor de una subclase invoca un constructor de su superclase, ya sea explícita o implícitamente, puede pensar que se llamó a toda una cadena de constructores, todo el camino de regreso al constructor de Object. Esto, de hecho, es el caso. Se llama **encadenamiento de constructores**.

7.2.6 Tipos de herencia en Java

A continuación se muestran los diferentes tipos de herencia compatibles con Java.

- **Herencia única**: en la herencia única, las subclases heredan las características de solo una superclase. En la imagen a continuación, la clase A sirve como clase base para la clase derivada B.

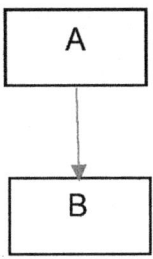

Herencia única en Java

▶ **Herencia Multinivel**: en la herencia multinivel, una clase derivada heredará una clase base y, además, la clase derivada también actuará como la clase base de otra clase. En la imagen inferior, la clase A sirve como clase base para la clase derivada B, que a su vez sirve como clase base para la clase derivada C. En Java, una clase no puede acceder directamente a los miembros de los "abuelos".

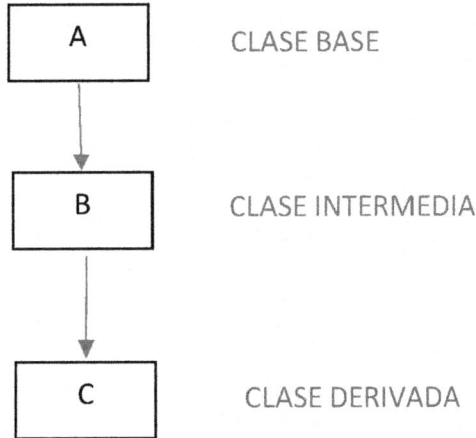

Herencia Multinivel

▶ **Herencia Jerárquica**: en la herencia jerárquica, una clase sirve como una superclase (clase base) para más de una subclase. En la imagen inferior, la clase A sirve como clase base para la clase derivada B, C y D.

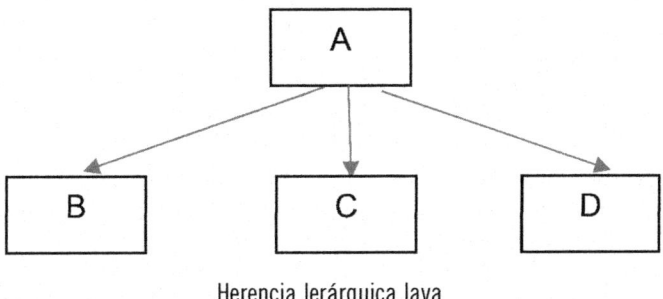

Herencia Jerárquica Java

◤ **Herencia Múltiple (a través de interfaces)**: en Herencia múltiple, una clase puede tener más de una superclase y heredar características de todas las clases principales. Tenga en cuenta que Java no admite herencia múltiple con clases. En Java, podemos lograr herencia múltiple **solo a través de Interfaces**. En la imagen a continuación, la Clase C se deriva de la interfaz A y B.

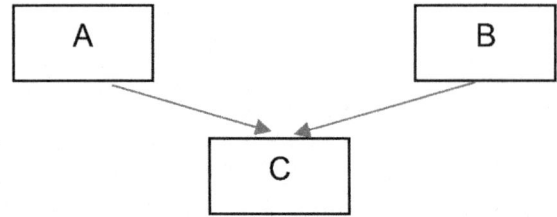

Herencia Múltiple en Java a través de interfaces

◤ **Herencia Híbrida (a través de Interfaces)**: es una mezcla de dos o más de los tipos de herencia anteriores. Como Java no admite herencia múltiple con clases, la herencia híbrida tampoco es posible con clases. En Java, podemos lograr **herencia híbrida solo a través de Interfaces**.

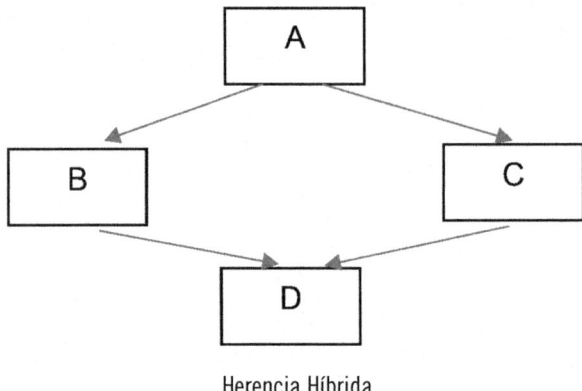

Herencia Híbrida

7.2.7 Datos importantes acerca de la herencia en Java

◤ **Superclase predeterminada**: excepto la clase **Object**, que no tiene superclase, cada clase tiene una y solo una superclase directa (herencia única). En ausencia de cualquier otra superclase explícita, cada clase es implícitamente una subclase de la claseb**Object**.

◤ **La superclase solo puede ser una**: una superclase puede tener cualquier cantidad de subclases. Pero una subclase solo puede tener una superclase. Esto se debe a que Java no admite herencia múltiple con clases. Aunque con interfaces, la herencia múltiple es compatible con Java.

◤ **Heredar constructores**: una subclase hereda todos los miembros (campos, métodos y clases anidadas) de su superclase. Los constructores no son miembros, por lo que no son heredados por subclases, pero el constructor de la superclase puede invocarse desde la subclase.

▼ **Herencia de miembros privados**: una subclase no hereda los miembros privados de su clase principal. Sin embargo, si la superclase tiene métodos públicos o protegidos, como es el caso de los getters y setters, para acceder a sus campos privados, estos también pueden ser utilizados por la subclase.

7.2.8 ¿Qué se puede hacer en una Subclase?

En las subclases podemos heredar los miembros tal como están, reemplazarlos, ocultarlos o complementarlos con nuevos miembros:

▼ Los campos heredados se pueden usar directamente, al igual que cualquier otro campo.

▼ Podemos declarar nuevos campos en la subclase que no están en la superclase.

▼ Los métodos heredados se pueden usar directamente tal como son.

▼ Podemos escribir un nuevo método de instancia en la subclase que tenga la misma firma que el de la superclase, anulándolo (como en el ejemplo anterior, el método **toString()** se reemplaza).

▼ Se puede escribir un nuevo método estático en la subclase que tiene la misma firma que el de la superclase, escondiéndolo así.

▼ Podemos declarar nuevos métodos en la subclase que no están en la superclase.

▼ Podemos escribir un constructor de subclase que invoca el constructor de la superclase, ya sea implícitamente o mediante la palabra clave super.

7.3 CLASES Y MÉTODOS ABSTRACTOS

La abstracción es una de las características de la POO. Mediante la abstracción lo que se hace es extraer la esencia básica y su comportamiento para luego representarla en un lenguaje de programación. *abstract* en Java es lo mismo que genérico.

7.3.1 Clases y métodos abstractos

Las clases abstractas han sido pensadas para ser genéricas, es decir, no va a haber objetos de esas clases, se generarán subclase a la genérica que sí tendrán objetos.

Por ejemplo, la clase vehículo es una clase genérica porque cuando implemente un programa con esta clase no se crearán vehículos sino objetos de la clase coche u objetos de la clase moto, etc. Todos son vehículos y por tanto esa clase abstracta solamente definirá atributos y métodos comunes a todos los vehículos (por ejemplo: color, peso, matrícula, getVelocidadActual( ), etc.). Por ejemplo:

```
abstract class Vehiculo {
    private int peso;
    public void setPeso( int p) {
        peso=p;
    }
    public abstract int getVelocidadActual ( );

}
```

Como se ve en el ejemplo, una clase abstracta puede implementar métodos abstractos y no abstractos.

En una clase abstracta es posible definir métodos abstractos, los cuales se caracterizan por el hecho de que *no pueden ser implementados en la clase base*. De ellos, solo se escribe su signatura en la superclase, y su funcionalidad –polimórfica– tiene que indicarse en las clases derivadas (subclases).

Debemos recordar que:

▼ De las clases abstractas no se pueden crear objetos.

▼ Si una clase tiene métodos *abstract* por fuerza será una clase abstracta.

▼ Un método *abstract* no puede ser *static*.

▼ Las subclases de la clase abstracta tendrán que redefinir esos métodos o bien declararlos como *abstract*.

Una **clase abstracta** es una clase con 0 o mas métodos sin implementar. Cuando una clase es **abstracta**, no se pueden crear objetos de estas clases, en las **clases hijas** sera donde se implementen los métodos no implementados en la **clase padre**.

Para indicar que una clase es abstracta, escribimos **abstract** entre el modificador de acceso y class, así quedaría:

```
public abstract  class Empleado
```

Dejamos un método sin implementar, por ejemplo, el método plus, para que cada clase hija implemente su propio método de forma diferente:

```
public abstract boolean plus (double sueldoPlus);
```

TP10. Como vemos, incluimos la palabra **abstract** igual que en la clase.

Veamos un ejemplo completo:

Empleado.java

```java
/**
 * Clase Empleado
 * Contiene información de cada empleado, es una clase abstracta
 *
 * @author Isabel
 * @version 1.0
 */
public abstract  class Empleado {

    //Constantes. Por si en el futuro cambiara el salario_def etc
    /**
     * Constante SALARIO_DEF
     */
    protected final static double SALARIO_DEF=600;

    //Atributos
```

```java
    protected String nombre;      /** * Nombre del empleado  */
    protected String apellido;    /** * Apellido del empleado  */
    protected int edad;           /** * Edad del empleado  */
    protected double salario;     /** * Salario del empleado  */

    //Metodos publicos

    /**
     * Devuelve el nombre del empleado
     * @return nombre del empleado
     */
    public String getNombre() {
        return nombre;
    }

    /**
     * Modifica el nombre de un empleado
     * @param nombre
     */
    public void setNombre(String nombre) {
        this.nombre = nombre;
    }

    /**
     * Devuelve la edad de un empleado
     * @return edad del empleado
     */
    public int getEdad() {
        return edad;
    }

    /**
     * Modifica la edad de un empleado
     * @param edad
     */
    public void setEdad(int edad) {
        this.edad = edad;
    }

    /**
     * Devuelve el salarioBase
     * @return salarioBse
     */
    public double getSalario() {
        return salario;
    }

    /**
     * Modifica el salarioBase de los empleados
     */
```

```java
    public  void setSalario(double salario) {
        this.salario = salario;
    }

    public abstract boolean plus (double sueldoPlus);

    //Constructores
    /**
     * Constructor por defecto
     */
    public Empleado(){
        this ("", "", 0, SALARIO_DEF);
    }

    /**
     * Constructor con 4 parametros
     * @param nombre nombre del empleado
     * @param apellido nombre del empleado
     * @param edad edad del empleado
     * @param salario salario del empleado
     */
    public Empleado(String nombre, String apellido, int edad, double salario){
        this.nombre=nombre;
        this.apellido=apellido;
        this.edad=edad;
        this.salario=salario;
    }
}
```

Veamos la clase hija

Comercial.java

```java
/**
     * Clase Comercial
     * Contiene información de un comercial, un tipo de empleado
     *
     * @author Isabel
     * @version 1.0
     */
    public class Comercial extends Empleado{

        //Atributos, aunque no indiquemos nada es como si tuviera los atributos del
padre

        /**
         * Comision por venta del comercial
         */
        private double comision;
```

```java
/**
 * Suma un plus al salario del empleado si el empleado tiene una comision menor
que 50
 * true: se suma el plus al sueldo
      */
public boolean plus() {
    return plus();
}

/**
 * Suma un plus al salario del empleado si el empleado tiene una comision menor
que 50
 * @param sueldoPlus
 * retorno
 * true: se suma el plus al sueldo
 * false: no se suma el plus al sueldo

 */
public boolean plus (double sueldoPlus){

    boolean aumento=false;
    if (comision<50){
        salario+=sueldoPlus;
        aumento=true;
    }
    return aumento;
}

/**
 * Constructor por defecto
 */
public Comercial(){
    super();
    this.comision=0;
}

/**
 * Constructor con 5 parametros
 * @param nombre nombre del comercial
 * @param apellido apellido del comercial
 * @param edad edad del comercial
 * @param salario salario del comercial
 * @param comision comision del comercial
 */
public Comercial(String nombre, String apellido, int edad, double salario,
double comision) {
    super(nombre, apellido, edad, salario);
    this.comision=comision;
}
}
```

Clase ejecutable:

```
public class EmpleadoApp
{
    public static void main(String[] args) {

        //Nos saltara un error, no se pueden crear objetos de una clase abstracta
        Empleado empleado1=new Empleado();

        //La creación es correcta de la manera siguiente:
        Comercial comercial1=new Comercial();
    }
}
```

La idea de las **clases abstractas** es que tengamos una clase padre que sirva como plantilla para las **clases hijas**. En las clases hijas se implementaran los métodos abstractos de la **clase padre**.

Aunque no puedan crear objetos, si se pueden crear array de objetos de una clase abstracta.

Las clases abstractas tienen una gran ventaja y es que no necesita hacer casting de objetos ni utilizar el operador instanceof.

7.4 ENCAPSULACIÓN Y VISIBILIDAD. INTERFACES

Un objeto interactúa con el mundo exterior a través de su interfaz. La interacción de un objeto con el mundo exterior es a través de sus métodos. Los métodos componen la Interfaz del objeto con el mundo exterior.

Una **interfaz** es un grupo de métodos con sus cuerpos vacíos. Por ejemplo, la interfaz (intfigura) podría ser el siguiente:

intfigura.java

```
public interface intfigura{
    int area();
}
```

La interfaz define el método area, para su desarrollo posterior en las clases que implementan esta interfaz.

Por lo tanto,**una interfaz especifica qué se debe hacer, pero no cómo hacerlo**. Una vez que se define una interfaz, cualquier cantidad de clases puede implementarla. Además, una clase puede implementar cualquier cantidad de interfaces.

Para implementar una interfaz, una clase debe proporcionar cuerpos (implementaciones) para los métodos descritos por la interfaz. Cada clase es libre de determinar los detalles de su propia implementación. Dos clases pueden implementar la misma interfaz de diferentes maneras, pero **cada clase aún admite el mismo conjunto de métodos**. Por lo tanto, el código que tiene conocimiento de la interfaz puede usar objetos de cualquier clase, ya que la interfaz con esos objetos es la misma.

Los métodos abstractos son útiles cuando se quiere que cada implementación de la clase parezca y funcione igual, pero necesita que se cree una nueva clase para utilizar los métodos abstractos. Los interfaces proporcionan un mecanismo para abstraer los métodos a un nivel superior, lo que permite simular la herencia múltiple de otros lenguajes.

Un interfaz sublima el concepto de clase abstracta hasta su grado más alto. Un interfaz podrá verse simplemente como una forma, es como un molde, solamente permite declarar nombres de métodos, listas de argumentos, tipos de retorno y adicionalmente miembros datos (los que podrán ser únicamente tipos básicos y serán tomados como constantes en tiempo de compilación, es decir, static y final).

Un interfaz contiene una colección de métodos que se implementan en otro lugar. Los métodos de una clase son public, static y final.

La principal diferencia entre *interface* y *abstract* es que un interfaz proporciona un mecanismo de encapsulación de los protocolos de los métodos sin forzar al usuario a utilizar la herencia. Por ejemplo:

TP11.

```java
public interface VideoClip {
    // comienza la reproduccion del video
    public void play();
    // reproduce el clip en un bucle
    public void bucle();
    // detiene la reproduccion
    public void stop();
}
```

Las clases que quieran utilizar el interfaz **VideoClip** utilizarán la palabra implements y proporcionarán el código necesario para implementar los métodos que se han definido para el interfaz:

```java
public class  MiClase implements VideoClip{
    public void play() {
        System.out.println("Entra en play");
    }

    public void bucle() {
        System.out.println("Entra en bucle");
    }

    public void stop() {
        System.out.println("Entra en stop");
    }
}
```

Al utilizar implements para el interface es como si se hiciese una acción de *copiar-y-pegar* del código del interface, con lo cual no se hereda nada, solamente se pueden usar los métodos.

La ventaja principal del uso de interfaces es que una clase **interface** puede ser implementada por cualquier número de clases, permitiendo a cada clase compartir el interfaz de programación sin tener que ser consciente de la implementación que hagan las otras clases que implementen el **interface**.

```java
public class MiOtraClase {
    public void play() {
        System.out.println("Entra en play de MiOtraClase");
    }

    public void bucle() {
        System.out.println("Entra en bucle MiOtraClase");
    }

    public void stop() {
        System.out.println("Entra en stop MiOtraClase");
    }
}
```

Es decir, el aspecto más importante del uso de interfaces es que múltiples objetos de clases diferentes pueden ser tratados como si fuesen de un mismo tipo común, donde este tipo viene indicado por el nombre del interfaz.

Aunque se puede considerar el nombre del interfaz como un tipo de prototipo de referencia a objetos, no se pueden instanciar objetos en sí del tipo interfaz. La definición de un interfaz no tiene constructor, por lo que no es posible invocar el operador new sobre un tipo interfaz.

Un interfaz puede heredar de varios interfaces sin ningún problema. Sin embargo, una clase solamente puede heredar de una clase base, pero puede implementar varios interfaces.

7.5 POLIMORFISMO

T12. El polimorfismo en POO permite abstraer y programar de forma general agrupando objetos con características comunes y jerarquizándolos en clases. Existe una clase padre de todas las demás y ésta es java.lang.Object. Cualquier clase creada descenderá de la clase **Object**.

El polimorfismo en Java se consigue mediante clases abstractas y las interfaces. Concretamente las interfaces amplían enormemente las posibilidades del polimorfismo.

Un aspecto muy importante del polimorfismo es cuando se crea una referencia a un objeto de una clase base, esa misma referencia puede servir para referenciar a objetos de clases derivadas.

Por ejemplo, en el siguiente árbol jerárquico, tenemos la clase persona de la cual desciende la clase empleado. La clase persona tendrá métodos genéricos que puedan ser utilizados por cualquier persona como por ejemplo establecer y devolver el nombre.

La clase empleado tendrá otro tipo de métodos más específicos como obtenerSueldo, el cual devolverá el sueldo base así como setSueldo, que establecerá el sueldo base del empleado.

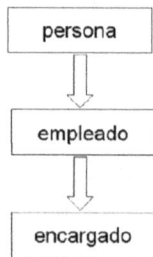

Los encargados son personas con responsabilidades en la empresa y sea cual sea su trabajo cobrarán un 10% más que un empleado normal.

La implementación de la jerarquía anterior será la siguiente:

TP13.

```java
public class Persona {
    private String nombre;

    public void setNombre (String nom ) {
        nombre = nom;
    }

    public String getNombre ( ) {
        return   nombre; }
}

public class Empleado extends Persona{
    protected* int sueldoBase;

    public int getSueldo ( ) {
        return sueldoBase;
    }
    public void setSueldoBase (int s) {
        sueldoBase = s;
    }
}

public class Encargado extends Empleado{
    protected String puesto;

    public int getSueldo ( ) {
        //Double d = new Double ( sueldoBase*1.1);  //deprecated
        Double d = sueldoBase*1.1;
        return   d.intValue( );
    }
    public void setPuesto (String p) {
        puesto= p;
    }
    public String getPuesto () {
        return puesto;
    }
}
```

> **ⓘ NOTA**
>
> El modificador de acceso protected es una combinación de los accesos que proporcionan los modificadores public y private. protected proporciona acceso público para las clases derivadas y acceso privado (prohibido) para el resto de clases. Es decir la clase encargado puede acceder al atributo sueldoBase de empleado por ser *protected*, pero si fuera *private* no.

Imaginemos que en la clase TestPerEmpEnc realizamos el método main siguiente:

```java
public static void main(String[ ] args) {
    Persona p1;
    p1 = new Empleado( );
    p1.setNombre("Isaac Newton");
    p1.setSueldoBase(1000); //dará error al compilar

    Empleado e1;
    e1 = new Encargado( );
    e1.setSueldoBase(1500);
    e1.setPuesto("Jefe almacén");    //dará error al compilar
    System.out.println(e1.getSueldo( ));
    System.out.println(e1.getPuesto()); //dará error al compilar
}
```

Vamos a comentar el código de la clase anterior:

```java
Persona p1;
    p1 = new Empleado( );
    p1.setNombre("Isaac Newton");
    p1.setSueldoBase(1000); //dará error al compilar
```

En este código creamos una referencia *persona* que apunta a un objeto de la clase *empleado*. La variable **p1** podrá hacer llamadas a todos los métodos de la clase *persona* pero no de la clase *empleado*, por lo tanto la llamada al método setSueldoBase dará un error de compilación.

```java
Empleado e1;
e1 = new Encargado( );
e1.setSueldoBase(1500);
e1.setPuesto("Jefe almacén");    //dará error al compilar
System.out.println(e1.getSueldo( ));
```

Por otra parte, el código anterior crea una referencia *empleado* que apunta a un objeto de la clase *encargado*. La llamada al método *setPuesto* dará error por lo explicado anteriormente pero no así la llamada al método *getSueldo*. La pregunta es la siguiente ¿qué mostrará el programa 1500 ó 1650?.

La solución es 1650 pero el ejemplo se creó para que rectificar el código (ya veremos luego cómo). Aunque la referencia se creó para la clase *empleado* y solamente se pueden llamar a métodos de dicha clase, el método *getSueldo( )* está sobrescrito y como e1 apunta a un objeto de la clase encargado Java resuelve que tiene que ejecutar el método de dicha clase.

La sobreescritura de métodos la veremos en detalle en el punto siguiente

Veamos más en detalle por qué el programa muestra 1650 y no 1500 por la salida estándar.

En Java existen dos tipos de vinculaciones (llamada realizada a un método y el código que se va a ejecutar en dicha llamada):

▼ **Vinculación temprana**. Se realiza en tiempo de **compilación**. Con métodos normales o sobrecargado Java utiliza la vinculación temprana.

▼ **Vinculación tardía**. Se realiza en tiempo de **ejecución**. Cuando se redefinen los métodos se realiza dicha vinculación (salvo en métodos definidos como final).

En nuestro caso se ha declarado el método *getSueldo( )* en la clase empleado (clase padre) y se ha sobrescrito en la clase derivada encargado (clase hija). Al llamar a este método en ejecución, el tipo del objeto al que apunta la variable es prioritario al tipo de la referencia. Es en ejecución cuando se comprueba que aunque la referencia es de tipo *empleado*, la variable **e1** apunta a un objeto de tipo *encargado* y el método de la clase es el que se va a ejecutar.

El polimorfismo tiene muchas ventajas para el lenguaje, pero también alguna limitación, y es el tipo de la referencia la que limita los métodos que podemos ejecutar (la llamada al método setPuesto dará error) o las variables miembro accesibles.

Para hacer que nuestro ejemplo funcione, debemos utilizar un cast explícito (obligar al compilador a transformar obligatoriamente el objeto persona en empleado y el objeto empleado en encargado). El cast lo veremos más adelante, de momento subsanamos los errores del programa ejemplo sustituyendo las líneas que dan problema por otras:

```java
package unidad7.teoria.Polimorfismo;

public class TestPerEmpEnc {
    public static void main(String[ ] args) { Persona p1;
        p1 = new Empleado( );
        p1.setNombre("Isaac Sanchez");
        ((Empleado)p1).setSueldoBase(1000);     //línea corregida

        Empleado e1;
        e1 = new Encargado( );
        e1.setSueldoBase(1500);
        ((Encargado)e1).setPuesto("Jefe almacén"); //línea corregida
        System.out.println(e1.getSueldo( ));
        System.out.println(((Encargado)e1).getPuesto()); //línea corregida
    }


}
```

El resultado de la ejecución de programa es:

```
"C:\Program Files\Ja
1650
Jefe almacén
```

7.6 SOBREESCRITURA DE MÉTODOS (OVERRIDING)

Una propiedad fundamental de los lenguajes OO es la ***sobreescritura*** o ***overriding*** de métodos. La sobreescritura permite modificar el comportamiento de la clase padre (también llamada clase principal o superclase).

Para que dicho método con diferente funcionalidad sea sobrescrito, deberá cumplir los siguientes preceptos:

1. Debe tener el mismo nombre (esto es obvio).
2. El retorno de la clase padre e hijo deberá ser del mismo tipo.
3. Deberá de conservar la misma lista de argumentos que el mismo método en la clase padre.

Un ejemplo de sobrecarga de métodos sería el siguiente:

TP14.

```
//    Pajaro --> Loro
public class Pajaro
{
   protected String nombre;
   protected String color;

   public String getDetalles( )
   {
      return "Nombre: " + nombre + "\n" + "Color:" + color;
   }
}

public class Loro extends Pajaro {
    protected String nombre;
    protected String color;

    public String getDetalles( )
    {
        return "Nombre: " + nombre + "\n" + "Color:" + color;
    }
}
```

Según el ejemplo anterior podemos observar lo siguiente:

- La clase Loro desciende de la clase Pájaro.
- La clase Loro sobrescribe el método *getDetalles()*, ambas con el mismo nombre.
- El método *getDetalles()*, de la clase padre e hija tienen la misma lista de argumentos.
- El método *getDetalles()*, de la clase padre e hija devuelven un mismo tipo (objeto String).
- El método *getDetalles()*, de la clase padre e hija tienen el mismo modificador de acceso (public).

7.7 SOBRECARGA DE MÉTODOS (OVERLOADING)

La sobrecarga es la implementación varias veces del mismo método con ligeras diferencias adaptadas a las distintas necesidades de dicho método.

Para crear métodos sobrecargados debemos crear métodos con el mismo nombre pero con distinta lista de parámetros. A continuación se enumeran las reglas para sobrescribir un método:

▶ Los métodos sobrecargados deben de cambiar la lista de argumentos obligatoriamente.

▶ Un método puede estar sobrecargado en la clase o en una subclase.

▶ Al sobrecargar un método se puede utilizar las mismas excepciones o añadir algunas.

▶ Los métodos sobrecargados pueden cambiar el tipo de retorno o el modificador de acceso.

TP15. Ejemplo: tenemos una clase *Persona* que almacena datos como el nombre, teléfono, dirección, etc. Tenemos que almacenar el primer y el segundo apellido por separado de todos los individuos. El problema está cuando aparece un inglés o un italiano que no tienen o no usan el segundo apellido. Es una buena ocasión para utilizar un método sobrecargado de la siguiente manera:

```java
package unidad7.teoria.Sobrecarga;

public class Persona {
    private String nombre;
    private String apellido1;
    private String apellido2;
    private int sinSegundo = 0;

    public void setNombre (String nom ) { nombre = nom; }

    public void setNombre (String nom, String ape1, String ape2)
    {
        nombre = nom;
        apellido1 = ape1;
        apellido2 = ape2;
    }
    public void setNombre (String nom, String ape1)     // overloading
    {
        nombre = nom;
        apellido1 = ape1;
        sinSegundo = 1;
    }
    public String getNombre ( ) { return nombre; }
}
```

El código anterior cumple con todas las reglas enumeradas anteriormente.

7.8 CONVERSIONES ENTRE OBJETOS (CASTING)

El **casting** es la conversión de un objeto o tipo en otro. Para poder convertir un objeto en otro debe haber entre ambos una relación de herencia (uno debe ser una subclase del otro). Dado que la subclase contiene toda la información de la superclase es lógico pensar que el casting sea posible.

Supongamos la jerarquía de clases vista anteriormente:

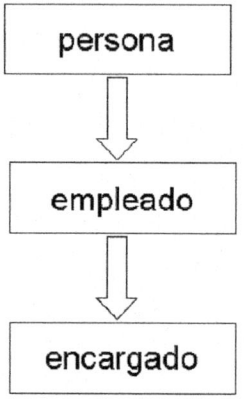

```java
public class Persona {
    private String nombre;

    public void setNombre (String nom ) {
        nombre = nom;
    }

    public String getNombre ( ) { return  nombre; }
}

public class Empleado extends Persona{
    protected int sueldoBase;

    public int getSueldo ( ) {
        return sueldoBase;
    }
    public void setSueldoBase (int s) {
        sueldoBase = s;
    }
}
public class Encargado extends Empleado{
    protected String puesto;

    public int getSueldo ( ) {
        Double d = new Double ( sueldoBase*1.1);
        return  d.intValue( );
```

```
    }
    public void setPuesto (String p) {
        puesto= p;
    }
    public String getPuesto () {
        return puesto;
    }
}
```

Si tenemos un método m( ) que espera un argumento de tipo empleado, podemos pasarle un objeto de tipo persona (**caso 1**) o un objeto de tipo encargado (**caso 2**).

Caso 1

Si le pasamos un objeto de tipo persona nos encontramos con una pérdida de precisión ya que no se pueden ejecutar todos los métodos de un objeto tipo *empleado* (persona contiene menos métodos que empleado).

En este caso es necesario hacer un *casting*, sino el compilador dará error.

```
public class TestPerEmpEnc {

    public static void m(Empleado e){
        System.out.println(e.getNombre());
    }
    public static void main(String[ ] args) {
        Persona p1;
        p1 = new Empleado( );
        p1.setNombre("Isaac Sanchez");
        Encargado en1 = new Encargado();
        en1.setNombre("Antonio Encargado");

        m(en1);
        //m(p1); //error al compilar, llamada sin casting
        m((Empleado) p1);

        Persona p2 =new Persona();   //p2 apunta a una referencia de tipo Persona
        p2.setNombre("Juan López");
        m((Empleado)p2); //dará error de ejecución

    }
}
```

Como se puede observar tenemos un método *m( )* que espera como parámetro un objeto de tipo *empleado*. Primero hacemos que la referencia **p1** a persona apunte al objeto de tipo empleado(). Una vez hecho esto no tendremos problemas para utilizar esta referencia en el método. Para ejecutar el método tendremos que hacer **explícitamente un casting** como se puede ver en la siguiente línea de código:

```
m((Empleado) p1);
```

Si la referencia p2 apuntase a un objeto de tipo persona, en ese caso utilizando la siguiente línea de código:

```
Persona p2 = new Persona();  //p2 apunta a una ref de tipo Persona
```

Java dará un error en ejecución, lanzará una excepción del tipo ClassCastException y avisará que no es posible realizar el casting "persona cannot be cast to empleado".

```
"C:\Program Files\Java\jdk-11.0.5\bin\java.exe" "-javaagent:C:\Program Files\JetBrains\IntelliJ IDEA Community Edition 2019.2.4\lib\idea_rt.jar=52962:C:\Program Files\JetBrains
Antonio Encargado
Isaac Sanchez
Exception in thread "main" java.lang.ClassCastException: class tema7.teoría.Polimorfismo.Persona cannot be cast to class tema7.teoría.Polimorfismo.Empleado (tema7.teoría.Polimo
    at tema7.teoría.Polimorfismo.TestPerEmpEnc.main(TestPerEmpEnc.java:21)
```

Caso 2

Pasamos un objeto de tipo encargado. En este caso al ser una subclase no tendremos problemas. Los errores se producen cuando se llama a métodos que el objeto destino no tiene.

Resumiendo:

```
//Persona --> Empleado --> Encargado
 Empleado emp = new Empleado();
 Encargado enc = new Encargado();
 emp = enc;  //no necesita casting
 enc = (Encargado) emp;  //necesita casting explícito
```

Las reglas seguidas en el ejemplo anterior son las siguientes:

▶ Cuando se utiliza una clase **más específica** (más abajo en la jerarquía) **NO** hace falta *casting*.

▶ Cuando se utiliza una clase **menos específica** (más arriba en la jerarquía) **SI** hay que hacer un *casting* explícitamente.

7.9 CLASES ANIDADAS

Una **clase anidada** es una clase que es miembro de otra clase. La definición de una clase anidada sería la siguiente:

```
class externa {
    ......
    class anidada {
        ....
    }
    ....
}
```

La clase anidada al ser miembro de la clase externa tendrá acceso a todos sus métodos y atributos (incluso los privados). Y como es lógico, al ser un miembro de la clase externa, la clase anidada podrá ser *private*, *public*, *protected* o privada al paquete.

Tipos de clases anidadas:

▼ Estáticas también llamadas **clases estáticas anidadas.**
▼ No estáticas. **Clases internas.**

```
class externa {
    ......
    static class estaticaAnidada {
        ….
    }
    class interna {
        ….
    }
    ….
}
```

Para instanciar una clase interna se seguirá el siguiente formato:

```
externa.interna objetoInterno = objetoExterno.new interna( );
```

Primero hay que instanciar la clase externa para luego instanciar la clase interna dentro del objeto externo.

¿Cuándo utilizar las clases anidadas?

Cuando la clase se va a utilizar en un solo lugar, en ese caso definir la clase como anidada puede hacer que el código sea más legible y su mantenimiento sea más sencillo. También incrementa la encapsulación dado que la clase anidada solo se necesita en la clase externa y de esta manera se mantienen juntas.

7.10 CLASES ANÓNIMAS

TP17. Una de las reglas que hay que tener en cuenta cuando se emplean clases abstractas o interfaces es que no pueden instanciarse. Es decir, si *Animal* es una clase abstracta o una interfaz, no se puede crear directamente un objeto de tipo *Animal*. La razón es obvia: tiene parte de su código (o todo) por implementar, por lo que el compiladlor no se expone a crear un objeto incompleto. Para solucionar el problema, se debe crear siempre el objeto a partir de otra clase que herede o implemente esa clase abstracta o interfaz, respectivamente.

Las versiones recientes de ciertos lenguajes de programación, como Java, permiten definir lo que se llaman clases anónimas para implementar e instanciar directamente una clase abstracta o una interfaz. La filosofía de estas clases anónimas es que, en lugar de definir un fichero fuente con un nombre de clase, hacer que herede de la abstracta o implemente la interfaz, y luego implementar los métodos necesarios, lo único que hacemos es este último paso. Los pasos previos se sustituyen por crear directamente un objeto de la clase abstracta o la interfaz, algo que no se puede hacer en teoría, pero las últimas versiones de Java sí lo permiten si se implementan los métodos que faltan.

Para crear una clase anónima es necesario haber definido una interfaz, una clase o una clase abstracta. La clase anónima lo que hará sera implementar la interfaz definida o sobre escribir los métodos definidos. Para ilustrar esto utilizaremos el ejemplo siguiente donde tenemos que implementar clases que cumpliendo con la *interfaz Saludo* sean capaces de saludar en diferentes idiomas. El paso uno sera definir la interfaz con la que vamos a trabajar:

```java
public interface Saludo<Object> {
    public void saluda();
    public void saludaAAlguien(String nombre);
}
```

Sera la interfaz saludo que tiene dos métodos. Ahora para ilustrar el método clásico la implementaremos utilizando una inner class para hacer el saludo en ingles, la inner class se ve exactamente como una clase normal de JAVA y como ventaja no necesita una interfaz predefinida para existir. La inner class o clase anidada se vera así:

```java
class SaludaEnIngles implements Saludo {
    String name = "world";
    public void saluda() {
        saludaAAlguien("world");
    }
    public void saludaAAlguien(String someone) {
        name = someone;
        System.out.println("Hello " + name);
    }
}
```

Ahora si implementaremos otros dos saludos usando inner classes uno en francés y otro en español.

El saludo en francés se vera así:

```java
//ahora en francés
Saludo frenchGreeting = new Saludo() {
    String name = "tout le monde";
    public void saluda() {
        saludaAAlguien("tout le monde");
    }
    public void saludaAAlguien(String someone) {
        name = someone;
        System.out.println("Salut " + name);
    }
};
```

como puedes ver no existe un nombre para la clase utiliza el mismo nombre de la interfaz. La formula de la clase anónima va así;

El tipo de dato de cualquier superclase o interfaz que vamos a implementar o a extender, *Saludo* el nombre de una variable que va a almacenar nuestra impelementación *frenchGreeting*, una asignación =, un *NEW*, el nombre de la interfaz a implementar o la clase a extender como un constructor sin argumentos *Saludo()* y dos corchetes que contendrán la implementación *{};*

El saludo en español se vera así

```java
//el saludo en español
Saludo spanishGreeting = new Saludo() {
    String nombre= "mundo";
    public void saluda() {
        saludaAAlguien("mundo");
    }
    public void saludaAAlguien(String alguien) {
        nombre= alguien;
        System.out.println("Hola, " + nombre);
    }
};
```

Esta seria la clase finalizada, como veras una clase anónima se puede definir dentro de un método como en el caso del saludo en español o fuera del método como en el caso del saludo en francés.

El código completo:

Saludo.java

```java
package teoria.anonimas
interface Saludo<Object> {
        public void saluda();
        public void saludaAAlguien(String alguien);
    }
```

SaludoAnonimo.java

```java
package teoria.anonimas;

public class SaludoAnonimo {


    public void diHola(){
        /*** una forma **/
        //implementa los metodos interfaz Saludo
        //creamos una clase que lo hace
        class SaludaEnIngles implements Saludo {
            String name = "world";

            public void saludaAAlguien(String someone) {
                name = someone;
                System.out.println("Hello " + name);
            }
```

```java
        public void saluda() {
            saludaAAlguien("world");
        }

    } // fin CLASE SaludaEnIngles

    //instanciamos saludo en ingles
    Saludo englishGreeting = new SaludaEnIngles();

    /***** otra forma ******/
    //Instancio e implemento a la vez,
    //SIN necesidad de crear una clase nueva
    Saludo spanishGreeting = new Saludo() {
        String nombre;

        public void saludaAAlguien(String alguien) {
            nombre = alguien;
            System.out.println("Hola, " + nombre);
        }
        public void saluda() {
            saludaAAlguien("mundo");
        }

    };
    //llamamos a la funcion en todos los idiomas
    englishGreeting.saluda();
    frenchGreeting.saludaAAlguien("Fred");
    spanishGreeting.saluda();
}//fin clase diHola

//instanciar e implementar dentro de SaludoAnonimo
//que tiene anidado dentro DiHola
Saludo frenchGreeting = new Saludo() {
    String nombre;

    public void saluda() {
        saludaAAlguien("tout le monde");
    }
    public void saludaAAlguien(String alguien) {
        nombre = alguien;
        System.out.println("Salut " + nombre);
    }
};

public static void main(String[] args) {
    new SaludoAnonimo().diHola();
}

}
```

Si ejecutamos el programa obtendremos la salida siguiente:

```
SaludoAnonimo ×

"C:\Program Files\Java\jdk-11.0.5\bin\java
Hello world
Salut Fred
Hola, mundo

Process finished with exit code 0
```

7.11 OPERADOR BINARIO INSTANCEOF

TP18. El operador **instanceof** nos permite comprobar si un objeto es de una **clase concreta**. Por ejemplo, tenemos 3 clases: Empleado (clase padre), Comercial (clase hija de Empleado) y Repartidor (clase hija Empleado).

```java
package teoria;

public class PruebaInstanceof {
    public static void main(String[] args) {

        Empleado empleados[]=new Empleado[3];
        empleados[0]=new Empleado() {
            @Override
            public boolean plus(double sueldoPlus) {
                return false;
            }
        };
        empleados[1]=new Comercial();
        empleados[2]=new Repartidor();

        for(int i=0;i<empleados.length;i++){
            if(empleados[i] instanceof Empleado){
                System.out.println("El objeto en el indice "+i+" es de la clase Empleado");
            }
            if(empleados[i] instanceof Comercial){
                System.out.println("El objeto en el indice "+i+" es de la clase Comercial");
            }
            if(empleados[i] instanceof Repartidor){
                System.out.println("El objeto en el indice "+i+" es de la clase Repartidor");
            }
        }
    }
}
```

Comprobamos el resultado y sale:

```
Pruebalnstanceof ×
"C:\Program Files\Java\jdk-11.0.5\bin\java.exe" "-java
El objeto en el indice 0 es de la clase Empleado
El objeto en el indice 1 es de la clase Empleado
El objeto en el indice 1 es de la clase Comercial
El objeto en el indice 2 es de la clase Empleado
El objeto en el indice 2 es de la clase Repartidor
```

7.12 EXPRESIONES LAMBDA

Las **expresiones lambda** son funciones anónimas, es decir, funciones que no necesitan una clase. Su sintáxis básica se detalla a continuación:

$$(\text{parámetros}) \rightarrow \{ \text{cuerpo-lambda} \}$$

Son expresiones breves que simplifican la implementación de elementos más costosos en cuanto a líneas de código. Normalmente aplicados a la implementación de interfaces, aunque en algunos lenguajes tienen más utilidades prácticas. En algunos lenguajes se les suele denominar "funciones flecha" (arrow functions) ya que en su sintaxis es característica una flecha, que separa la cabecera de la función de su cuerpo.

Parámetros del método a implementar (sin tipo de dato)

"Flecha", separador de los parámetros y el cuerpo de la función

Código de la función a implementar. Si es un simple "return", pueden omitirse las llaves y el "return"

```
(p1, p2) => p2.getEdad() - p1.getEdad()
```

▶ Los paréntesis del lado izquierdo pueden omitirse si sólo hay un parámetro, por norma general, en casi todos los lenguajes que usan este tipo de expresiones.

▶ Si el código a la derecha de la flecha necesita hacer más que un simple "return", se pone entre llaves.

Como hemos visto las expresiones lambda son funciones anónimas y pueden ser utilizadas allá donde el tipo aceptado sea una interfaz funcional.

7.13 EJERCICIOS RESUELTOS

Ejercicios de refuerzo

▶ **EJERCICIO R1: uso de super con variables**. Este escenario ocurre cuando una clase derivada y una clase base tienen los mismos miembros de datos. En ese caso, existe una posibilidad de ambigüedad para la JVM. Podemos entenderlo más claramente usando este fragmento de código:

```java
// Resuelto 1
// ejemplo uso de super
public class Vehicle {
    int maxSpeed = 120;
}
```

Veamos el código de la clase hija Car. Observa cómo se accede al atributo de la clase padre utilizando super.

```java
//Resuelto 1
/* subclase Car extendiendo de vehicle */
class Car extends Vehicle
{
    int maxSpeed = 180;

    void display()
    {
        /* imprime maxSpeed de la clase base (vehicle) */
        System.out.println("Velocidad máxima: " + super.maxSpeed);
    }
}
```

Y a continuación veamos un ejemplo de utilización:

```java
//Resuelto 1
public class TestVehiculoCar {
        public static void main(String[] args)
        {
            Car small = new Car();
            small.display();
        }
}
```

Al ejecutar el programa obtenemos la salida siguiente:

```
TestVehiculoCar ×

"C:\Program Files\Java\jdk-
Velocidad máxima: 120
```

▼ **EJERCICIO R2: uso de super con método**s. Esto se usa cuando queremos llamar al método de clase padre. Entonces, cuando una clase padre e hijo tienen los mismos métodos nombrados, entonces para resolver la ambigüedad utilizamos la palabra clave **super**. Este fragmento de código ayuda a comprender el uso dicho de la palabra clave super.

```java
//Resuelto 2
/* Clase Base Person */
class Person
{
    void message()
    {
        System.out.println("Esta es una clase persona");
    }
}
```

A continuación implementamos la subclase Student:

```java
//Resuelto 2
/* Subclase Student */
class Student extends Person
{
    void message()
    {
        System.out.println("Esta es una clase estudiante");
    }

    // Tenga en cuenta que display() solo está en la clase Student
    void display()
    {
        // invocará o llamará al método message() de la clase actual
        message();

        // invocará o llamará al método message() de la clase padre
        super.message();
    }
}
```

Y mediante un programita probamos lo expuesto:

```java
public class TestPersonStudent {
    public static void main(String args[])
    {
        Student s = new Student();

        // llamando a display() de Student
        s.display();
    }
}
```

Ejecutamos el programa y obtenemos la salida siguiente:

```
TestPersonStudent  ×
"C:\Program Files\Java\jdk-11.0.5\bi
Esta es una clase estudiante
Esta es una clase persona
```

En el ejemplo anterior, hemos visto que si solo llamamos al método *message()*, entonces se invoca el *message()* de la clase actual, pero con el uso de la palabra clave **super**, también se puede invocar a *message()* de la superclase.

▶ **EJERCICIO R3: uso de super con constructores**. La palabra clave **super** también se puede usar para acceder al constructor de la clase padre. Una cosa más importante es que "super" puede llamar constructores tanto con parámetros como sin parámetros dependiendo de la situación. A continuación se muestra el fragmento de código para repasar el concepto anterior:

```java
class Person
{
    Person()
    {
        System.out.println("Constructor de la clase Person");
    }
}


//Resuelto 3
/* subclase Student extiende de la clase Person */
class Student extends Person
{
    Student()
    {
        // invoca o llama al constructor de la clase padre
        super();

        System.out.println("Constructor de la clase Student");
    }
}
```

Y ahora el programa principal donde llamamos al constructor:

```java
public class TestPersonStudent {
    public static void main(String[] args)
    {
        Student s = new Student();
    }
}
```

A continuación se muestra la salida del programa:

```
TestPersonStudent  ×
"C:\Program Files\Java\jdk-11.0.5\bin\ja
Constructor de la clase Person
Constructor de la clase Student
```

Podemos observar cómo al crear Student, se ejecuta el constructor del padre Person.

▶ **EJERCICIO R4:** interfaces

- Crear la **interfaz PuedeCantar** (que es capaz de cantar), un interfaz muy simple que sólo posee un método cantar.
- Crear la **clase Persona** que implemente el interfaz PuedeCantar y que cuando cante lo haga con las notas musicales.
- Crear las **clases Canario** y **Gallo** que implementen el interfaz PuedeCantar y que muestre cómo cantan.

Realizar el programa que haga cantar a un canario, un gallo y un tenor.

Solución:

PuedeCantar.java

```java
public interface PuedeCantar
{
    public void cantar();
}
```

Persona.java

```java
public class Persona implements PuedeCantar
{
    public void cantar()
    {
        System.out.println("do re mi fa sol la si");
    }
}
```

Canario.java

```java
public class Canario implements PuedeCantar
{
    public void cantar()
    {
```

```java
        System.out.println("pio pio pio pio");
    }
}
```

Gallo.java

```java
public class Gallo implements PuedeCantar
{
    public void cantar()
    {
        System.out.println("ki ki ri ki    ki ki ri ki");
    }
}
```

PruebaCanto.java

```java
public class PruebaCanto {
    public static void hacerCantar(PuedeCantar cantor) {
        cantor.cantar();
    }

    public static void main(String[] args) {
        Persona pavaroti=new Persona();
        hacerCantar(pavaroti);

        Canario piolin=new Canario();
        hacerCantar(piolin);

        Gallo claudio=new Gallo();
        hacerCantar(claudio);
    }
}
```

La ejecución de programa resulta asi:

```
PruebaCanto ×
"C:\Program Files\Java\jdk-11.0.5\bin\java.exe"
do re mi fa sol la si
pio pio pio pio
ki ki ri ki    ki ki ri ki

Process finished with exit code 0
```

▶ **EJERCICIO R5:** crearemos una supeclase llamada **Electrodoméstico** con las siguientes características:

- Sus atributos son **precio base, color, consumo energético** (letras entre A y F) y **peso**. Indica que se podrán heredar.
- Por defecto, el color sera blanco, el consumo energético sera F, el precioBase es de 100 € y el peso de 5 kg. Usa constantes para ello.
- Los colores disponibles son blanco, negro, rojo, azul y gris. No importa si el nombre esta en mayúsculas o en minúsculas.

Los constructores que se implementarán serán:

- Un constructor por defecto.
- Un constructor con el precio y peso. El resto por defecto.
- Un constructor con todos los atributos.

Los métodos que implementará serán:

- Métodos get de todos los atributos.
- **comprobarConsumoEnergetico(char letra):** comprueba que la letra es correcta, sino es correcta usara la letra por defecto. Se invocará al crear el objeto y no sera visible.
- **comprobarColor(String color):** comprueba que el color es correcto, sino lo es usa el color por defecto. Se invocará al crear el objeto y no será visible.
- **precioFinal():** según el consumo energético, aumentará su precio, y según su tamaño, también. Esta es la lista de precios:

LETRA	PRECIO	TAMAÑO	PRECIO
A	100 €		
B	80 €	Entre 0 y 19 kg	10 €
C	60 €	Entre 20 y 49 kg	50 €
D	50 €	Entre 50 y 79 kg	80 €
E	30 €	Mayor que 80 kg	100 €
F	10 €		

Crearemos una subclase llamada **Lavadora** con las siguientes características:

- Su atributo es **carga**, ademas de los atributos heredados.
- Por defecto, la carga es de 5 kg. Usa una constante para ello.

Los constructores que se implementarán serán:

- Un constructor por defecto.
- Un constructor con el precio y peso. El resto por defecto.
- Un constructor con la carga y el resto de atributos heredados. Recuerda que debes llamar al constructor de la clase padre.

Los métodos que se implementará serán:

- Método get de carga.
- **precioFinal()**:si tiene una carga mayor de 30 kg, aumentará el precio 50 €, sino es así no se incrementará el precio. Llama al método padre y añade el código necesario. Recuerda que las condiciones que hemos visto en la clase Electrodoméstico también deben afectar al precio.

Crearemos una subclase llamada **Televisión** con las siguientes características:

- Sus atributos son **resolución** (en pulgadas) y **sintonizador TDT** (booleano), ademas de los atributos heredados.
- Por defecto, la resolución sera de 20 pulgadas y el sintonizador será false.

Los constructores que se implementarán serán:

- Un constructor por defecto.
- Un constructor con el precio y peso. El resto por defecto.
- Un constructor con la resolución, sintonizador TDT y el resto de atributos heredados. Recuerda que debes llamar al constructor de la clase padre.

Los métodos que se implementara serán:

- Método get de resolución y sintonizador TDT.
- **precioFinal()**: si tiene una resolución mayor de 40 pulgadas, se incrementará el precio un 30% y si tiene un sintonizador TDT incorporado, aumentará 50 €. Recuerda que las condiciones que hemos visto en la clase Electrodoméstico también deben afectar al precio.

Ahora crea una clase ejecutable que realice lo siguiente:

- Crea un array de Electrodomésticos de 10 posiciones.
- Asigna a cada posición un objeto de las clases anteriores con los valores que desees.
- Ahora, recorre este array y ejecuta el método precioFinal().
- Deberás mostrar el precio de cada clase, es decir, el precio de todas las televisiones por un lado, el de las lavadoras por otro y la suma de los Electrodomésticos (puedes crear objetos Electrodoméstico, pero recuerda que Televisión y Lavadora también son electrodomésticos). Recuerda el uso operador instanceof.

Por ejemplo, si tenemos un Electrodoméstico con un precio final de 300, una lavadora de 200 y una televisión de 500, el resultado final sera de 1000 (300+200+500) para electrodomésticos, 200 para lavadora y 500 para televisión.

Solución:

Electrodomestico.java

```
package tema7.ejercicios.resueltos;

/**
 * Clase Electrodomestico
 *
 * Contiene informacion de los electrodomésticos
 * @author Isabel
 * @version 1.1
```

```java
*/
public class Electrodomestico {

    //Constantes

    /*** Color por defecto */
    protected final static String COLOR_DEF="blanco";

    /*** Consumo energético por defecto */
    protected final static char CONSUMO_ENERGETICO_DEF='F';

    /*** Precio base por defecto  */
    protected final static double PRECIO_BASE_DEF=100;

    /*** Peso por defecto */
    protected final static double PESO_DEF=5;

    //Atributos

    /*** El precio base del electrodoméstico  */
    protected double precioBase;

    /*** Color del electrodomestico  */
    protected String color;

    /*** Indica el consumo energético del electrodoméstico */
    protected char consumoEnergetico;

    /*** Peso del electrodoméstico  */
    protected double peso;

    //Métodos privados

    private void comprobarColor(String color){

        //Colores disponibles
        String colores[]={"blanco", "negro", "rojo", "azul", "gris"};
        boolean encontrado=false;

        for(int i=0;i<colores.length && !encontrado;i++){

            if(colores[i].equals(color)){
                encontrado=true;
            }

        }

        if(encontrado){
            this.color=color;
        }else{
```

```java
            this.color=COLOR_DEF;
        }


    }

    /**
     * Comprueba el consumo energético
     * Solo mayusculas, si es una 'a' no lo detecta como una 'A'
     * @param consumoEnergetico
     */
    public void comprobarConsumoEnergetico(char consumoEnergetico){

        if(consumoEnergetico>=65 && consumoEnergetico<=70){
            this.consumoEnergetico=consumoEnergetico;
        }else{
            this.consumoEnergetico=CONSUMO_ENERGETICO_DEF;
        }

    }

    //Métodos públicos
    /**
     * Devuelve el precio base del electrodoméstico
     * @return precio base del electrodoméstico
     */
    public double getPrecioBase() {
        return precioBase;
    }
    /**
     * Devuelve el color del electrodoméstico
     * @return color del elesctrodoméstico
     */
    public String getColor() {
        return color;
    }

    /**
     * Devuelve el consumo energetico del electrodomestico
     * @return consumo energetico del electrodomestico
     */
    public char getConsumoEnergetico() {
        return consumoEnergetico;
    }
    /**
     * Devuelve el peso del electrodomestico
     * @return peso del electrodomestico
     */
    public double getPeso() {
        return peso;
```

```java
    }
    /**
     * Precio final del electrodomestico
     * @return precio final del electrodomestico
     */
    public double precioFinal(){
        double plus=0;
        switch(consumoEnergetico){
            case 'A':
                plus+=100;
                break;
            case 'B':
                plus+=80;
                break;
            case 'C':
                plus+=60;
                break;
            case 'D':
                plus+=50;
                break;
            case 'E':
                plus+=30;
                break;
            case 'F':
                plus+=10;
                break;
        }

        if(peso>=0 && peso<19){
            plus+=10;
        }else if(peso>=20 && peso<49){
            plus+=50;
        }else if(peso>=50 && peso<=79){
            plus+=80;
        }else if(peso>=80){
            plus+=100;
        }

        return precioBase+plus;
    }

    //Constructores

    /**
     * Contructor por defecto
     */
    public Electrodomestico(){
        this(PRECIO_BASE_DEF, PESO_DEF, CONSUMO_ENERGETICO_DEF, COLOR_DEF);
    }
```

```java
/**
 * Contructor con 2 parametros
 * @param precioBase del electrodomestico
 * @param peso del electrodomestico
 */
public Electrodomestico(double precioBase, double peso){
    this(precioBase, peso, CONSUMO_ENERGETICO_DEF, COLOR_DEF);
}

/**
 * Constructor con 4 parametros
 * @param precioBase
 * @param peso
 * @param consumoEnergetico
 * @param color
 */
public Electrodomestico(double precioBase, double peso, char consumoEnergetico,
String color){
    this.precioBase=precioBase;
    this.peso=peso;
    comprobarConsumoEnergetico(consumoEnergetico);
    comprobarColor(color);
}

}
```

Lavadora.java

```java
package tema7.ejercicios.resueltos;

/**
 * Clase Lavadora
 *
 * Contiene informacion de lavadora
 *
 * @author Isabel
 * @version 1.1
 */
public class Lavadora extends Electrodomestico{

    //Constantes

    /*** Carga por defecto  */
    private final static int CARGA_DEF=5;

    //Atributos

    /*** Carga de la lavadora */
    private int carga;
```

```java
//Métodos publicos

/**
 * Devuelve la carga de la lavadora
 * @return
 */
public int getCarga() {
    return carga;
}

/**
 * Precio final de la lavadora
 * @return precio final de la lavadora
 */
public double precioFinal(){
    //Invocamos el método precioFinal del método padre
    double plus=super.precioFinal();

    //añadimos el código necesario
    if (carga>30){
        plus+=50;
    }

    return plus;
}

//Constructor

/**
 * Contructor por defecto
 */
public Lavadora(){
    this(PRECIO_BASE_DEF, PESO_DEF, CONSUMO_ENERGETICO_DEF, COLOR_DEF, CARGA_DEF);
}

/**
 * Constructor con 2 parametros
 * @param precioBase
 * @param peso
 */
public Lavadora(double precioBase, double peso){
    this(precioBase, peso, CONSUMO_ENERGETICO_DEF, COLOR_DEF, CARGA_DEF);
}

/**
 * Constructor con 5 parametros
 * @param precioBase
 * @param peso
```

```java
     * @param consumoEnergetico
     * @param color
     * @param carga
     */
    public Lavadora(double precioBase, double peso, char consumoEnergetico, String
color, int carga){
        super(precioBase,peso, consumoEnergetico,color);
        this.carga=carga;
    }
}
```

Television.java

```java
package tema7.ejercicios.resueltos;

/**
 * Clase Television
 *
 * Contiene informacion de una television
 *
 * @author Isabel
 * @version 1.1
 */
public class Television extends Electrodomestico{

    //Constantes

    /*** Resolucion por defecto   */
    private final static int RESOLUCION_DEF=20;

    //Atributos

    /*** Resolucion del televisor */
    private int resolucion;

    /** * Indica si tiene o no sintonizadorTDT   */
    private boolean sintonizadorTDT;

    //Métodos publicos

    /**
     * Precio final de la television
     * @return precio final de la television
     */
    public double precioFinal(){
        //Invocamos el método precioFinal del método padre
        double plus=super.precioFinal();

        //Añadimos el codigo necesario
```

```java
        if (resolucion>40){
            plus+=precioBase*0.3;
        }
        if (sintonizadorTDT){
            plus+=50;
        }

        return plus;
    }

    //Constructor

    /**
     * Constructor por defecto
     */
    public Television(){
        this(PRECIO_BASE_DEF, PESO_DEF, CONSUMO_ENERGETICO_DEF, COLOR_DEF,
RESOLUCION_DEF, false);
    }

    /**
     * Constructor con 2 parametros
     * @param precioBase
     * @param peso
     */
    public Television(double precioBase, double peso){
        this(precioBase, peso, CONSUMO_ENERGETICO_DEF, COLOR_DEF, RESOLUCION_DEF,
false);
    }

    /**
     * Contructor con 6 parametros
     * @param precioBase
     * @param peso
     * @param consumoEnergetico
     * @param color
     * @param resolucion
     * @param sintonizadorTDT
     */
    public Television(double precioBase, double peso, char consumoEnergetico, String
color, int resolucion, boolean sintonizadorTDT){
        super(precioBase, peso, consumoEnergetico, color);
        this.resolucion=resolucion;
        this.sintonizadorTDT=sintonizadorTDT;
    }
}
```

PruebaElectrodomesticos.java

```java
package tema7.ejercicios.resueltos;

/**
 * Clase ejecutable
 * @author Isabel
 */
public class PruebaElectrodomesticos {

    public static void main(String[] args) {

        //Creamos un array de Electrodomesticos
        Electrodomestico listaElectrodomesticos[]=new Electrodomestico[10];

        //Asignamos cada una de las posiciones como queramos
        listaElectrodomesticos[0]=new Electrodomestico(200, 60, 'C', "Verde");
        listaElectrodomesticos[1]=new Lavadora(150, 30);
        listaElectrodomesticos[2]=new Television(500, 80, 'E', "negro", 42, false);
        listaElectrodomesticos[3]=new Electrodomestico();
        listaElectrodomesticos[4]=new Electrodomestico(600, 20, 'D', "gris");
        listaElectrodomesticos[5]=new Lavadora(300, 40, 'Z', "blanco", 40);
        listaElectrodomesticos[6]=new Television(250, 70);
        listaElectrodomesticos[7]=new Lavadora(400, 100, 'A', "verde", 15);
        listaElectrodomesticos[8]=new Television(200, 60, 'C', "naranja", 30, true);
        listaElectrodomesticos[9]=new Electrodomestico(50, 10);

        //Creamos las variables que usaremos para almacenar la suma de los precios
        double sumaElectrodomesticos=0;
        double sumaTelevisiones=0;
        double sumaLavadoras=0;

        //Recorremos el array invocando el metodo precioFinal
        for (int i=0; i < listaElectrodomesticos.length; i++) {
            /*
             * Cuando una Television o una Lavadora este en la posicion del array
actual,
             * pasara por su clase y por la de electrodomestico, ya que una
television es un electrodomestico.
             * Ejecutamos en cada uno su propia version del metodo precioFinal
             */

            if (listaElectrodomesticos[i] instanceof Electrodomestico) {
                sumaElectrodomesticos+=listaElectrodomesticos[i].precioFinal();
            }
            if (listaElectrodomesticos[i] instanceof Lavadora) {
                sumaLavadoras+=listaElectrodomesticos[i].precioFinal();
            }
            if (listaElectrodomesticos[i] instanceof Television) {
                sumaTelevisiones+=listaElectrodomesticos[i].precioFinal();
```

```
            }
        }

        //Mostramos los resultados
        System.out.println("La suma del precio de los electrodomésticos es de " +
    sumaElectrodomesticos);
        System.out.println("La suma del precio de las lavadoras es de " +
    sumaLavadoras);
        System.out.println("La suma del precio de las televisiones es de " +
    sumaTelevisiones);


    }
}
```

7.14 EJERCICIOS PROPUESTOS

▶ **EJERCICIO P1:**

- Crear una clase Libro que contenga los siguientes atributos: ISBN, Título, Autor, Número de páginas.
- Crear sus respectivos métodos get y set correspondientes para cada atributo. Crear el método toString() para mostrar la información relativa al libro con el siguiente formato:
- "El libro con ISBN creado por el autor tiene páginas".

En el fichero main, crear 2 objetos Libro (los valores que se quieran) y mostrarlos por pantalla. Por último, indicar cuál de los 2 tiene más páginas.

▶ **EJERCICIO P2:** algunos seres pueden caminar y pueden nadar estas dos capacidades son interfaces (PuedeCaminar.java y PuedeNadar.java):

- Otros animales también pueden volar (interface PuedeVolar.java).
- Los mamíferos son animales que pueden moverse (Mamifero.java).
- El gato es un mamifero que puede nadar y caminar (Gato.java).
- Las aves son animales que pueden caminar y volar(Aves.java).
- Un Loro es un ave que puede caminar y volar pero no puede nadar.
- El Avestruz es un ave que solo camina.

Crea las clases siguientes:

- Crea la clase Avestruz.java (ave que solo camina) hija de Aves.java. Crea la clase Loro.java (ave que camina y vuela) hija de Aves.java.
- Crea la clase Murciélago.java (mamífero que vuela y camina) hija de Mamifero.java.
- Cree la clase Felino.java (mamífero que camina y puede nadar) hija de Mamifero.java.
- Cree la clase Gato.java (es un Felino).
- Cree la clase Tigre.java (es un Felino).

Crear un programa que cree varios seres (gato, loro, avestruz murciélago y tigre) y muestre qué es lo que puede hacer cada uno mediante la implementación de las tres interfaces anteriores y la creación de las superclases correspondientes (Mamífero, Aves y Felinos). Los métodos nadar(), caminar() y volar() simplemente mostrarán un mensaje en cada clase de animal que diga el animal que es y que puede hacer. P.E:

```java
public void caminar(){
System.out.println("El avestruz CAMINA");
}
```

El diagrama de clases (realizado en modelio 5.4) del programa podría ser similar a este:

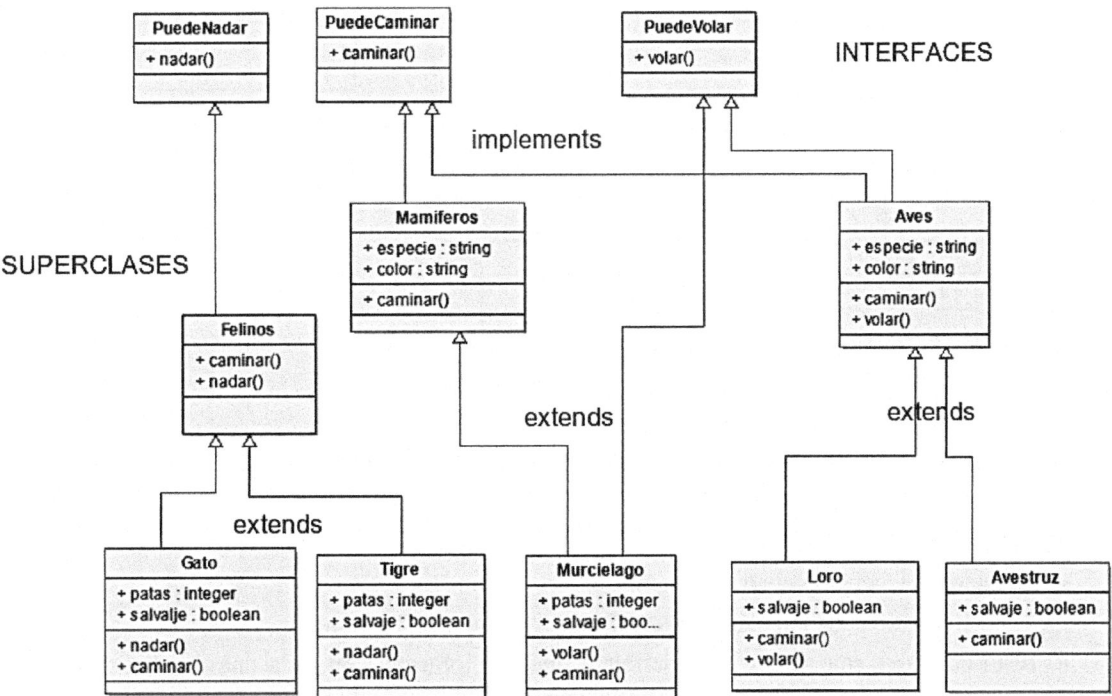

EJERCICIO P3:

Se plantea desarrollar un programa Java que permita representar la siguiente situación. Una instalación deportiva es un recinto delimitado donde se practican deportes, en Java interesa disponer de un método *int getTipoDeInstalacion()*. Un edificio es una construcción cubierta y en Java interesa disponer de un método *double getSuperficieEdificio()*. Un polideportivo es al mismo tiempo una instalación deportiva y un edificio; en Java interesa conocer la superficie que tiene y el nombre que tiene. Un edificio de oficinas es un edificio; en Java interesa conocer el número de oficinas que tiene.

Definir dos interfaces y una clase que implemente ambas interfaces para representar la situación anterior. En una clase test con el método main, crear un ArrayList que contenga tres polideportivos y dos edificios de oficinas y utilizando un iterator, recorrer la colección y mostrar los atributos de cada elemento. ¿Entre qué clases existe una relación que se asemeja a la herencia múltiple?

▼ **EJERCICIO P4**:

Codifica la siguiente jerarquía de clases representada por el diagrama UML siguiente:

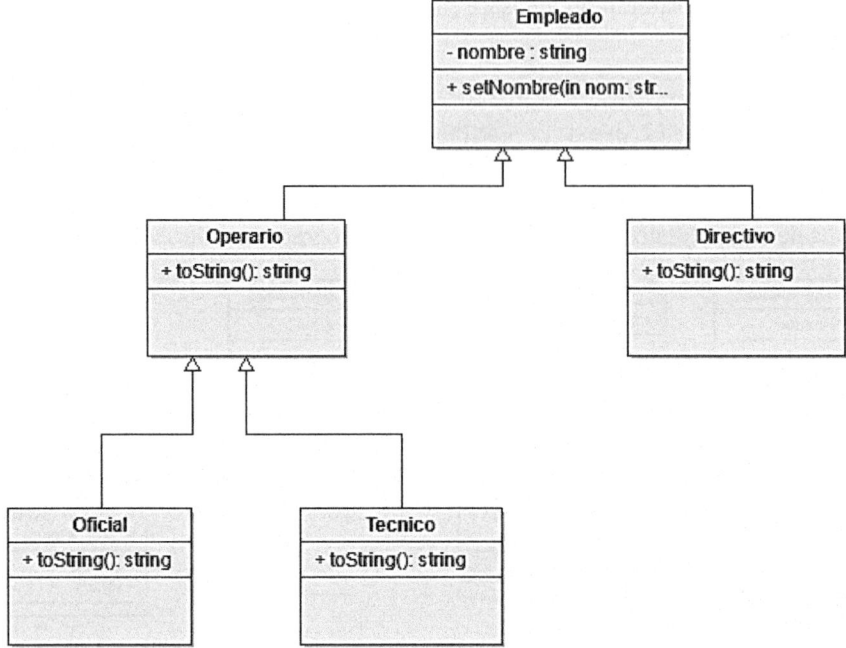

La clase base es la clase Empleado. Esta clase contiene:

- Un atributo privado *nombre* de tipo String que heredan el resto de clases.
- Un constructor por defecto.
- Un constructor con parámetros que inicializa el nombre con el String que recibe.
- Método set y get para el atributo nombre.
- Un método toString() que devuelve el String: "Empleado " + nombre.

El resto de clases solo deben sobrescribir el método toString() en cada una de ellas y declarar el constructor adecuado de forma que cuando la ejecución de las siguientes instrucciones:

```java
Empleado E1 = new Empleado("Rafa");
Directivo D1 = new Directivo("Mario");
Operario OP1 = new Operario("Alfonso");
Oficial OF1 = new Oficial("Luis");
Tecnico T1 = new Tecnico("Pablo");
System.out.println(E1);
System.out.println(D1);
System.out.println(OP1);
System.out.println(OF1);
System.out.println(T1);
```

Den como resultado:

```
Empleado Rafa
Empleado Mario -> Directivo
Empleado Alfonso -> Operario
Empleado Luis -> Operario -> Oficial
Empleado Pablo -> Operario -> Tecnico
```

▶ **EJERCICIO P5:**

Crearemos una clase llamada **Serie** con las siguientes características:

- Sus atributos son **título, número de temporadas, entregado, género y creador.**
- Por defecto, el número de temporadas es de 3 temporadas y entregado **false**. El resto de atributos serán valores por defecto según el tipo del atributo.
- Los constructores que se implementarán serán:
  - Un constructor por defecto.
  - Un constructor con el título y creador. El resto por defecto.
  - Un constructor con todos los atributos, excepto de entregado.
- Los métodos que se implementarán serán:
  - Métodos get de todos los atributos, excepto de entregado.
  - Métodos set de todos los atributos, excepto de entregado.
  - Sobrescribe los métodos toString.

Crearemos una clase **Videojuego** con las siguientes características:

- Sus atributos son **título, horas estimadas, entregado, género y compañía**.
- Por defecto, las horas estimadas serán de 10 horas y entregado false. El resto de atributos serán valores por defecto según el tipo del atributo.
- Los constructores que se implementarán serán:
  - Un constructor por defecto.
  - Un constructor con el título y horas estimadas. El resto por defecto.
  - Un constructor con todos los atributos, excepto de entregado.
- Los métodos que se implementarán serán:
  - Métodos get de todos los atributos, excepto de entregado.
  - Métodos set de todos los atributos, excepto de entregado.
  - Sobrescribe los métodos toString.

Como vemos, en principio, las clases anteriores no son padre-hija, pero sí tienen en común, por eso vamos a hacer una interfaz llamada **Entregable** con los siguientes métodos:

- **entregar()**: cambia el atributo prestado a true.
- **devolver()**: cambia el atributo prestado a false.
- **isEntregado()**: devuelve el estado del atributo prestado.
- Método **compareTo (Object a)**, compara las horas estimadas en los videojuegos y en las series el numero de temporadas. Como parámetro que tenga un objeto, no es necesario que implementes la interfaz Comparable. Recuerda el uso de los casting de objetos.

Implementa los anteriores métodos en las clases Videojuego y Serie. Ahora crea una aplicación ejecutable y realiza lo siguiente:

- Crea dos arrays, uno de **Series** y otro de **Videojuegos**, de 5 posiciones cada uno.
- Crea un objeto en cada posición del array, con los valores que desees, puedes usar distintos constructores.
- Entrega algunos **Videojuegos** y **Series** con el método **entregar()**.
- Cuenta cuantas **Series** y **Videojuegos** hay entregados. Al contarlos, devuélvelos.
- Por último, indica el **Videojuego** tiene más horas estimadas y la serie con mas temporadas. Muestralos en pantalla con toda su información (usa el método toString()).

▶ **EJERCICIO P6 :** vamos a realizar una clase llamada Raices, donde representaremos los valores de una ecuación de 2° grado.

Tendremos los 3 coeficientes como atributos, llamémosles a, b y c.

Hay que insertar estos 3 valores para construir el objeto.

Las operaciones que se podrán hacer son las siguientes:

- obtenerRaices(): imprime las 2 posibles soluciones.
- obtenerRaiz(): imprime única raíz, que será cuando solo tenga una solución posible.
- getDiscriminante(): devuelve el valor del discriminante (double), el discriminante tiene la siguiente formula, (b^2)-4*a*c.
- tieneRaices(): devuelve un booleano indicando si tiene dos soluciones, para que esto ocurra, el discriminante debe ser mayor o igual que 0.
- tieneRaiz(): devuelve un booleano indicando si tiene una única solución, para que esto ocurra, el discriminante debe ser igual que 0.
- Calcular(): mostrara por consola las posibles soluciones que tiene nuestra ecuación, en caso de no existir solución, mostrarlo también.

Formula ecuación 2° grado: (-b±√((b^2)-(4*a*c)))/(2*a)

Solo varia el signo delante de -b

▶ **EJERCICIO P7.** Vamos a hacer el juego de la ruleta rusa en Java.

Como muchos sabéis, se trata de un número de jugadores que con un revolver con un sola bala en el tambor se dispara en la cabeza.

Las clases a hacer son:

- Revolver:
  - Atributos:
    - Posición actual (posición del tambor donde se dispara, puede que esté la bala o no).
    - Posición bala (la posición del tambor donde se encuentra la bala).

Estas dos posiciones, se generaran aleatoriamente.

- Funciones:
  - disparar(): devuelve true si la bala coincide con la posición actual.
  - siguienteBala(): cambia a la siguiente posición del tambor.
  - toString(): muestra información del revolver (posición actual y donde está la bala).

- Jugador:
  - Atributos
    - id (representa el número del jugador, empieza en 1).
    - Nombre (Empezará con Jugador más su ID, "Jugador 1" por ejemplo).
    - Vivo (indica si está vivo o no el jugador).
  - Funciones:
    - disparar(Revolver r): el jugador se apunta y se dispara, si la bala se dispara, el jugador muere.
- Juego:
  - Atributos:
    - Jugadores (conjunto de Jugadores)
    - Revolver
  - Funciones:
    - finJuego(): cuando un jugador muere, devuelve true.
    - ronda(): cada jugador se apunta y se dispara, se informara del estado de la partida (El jugador se dispara, no ha muerto en esa ronda, etc.).

El número de jugadores será decidido por el usuario, pero debe ser entre 1 y 6. Si no está en este rango, por defecto será 6.

En cada turno uno de los jugadores, dispara el revólver, si este tiene la bala el jugador muere y el juego termina.

Recuerda usar una clase ejecutable para probarlo.

7.15 ACTIVIDADES DE AMPLIACIÓN: ISA DESAFÍA

En el tema anterior ya hicimos algún reto para disfrutar y practicar con la programación. Los retos están extraídos de la web www.aceptaelreto.com. Son opcionales, y servirán para ir entrenando para el concurso de programación *Programame*.

Aquí os dejo otro; podéis pinchar el enlace para ver el enunciado en la plataforma

https://www.aceptaelreto.com/problem/statement.php?id=224

8

FICHEROS. SERIALIZACIÓN. INTRODUCCIÓN A LAS INTERFACES

8.1 FLUJOS DE DATOS. E/S CON FLUJOS

T1. Los **flujos de datos** son flujos de información entre el programa y el origen o destino de la información. En Java se tratan mediante objetos *stream* (flujo en inglés), los cuales hacen de intermediarios entre el programa y el origen o destino de la información. Los flujos sirven para abstraer y simplificar la programación. Los programas leen y escriben en los flujos sin importarles dónde se leen y escriben los datos.

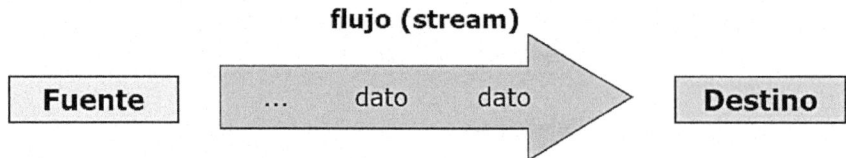

8.1.1 Flujos estándar

▶ *Como en Unix:*
- Entrada estándar - habitualmente el teclado
- Salida estándar - habitualmente la consola
- Salida de error - habitualmente la consola

▶ *En Java se accede a la E/S estándar a través de campos estáticos de la clase* **java.lang.System**
- *System.in* implementa la entrada estándar
- *System.out* implementa la salida estándar
- *System.err* implementa la salida de error

- System.in
  - Instancia de la clase *InputStream*: flujo de bytes de entrada
  - Métodos
    - *read()* permite leer un byte de la entrada como entero
    - *skip(n)* ignora n bytes de la entrada
    - *available()* número de bytes disponibles para leer en la entrada
- System.out
  - Instancia de la clase *PrintStream*: flujo de bytes de salida
  - Metodos para impresión de datos
    - *print(), println()*
    - *flush() vacía el buffer de salida escribiendo su contenido*
- System.err
  - Funcionamiento similar a *System.out*

Se utiliza para enviar mensajes de error (por ejemplo, a un fichero de log o a la consola)

TP2. Ejemplo: uso de flujos estándar

```
import java.io.IOException;

public class LecturaDeLinea {
    public static void main( String args[] ) throws IOException {
        int c, contador = 0;
        // se lee hasta encontrar el fin de línea
        while( (c = System.in.read() ) != '\n' )
        {
            contador++;
            System.out.print( (char) c );
        }
        System.out.println(); // Se escribe el fin de línea
        System.err.println( "Contados "+ contador +" bytes en total." );
    }
```

Los programas, cuando quieren leer datos de un fichero, abren un flujo de entrada y leen la información del fichero mediante el flujo de datos de entrada. Para escribir datos, la operación es similar, se abre un flujo de salida y el programa va escribiendo datos en ese flujo almacenándose así los datos.

8.1.2 Utilización de los flujos

▶ Los flujos se implementan en las clases del paquete *java.io*

▶ Esencialmente todos funcionan igual, independientemente de la fuente de datos

  • Clases java.io.Reader y java.io.Writer

T3.

Para trabajar con datos tipo char:

```
int read()
int read(char buffer[])
int read(char buffer[], int offset, int length)
int write(int a Character)
int write(char buffer[])
int write(char buffer[], int offset, int  length)
```

Funcionamiento de la lectura y la escritura

▶ Lectura

  1. Abrir un flujo a una fuente de datos (creación del objeto stream)
     – Teclado
     – Fichero
     – Socket remoto

  2. Mientras existan datos disponibles
     – Leer datos

  3. Cerrar el flujo (método close)

▶ Escritura

  1. Abrir un flujo a una fuente de datos (creación del objeto stream)
     – Pantalla
     – Fichero
     – Socket local

  2. Mientras existan datos disponibles
     – Escribir datos

  3. Cerrar el flujo (método close)

ⓘ **NOTA**

Para los flujos estándar ya se encarga el sistema de abrirlos y cerrarlos

---

▶ Un fallo en cualquier punto produce la excepción IOException

En la figura siguiente se muestran los algoritmos de lectura y escritura de datos en un fichero: primero se abre el flujo, se realizan una serie de operaciones y al finalizar se cierra el flujo.

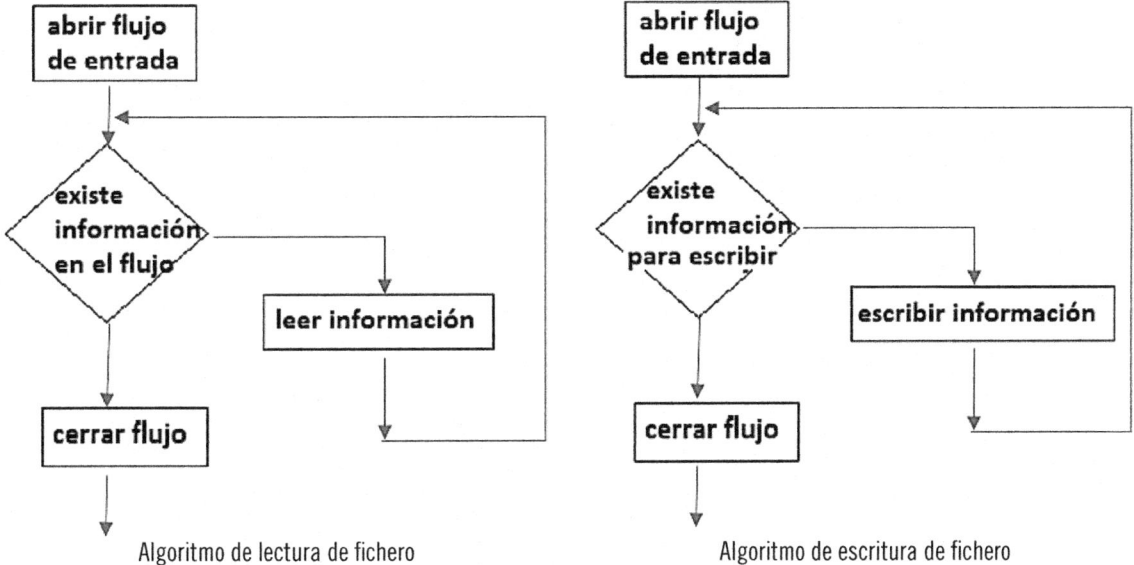

Algoritmo de lectura de fichero   Algoritmo de escritura de fichero

TP4. Ejemplo de entrada de texto desde un fichero:

```java
try {

    BufferedReader reader =
            new BufferedReader(new FileReader("nombrefichero"));
    String linea = reader.readLine();

    while(linea != null) {
        // procesar el texto de la línea
        linea = reader.readLine();
    }
    reader.close();
}
catch(FileNotFoundException e) {
    // no se encontró el fichero
}
catch(IOException e) {
    // algo fue mal al leer o cerrar el fichero
}
```

8.2 CLASIFICACIÓN DE LOS FLUJOS

T5.

▼ *Representación de la información*
- Flujos de bytes: clases *InputStream* y *OutputStream*
- Flujos de caracteres: clases *Reader* y *Writer*
  - Se puede pasar de un flujo de bytes a uno de caracteres con *InputStreamReader* y *OutputStreamWriter*

▼ *Propósito*
- Entrada: *InputStream, Reader*
- Salida: *OutputStream, Writer*
- Lectura/Escritura: *RandomAccessFile*
- Transformación de los datos
  - Realizan algún tipo de procesamiento sobre los datos (p.e. *buffering*, conversiones, filtrados): *BuffuredReader, BufferedWriter*

▼ *Acceso*
- Secuencial
- Aleatorio - (*RandomAccessFile*)

8.3 CLASES RELATIVAS A FLUJOS

T6. El paquete *java.io* es el que contiene todas las clases necesarias para leer y escribir datos en flujos y en el sistema de ficheros. Este paquete tiene una serie de interfaces, clases y excepciones, todas relacionadas con la E/S de datos.

En la siguiente figura se ve la jerarquía de clases del paquete java.io. Como hemos visto en la clasificación, estas clases se dividen en dos grupos y son muy parecidas:

▼ Clases abstractas **InputStream** y **OutputStream** y sus subclases, que trabajan con *datos de tipo byte.*

▼ Clases abstractas **Reader** y **Writer** y sus subclases, que trabajan con *datos de tipo char.*

En la tabla siguiente se muestran las subclases que permiten leer y escribir caracteres o byte en un vector o matriz en memoria, en un archivo o en una tubería (pipe: son flujos de datos que permiten conectar dos programas o procesos entre sí transmitiéndose información entre uno y otro. Su función es canalizar la salida de un programa para que sirva de entrada a otro programa).

Medio	Flujo de caracteres	Flujo de bytes
Memoria	CharArrayReader CharArrayWriter	ByteArrayInputStream ByteArrayOutputStream
	StringReader StringWriter	StringBufferInputStream

Medio	Flujo de caracteres	Flujo de bytes
Archivo	FileReader FileWriter	FileInputStream FileOutputStream
Tuberías / Pipes	PipedReader PipedWriter	PipedInputStream PipedOutputStream

TP7. Veamos un ejemplo de la utilización de la subclase StringReader y CharArrayWriter.

```java
package resueltos;
import java.io.*;
//
//Este ejemplo crea un String con datos a procesar y un array de caracteres de la misma
longitud. Se usa el objeto flujoEntrada de la clase StringReader para leer el String
carácter a carácter. Los caracteres leidos se van guardando en el objeto flujoSalida uno
a uno hasta leer el carácter -1 que indica el final del String. Una vez leídos todos
los caracteres se copian al array arr con el método toCharArray() del objeto flujoSalida
de la clase CharArrayWriter. Por último, se cierran los flujos  abiertos con el método
close().

public class EjemploFlujos
{
        public static void main(String[ ] args) {
                String s = new String("En un lugar de la mancha de cuyo nombre no quiero
acordarme, ");
                s = s + "no ha mucho tiempo que vivía un hidalgo de los de lanza en
astillero, ";
                s = s + "adarga antigua, rocín flaco y galgo corredor ";
                char[] arr = new char[s.length()];
                int car = 0;

                StringReader flujoEntrada = new StringReader(s);
                CharArrayWriter flujoSalida = new CharArrayWriter();

                try {
                        while ((car = flujoEntrada.read())!= -1){
                                flujoSalida.write(car);
                        }
                        arr = flujoSalida.toCharArray();
                        System.out.println(arr);
                }
                 catch(IOException e) {
                        e.printStackTrace();
                }
                finally {
                                                flujoEntrada.close();
                        flujoSalida.close();
                }
        }
}
```

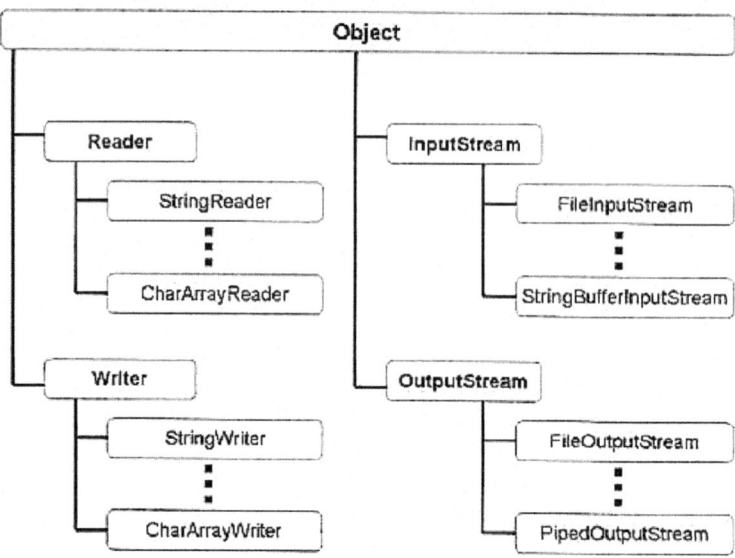

8.3.1 Los InputStream

T8.

El objeto System.in

Al igual que Java nos ofrece **System.out** para escribir en pantalla, tenemos **System.in** para leer de teclado. **System.in** es un objeto de una clase de Java que se llama **InputStream**. Para java, un **InputStream** es cualquier cosa de la que se leen bytes. Puede ser el teclado, un fichero, un socket, o cualquier otro dispositivo de entrada. Esto, por un lado es una ventaja. Si todas esas cosas son **InputStream**, podemos hacer código que lea de ellas sin saber qué estamos leyendo.

Por otro lado, es una pega. Como un **InputStream** es para leer bytes, sólo tiene métodos para leer bytes. Nosotros queremos leer palabras o números del teclado, no bytes. Si escribimos en el teclado una A mayúscula y la leemos con System.in, obtendremos un entero de valor 65, que es el valor del byte correspondiente a la A.

8.3.2 Los Reader

T9. Para Java, una clase **Reader** es una clase que lee caracteres. Esto se parece más a lo que queremos. Un **Reader** tiene métodos para leer caracteres. Con esta clase ya podríamos trabajar. La pena es que seguimos teniendo **System.in**, que es un **InputStream** y no un **Reader**.

¿Cómo convertimos el **System.in** en **Reader**? Hay una clase en Java, la **InputStreamReader**, que nos hace esta conversión. Para obtener un **Reader**, únicamente tenemos que instanciar un **InputStreamReader** pasándole en el constructor un **InputStream**.

El código es el siguiente:

```
InputStreamReader isr = new InputStreamReader(System.in);
```

Estamos declarando una variable "isr" de tipo **InputStreamReader**. Creamos un objeto de esta clase haciendo **new InputStreamReader(...)**. Entre paréntesis le pasamos el **InputStream** que queremos convertir a **Reader**, en este caso, el **System.in**

Ya tenemos el **Reader**. ¿Cómo funciona exactamente?

1. **InputStreamReader** es un **Reader**. Se comporta igual que un **Reader** y se puede poner en cualquier sitio que admita un **Reader**. Es decir, podemos leer de él caracteres.

2. Al construirlo le hemos pasado un **InputStream**, en concreto, **System.in.InputStreamReader** de alguna forma se lo guarda dentro.

3. Cuando a **InputStreamReader** le pedimos caracteres, él le pide al **InputStream** que tiene guardado dentro los bytes, los convierte a caracteres y nos los devuelve.

8.3.3 La clase BufferedReader

T10. Con la clase **InputStreamReader** podríamos apañarnos. La pega es que nos da los caracteres sueltos. Si estamos leyendo de teclado, el que usa el programa puede escribir 10 caracteres o 20 o 13. Si usamos **InputStreamReader**, como lee caracteres sueltos, tenemos que decirle cuántos queremos (que no lo sabemos), o bien ir pidiendo de uno en uno hasta que no haya más.

Esto es un poco rollo y si sólo tuviéramos la clase **InputStreamReader** sería un trozo de código que tendríamos que repetir por muchos lados. Para el caso concreto de leer de teclado, sería ideal si hubiese una clase en java que nos lea de golpe todo lo que ha escrito el usuario de nuestro programa y nos lo diera de un golpe.

Como la gente de Java es muy lista, esa clase existe en Java. Se llama **BufferedReader**. El mecanismo para obtener un **BufferedReader** a partir de otro **Reader** cualquiera (por ejemplo el **InputStreamReader**), es similar al que usamos antes. Lo instanciamos pasándole en el constructor el **Reader**. El código es

```
BufferedReader br = new BufferedReader(isr);
```

El funcionamiento de esta clase es igual que el **InputStreamReader**. Cuando le pedimos una línea completa de caracteres (un **String**), ella se lo pide al **Reader** que tenga dentro, los convierte en **String** y nos lo devuelve.

Para pedirle un **String**, se usa el método **readLine()**. Este método lee todos los caracteres tecleados (recibidos si fuera otro dispositivo de entrada) hasta que encuentra la pulsación de la tecla **<INTRO>**, **<RETURN>** o como quieras llamarla.

```
String texto = br. readLine();
```

Esto lee del teclado un **String** completo y lo guarda en una variable "texto".

Entrada de caracteres

▼ **InputStreamReader**

- Lee bytes de un flujo InputStream y los convierte en caracteres Unicode
- Métodos de utilidad
  - *read()* lee un único caracter
  - *ready()* indica cuando está listo el flujo para lectura

▼ **BufferedReader**

- Entrada mediante búfer, mejora el rendimiento
- Método de utilidad
  - *readLine()* lectura de una línea como cadena

```
InputStreamReader entrada = new InputStreamReader(System.in);
BufferedReader teclado = new BufferedReader (entrada);
String cadena = teclado.readLine();
```

8.4 COMBINACIÓN DE FLUJOS

T11. Los flujos se pueden combinar para obtener la funcionalidad deseada

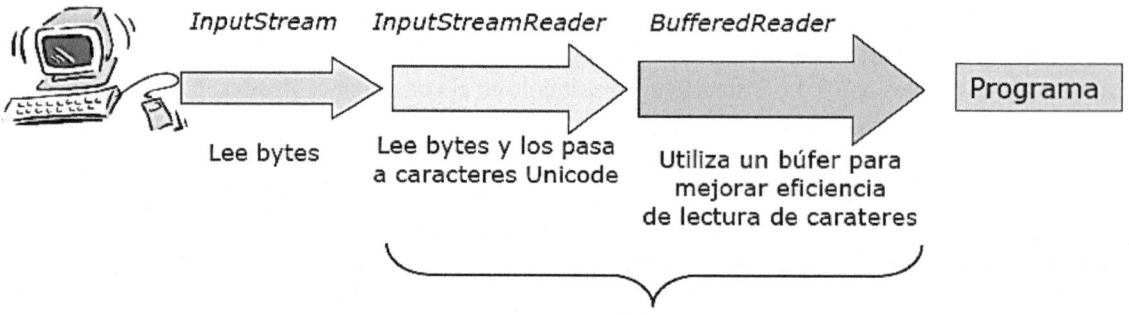

Flujos de transformación de datos

Existen clases que **alteran** el comportamiento de un *stream* ya definido, estas clases pueden añadir un buffer, realizar una conversación, añadir un filtro, etc. Las clases son las siguientes:

Clases	Flujo de caracteres
BufferedReader(C) BufferedWriter(C) BufferedInputStream(B) BufferedOutputStream(B)	Tienen la propiedad de añadir un buffer al funcionamiento del objeto. En el siguiente ejemplo se verá la utilización del método readLine() que hace más eficiente el uso de estos objetos
InputStreamReader(C) OutputStreamReader(C)	Utilizadas como clases puente las cuales transforman streams que utilizan bytes en otros que utilizan caracteres

Clases	Flujo de caracteres
ObjectInputStream(B) ObjectOutputStream(B)	Tienen la propiedad de serialización
FileReader(C) FileWriter(C) FileInputStream(B) FileOutputStream(B)	Pueden aplicar filtros en los stream de datos
DataInputStream(B) DataOutputStream(B)	Tienen la capacidad de transformar datos. Leen y escriben en datos propios de Java y facilitan las transmisiones entre equipos de distinto funcionamiento
PushbackReader(C) PushbackInputStream(B)	Tienen la capacidad de poder mirar cuál es el siguiente carácter de entrada y devolverlo
PrintWriter(C) PrintStream(B)	Tienen métodos para imprimir las variables Java con apariencia normal
SequenceInputStream(B)	Tienen la capacidad de concatenación
(C) Operan con flujos de caracteres	**(B)** Operan con flujos de bytes

TP12. En el siguiente ejemplo se muestra el uso de las clases:

InputStreamReader y BufferedReader

```java
package resueltos;

//
import java.io.*;
public class EjemploLecturaPorConsola {
    public static String leerCadena( ) {
        String cad="";
        BufferedReader br;
        br = new BufferedReader( new InputStreamReader(System.in));
        try {
        cad = br.readLine();        //readLine() devuelve una línea completa del buffer
        } catch (IOException e) {
                e.printStackTrace();
        }
        return cad;
    }

    public static void main(String[ ] args) throws IOException {
        String cad;
        System.out.println("Este programa hace eco hasta que escribas 'para'");
        do {
            cad = leerCadena();
            System.out.println(cad);
        } while (!cad.equals("para"));
        System.out.println("FIN DE PROGRAMA");
    }
}
```

La línea más interesante de este programa es:

*br = **new** BufferedReader(**new** InputStreamReader(System.in));*

*Con esta sentencia creamos un objeto **BufferedReader** que contiene el método **readLine()**, el cual devuelve una línea completa del buffer. Este objeto en su constructor pide un Reader, para lo cual usamos un objeto **InputStreamReader** que a su vez pide en su constructor un **InputStream** (el objeto System.in).*

8.5 FICHEROS DE DATOS

T13. Cuando queremos almacenar los datos con los que trabajamos para que perduren en el tiempo debemos hacerlo en memoria secundaria (disco duro, pendrive, tarjeta de memoria, etc.). Los ficheros donde almacenamos estos datos contienen información en modo texto o binario. La información en modo texto puede leerse con cualquier editor de texto mientras que la información en binario necesitaremos conocer la estructura interna del fichero para poder interpretar los datos que contiene.

El método de acceso a los archivos difiere dependiendo de la organización interna del mismo. Las formas de acceder a los datos son las siguientes:

- ▶ **Acceso secuencial.** El acceso al registro N implica la lectura previa de los registros del 1 al N-1.

- ▶ **Acceso directo.** Los registros se acceden expresando su dirección en el fichero.

- ▶ **Acceso indexado.** El acceso a los datos se hace mediante una clave. La clave se busca en una tabla, la cual tiene asociados clave y dirección relativa a los registros. Una vez que se conoce la dirección relativa se accede a los datos de forma indirecta (a través de las claves).

- ▶ **Acceso dinámico.** Se puede acceder a los datos mediante cualquiera de los métodos anteriores.

8.5.1 Lectura y escritura secuencial en un archivo

La lectura y escritura secuencial de un fichero se puede realizar en Java usando las clases **FileInputStream** y **FileOutputStream.**

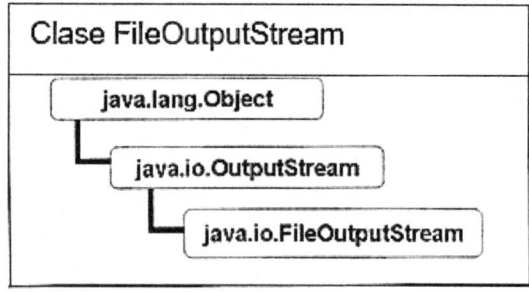
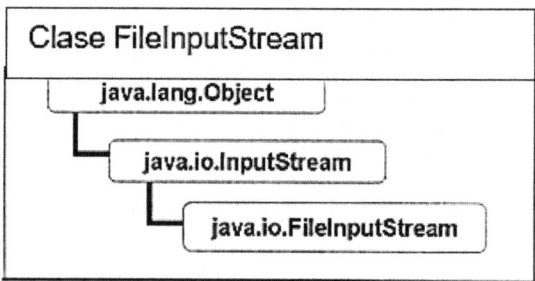

Para escribir datos en un archivo se puede utilizar la clase FileOutputStream la cual hereda de OutputStream y permite escribir bytes en un fichero.

Veamos un ejemplo para usar esta clase:

TP14.

```
package resueltos;

//
import java.io.*;
public class TestFichero {
    public static void main(String[ ] args) {
        FileOutputStream f = null;
        String s = "En un lugar de la mancha de cuyo nombre no quiero acordarme...";
        char c = 0;
        //En primer lugar crearemos el fichero y almacenaremos datos en el
        //creamos una instancia de la clase FileOutputStream y la inicializamos a null
        try {
            f = new FileOutputStream ("datos.txt");
            for (int i=0; i < s.length( ); i++) {
                c = s.charAt(i);
                f.write((byte) c);
            }
        } catch (IOException e) {
            e.printStackTrace();
        }finally {
            try{ //cerramos el flujo una vez que ha sido utilizado
                f.close( ) ;
            } catch (IOException e) {
                e.printStackTrace();
            }
        }
        //En segundo lugar leeremos los datos del fichero que hemos creado.
        //creamos una instancia de la clase FileInputStream y la inicializamos a null
        FileInputStream g = null;
        s="";
        try{
            g = new FileInputStream ("datos.txt");
            int size = g.available();
            for (int i=0; i < size; i++) {
                c =(char) g.read( );
                s=s+c;
            }
        } catch (IOException e) {
            e.printStackTrace();
        }finally {
            System.out.println(s);
            try {
                g.close( ) ;
            } catch (IOException e) {e.printStackTrace();
            }
        }
    }
}
```

Escritura de datos en el fichero

Al crear una instancia del objeto **FileOutputStream** se le indica el nombre del fichero que se va a crear. Si no se indica ninguna ruta, el fichero se crea en el mismo directorio donde reside el programa. Existen tres constructores para la clase **FileOutputStream:**

1. FileOutputStream(String nombre_fichero).

2. FileOutputStream(String nombre_fichero, bolean añadir).

3. FileOutputStream(File fichero).

En el segundo constructor el FileOutputStream permite añadir datos al fichero si se invoca con el parámetro añadir=true. El tercer constructor utiliza la clase File (lo veremos más adelante en este capítulo).

La información la tenemos en un String pero la clase FileOutputStream solo escribe bytes en el fichero. Para hacerlo, vamos extrayendo los caracteres del String con el método s.charAt(i) y los vamos insertando en el fichero (esto lo hace el bucle for).

Finalmente, en la primera parte de creación del fichero, cerramos el flujo una vez utilizado. Veamos los métodos más importantes de la clase *String*.

Lectura de datos del fichero

La lectura de datos del fichero es un proceso similar al anterior. En el ejemplo anterior se lee el fichero escrito en la primera parte y se muestra por pantalla. Para leer bytes del fichero usamos la clase **FileInputStream**. Los constructores de esta clase son:

4. FileInputStream(String nombre_fichero).

5. FileInputStream(File fichero).

8.5.2 La clase File

T15. La clase **File** desciende directamente de la clase Object. Su árbol de herencia es:

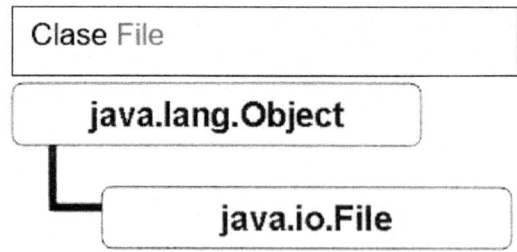

El uso de la clase **File** es la manera más útil de trabajar con ficheros o directorios en Java. Un objeto de la clase File representa un fichero o directorio del sistema de archivos. Tiene múltiples métodos que permiten realizar todo tipo de operaciones con los ficheros.

Veamos esos métodos:

Constructores de la clase File	Descripción
public File(String ruta_absoluta)	Este constructor crea un objeto File al cual hay que pasarle toda la ruta incluido el nombre del archivo
public File(String ruta, String nom)	En este constructor hay que pasarle la ruta relativa y el nombre del fichero
public File(File ruta, String nom)	Como File puede representar un fichero o un directorio, el primer parámetro funcionará como directorio (ruta relativa) y el segundo parámetro será el nombre del fichero a crear

Veamos algunos ejemplos:

```
//primer constructor
File f1 = new File( pathname: "C:\\Users\\ISA\\Documents\\IES\\datos.txt");

//segundo constructor
File f2 = new File( parent: "\\Users\\ISA\\Documents\\IES",  child: "\\datos.txt");

//tercer constructor
File dir = new File( pathname: "\\Users\\ISA\\Documents\\IES");
File f3 = new File(dir,  child: "datos.txt");
```

Métodos de la clase File	Descripción
public boolean isDirectory( )	Estos dos métodos sirven para saber si setrabaja con fichero o directorio
public boolean isFile( )	
public boolean exist( )	Con este método nos cercioramos si el fichero existe
public boolean delete ( )	Permite borrar el fichero o directorio al que referencia el objeto File
Public boolean renameTo (Filedest)	Permite renombrar el fichero o directorio al que referencia el objeto File. El nuevo nombre es *Filedest*
public boolean canRead( )	Estos dos métodos nos permiten saber si tenemos permisos de lectura o escritura sobre el fichero
public boolean canWrite( )	
public String getPath( )	Devuelve la ruta relativa del archivo
public String getAbsolutePath( )	Devuelve la ruta absoluta del archivo (incluye el nombre del archivo)
public String getName( )	Devuelve el nombre del archivo
public String getParent( )	Devuelve el directorio padre
public long length( )	Devuelve el tamaño del archivo en bytes
public boolean equals(Objetobj)	Permite comparar objetos File para saber si son iguales o no

Métodos para directorios	Descripción
public boolean mkdir( )	Crea un directorio
public String[ ] list( )	Devuelve un array de objetos String con los nombres de los ficheros/directorios del directorio al que apunta File
public String[ ] list(filtro)	Devuelve un array de objetos String con los nombres de los ficheros que cumplen un filtro (ej "*.java")
public File[ ] listFiles( )	Devuelve un array de objetos File con los nombres de los ficheros/directorios del directorio al que apunta File

TP16

Veamos un ejemplo del uso de algunos métodos de la clase File. Se analiza si el directorio existe, muestra si se tiene permiso de L/E y se listan los ficheros y directorios que contiene.

```
package resueltos;
//Se analiza si el directorio existe, muestra si se tiene permiso de L/E y se
// listan los ficheros y directorios que contiene.
import java.io.File;
public class TestFichero2
{
      public static void main(String[ ] args)
      {
            File dir = new File("\\Documents and Settings\\Programacion");

            if (dir.exists( ))
                  System.out.println("Existe el directorio "+dir.getName( ));
            else

            if (dir.canRead( ))
                  System.out.println("Existe el directorio y tiene permiso lectura");

            if (dir.canWrite( ))
                System.out.println("Existe el directorio y tiene permiso escritura");

            File[ ] ficheros = dir.listFiles( );
            for (File f : ficheros)
                System.out.println(f.getName());
      }
}
```

8.5.3 La clase FileWriter y FileReader

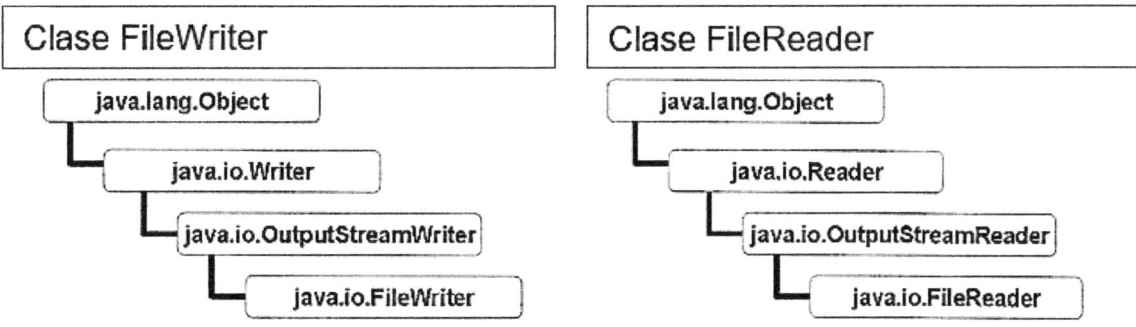

T17. Estas clases trabajan con flujos de caracteres (char) en modo lectura y escritura sobre un fichero. Los árboles de herencia para las clases **FileWriter** y **FileReader** son:

Veamos algunos métodos disponibles

Constructores de la clase FileWriter	Descripción
FileWriter(File file)	Dado un objeto File construye un objeto FileWriter
FileWriter(File file, Boolean append)	Dado un objeto File construye un objeto FileWriter para añadir datos
FileWriter(FileDescriptor fd)	Crea un objeto FileWriter asociado a un descriptor de fichero. Un FileDescriptor es la representación a más bajo nivel de un fichero, dispositivo o socket.
FileWriter(String fileName)	Construye un objeto FileWriter a partir del nombre de un fichero
FileWriter(String filename, boolean append)	Construye un objeto FileWriter para añadir datos a partir del nombre de un fichero

Constructores de la clase FileReader	Descripción
FileReader(File file)	Crea un objeto FileReader dado un fichero desde el que leer
FileReader (FileDescriptor fd)	Crea un objeto FileReader dado un FileDescriptor o descriptor de fichero desde el que leer
FileReader (String fileName)	Crea un objeto FileReader dado el nombre de un fichero

TP18. Veamos un ejemplo de utilización de las clases **FileReader** y **FileWriter**:

```java
package resueltos;
//IBG
//El programa tiene almacenados el nombre de unos amigos en un vector de objetos String.
// Los datos de ese vector se copian en un fichero "amigos.txt", cada persona en una
línea,
// para ello se graba en el fichero el retorno de carro (\r) y el salto de línea (\n).
//Para la lectura del fichero se utiliza un objeto FileReader. Como queremos leer línea a
línea
// usamos un objeto de la clase BufferReadered que tiene el método readLine( ) que
permite leer
// una línea de un flujo de entrada. La clase BufferedReader es un reader.

import java.io.*;

public class TestFichero3FileReaderFileWriter {
      public static void main(String[ ] args)
      {
            String[ ] amigos={"Isabel Balaguer","Daniel Pérez ", "Paco
Salvador","Javier Cardona"};
            File fs = new File("amigos.txt");
            try {
                  FileWriter fw=new FileWriter(fs);
                  for (String s: amigos)
                  {
                        fw.write(s,0,s.length());
                        fw.write("\r\n");
                  }
                  if (fw != null) fw.close( );
            } catch (IOException e) {
                  e.printStackTrace();
            }

            File fe = new File("amigos.txt");
            if(fe.exists()) {
                  try {
                        FileReader fr=new FileReader (fe);
                        BufferedReader br= new BufferedReader(fr);

                        String s="";
                        while ((s=br.readLine())!=null) {
                              System.out.println(s);
                        }
                        if (fr != null) fr.close( );
                  } catch (IOException e) {
                        e.printStackTrace();
                  }
            }
      }
}
```

El programa tiene almacenados el nombre de unos amigos en un vector de objetos String. Los datos de ese vector se copian en un fichero "amigos.txt", cada persona en una línea, para ello se graba en el fichero el retorno de carro (\r) y el salto de línea (\n).

Para la lectura del fichero se utiliza un objeto FileReader. Como queremos leer línea a línea usamos un objeto de la clase BufferReadered que tiene el método readLine( ) que permite leer una línea de un flujo de entrada. La clase BufferedReader es un reader. Sus ascendientes son:

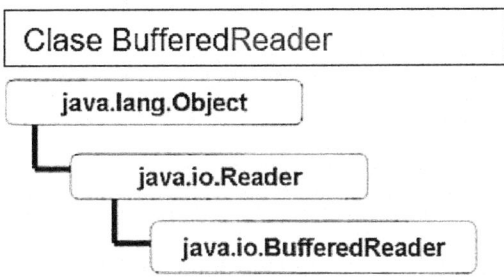

8.5.4 Flujos de datos DataOutputStream y DataInputStream

T19. Hasta ahora hemos trabajado con ficheros de texto realizando sobre ellos operaciones de lectura y escritura, pero si queremos almacenar en un fichero datos de tipos primitivos como *boolean, int, long, float, long, byte o short*, necesitamos nuevos mecanismos para ello. Java tiene en su paquete java.io dos clases, **DataOutputStream** y **DataInputStream** que permiten escribir y leer los datos a los ficheros en formato UTF-8.

El formato UTF-8 es de 8 bits y codifica caracteres Unicode e ISO 10646 utilizando símbolos de longitud variable (1-4 bytes). Por sus características es un formato muy útil en la codificación de correos electrónicos y páginas web.

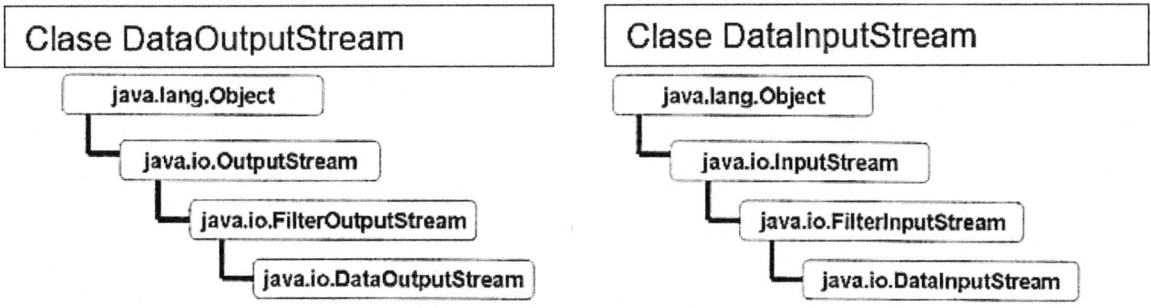

Las dos clases descienden de una clase filtro (FileInputStream y FileOutputStream) que permiten hacer la conversión de los datos al formato UTF-8. El objetivo de estas clases es la modificación y transformación de los datos.

La forma de trabajar con estas clases es la siguiente:

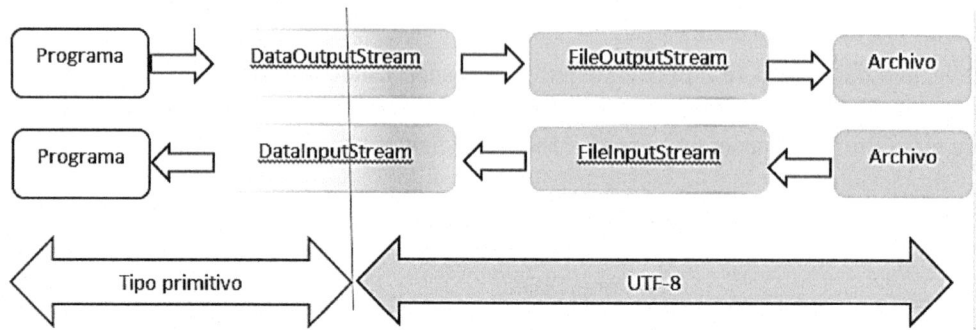

Cuando queremos almacenar datos en un fichero se crea un objeto filtro **DataOutputStream**. En ese objeto insertamos datos primitivos y cuando queremos insertarlos en un archivo, debemos conectar este objeto a otro del tipo **FileOutputStream**. La lectura se realiza de forma similar, **FileInputStream** nos servirá para leer datos del archivo y pasárselos al objeto **DataInputStream** del cual podremos recuperar la información.

TP20. Veamos un ejemplo de la utilización de estas clases:

```
Package resueltos;

// DataOutputStream / DataInputStream; FileOutputStream / FileInputStream
//DataOutputStream y DataInputStream permiten escribir y leer
//los datos a los ficheros en formato UTF-8.
import java.io.*;
public class TestFicheroDataIOStream {
      public static void main(String[ ] args) {
            String[ ] amigos={"Isabel Balaguer","Daniel Pérez ", "Paco
Salvador","Javier Cardona"};
            long [] telefonos = {653364787, 627463746, 644567346, 623746348};

            //escritura del fichero
            try {
                        // Creamos un FileOutputStream para escribir datos en un
fichero y un filtro
                        // DataOutputStream conectado a él para escribir datos al
fichero a través del filtro
                        FileOutputStream fs = new FileOutputStream("amigos.txt");
                        DataOutputStream d = new DataOutputStream(fs);

                        for (int i=0; i<4; i++) {
                                // Escribimos una cadena (en UTF-8) y un Long en
el DataOutputStream
                                // y desde el al FileOutputStream pues están
conectados
                                d.writeUTF(amigos[i]);
                                d.writeLong(telefonos[i]);
                        }
                        // Cerramos los flujos abiertos una vez utilizados
```

```
                            if (d != null) {
                                    d.close( );
                                    fs.close( );
                            }
              } catch (IOException e) {
                            e.printStackTrace();
              }
              // lectura del fichero (de manera análoga a la escritura)
              try {
                      File f = null;
                      FileInputStream fe = null;
                      DataInputStream d = null;
                      try {
                                    f = new File("amigos.txt");
                                    if (f.exists( )) {
                                            // Asociamos el FileInputStream con el
DataInputStream
                                            fe = new FileInputStream (f);
                                            d = new DataInputStream (fe);
                                            String s;
                                            Long l;
                                    while (true) {
                                    // Lectura de datos hasta encontrar el fin del
fichero
                                            s = d.readUTF( );
                                            System.out.print(s+" -> ");
                                            l = d.readLong( );
                                            System.out.println(l);
                                    }
                            }
              } catch (EOFException eof) {
                      // Excepción de fin de fichero atrapada por el bloque catch
                      System.out.println("................FIN DE FICHERO");
              } catch (FileNotFoundException fnf) {
                      System.err.println("Fichero no encontrado " + fnf);
              } catch (IOException e) {
                      System.err.println("Se ha producido una IOException");
                      e.printStackTrace();
              } catch (Throwable e) {
                      System.err.println("Error de programa" + e);
                      e.printStackTrace();
              } finally {
                      if (d != null) {
                              d.close( );
                              fe.close( );
                      }
              }
      } catch(IOException e) {
          e.printStackTrace();
      }
   }
}
```

Para finalizar con estas clases, veremos sus métodos:

Métodos DataOutputStream	Descripción
writeBoolean(boolean)	Escribe un dato de tipo boolean que se pasa como parámetro
writeByte(byte)	Escribe un dato de tipo byte que se pasa como parámetro
writeChar(char)	Escribe un dato de tipo char que se pasa como parámetro
writeShort(short)	Escribe un dato de tipo short que se pasa como parámetro
writeInt(int)	Escribe un dato de tipo int que se pasa como parámetro
writeLong(long)	Escribe un dato de tipo long que se pasa como parámetro
writeFloat(float)	Escribe un dato de tipo float que se pasa como parámetro
writeDouble(double)	Escribe un dato de tipo double que se pasa como parámetro
writeBytes(String)	Escribe una cadena como una sucesión de bytes
writeChars(String)	Escribe una cadena como una sucesión de caracteres
writeUTF(String)	Escribe una cadena en el formato UTF-8

Métodos DataInputStream	Descripción
readBoolean( )	Retorna un dato de tipo boolean
readByte( )	Retorna un dato de tipo byte
readChar( )	Retorna un dato de tipo char
readShort( )	Retorna un dato de tipo short
readInt( )	Retorna un dato de tipo int
readLong( )	Retorna un dato de tipo long
readFloat( )	Retorna un dato de tipo float
readDouble( )	Retorna un dato de tipo double
readUTF( )	Retorna una cadena de caracteres la cual está en formato UTF-8

8.6 ALMACENAMIENTO DE OBJETOS EN FICHEROS. PERSISTENCIA. SERIALIZACIÓN

T21. La serialización de objetos consiste en transformar un objeto en una secuencia o serie de bytes de tal manera que se represente el **estado de dicho objeto**. Una vez que tenemos el objeto serializado se puede almacenar en un fichero, enviar por la red, etc. y luego se puede recomponer de nuevo el objeto.

El estado de un objeto es el estado de cada uno de sus campos o atributos. Para poder serializar un objeto de una clase es necesario que se implemente la interfaz *java.io.Serializable*. En principio, la interfaz Serializable no define ningún método nuevo, luego el propósito de esto es marcar las clases que vamos a convertir en secuencias de bytes.

Por ejemplo:

```java
public class Amigo implements java.io.Serializable{

    //atributos y métodos de la clase

}
```

El objeto Amigo anterior se ha marcado como Serializable, ahora Java se encargará de realizar la serialización de forma automática.

Es posible no serializar alguno de los atributos del objeto mediante el modificador transient.

Por ejemplo:

```java
protected transient int dato;
```

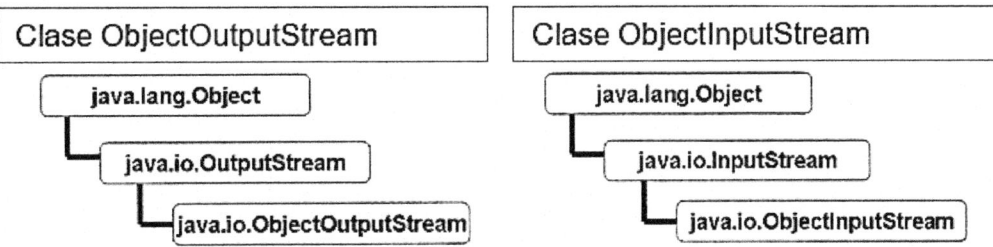

Para almacenar y recuperar objetos usaremos las clases ObjectOutpuStream y ObjectInputStream cuya forma de utilización es análoga a las clases del apartado anterior.

TP22. Veamos un ejemplo donde escribimos y leemos objetos en un fichero. Este ejemplo se parece al visto en el apartado anterior, pero en lugar de grabar y leer datos básicos, se leen y escriben objetos en un fichero:

```java
package resueltos;


/* En primer lugar hemos de declarar la clase amigo como Serializable sino ->ERROR
COMPILACIÖN */
public class Amigo implements java.io.Serializable{
        protected String nombre;
        protected long telefono;
        public Amigo(String n, long t) {
        nombre = n;
        telefono = t;
}
public void print( )
{
        System.out.println(nombre + " -> " + telefono);
        }
}
```

```java
package resueltos;

//IBG
import java.io.*;
public class TestFichero3Serializa {
        public static void main(String[ ] args) {
                    String[ ] amigos={"Isabel Balaguer","Daniel Pérez ", "Paco
Salvador","Javier Cardona"};

                    long [] telefonos = {653364787, 627463746, 644567346, 623746348};
                    //escritura del fichero
                    try {
                            // Creamos un ObjectOutputStream asociado a un
FileOutputStream para escribir
                            // objetos en un flujo de salida y al conectarlos al fichero se
escriben en el.
                            FileOutputStream fs = new FileOutputStream("amigos.txt");
                            ObjectOutputStream oos = new ObjectOutputStream(fs);

                            for (int i=0; i<4; i++) {
                                    // construimos un objeto con los datos deseados y lo
escribimos
                                    // en el flujo de salida ObjectOutputStream con el
método writeObject

                                    amigo a=new amigo(amigos[i],telefonos[i]);
                                    oos.writeObject(a); //escribe el objeto en el flujo
salida
                            }
                            // Cerramos los flujos abiertos una vez utilizados
                            if (oos != null) {
                                    oos.close( );
                                    fs.close( );
                            }
                    } catch (IOException e) {
                            e.printStackTrace();
                    }

                    // lectura del fichero (de manera análoga a la escritura)
                    try {
                            File f = null;
                            FileInputStream fe = null;
                            ObjectInputStream ois = null;

                            try {
                                    f = new File("amigos.txt");
                                    if (f.exists( )) {
                                            // Asociamos el FileInputStream con el
ObjectInputStream
                                            fe = new FileInputStream (f);
                                            ois = new ObjectInputStream (fe);
```

```
                                        while (true) {
                                                // Lectura de datos hasta
encontrar el fin del fichero

                                                amigo a = null;
                                                a = (amigo) ois.readObject( );
                                                a.print( );
                                                System.out.println(" ");
                                        }
                                }
                        } catch (EOFException eof) {
                                // Excepción de fin de fichero atrapada por el bloque
catch
                                System.out.println("..................FIN DE FICHERO");
                        } catch (FileNotFoundException fnf) {
                                System.err.println("Fichero no encontrado " + fnf);
                        } catch (IOException e) {
                                System.err.println("Se ha producido una
IOException");
                                e.printStackTrace();
                        } catch (Throwable e) {
                                System.err.println("Error de programa" + e);
                                e.printStackTrace();
                        } finally {
                                if (ois != null) {
                                        //d.close( );
                                        ois.close( );
                                        fe.close( );
                                }
                        }
                } catch(IOException e) {
                        e.printStackTrace();
                }
        }
}
```

8.7 TRATAMIENTO DE ARCHIVOS XML A TRAVÉS DEL API DOM

T23. Es posible crear archivos **XML** con **DOM**, sin embargo, es necesario crear el documento con la clase **DocumentBuilder**, para después crear cada elemento con la clase **Element**. Finalmente usarás la clase **Transformer** para generar un archivo de texto con el contenido del XML.

Podemos escribir o leer ficheros XML a través del API DOM.

XML (eXtensible Markup Language) y DOM (Document Object Model)

XML es un lenguaje de marcas muy estandarizado utilizado para almacenar e intercambiar datos de forma legible, caracterizado por estructurarse a través de etiquetas.

Por otro lado, tenemos **DOM**, es un modelo (independiente del lenguaje) utilizadas para el tratamiento de estos ficheros a la que podemos añadir **SAX**, **JDOM** o **XOM**. Este *parseador* genera un árbol de objetos llamados nodos que representan cada etiqueta del documento XML, estos nodos pueden ser de muchos tipos: documentos, elementos, atributos, etc, que se relacionan entre sí mediante relaciones padre-hijo.

8.7.1 Escritura archivo XML

Si quisiéramos escribir un archivo XML siguiendo la misma estructura del concesionario deberíamos instanciar las clases **DocumentBuilderFactory**, **DocumentBuilder** y **Document**, definir toda la estructura del archivo (siempre dentro de un bloque try/catch) y por último instanciar las clases **TransformerFactory**, **Transformer**, **DOMSource** y **StreamResult** para crear el archivo.

TP24. Veamos un ejemplo sencillo

```java
package ud8.resueltos;

import org.w3c.dom.Attr;
import org.w3c.dom.Document;
import org.w3c.dom.Element;
import javax.xml.parsers.DocumentBuilder;
import javax.xml.parsers.DocumentBuilderFactory;
import javax.xml.parsers.ParserConfigurationException;
import javax.xml.transform.Transformer;
import javax.xml.transform.TransformerException;
import javax.xml.transform.TransformerFactory;
import javax.xml.transform.dom.DOMSource;
import javax.xml.transform.stream.StreamResult;
import java.io.File;

public class CrearXML {
    public static void main(String argv[]) {
        try {
            DocumentBuilderFactory docFactory = DocumentBuilderFactory.newInstance();
            DocumentBuilder docBuilder = docFactory.newDocumentBuilder();

            //Elemento raíz
            Document doc = docBuilder.newDocument();
            Element rootElement = doc.createElement("root");
            doc.appendChild(rootElement);

            //Primer elemento
            Element elemento1 = doc.createElement("elemento1");
            rootElement.appendChild(elemento1);

            //Se agrega un atributo al nodo elemento y su valor
            Attr attr = doc.createAttribute("id");
            attr.setValue("valor del atributo");
            elemento1.setAttributeNode(attr);
            Element elemento2 = doc.createElement("elemento2");
            elemento2.setTextContent("Contenido del elemento 2");
```

```
        rootElement.appendChild(elemento2);

        //Se escribe el contenido del XML en un archivo
        TransformerFactory transformerFactory = TransformerFactory.newInstance();
        Transformer transformer = transformerFactory.newTransformer();
        DOMSource source = new DOMSource(doc);
        StreamResult result = new StreamResult(new File("prueba.xml"));
        transformer.transform(source, result);

    } catch (ParserConfigurationException pce) {
        pce.printStackTrace();
    } catch (TransformerException tfe) {
        tfe.printStackTrace();
    }
}

}
```

Aunque existen otras formas de crear un documento XML, esta es una de las más ampliamente usadas.

El resultado será un archivo XML como el siguiente:

```
1    <?xml version="1.0" encoding="UTF-8" standalone="no"?>
2    <root>
3        <elemento1 id="valor del atributo"/>
4        <elemento2>Contenido del elemento 2 </elemento2>
5    </root>
```

8.7.2 Lectura de un archivo XML

TP25.

A la hora de leer un archivo XML a través de **DOM** debemos instanciar una serie de clases antes de poder tratar el fichero.

Por ejemplo, queremos leer el archivo **coches.xml**

```
<concesionario>
  <coche id="1">
    <marca>Renault</marca>
    <modelo>Megane</modelo>
    <cilindrada>1.5</cilindrada>
  </coche>

  <coche id="2">
    <marca>Seat</marca>
    <modelo>León</modelo>
    <cilindrada>1.6</cilindrada>
  </coche>

  <coche id="3">
    <marca>Suzuki</marca>
    <modelo>Vitara</modelo>
    <cilindrada>1.9</cilindrada>
  </coche>
</concesionario>
```

A la hora de leer un archivo XML a través de **DOM** debemos instanciar una serie de clases antes de poder tratar el fichero. Primero utilizaremos la conocida clase **File** para cargar nuestro fichero.

```
File file = new File("coches.xml");
```

Posteriormente y ya dentro de un try/catch (para tratar los excepciones) *parsearemos* el fichero con estas clases: **DocumentBuilderFactory**, **DocumentBuilder** y **Document**.

```
try {
    DocumentBuilderFactory dbFactory = DocumentBuilderFactory.newInstance();
    DocumentBuilder dBuilder = dbFactory.newDocumentBuilder();
    Document doc = dBuilder.parse(file);
} catch(Exception e) {
    e.printStackTrace();
}
```

Una vez hecho todo esto ya podremos leer el archivo **coches.xml** además de usar otros métodos como los ejemplos de aquí abajo.

Método	Descripción
getDocumentElement()	Accede al nodo raíz del documento
normalize()	Elimina nodos vacíos y combina adyacentes en caso de que los hubiera

```
// estos métodos podemos usarlos combinados para normalizar el archivo XML
doc.getDocumentElement().normalize();
```

Siguiendo dentro del try/catch podemos utilizar la clase **NodeList** para almacenar el elemento que le indicaremos como parámetro.

```
// almacenamos los nodos para luego mostrar la
// cantidad de ellos con el método getLength()
NodeList nList = doc.getElementsByTagName("coche");
System.out.println("Número de coches: " + nList.getLength());
```

Una vez tenemos almacenados los datos del nodo **"coche"** podemos leer su contenido teniendo en cuenta que este código depende de que conozcamos la estructura y etiquetas utilizadas.

```
for(int temp = 0; temp < nList.getLength(); temp++) {
    Node nNode = nList.item(temp);

    if(nNode.getNodeType() == Node.ELEMENT_NODE) {
        Element eElement = (Element) nNode;

        System.out.println("\nCoche id: " + eElement.getAttribute("id"));
        System.out.println("Marca: "
```

```
                    + eElement.getElementsByTagName("marca").item(0).getTextContent());
        System.out.println("Modelo: "
                    + eElement.getElementsByTagName("modelo").item(0).getTextContent());
        System.out.println("Cilindrada: "
                    + eElement.getElementsByTagName("cilindrada").item(0).getTextContent());
        }
    }
```

Nos mostrará por consola:

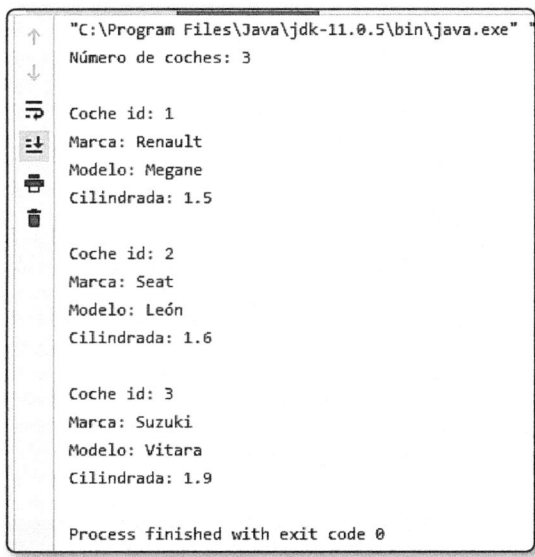

8.8 INTRODUCCIÓN A LAS INTERFACES DE USUARIO

Las interfaces de usuario o interfaces gráficas se caracterizan porque tienen una serie de componentes como botones, cajas de texto, etiquetas, paneles, barras de desplazamiento, etc. Java tiene principalmente dos librerías (APIs – *Application Program Interface*) bajo las cuales se pueden realizar aplicaciones con interfaz gráfica.

▶ **AWT** (*Abstract Windows Toolkit* – Kit de Herramientas para ventanas). Es parte de las clases básicas de Java. La ventaja de desarrollar con este API es que las aplicaciones se parecen mucho al Kit de herramientas nativo, es decir que si se ejecuta el programa en Mac parece una aplicación Mac y si se ejecuta en Linux parece una aplicación Linux. Estos componentes están en la librería **java.AWT**.

▶ **Swing.** Ventaja de Swing frente a AWT es que sus componentes gráficos están programados con código no nativo, lo cual lo hacen más portable. Estos componentes son más potentes y se identifican con una J delante del componente (por ejemplo JButton). Se encuentran en la librería **jawax.swing** y son todos subclases de la clase **JComponent**. Swing forma parte de Java 2 y como extensión en Java 1.1.

8.8.1 Nuestra primera aplicación con Swing

TP26. La primera aplicación gráfica será mostrar el mensaje "Hola Mundo" en una ventana.

Para ello, con el botón derecho sobre la carpeta, seleccionamos en el menu contextual **New→Swing UI Designer → GUI Form** tal y como se ve en la figura siguiente:

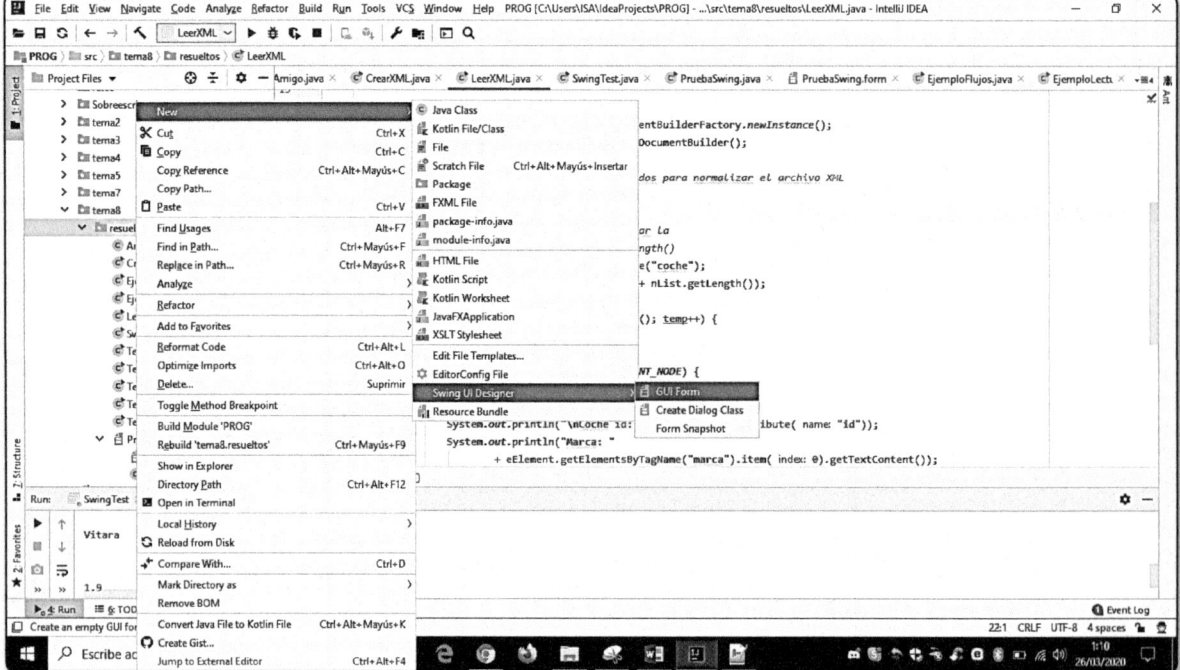

Nos aparecerá un cuadro de diálogo donde le daremos el nombre al formulario:

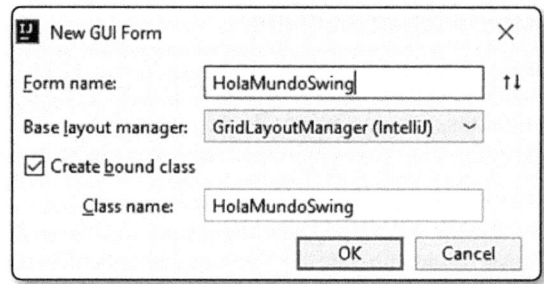

Se crearán dos archivos:

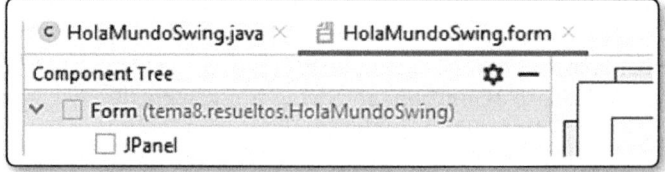

En el archivo.form podremos arrastrar y soltar los controles necesarios para ejecutar nuestro programa. Arrastraremos el control **JLabel** y lo soltaremos.

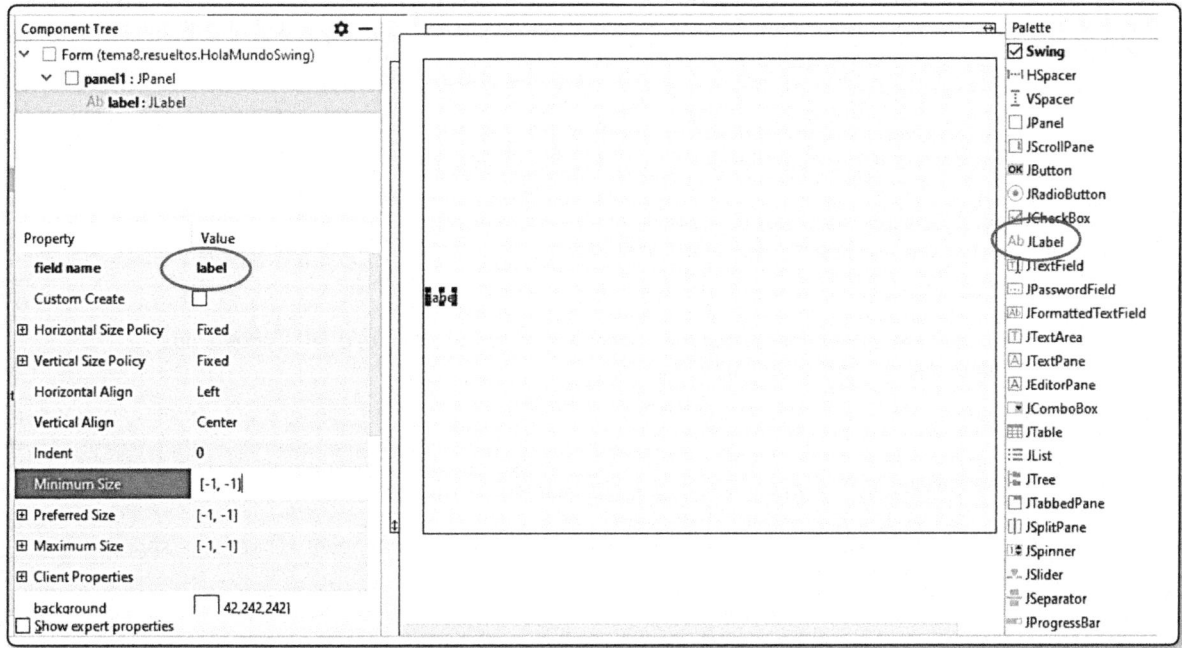

Le damos un nombre **label;** y en la propiedad text, ponemos **Hola Mundo**

Se nos ha creado en HolaMundoSwing.java dos atributos privados.

Una vez hecho esto, dentro de HolaMundoSwing.java código siguiente:

```
package tema8.resueltos;

import javax.swing.*;

public class HolaMundoSwing {
    private JPanel panel1;
    private JLabel label;

}
```

```
package ud8.resueltos;

import javax.swing.*;

public class HolaMundoSwing {
    private JPanel panel1;
```

```java
    private JLabel label;

    public static void main(String[] args) {

        // usamos un contenedor de alto nivel JFrame
        JFrame frame = new JFrame(" Título Ventana Hola Mundo");

        // el programa terminará al cerrar la ventana con la operación EXIT_ON_CLOSE
        frame.setDefaultCloseOperation(WindowConstants.EXIT_ON_CLOSE);

        // añadimos un componente JLabel en el contenedor
        JLabel label = new JLabel("Hola Mundo");
        frame.getContentPane( ).add(label);

        // el método pack establece el tamaño del frame dándole el tamaño más
        // adecuado a todos los componentes.

        frame.pack( );

        // centramos la aplicación en la pantalla.
        frame.setLocationRelativeTo(null);
        // hacemos visible la ventana (tambien se puede hacer con el método show
        frame.setVisible(true);
    }
}
```

Si ejecutamos la aplicación obtenemos lo siguiente:

Toda aplicación Java que utilice una interfaz con Swing necesita como mínimo un contenedor Swing de alto nivel como:

▼ **JFrame**. Implementa una ventana principal.

▼ **JDialog**. Implementa una ventana tipo diálogo. Este tipo de ventanas se utilizan como ventanas secundarias y generalmente son llamadas por ventanas padre de tipo Júrame.

▼ **JApplet**. Un applet es una aplicación Java que se ejecuta dentro de un navegador web. Un JApplet es una zona de la ventana del navegador donde se va a ejecutar el applet.

8.8.2 Los componentes Swing

Los componentes Swing son clase en sí mismos. Su utilización no difiere a la utilización de otro objeto. Swing provee objetos para todos los componentes básicos que se ejecutan en interfaces gráficas. Los más comunes son los siguientes:

Objeto	Descripción
JButton	Botón estándar
JLabel	Etiqueta de texto estándar
JTextField	Cuadro de texto
JTextArea	Cuadro de texto multilínea
JCheckBox	Casilla de verificación
JRadioButton( )	Botones de opción
JComboBox	Lista desplegable
JScrollBar	Barra de desplazamiento

8.8.3 Los contenedores Swing

Para realizar una aplicación Java necesitamos utilizar un contenedor de nivel superior (Júrame, JDialog o JApplet).

Hay otro tipo de contenedores intermedios como JPanel que pueden contener componentes ligeros y además otros paneles. Los paneles pueden tener un color de fondo (incluso ser opacos o transparentes) o pueden cambiar la apariencia de los bordes.

El API de la clase JPanel es mínimo, se pueden hacer pocas operaciones con los paneles aparte de establecer bordes o formas de organización de los controles en ellos (método Layout).

Existen herramientas en Eclipse que tienen un editor gráfico de interfaces y permiten diseñar ventanas de manera sencilla y cómoda colocando los controles gráficos en la posición y orden deseado, generando luego el código.

8.8.4 Organización de los controles de un contenedor

Para organizar los controles en un objeto que implemente la interfaz *LayoutManager* (por ejemplo los paneles) es necesario establecer en la interfaz una administración de diseño (Layout Manager). Un contenedor tiene predefinido por defecto un *Layout Manager* pero es posible cambiarlo al realizar una aplicación. Algunos Layout Manager son:

- **FlowLayout.** Coloca los componentes en el contenedor de izquierda a derecha. Es *Layout Manager* por defecto en los paneles.

- **BorderLayout**. Divide el contenedor e 5 partes (norte, sur, este, oeste y centro).

- **CardLayout**. Permite colocar grupos de componentes diferentes en momentos diferentes de la ejecución del programa.

- **GridLayout**. Coloca los componentes en filas y columnas.

- **GridBagLayout**. Coloca los componentes en filas y columnas, pero un componente puede ocupar más de una columna.

- **BoxLayout**. Coloca los componentes en una fila y columna ajustándose.

Los *Layout Manager* pueden establecerse al crear el objeto (constructor).

```
JPanel panel_1 = new JPanel(new FlowLayout( ));
```

O bien una vez que el objeto se ha creado con el método **setLayout**..

```
panel_1.setLayout(new FlowLayout( ));
```

En ocasiones al añadir un componente hay que especificar la posición que queremos que ocupen en el mismo.

```
panel_1.add(UnComponente, BorderLayout.PAGE_START);
```

Cuando se crea la interfaz se puede modificar el espacio entre componentes. Esto se puede hacer modificando el Layout Manager, añadiendo componentes invisibles o modificando el grosor de los bordes de los componentes.

También se puede cambiar el orden de colocación de los componentes en un contenedor. Por ejemplo, al elegir el patrón FlowLayout, los componentes se van colocando de izquierda a derecha. Se puede cambiar esta orientación mediante esta sentencia aplicada a JFrame o a JPanel.

```
frame.applyComponentOrientation(ComponentOrientation.RIGHT_TO_LEFT);
```

8.8.5 Apariencia de las ventanas

La apariencia (**look and feel**) genérica de las ventanas de las aplicaciones Java puede modificarse según diferentes estilos. Java tiene un gestor de la interfaz del usuario UIManager que controla la apariencia genérica de las ventanas y de los componentes que las componen. Esta UIManager está en la clase **javax. swing.UIManager**.

Para recuperar el estilo del sistema usamos la sentencia:

```
UIManager.getSystemLookAndFeelClassName( );
```

Si el sistema es Windows, al llamar a este método, el sistema devolverá:

```
com.sun.java.swing.plaf.windows.WindowsLookAndFeel
```

Veamos los diferentes sistemas qué valores devuelven:

Plataforma	Valor devuelto por el método
Multiplataforma	"javax.swing.plaf.metal.MetalLookAndFeel" Valor devuelto por el método getCrossPlatformLookAndFeelClassName Este look and feel se llama **metal**
Windows	"com.sun.java.swing.plaf.windows.WindowsLookAndFeel" Look and feel de sistemas Windows
Solaris	"com.sun.java.swing.plaf.motil.MotifLookAndFeel" Look and feel de sistemas Windows
Mac	"javax.swing.plaf.mac.MacLookAndFeel" Look and feel de sistemas Mac
Unix/linux	"com.sun.java.swing.plaf.gtk.GTKLookAndFeel" Look and feel de sistemas GTK

Para establecer el look and feel deseado en nuestro sistema podemos utilizar el siguiente código:

```
...
// Establecer el look and feel por defecto
try {
    UIManager.setLookAndFeel (UIManager.getSystemLookAndFeelClassName());
} catch (Exception e) {e.printStackTrace( );}

// Establecer el look and feel Multiplataforma
try {

    UIManager.setLookAndFeel (UIManager.getCrossPlatformLookAndFeelClassName());
} catch (Exception e) {e.printStackTrace( );}

// Establecer el look and feel Metal
try {
    UIManager.setLookAndFeel ("javax.swing.plaf.metal.MetalLookAndFeel");
} catch (Exception e) {e.printStackTrace( );}

// Establecer el look and feel Motif
try {
    UIManager.setLookAndFeel ("com.sun.java.swing.plaf.motil.MotifLookAndFeel");
} catch (Exception e) {e.printStackTrace( );}
```

8.8.6 La clase JFileChooser

La clase **JFileChooser** nos permite acceder a nuestro sistema de ficheros y seleccionar ficheros. Esto nos puede ser útil para abrir fichero que contengan alguna información útil para nuestra aplicación o incluso para guardar información en ficheros.

Vamos a ver cómo funciona paso a paso, primero vamos a crear una ventana simple con un campo de texto, un botón y un área de texto (con scroll).

TP28. Veamos el código:

```java
package ud8.resueltos;
import javax.swing.*;
import java.awt.*;
import java.awt.event.ActionEvent;
import java.awt.event.ActionListener;

class EjemploJFileChooser extends JFrame {

    private JPanel contentPane;
    private JTextField textField;
    private JTextArea textArea;

    /**
     * Launch the application.
     */
    public static void main(String[] args) {
        EventQueue.invokeLater(new Runnable() {
            public void run() {
                try {
                    EjemploJFileChooser frame = new EjemploJFileChooser();
                    frame.setVisible(true);
                } catch (Exception e) {
                    e.printStackTrace();
                }
            }
        });
    }

    /**
     * Create the frame.
     */
    public EjemploJFileChooser() {

        //Parametros asociados a la ventana
        setDefaultCloseOperation(JFrame.EXIT_ON_CLOSE);
        setBounds(100, 100, 450, 300);
        contentPane = new JPanel();
        contentPane.setLayout(null);
        setContentPane(contentPane);

        textField = new JTextField();
        textField.setToolTipText("Inserta la ruta del fichero de audio");
        textField.setBounds(52, 26, 209, 20);
        contentPane.add(textField);
        textField.setColumns(10);

        JButton btnSeleccionar = new JButton("Seleccionar...");
        btnSeleccionar.setBounds(288, 25, 109, 23);
```

```
        contentPane.add(btnSeleccionar);

        textArea = new JTextArea();
        textArea.setLineWrap(true);
        textArea.setWrapStyleWord(true);
        textArea.setBounds(52, 76, 360, 156);

        JScrollPane scroll=new JScrollPane(textArea);
        scroll.setBounds(52, 76, 360, 156);
        contentPane.add(scroll);

        btnSeleccionar.addActionListener(new ActionListener(){
            public void actionPerformed (ActionEvent e){

            }
        });

    }
}
```

Si ejecutamos el programa, nos quedará así:

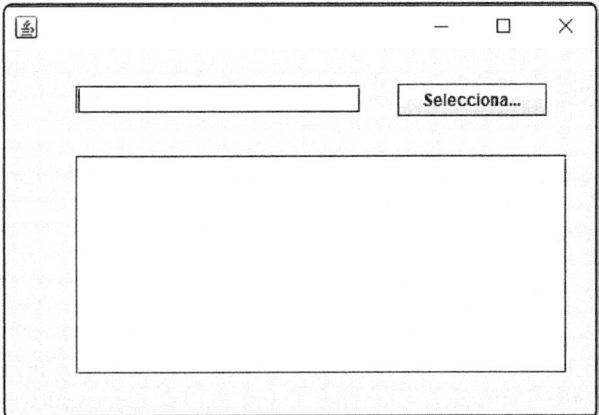

Los siguientes bloques de código que mostraremos, son para copiar en el evento del botón, ya que veremos muchas versiones. Primero crearemos un objeto de **JFileChooser**, lo podemos crear sin parámetros o una ruta por defecto indicada con un **String** o un File.

Después invocamos el método **showOpenDialog(contentPane)** que nos devolverá un **int**, para saber qué opción realiza el usuario. Tenemos las siguientes constantes:

▶ **JFileChooser.CANCEL_OPTION:** si el usuario pulsa en cancelar.

▶ **JFileChooser.APPROVE_OPTION:** si el usuario pulsa en aceptar

▶ **JFileCHooser.ERROR_OPTION:** si ocurre algún error.

La que nos interesa es ***JFileChooser.APPROVE_OPTION,*** después podemos copiar la ruta de ese fichero con el método ***getSelectedFile();*** se guardara en un objeto File.

Esta ruta la podríamos guardar en el campo de texto, también podríamos hacer que escribiera el contenido del texto en el textarea.

```java
//Creamos el objeto JFileChooser
JFileChooser fc=new JFileChooser();

//Abrimos la ventana, guardamos la opcion seleccionada por el usuario
int seleccion=fc.showOpenDialog(contentPane);

//Si el usuario, pincha en aceptar
if (seleccion == JFileChooser.APPROVE_OPTION) {

    //Seleccionamos el fichero
    File fichero=fc.getSelectedFile();

    //Ecribe la ruta del fichero seleccionado en el campo de texto
    textField.setText(fichero.getAbsolutePath());

    try (FileReader fr=new FileReader(fichero)) {
        String cadena="";
        int valor=fr.read();
        while (valor != -1) {
            cadena=cadena + (char) valor;
            valor=fr.read();
        }
        textArea.setText(cadena);
    } catch (IOException e1) {
        e1.printStackTrace();
    }
}
```

En el caso anterior, solo funcionaria con ficheros legibles, no con otros tipos de ficheros, si queremos que solo se puedan seleccionar los ficheros legibles como los **txt**, deberemos crear un objeto de la clase *FileNameExtensionFilter*, le pasaremos un **String** con la descripción del filtro y después las extensiones en forma de string, un **String** por extensión. Este código lo añadimos, después de crear el objeto JFileChooser:

```java
//Le indicamos el filtro
fc.setFileFilter(filtro);

//Abrimos la ventana, guardamos la opcion seleccionada por el usuario
int seleccion=fc.showOpenDialog(contentPane);
```

Y tendrá este aspecto si lo ejecutamos:

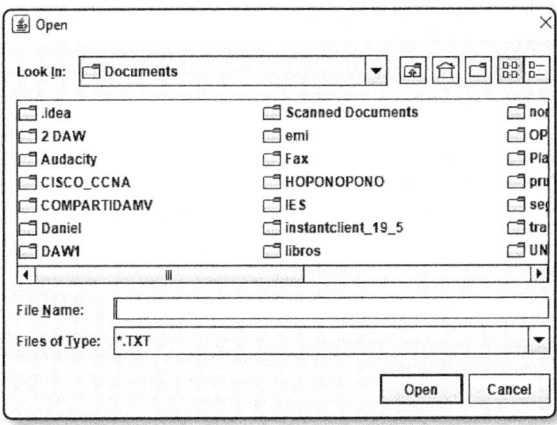

Por defecto, **JFileChooser** solo nos permite elegir ficheros, si queremos elegir solo directorios o ambos, usaremos el método **setFileSelectionMode(int mode),** también tenemos constantes para ello:

▼ **JFileChooser.FILES_ONLY**: solo ficheros.

▼ **JFileChooser.DIRECTORIES_ONLY**: solo directorios.

▼ **JFileChooser.FILES_AND_DIRECTORIES**: ficheros y directorios.

```java
//Creamos el objeto JFileChooser
JFileChooser fc=new JFileChooser();

//Indicamos lo que podemos seleccionar
fc.setFileSelectionMode(JFileChooser.FILES_AND_DIRECTORIES);

//Creamos el filtro
FileNameExtensionFilter filtro = new FileNameExtensionFilter("*.TXT", "txt");

//Le indicamos el filtro
fc.setFileFilter(filtro);

//Abrimos la ventana, guardamos la opcion seleccionada por el usuario
int seleccion=fc.showOpenDialog(contentPane);

//Si el usuario, pincha en aceptar
if(seleccion==JFileChooser.APPROVE_OPTION){

    //Seleccionamos el fichero
    File fichero=fc.getSelectedFile();

    //Ecribe la ruta del fichero seleccionado en el campo de texto
    textField.setText(fichero.getAbsolutePath());

    try(FileReader fr=new FileReader(fichero)){
        String cadena="";
```

```java
        int valor=fr.read();
        while(valor!=-1){
            cadena=cadena+(char)valor;
            valor=fr.read();
        }
        textArea.setText(cadena);
    } catch (IOException e1) {
        e1.printStackTrace();
    }
}
```

También podemos seleccionar una serie de ficheros con el método *setMultiSelectionEnabled(true);* lo insertaremos después de crear el objeto. Debemos tener en cuenta, que para almacenar los seleccionados usaremos un array de Files y en lugar de usar el método *getSelectedFile()* usaremos el método *getSelectedFiles();*.

Cambiaremos algunas cosas ahora, el campo de texto no lo usaremos:

```java
//Creamos el objeto JFileChooser
JFileChooser fc=new JFileChooser();

//Indicamos que podemos seleccionar varios ficheros
fc.setMultiSelectionEnabled(true);

//Indicamos lo que podemos seleccionar
fc.setFileSelectionMode(JFileChooser.FILES_AND_DIRECTORIES);

//Creamos el filtro
FileNameExtensionFilter filtro = new FileNameExtensionFilter("*.TXT", "txt");

//Le indicamos el filtro
fc.setFileFilter(filtro);

//Abrimos la ventana, guardamos la opcion seleccionada por el usuario
int seleccion=fc.showOpenDialog(contentPane);

//Si el usuario, pincha en aceptar
if(seleccion==JFileChooser.APPROVE_OPTION){

    //Seleccionamos el fichero
    File[] ficheros=fc.getSelectedFiles();

    for(int i=0;i<ficheros.length;i++){
        try(FileReader fr=new FileReader(ficheros[i])){
            String cadena="";
            int valor=fr.read();
            while(valor!=-1){
                cadena=cadena+(char)valor;
                valor=fr.read();
            }
```

```
                textArea.append(cadena+"\n");
            } catch (IOException e1) {
                e1.printStackTrace();
            }
        }
    }
}
```

Por último, veremos cómo guardar texto en lugar de abrirlo, el campo de texto no lo usaremos, el textarea contendrá el texto del fichero. Usaremos el método *showSaveDialog(contentPane);* para guardar el fichero, recuerda escribir el nombre del fichero.

```
//Creamos el objeto JFileChooser
JFileChooser fc=new JFileChooser();

//Abrimos la ventana, guardamos la opcion seleccionada por el usuario
int seleccion=fc.showSaveDialog(contentPane);

//Si el usuario, pincha en aceptar
if(seleccion==JFileChooser.APPROVE_OPTION){

    //Seleccionamos el fichero
    File fichero=fc.getSelectedFile();

    try(FileWriter fw=new FileWriter(fichero)){

        //Escribimos el texto en el fichero
        fw.write(textArea.getText());

    } catch (IOException e1) {
        e1.printStackTrace();
    }

}
```

8.9 CONCEPTO DE EVENTO Y CONTROLADORES DE EVENTO

TP29. En todas las aplicaciones, cuando el usuario interactúa con las mismas, suceden cosas. Estas acciones deberán estar programadas.

Existen una serie de manejadores/controladores de eventos (**listener**) los cuales deberán de asociarse al componente para que este ejecute la respuesta necesaria. Estos **listener** son diferentes dependiendo de los eventos a los que van a dar respuesta. Es decir, los **listener** están especializados dependiendo del evento ocurrido.

Veamos en esta tabla un resumen de los listener, los componentes y las acciones a las que responden:

Listener	Componentes	Acción a la que responden
AcctionListener	1. JButton 2. JTextField 3. JCombobox	1. Presionar el botón. 2. Pulsar Intro. 3. Elegir una opción.....
AdjustementListener	1. JScrollBar	Mover la barra de desplazamiento
FocusListener	1. JButton 2. JTextField 3. JCombobox	Las acciones de este listener son obtener y perder el foco (colocarnos en el componente e irnos del mismo cuando estaba activo)
ItemListener	1. CheckBox	Seleccionar y deseleccionar la opción
KeyListener	1. JTextField 2. JTextarea	Pulsar una tecla cuando el componente tiene el foco
Listener	Múltiples componentes	Acciones como presionar el botón de radio
MouseMotionListene r	Múltiples componentes	Acciones como arrastrar (drag) o pasar por encima del objeto
WindowListener	JFrame	Acciones relativas a la ventana como por ejemplo cerrarla

La programación del manejo de eventos en una interfaz funciona de la siguiente manera:

- Se crea el componente.
- Se añade el *listener* adecuado al componente y el *listener* escuchará la acción sobre el componente.
- Dependiendo del componente o la acción se ejecutará el código asociado.

Veamos un ejemplo de una aplicación concreta:

EJEMPLO: Limpia/Escribe

Creamos un formulario PruebaSwing.form con el siguiente aspecto:

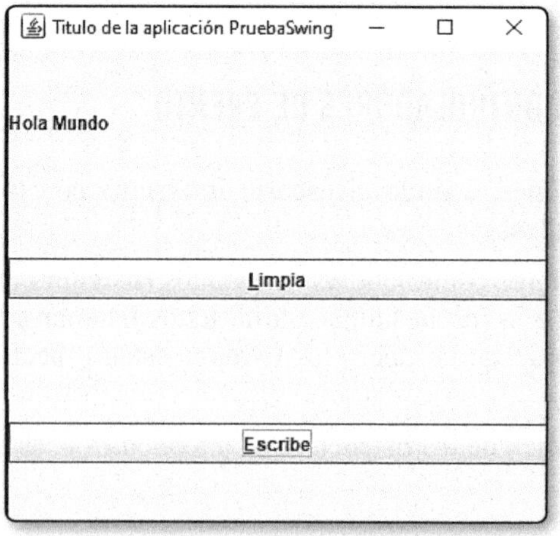

El código se guardará en el archivo **PruebaSwing.java**

```java
package ud8.resueltos;

import javax.swing.*;
import java.awt.event.ActionEvent;
import java.awt.event.ActionListener;

public class PruebaSwing {
    private JPanel panel1;
    private JButton bntlimpia;
    private JButton btnescribe;
    private JLabel label;

    public PruebaSwing() {
        btnescribe.addActionListener(new ActionListener() {
            @Override
            public void actionPerformed(ActionEvent e) {
                JOptionPane.showMessageDialog(null, "Ha pulsado el boton escribe");
                label.setText("Hola Mundo");
            }
        });
        bntlimpia.addActionListener(new ActionListener() {
            @Override
            public void actionPerformed(ActionEvent e) {
                JOptionPane.showMessageDialog(null, "Ha pulsado el boton limpia");
                label.setText("");
            }
        });
    }

    public static void main(String[] args) {
        //creamos el JFrame
        JFrame frame = new JFrame("Titulo de la aplicación PruebaSwing");
        frame.setContentPane(new PruebaSwing().panel1);
        frame.setDefaultCloseOperation(JFrame.EXIT_ON_CLOSE);
        frame.pack();
        frame.setVisible(true);
    }
}
```

Este código se puede mejorar realizando una acción u otra dependiendo de qué botón generó el evento:

```java
package ud8.resueltos;

import javax.swing.*;
import java.awt.event.ActionEvent;
import java.awt.event.ActionListener;
```

```java
public class PruebaSwing {
    private JPanel panel1;
    private JButton bntlimpia;
    private JButton btnescribe;
    private JLabel label;

    // este método realiza una acción u otra dependiendo del tipo de botón del evento
    // la función e.getSource( ) nos da el objeto que generó el evento.
    public  void acciones(ActionEvent ev) {
        Object obj = ev.getSource();
        if (obj == bntlimpia) {
            JOptionPane.showMessageDialog(null, "Ha pulsado el boton limpia");
            label.setText("");
        }
        if (obj == btnescribe) {
            label.setText("Hola Mundo");
            JOptionPane.showMessageDialog(null, "Ha pulsado el boton ESCRIBE");
        }
    }
    public PruebaSwing() {

        btnescribe.addActionListener(new ActionListener() {
            @Override
            public void actionPerformed(ActionEvent e) {
                // JOptionPane.showMessageDialog(null, "Ha pulsado el boton escribe");
//label.setText("Hola Mundo");
                acciones(e);
            }
        });

bntlimpia.addActionListener(new ActionListener() {
    @Override
    public void actionPerformed(ActionEvent ee) {
        //JOptionPane.showMessageDialog(null, "Ha pulsado el boton limpia");
        // label.setText("");
        acciones(ee);
            }
        });
    }

    public static void main(String[] args) {
        // establecemos el aspecto general de la aplicación de tipo multiplataforma
        try {
            UIManager.setLookAndFeel( UIManager.getCrossPlatformLookAndFeelClassName());
        } catch (ClassNotFoundException ex) {
            ex.printStackTrace();
        } catch (InstantiationException ex) {
            ex.printStackTrace();
        } catch (IllegalAccessException ex) {
            ex.printStackTrace();
        } catch (UnsupportedLookAndFeelException ex) {
```

```
            ex.printStackTrace();
        }

        //creamos el JFrame
        JFrame frame = new JFrame("Titulo de la aplicación PruebaSwing");
        frame.setContentPane(new PruebaSwing().panel1);
        frame.setDefaultCloseOperation(JFrame.EXIT_ON_CLOSE);
        frame.pack();
        frame.setVisible(true);
    } //fin main
} //fin clase
```

EJERCICIO PROPUESTO DE REFUERZO: visualiza el vídeo:

https://www.youtube.com/watch?v=S5mURvrmlDo&pbjreload=10

y a continuación realiza el ejemplo.

8.10 GENERACIÓN DE PROGRAMAS EN ENTORNOS GRÁFICOS BÁSICOS

Vamos a ver un ejemplo sencillo del uso de las sliders.

El esquema de la aplicación es el siguiente:

SliderPrueba.form

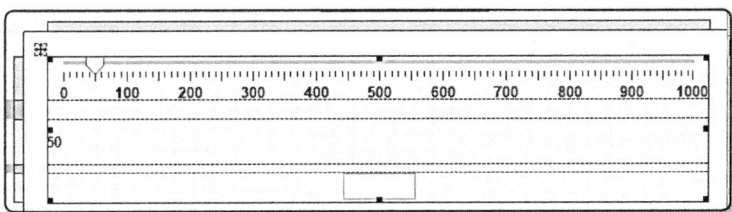

Comprueba lo que hacen las propiedades siguientes y apúntalo:

▶ majorTickSpacing

▶ maximum

▶ minorTickSpacing

▶ paintLabels

▶ paintTicks

▶ paintTrack

SliderPrueba.java

```java
package ud8.resueltos;

import javax.swing.*;
import javax.swing.event.ChangeEvent;
import javax.swing.event.ChangeListener;
import java.awt.event.ActionEvent;
import java.awt.event.ActionListener;

public class SliderPrueba {
    private JSlider slider;
    private JPanel panel1;
    private JLabel label;
    private JTextField textLeido;

    public SliderPrueba() {
        slider.addChangeListener(new ChangeListener() {
            @Override
            public void stateChanged(ChangeEvent e) {
                label.setText(String.valueOf(slider.getValue()));
                textLeido.setText(String.valueOf(slider.getValue()));
            }
        });

        textLeido.addActionListener(new ActionListener() {
            @Override
            public void actionPerformed(ActionEvent e) {
                slider.setValue(Integer.parseInt(textLeido.getText()));
            }
        });
    }

    public static void main(String[] args) {
        JFrame frame=new JFrame("SliderPrueba");
        frame.setContentPane(new SliderPrueba().panel1);
        frame.setDefaultCloseOperation(JFrame.EXIT_ON_CLOSE);

        frame.setLocationRelativeTo(null);
        frame.pack();
        frame.setVisible(true);
    }
}
```

8.11 EJERCICIOS RESUELTOS

▼ **PROBLEMA R1:** concesionario de coches. Crear el siguiente archivo problema1.xml

```xml
1  <?xml version="1.0" encoding="UTF-8" standalone="no"?>
2  <concesionario>
3      <coche id="1">
4          <marca>Renault</marca>
5          <modelo>Megano</modelo>
6          <cilindrada>1.5</cilindrada>
7      </coche>
8  </concesionario>
```

Solución:

```java
public class CrearXMLCoches1 {
    public static void main(String argv[]) {

        try {
            DocumentBuilderFactory dbf = DocumentBuilderFactory.newInstance();
            DocumentBuilder db = dbf.newDocumentBuilder();
            Document doc = db.newDocument();

            // definimos el elemento raíz del documento
            Element eRaiz = doc.createElement("concesionario");
            doc.appendChild(eRaiz);

            // definimos el nodo que contendrá los elementos
            Element eCoche = doc.createElement("coche");
            eRaiz.appendChild(eCoche);

            // atributo para el nodo coche
            Attr attr = doc.createAttribute("id");
            attr.setValue("1");
            eCoche.setAttributeNode(attr);

            // definimos cada uno de los elementos y le asignamos un valor
            Element eMarca = doc.createElement("marca");
            eMarca.appendChild(doc.createTextNode("Renault"));
            eCoche.appendChild(eMarca);

            Element eModelo = doc.createElement("modelo");
            eModelo.appendChild(doc.createTextNode("Megano"));
            eCoche.appendChild(eModelo);

            Element eCilindrada = doc.createElement("cilindrada");
            eCilindrada.appendChild(doc.createTextNode("1.5"));
            eCoche.appendChild(eCilindrada);
```

```java
        // clases necesarias finalizar la creación del archivo XML
        TransformerFactory transformerFactory = TransformerFactory.
newInstance();
        Transformer transformer = transformerFactory.newTransformer();
        DOMSource source = new DOMSource(doc);
        StreamResult result = new StreamResult(new File("problema1.xml"));

        transformer.transform(source, result);
    } catch(Exception e) {
        e.printStackTrace();
    }
}

}
```

⚑ **PROBLEMA R2:** leer el archivo coches.xml (Código completo)

```xml
<concesionario>
  <coche id="1">
    <marca>Renault</marca>
    <modelo>Megane</modelo>
    <cilindrada>1.5</cilindrada>
  </coche>

  <coche id="2">
    <marca>Seat</marca>
    <modelo>León</modelo>
    <cilindrada>1.6</cilindrada>
  </coche>

  <coche id="3">
    <marca>Suzuki</marca>
    <modelo>Vitara</modelo>
    <cilindrada>1.9</cilindrada>
  </coche>
</concesionario>
```

Solución:

```java
package ud8.resueltos;

import org.w3c.dom.Document;
import org.w3c.dom.Element;
import org.w3c.dom.Node;
import org.w3c.dom.NodeList;

import javax.xml.parsers.DocumentBuilder;
```

```java
import javax.xml.parsers.DocumentBuilderFactory;
import java.io.File;

public class LeerXML {
    public static void main(String[] args) {
        File file = new File("coches.xml");

        try {
            DocumentBuilderFactory dbFactory = DocumentBuilderFactory.newInstance();
            DocumentBuilder dBuilder = dbFactory.newDocumentBuilder();
            Document doc = dBuilder.parse(file);
            // estos métodos podemos usarlos combinados para normalizar el archivo
XML
            doc.getDocumentElement().normalize();

            // almacenamos los nodos para luego mostrar la
            // cantidad de ellos con el método getLength()
            NodeList nList = doc.getElementsByTagName("coche");
            System.out.println("Número de coches: " + nList.getLength());

            for(int temp = 0; temp < nList.getLength(); temp++) {
                Node nNode = nList.item(temp);

                if(nNode.getNodeType() == Node.ELEMENT_NODE) {
                    Element eElement = (Element) nNode;

                    System.out.println("\nCoche id: " + eElement.
getAttribute("id"));
                    System.out.println("Marca: "
                            + eElement.getElementsByTagName("marca").item(0).
getTextContent());
                    System.out.println("Modelo: "
                            + eElement.getElementsByTagName("modelo").item(0).
getTextContent());
                    System.out.println("Cilindrada: "
                            + eElement.getElementsByTagName("cilindrada").item(0).
getTextContent());
                }
            }
        } catch(Exception e) {
            e.printStackTrace();
        }
    }
}
```

▶ **PROBLEMA R3:** solución al vídeo propuesto.

Ventana.form

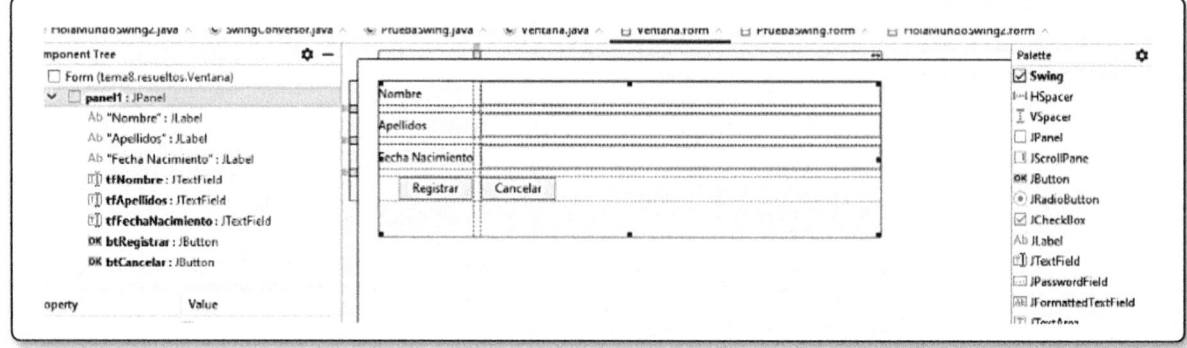

Ventana.java

```java
public class Ventana {
    private JPanel panel1;
    private JTextField tfNombre;
    private JTextField tfApellidos;
    private JTextField tfFechaNacimiento;
    private JButton btRegistrar;
    private JButton btCancelar;

    public Ventana() {
        btRegistrar.addActionListener(new ActionListener() {
            @Override
            public void actionPerformed(ActionEvent e) {
                JOptionPane.showMessageDialog(null, "Ha pulsado el botón
Registrar");
            }
        });
        btCancelar.addActionListener(new ActionListener() {
            @Override
            public void actionPerformed(ActionEvent e) {
                System.exit(0);
            }
        });
    }
```

▶ **PROBLEMA R4:** necesitamos crear una clase cuenta con un método *cuentaPalabras()* que cuente las palabras existentes en un archivo de texto pasado como parámetro.

Solución:

```java
package ud8.resueltos;

import java.io.*;
import java.util.StringTokenizer;

public class Cuenta {
    public int cuentaPalabras(String fichero)
    {
        int contador=0;
        try{
            File fe=new File(fichero);
            FileReader fr=new FileReader(fe);
            BufferedReader br=new BufferedReader(fr);
            String s;

            while((s=br.readLine())!=null)
            {
                StringTokenizer str;
                str=new StringTokenizer(s);
                contador += str.countTokens();
            }
            if (fr!=null) fr.close();
        } catch (FileNotFoundException fnf) {
            System.err.println("Fichero no encontrado " + fichero);
        } catch (IOException e) {
            System.err.println("Se ha producido una IOException");
            e.printStackTrace();
        } catch (Throwable e) {
            System.err.println("Error de programa" + e);
            e.printStackTrace();
        }
        return contador;
    }
    public static void main(String[] args)
    {
        Cuenta c=new Cuenta ();
        int d=c.cuentaPalabras("datos.txt");
        System.out.println("El fichero datos.txt tiene "+ d+" palabras");
    }
}
```

▶ **PROBLEMA R5:** se necesita crear una clase **censura** con un método aplicaCensura() que modifique ciertas palabras de un fichero. El método toma un fichero de entrada y mediante un fichero de censura creará un fichero de salida con las modificaciones necesarias.

Ejemplo:

- *FICHERO DE ENTRADA*
  En un lugar de la mancha de cuyo nombre no quiero acordarme... vivía un hidalgo de adarga estrecha.

- *FICHERO CENSURA*
  acordarme RECORDAR
  hidalgo NOBLE

- *FICHERO DE SALIDA*
  En un lugar de la mancha de cuyo nombre no quiero RECORDAR... vivía un NOBLE de adarga estrecha.

Solución:

```java
package ud8.resueltos;

import java.io.*;
import java.util.StringTokenizer;

public class Censura {
    public void aplicaCensura(String fentrada,String fcensura,String fsalida)
    {
        try{
            File fe=new File(fentrada);
            FileReader fr=new FileReader(fe);
            BufferedReader br=new BufferedReader(fr);

            File fs=new File(fsalida);
            FileWriter fw=new FileWriter(fs);
            String s;

            while((s=br.readLine())!=null)
            {
                File fc=new File(fcensura);
                FileReader frc=new FileReader(fc);
                BufferedReader brc=new BufferedReader(frc);
                String scen;

                while((scen=brc.readLine())!=null)
                {
                    StringTokenizer str;
                    str=new StringTokenizer(scen);
                    s=s.replace(str.nextToken(),str.nextToken());
                }
                System.out.println(s);
                fw.write(s);
                fw.write("\r\n");
                if (frc!=null) frc.close();
            }
            if (fw !=null) fw.close();
```

```
            if (fr !=null) fr.close();
        } catch (FileNotFoundException fnf) {
            System.err.println("Fichero no encontrado " );
        } catch (IOException e) {
            System.err.println("Se ha producido una IOException");
            e.printStackTrace();
        } catch (Throwable e) {
            System.err.println("Error de programa" + e);
            e.printStackTrace();
        }
    }
    public static void main(String[] args) {
        Censura c=new Censura();
        c.aplicaCensura("datos.txt","censura.txt","salida.txt");
    }
}
```

▶ **PROBLEMA R6:** tenemos un fichero con una serie de números los cuales queremos ordenar de manera ascendente. El objetivo es que los números queden ordenados en el mismo fichero. Para la resolución del problema crea una clase **Ordena** con un método ordena() que haga la ordenación de los datos del fichero. Los números están cada uno en una línea del fichero y el fichero cuenta con al menos 5 números.

Solución:

```
package ud8.resueltos;

import java.io.*;
import java.util.StringTokenizer;

public class Ordena {
    public void ordenar(String fichero){

        try{
            File fe=new File(fichero);
            FileReader fr=new FileReader(fe);
            BufferedReader br=new BufferedReader(fr);

            String numeros=new String();
            String s;

            while((s=br.readLine())!=null){
                numeros += s + " ";

            }
            StringTokenizer str; boolean ordenado = false; while (!ordenado) {
```

```java
                    ordenado=true;
                    String anterior, posterior="";
                    str=new StringTokenizer(numeros);
                    str = new StringTokenizer(numeros);
                    anterior=str.nextToken();
                    numeros="";

                    while(str.hasMoreTokens()) {
                        posterior=str.nextToken();
                        if(Integer.parseInt(anterior)>Integer.parseInt(posterior))
                        {
                            String aux = anterior;
                            anterior = posterior;
                            posterior = aux;
                            ordenado = false;
                        }
                        numeros += anterior + " "; anterior = posterior;
                    }
                    numeros += posterior; System.out.println(numeros);

                }

                File fs=new File(fichero);
                FileWriter fw= new FileWriter(fs);

                str= new StringTokenizer(numeros); while (str.hasMoreTokens()) {
                    fw.write(str.nextToken()); fw.write("\r\n");
                }
                if (fw !=null) fw.close();

            } catch (FileNotFoundException fnf) { System.err.println("Fichero no
    encontrado " );
            } catch (IOException e) {
                System.err.println("Se ha producido una IOException");
                e.printStackTrace();
            } catch (Throwable e) {
                System.err.println("Error de programa" + e);
                e.printStackTrace();
            }
        }
    public static void main(String[] args) {
        Ordena c=new Ordena();
        c.ordenar("numeros.txt");
    }
}
```

8.12 EJERCICIOS PROPUESTOS

▼ **EJERCICIO P1:** revisa el ejemplo *sliderPrueba* explicado y realizado en la unidad, que convierte de euros a dólares y a continuación modifica el código realiza un cambio de dólares a euros de manera que se muevan las sliders, los valores queden reflejados en el campo de texto correspondiente y haga la conversión directamente. Así la conversión funcionará en ambos sentidos, tanto si escribes la cantidad como si mueves cualquiera de las dos sliders.

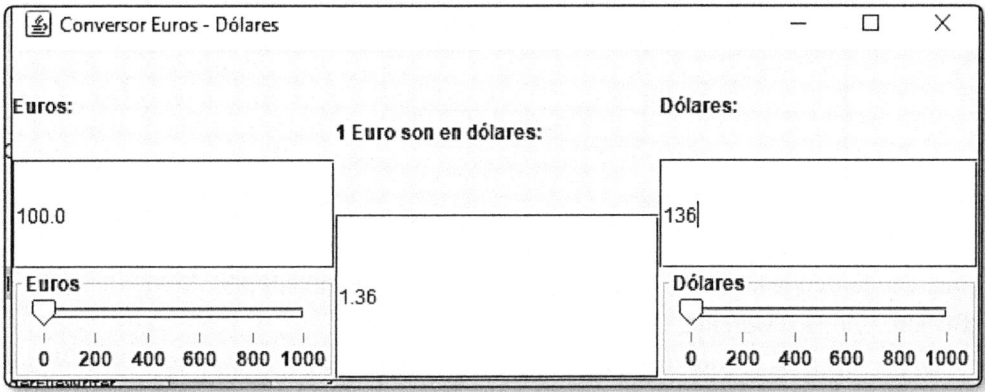

▼ **EJERCICIO P2:** realiza un programa que genere primitivas de forma aleatoria. El programa tendrá la apariencia similar a la siguiente:

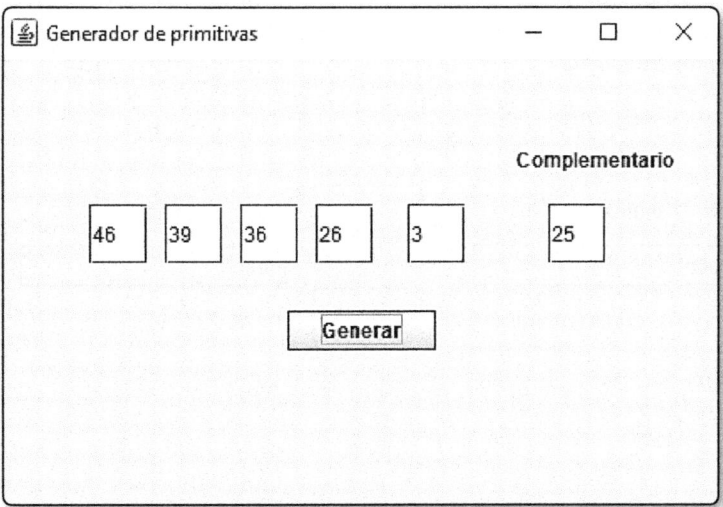

Ten en cuenta que los números no pueden repetirse.

▼ **EJERCICIO P3:** realiza un programa que compruebe si el usuario conoce los ingredientes de tres platos distintos. La apariencia del programa será como esta:

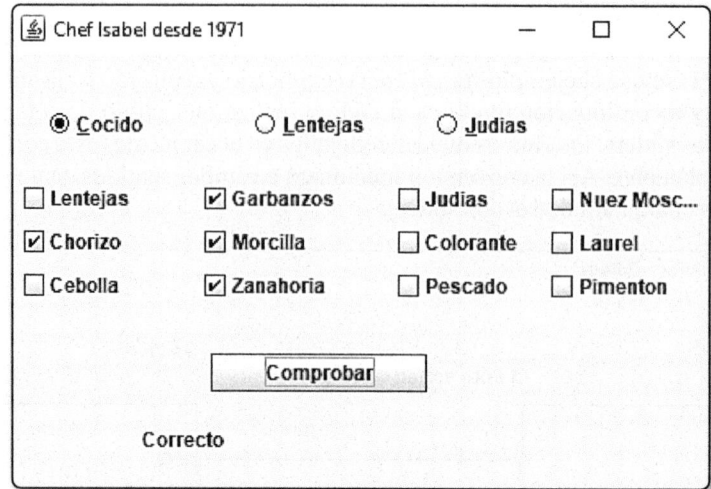

El programa dará correcto tras comprobar que el usuario elige para cada plato los siguientes ingredientes:

- **Cocido**: Chorizo, Morcilla, Garbanzos, Zanahoria.
- **Lentejas**: Lentejas, Chorizo, Cebolla, Zanahoria, Pimentón.
- **Judías**: Judías, Nuez moscada, Laurel, Colorante, Chorizo, Cebolla.

◤ **EJERCICIO P4:** realiza un programa el que traduzca palabras del español al inglés y viceversa. El aspecto del programa será:

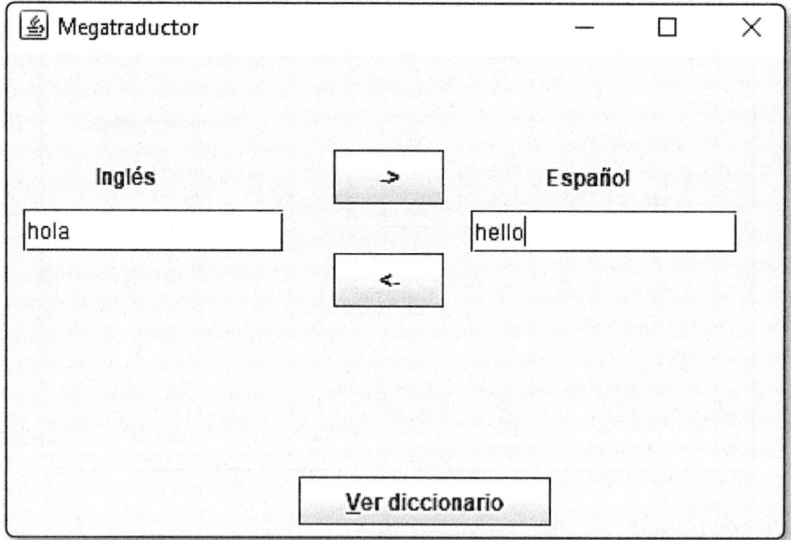

▰ **EJERCICIO P5:** realiza una aplicación que haga la conversión de decimal a romano y viceversa. La interfaz será similar al siguiente:

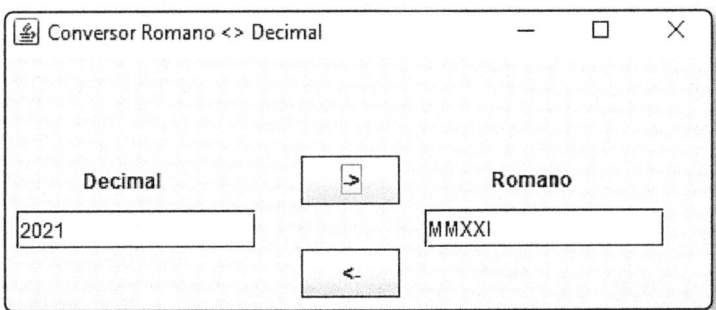

▰ **EJERCICIO P6:** realiza un programa que almacene en un arrayList los datos de varias personas, escriba los datos de esas personas en el archivo **personas.dat** y más tarde recupera esos datos del archivo y los muestre por pantalla.

La clase persona contiene los siguientes atributos:

- **Nombre.** Cadena de caracteres.
- **Apellidos.** Cadena de caracteres.
- **Teléfono.** Campo numérico.

8.13 ACTIVIDADES DE REFUERZO

Vídeos Swing con Intellij IDEA:

- https://www.youtube.com/watch?v=5vSyylPPEko
- https://www.youtube.com/watch?v=VUranKXkbhw

Sliders:

- https://www.youtube.com/watch?v=2pfFTUnLaB4
- https://www.youtube.com/watch?v=PHj1oB2LjLI

FileChooser:

- https://www.discoduroderoer.es/como-usar-el-componente-jfilechooser-en-una-aplicacion-grafica-en-java/

8.14 ACTIVIDADES DE AMPLIACIÓN: ISA DESAFÍA

En el tema anterior ya hicimos algún reto para disfrutar y practicar con la programación. Los retos están extraídos de la web www.aceptaelreto.com. Son opcionales, y servirán para ir entrenando para el concurso de programación *Programame*.

Aquí os dejo otro; podéis pinchar el enlace para ver el enunciado en la plataforma: http://www.aceptaelreto.com/problem/statement.php?id=154

9

INTERFAZ DE USUARIO: JAVAFX, SCENEBUILDER. INTRODUCCIÓN AL MVC

9.1 INTRODUCCIÓN

T1. JavaFX es una tecnología que nos permite crear aplicaciones de escritorio RIA (Ritch Internet Applications), esto es, aplicaciones web que tienen las características y capacidades de aplicaciones de escritorio, incluyendo aplicaciones multimedia interactivas que pueden ejecutarse en una amplia variedad de dispositivos. JavaFX está destinado a reemplazar a Swing como la biblioteca de GUI estándar para Java SE.

La biblioteca de JavaFX está escrita como una API de Java, las aplicaciones JavaFX pueden hacer referencia a APIs de código de cualquier biblioteca Java. Por ejemplo, las aplicaciones JavaFX pueden utilizar las bibliotecas de API de Java para acceder a las capacidades del sistema nativas y conectarse a aplicaciones de middleware basadas en servidor.

La apariencia de las aplicaciones JavaFX se pueden personalizar. Las Hojas de Estilo en Cascada (CSS) separan la apariencia y estilo de la lógica de la aplicación para que los desarrolladores puedan concentrarse en el código. Los diseñadores gráficos pueden personalizar fácilmente el aspecto y el estilo de la aplicación a través de CSS. Si se tiene un diseño de fondo de la web, o si se desea separar la interfaz de usuario (UI) y la lógica de servidor, entonces, se pueden desarrollar los aspectos de la presentación de la interfaz de usuario en el lenguaje de scripting FXML y utilizar el código de Java para la aplicación lógica. Si se prefiere diseñar interfaces de usuario sin necesidad de escribir código, entonces, utilizaremos JavaFX Scene Builder. Al diseñar la interfaz de usuario con javaFX Scene Builder el crea código de marcado FXML que puede portarse a un entorno de desarrollo integrado (IDE) de forma que los desarrolladores pueden añadir la lógica de negocio.

Lo primero será explicar los tres conceptos que tiene JavaFX:

- ▶ El **escenario,** que es representado por la clase *Stage*. El escenario es el que representa al contenedor general de JavaFX.

- ▶ La **escena**, es representada por la clase *Scene* y es la que tiene el contenido de lo que queremos representar. La escena, por lógica se monta sobre el escenario.

- Los **nodos** de la escena, son los elementos que componen la escena. La clase superior que representa estos nodos es un Panel.

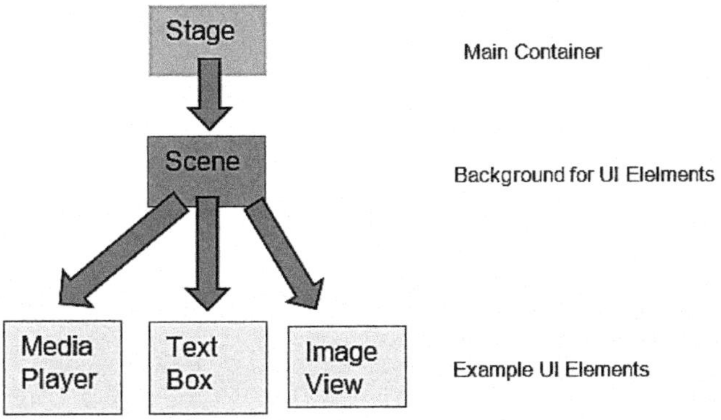

9.1.1 Modelo vista controlador (MVC)

Modelo Vista Controlador (MVC) es un estilo de arquitectura de software que separa los datos de una aplicación, la interfaz de usuario, y la lógica de control en tres componentes distintos.

Se trata de un modelo muy maduro y que ha demostrado su validez a lo largo de los años en todo tipo de aplicaciones, y sobre multitud de lenguajes y plataformas de desarrollo.

- El **Modelo** que contiene una representación de los datos que maneja el sistema, su lógica de negocio, y sus mecanismos de persistencia.
- La **Vista**, o interfaz de usuario, que compone la información que se envía al cliente y los mecanismos interacción con éste.
- El **Controlador**, que actúa como intermediario entre el Modelo y la Vista, gestionando el flujo de información entre ellos y las transformaciones para adaptar los datos a las necesidades de cada uno.

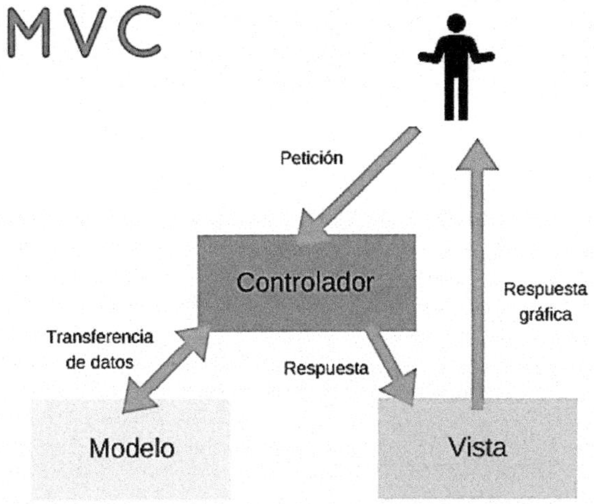

9.2 CREAR UN PROYECTO JAVAFX NUEVO

JavaFx es un software para crear y distribuir aplicaciones de escritorio que pueden ejecutarse en una amplia variedad de dispositivos. JavaFx intenta reemplazar a Swing como la librería estándar GUI para Java SE.

ACTIVIDAD TP1:

Crear un proyecto nuevo proyecto JavaFx desde Intellij. Para ello iniciamos el programa y seleccionamos *Project. New Project* y rellenamos los datos como en la figura:

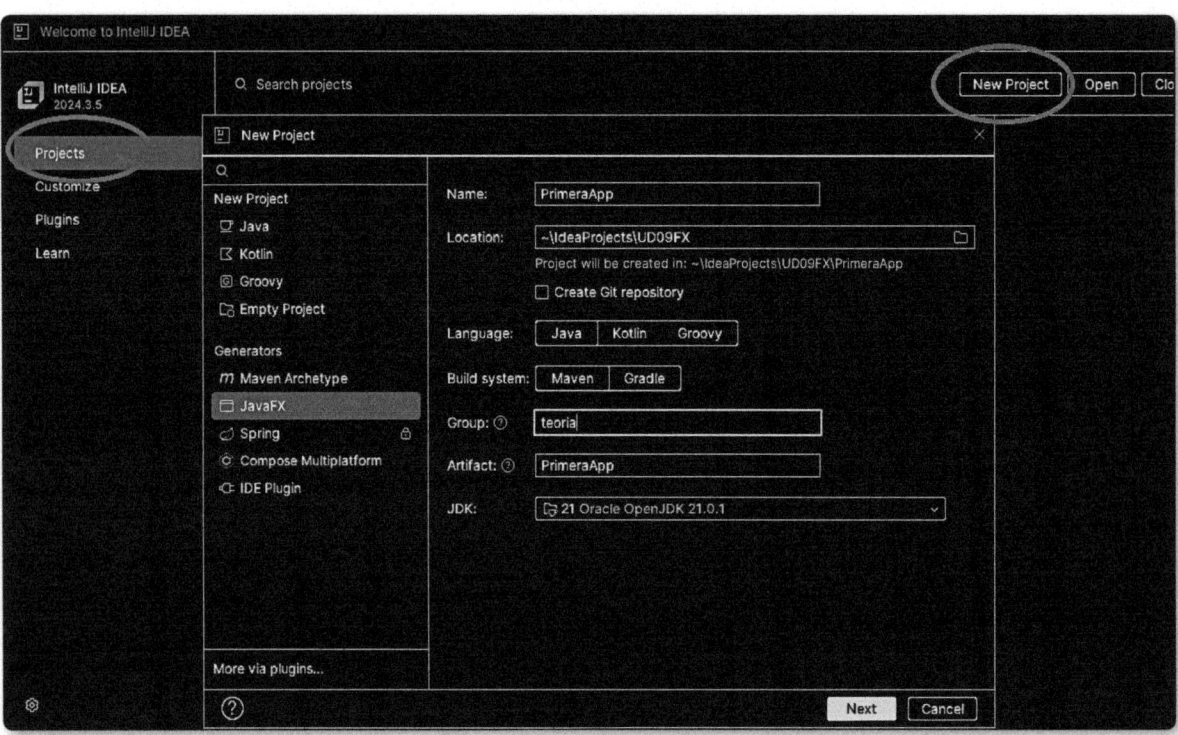

A continuación, pulsamos la tecla *Next* y surgirá la pantalla donde se podrían seleccionar librerías adicionales que podrías incluir y que nosotros no vamos a poner porque queremos aprender puro javaFX en lugar de hacer algo previamente ya creado.

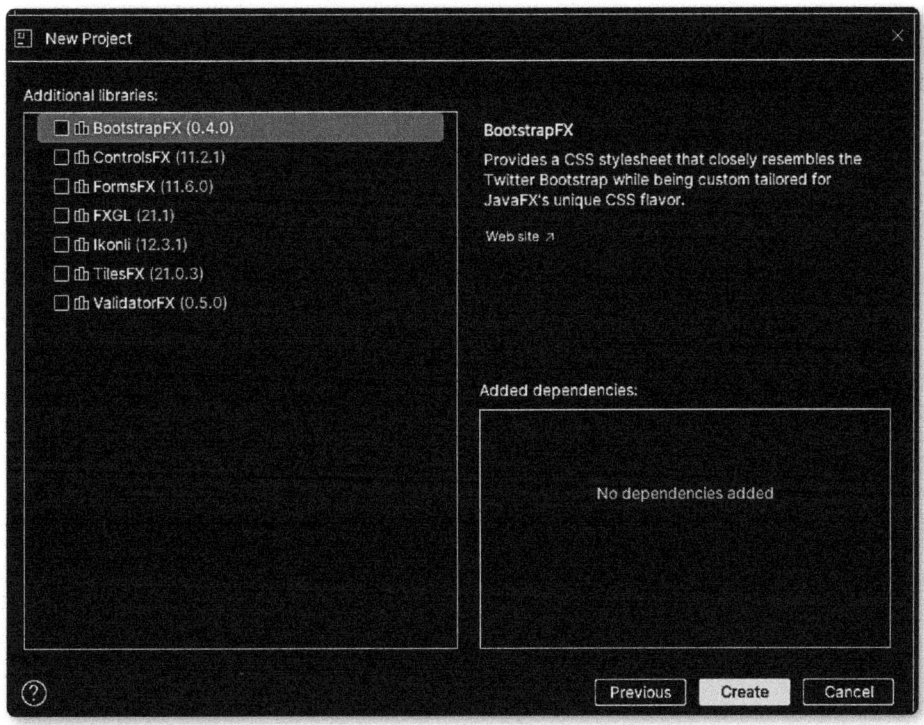

En esta pantalla, sin poner ningún check a las librerías, pulsamos el botón **Create** y vemos aparecer nuestro primer proyecto:

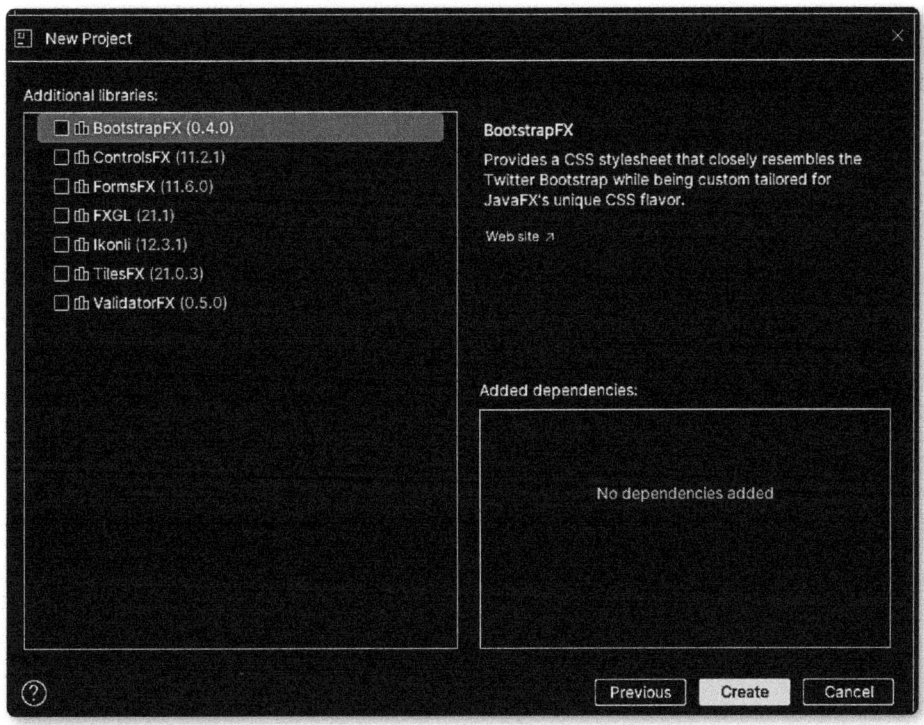

Si observamos bien la imagen vemos varios archivos que se han generado automáticamente: *HelloApplication.java, HelloController.java, hello-view.fxml* y pom.xml. Iremos viendo cosillas.

Analicemos el código de programa principal HelloApplication

```java
package teoria.primeraapp;

import javafx.application.Application;
import javafx.fxml.FXMLLoader;
import javafx.scene.Scene;
import javafx.stage.Stage;

import java.io.IOException;

public class HelloApplication extends Application {
    @Override
    public void start(Stage stage) throws IOException {
        FXMLLoader fxmlLoader = new FXMLLoader(HelloApplication.class.
getResource("hello-view.fxml"));
        Scene scene = new Scene(fxmlLoader.load(), 320, 240);
        stage.setTitle("Hello!");
        stage.setScene(scene);
        stage.show();
    }

    public static void main(String[] args) {
        Launch();
    }
}
```

Lo siguiente es importante para el programador aquí:

1. El primer *launch* crea una nueva instancia de la clase de *Application* (*HelloApplication* en este caso). La clase *de Application*, por lo tanto, necesita un constructor sin argumentos.

2. Se llama a init() en la instancia de la *Application* creada. En este caso, la implementación predeterminada de la *Application* no hace nada.

3. Se llama a *start* para la instancia de A*pplication* y la *Stage* primaria (= ventana) se pasa al método. Este método se llama automáticamente en el subproceso de la aplicación JavaFX (subproceso de plataforma).

4. La aplicación se ejecuta hasta que la plataforma determina que es hora de apagarse. Esto se hace cuando se cierra la última ventana en este caso.

5. El método de stop se invoca en la instancia de la *Application*. En este caso la implementación desde la *Application* no hace nada. Este método se llama automáticamente en el subproceso de la aplicación JavaFX (subproceso de plataforma).

En el método de start se construye el gráfico de escena. En este caso la interfaz de usuario solo contiene un botón. Aunque aquí todavía "no sabemos" de donde sale (de hello-view.fxml).

Se crea una *Scene* para mostrar estos Node. Finalmente, la *Scene* se agrega al *Stage* que es la ventana que muestra la IU completa.

9.2.1 La clase Stage

Como ya hemos visto en el ejemplo, cuando creamos una aplicación JavaFX, la clase principal extiende a la clase *Application*, y sobreescribe un método *start*, que crea un objeto *Stage* como parámetro. Este objeto *Stage* es una referencia al contenedor principal de nuestra aplicación. Será una ventana en sistemas operativos como Windows, Mac OS X o Linux; pero también puede ser una ventana completa si nuestra aplicación se ejecuta en un Smartphone o en una Tablet.

La clase *Stage* proporciona algunos métodos útiles para cambiar algunas características de tamaño, comportamiento, etc. Algunos métodos útiles son los siguientes:

▼ *setTitle(String)*: para poner título a la aplicación; que podemos ver en la barra de título de arriba en la ventana de la aplicación.

▼ *setScene(Scene)*: establece la escena de nuestra aplicación, donde colocaremos todos los controles. Puede haber más de una escena en un escenario.

▼ *show*: hace visible la aplicación (stage o escenario), y continúa ejecutando las instrucciones siguientes.

▼ *showAndWait*: hace visible la aplicación (stage), y espera hasta que se cierra para continuar.

▼ *setMinWidth(double), setMaxWidth(double)*: establece respectivamente el ancho mínimo y máximo de la ventana, así que no será posible redimensionar la ventana más allá de estos límites.

▼ *setMinHeight(double), setMaxHeight(double)*: establece respectivamente el alto mínimo y máximo de la ventana, así que no será posible redimensionar la ventana más allá de estos límites.

▼ *getMinWidth, getMaxWidth, getMinHeight, getMaxHeight*: obtiene la altura o anchura máxima en la aplicación.

▼ *setFullScreen(boolean)*: establece si nuestra aplicación se ejecutará a pantalla completa (por lo que no sería redimensionable y no habrá ninguna barra superior), o no.

▼ *setMaximized(boolean)*: establece si nuestra aplicación se maximiza o no.

▼ *setIconified(boolean)*: establece si nuestra aplicación se iconifica (minimiza) o no.

▼ *setResizable(boolean)*: establece si nuestra aplicación es redimensionable o no.

9.2.2 La clase Scene

Cada programa JavaFX tiene al menos un objeto Scene para contener todos los controles de la aplicación. Cuando se crea, necesitamos especificar su nodo principal (el que devuelve el FXMLLoader cuando analiza sintácticamente (parsea) un FXML).

```
FXMLLoader fxmlLoader = new
    FXMLLoader(HelloApplication.class.getResource("hello-view.fxml"));

Scene scene = new Scene(fxmlLoader.load(), 320, 240);
stage.setTitle("Hello!");
stage.setScene(scene);
stage.show();
```

El método load es el que nos crea la estructura de arbol de los nodos.

La clase Scene tiene métodos útiles, como por ejemplo:

▶ **getWidth, getHeight**: coge la anchura y la altura de la escena actual.

▶ **getX, getY**: coge las coordenadas de la escena actual en la pantalla refiriéndose a la esquina superior izquierda.

▶ **setRoot (Parent)**: establece un nuevo gestor de layout como el nodo principal de esta escena.

Un Stage puede tener múltiples Scenes, y puede cambiar de una a otra llamando a su método setScene.

Veamos ahora el código de **hello-view.fxml**

```xml
<?xml version="1.0" encoding="UTF-8"?>

<?import javafx.geometry.Insets?>
<?import javafx.scene.control.Label?>
<?import javafx.scene.layout.VBox?>

<?import javafx.scene.control.Button?>
<VBox alignment="CENTER"
  spacing="20.0"
  xmlns:fx="http://javafx.com/fxml"
        fx:controller="teoria.primeraapp.HelloController">
    <padding>
        <Insets bottom="20.0" left="20.0" right="20.0" top="20.0"/>
    </padding>

    <Label fx:id="welcomeText"/>
    <Button text="Hello!" onAction="#onHelloButtonClick"/>
</VBox>
```

¡Si sabemos un poquito de html y css, es fácil de comprender que hay un botón con el texto Hello! que tiene asociada una acción llamada *onHelloButtonClick*. Indicamos que el controlador de esta vista es HelloController.

Para saber lo que hace el botón tenemos que ver el código del controlador, i.e. ***HelloController.java***

```java
package teoria.primeraapp;

import javafx.fxml.FXML;
import javafx.scene.control.Label;

public class HelloController {
    @FXML
    private Label welcomeText;
```

```
    @FXML
    protected void onHelloButtonClick() {
        welcomeText.setText("Welcome to JavaFX Application!");
    }
}
```

Si ejecutamos la aplicación pulsando el botón verde:

```
0 ▷     public class HelloApplication extends Application
```

Nos sale la ejecución del programa:

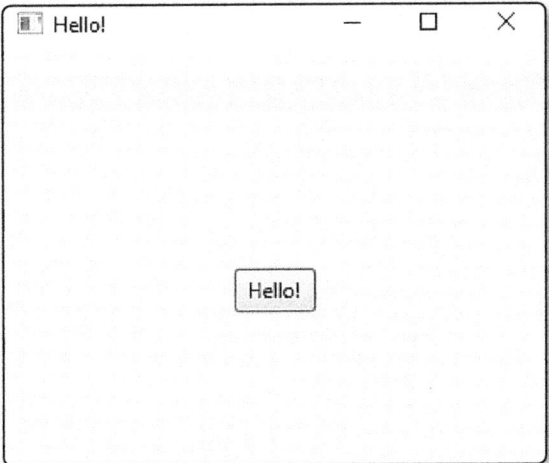

Y al pulsar el botón Hello!

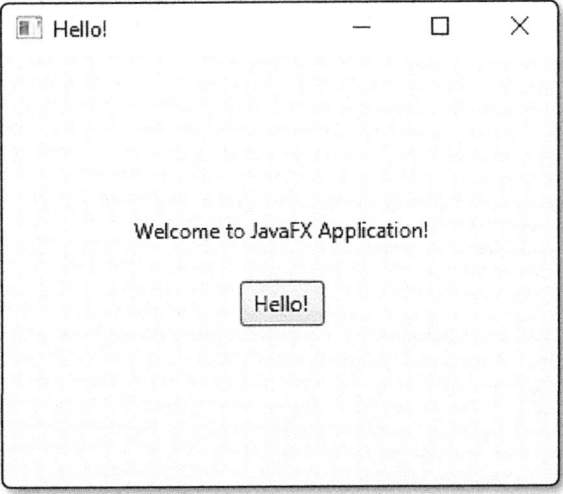

Sale el mensaje de bienvenida a la apliación JavaFX.

https://docs.oracle.com/javase/8/javafx/api/javafx/scene/Scene.html

9.3 EJECUTAR SCENEBUILDER DESDE INTELLIJ

TP3. Como hemos comentado anteriormente en el desarrollo de una aplicación. **Scene Builder** es un editor visual que permite la creación de archivos *FXML* para una UI sin escribir código. Solo arrastrando y soltando elementos podemos dibujar la vista. Podremos realizar un diseño de pantallas WYSIWYG (What You See Is What You Get).

Para abrir el archivo FXML con la herramienta SceneBuilder:

Haz click derecho sobre hello-view.fxml y haz click sobre la pestaña del archivo y selecciona *Open in.* *Open in Associated Application* tal y como se muestra a continuación:

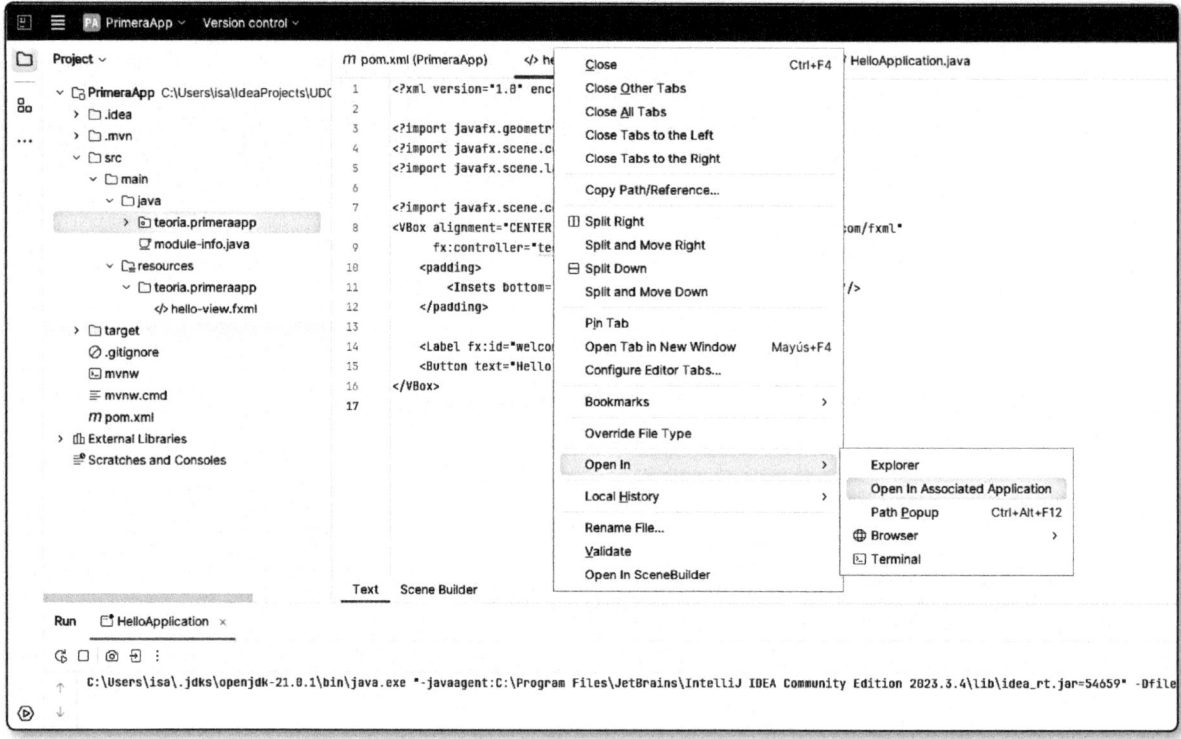

Ahí es cuando se nos abrirá el SceneBuilder y veremos el diseño de la interfaz de usuario correspondiente al archivo ***hello-view.fxml***

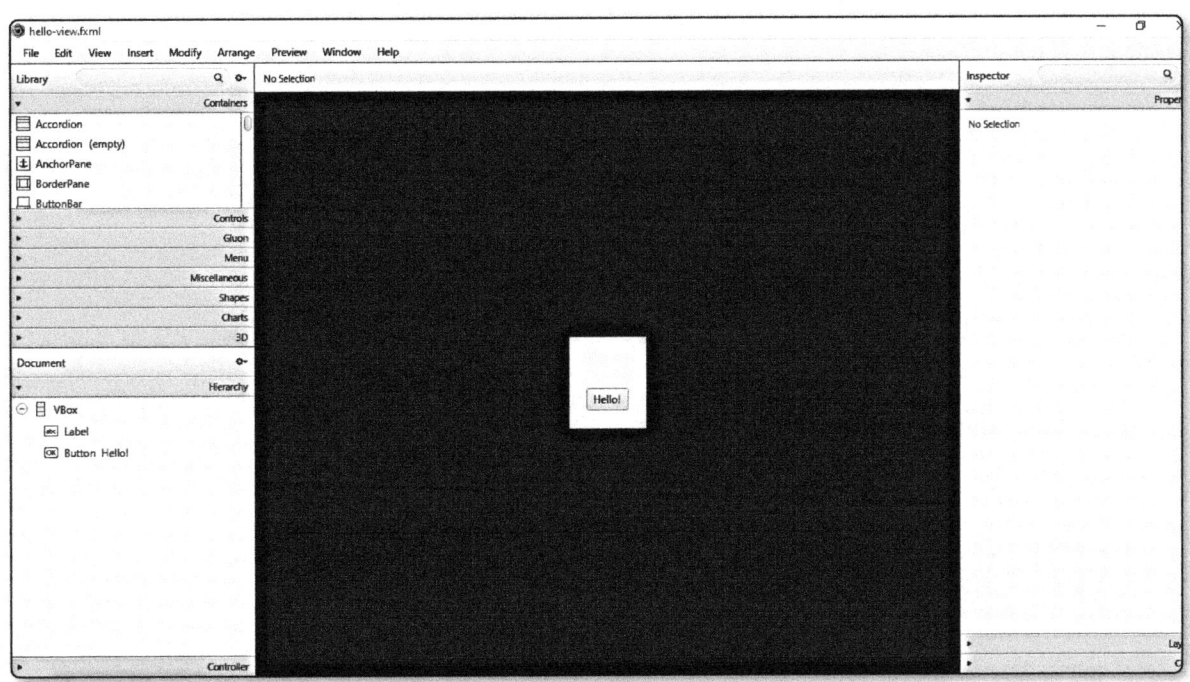

En caso de que no lo tengas asociado hay que decir dónde está el ejecutable SceneBuilder.exe

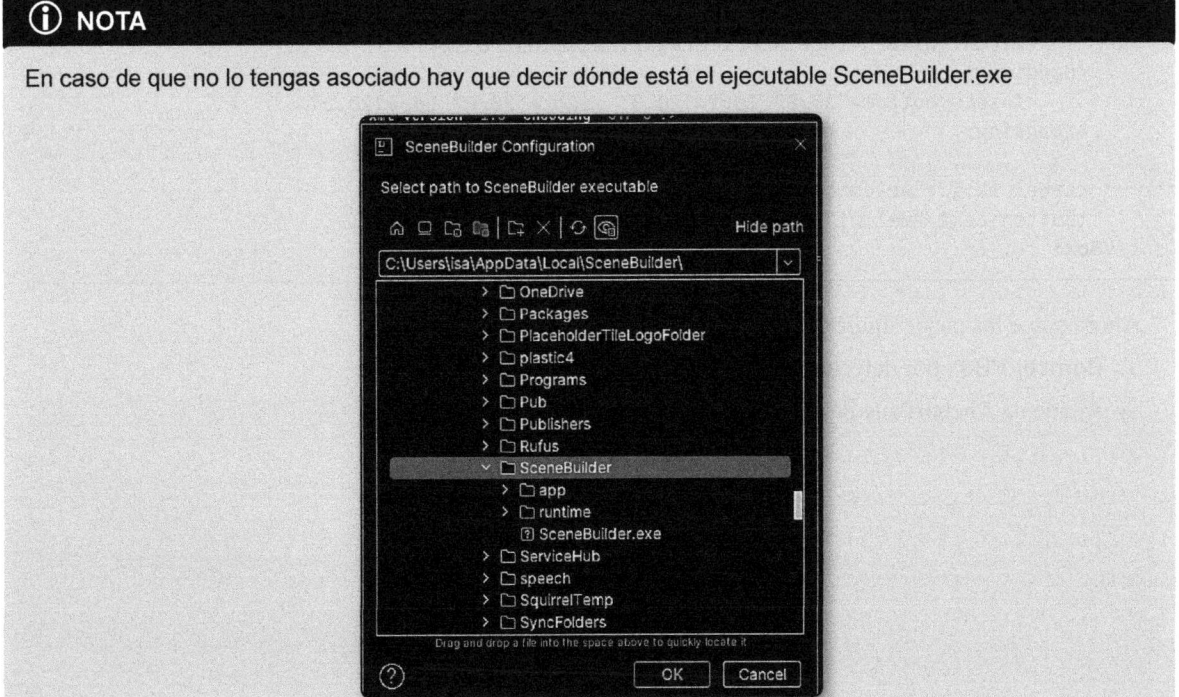

El editor de Scene Builder se abrirá con una vista con un contenedor VBox dentro del que ha metido la etiqueta y el botón.

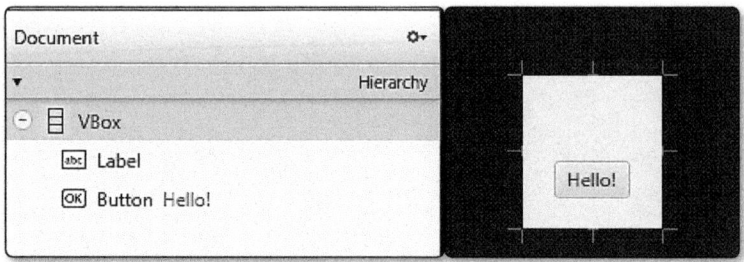

Si miramos el archivo hello-view.fxml podemos editar y cambiar cosas si queremos (aunque es preferible utilizar el Scene Builder).

```xml
<?xml version="1.0" encoding="UTF-8"?>

<?import javafx.geometry.Insets?>
<?import javafx.scene.control.Label?>
<?import javafx.scene.layout.VBox?>

<?import javafx.scene.control.Button?>
<VBox alignment="CENTER"
  spacing="20.0"
  xmlns:fx="http://javafx.com/fxml"
        fx:controller="teoria.primeraapp.HelloController">
    <padding>
        <Insets bottom="20.0" left="20.0" right="20.0" top="20.0"/>
    </padding>

    <Label fx:id="welcomeText"/>
    <Button text="Hello!" onAction="#onHelloButtonClick"/>
</VBox>
```

Ahora sigue los pasos siguientes:

1. Borra el VBox por defecto utilizando el Scene Builder.

2. Añade un AnchorPane desde Containers.

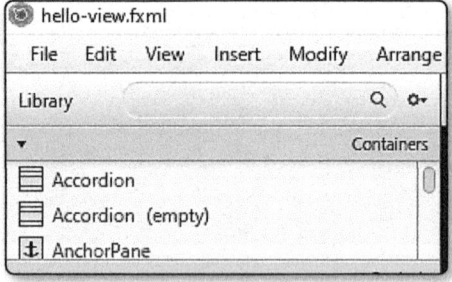

3. Añade un botón y una etiqueta desde Control.

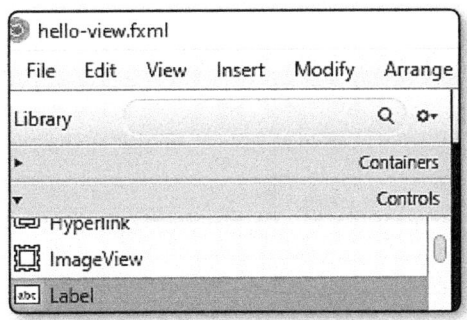 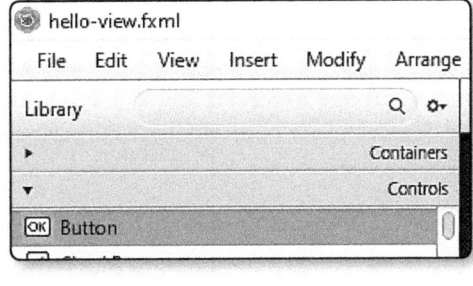

y quedará como en la figura siguiente:

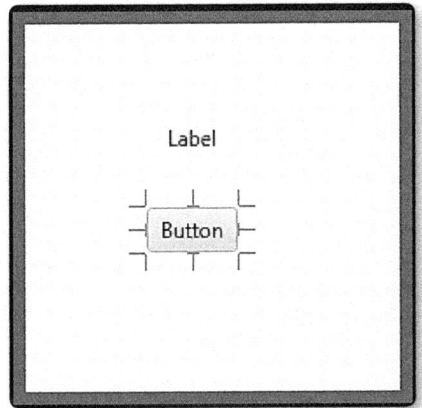

En lugar de teclear código es más sencillo hacerlo con SceneBuilder. Añade un fx:id al botón, en el *Inspector*, desde el desplegable *Code* y dale el nombre que lo identifica *boton1*. Y luego cambia el texto del botón a *Botón*.

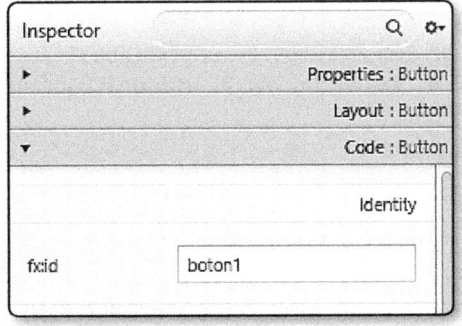 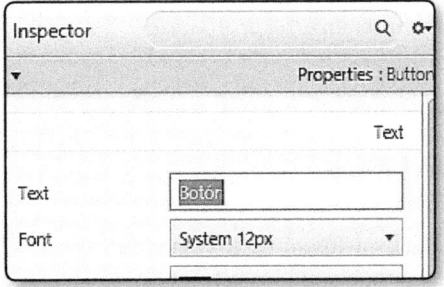

4. A la etiqueta ponle el nombre fx:id *label1*.

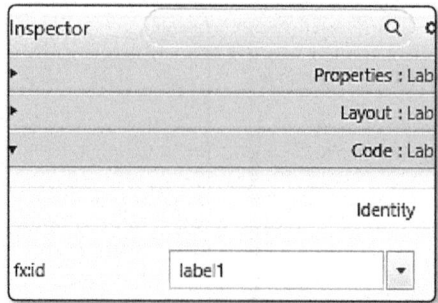

5. Selecciona el AnchorPane y define su clase controlador: *HelloController*.

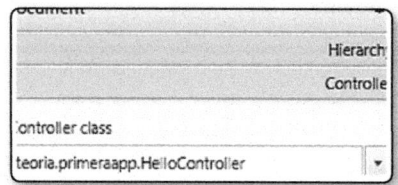

6. Ahora guardamos y comprobamos el código del archivo *hello-view.fxml*:

```xml
<?xml version="1.0" encoding="UTF-8"?>

<?import javafx.scene.control.Button?>
<?import javafx.scene.control.Label?>
<?import javafx.scene.layout.AnchorPane?>

<AnchorPane maxHeight="-Infinity" maxWidth="-Infinity"
        minHeight="-Infinity" minWidth="-Infinity"
        prefHeight="204.0"
        prefWidth="213.0" xmlns="http://javafx.com/javafx/21"
        xmlns:fx="http://javafx.com/fxml/1"
        fx:controller="teoria.primeraapp.HelloController">
    <children>
        <Label fx:id="label1" layoutX="81.0" layoutY="55.0" text="Label" />
        <Button fx:id="boton1" layoutX="69.0" layoutY="102.0" mnemonicParsing="false"
text="Button" />
    </children>
</AnchorPane>
```

7. Haz click en los id de los nombres y selecciona ***Create a field in HelloController*** para cada fx:id. Estamos asociando los elementos de la vista al controlador.

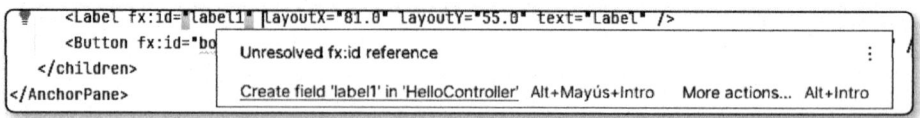

Realiza la misma operación en el botón.

8. Comprueba que se han creado los campos en *Controller.java*.

```java
package teoria.primeraapp;

import javafx.fxml.FXML;
import javafx.scene.control.Button;
import javafx.scene.control.Label;

public class HelloController {

    public Label label1;
    public Button boton1;
}
```

Cambia el modificador de acceso a private:

```java
import javafx.scene.control.Button;
import javafx.scene.control.Label;

public class Controller {
    private Label label1;
    private Button boton1;
}
```

Y ahora pon la anotación tanto para el boton1 como para label1. Si no realizamos este paso nos dará error de ejecución. Este paso se realiza desde el hello-view.xml

Elegimos Annotate field "label1" as @FXML, y lo mismo con boton1.

El archivo controlador queda así:

```
m pom.xml (PrimeraApp)    </> hello-view.fxml    © HelloController.java  ×

 2
 3      import javafx.fxml.FXML;
 4      import javafx.scene.control.Button;
 5      import javafx.scene.control.Label;
 6
 7      public class HelloController {
 8
 9
10          @FXML
11 </>      private Label label1;
12          @FXML
13 </>      private Button boton1;
14      }
```

9. Desde Snece Builder añade un método *pusbutton*, que realice código cuando se pulse el botón.

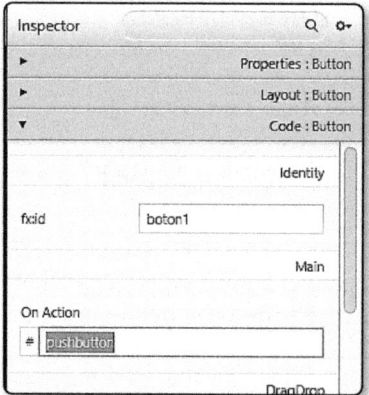

10. Crea el método en el controlador acercando el ratón a #pushbutton. Pulsa el enlace *Create method pushbutton:*

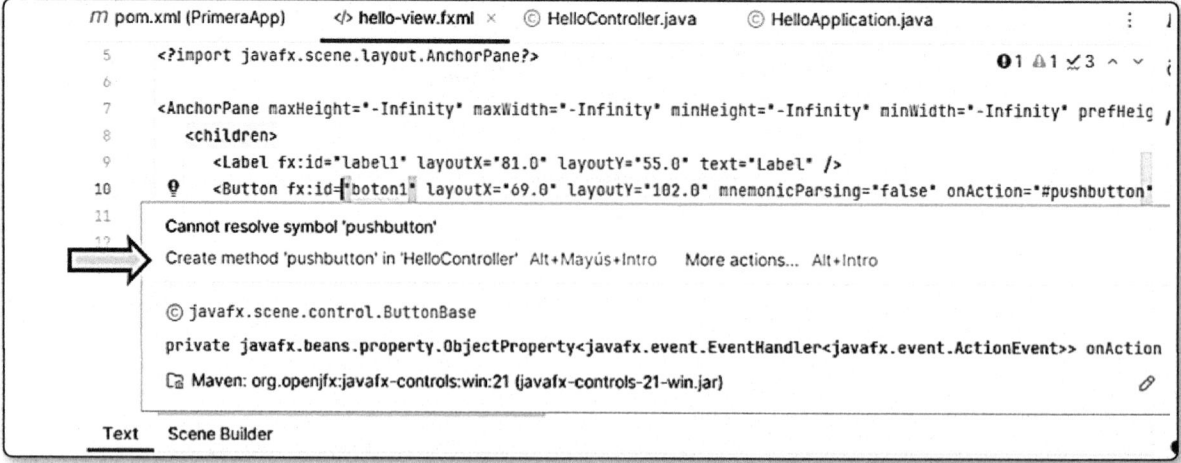

11. Ahora añade el código para el comportamiento del botón.

```
m pom.xml (PrimeraApp)        </> hello-view.fxml        © HelloController.java  ×

 6      import javafx.scene.control.Label;

 7
 8      public class HelloController {
 9          @FXML
10 </>     private Label label1;
11          @FXML
12 </>     private Button boton1;
13
14          public void pushbutton(ActionEvent actionEvent) {
15              label1.setText("Ha pulsado el botón");
16          }
17      }
```

12. Ahora ejecutamos la aplicación y pulsamos el botón.

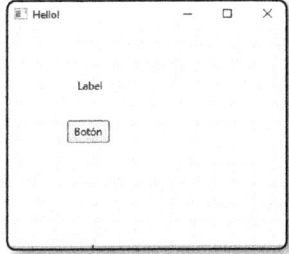

TP4. ACTIVIDAD 2: modifica el programa anterior para que tenga el aspecto siguiente:

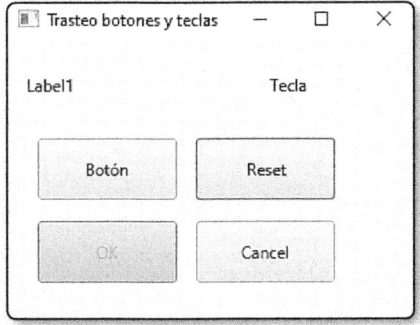 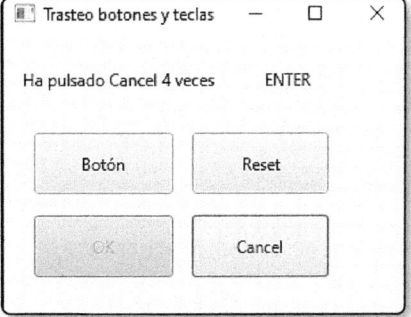

En las propiedades del botón Cancel activa, *Cancel Button*. Y En el botón Ok selecciona Defau*lt Button*.

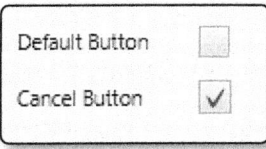

Si se pulsa el Botón en la etiqueta debe decir "Ha pulsado el botón". En cambio, si se pulsa cualquiera de los otros dos botones, contaremos las veces que se pulsa cada uno de ellos: al pulsar el botón Ok, la etiqueta dirá "Ha pulsado OK x veces"; y si pulsamos Cancel dirá "Ha pulsado Cancel x veces".

Además si pulsamo la tecla ENTER, o la tecla ESCAPE la etiqueta label2 lo indicará. Cuando pulse ESCAPE contará como si hubiera pulsado el botón Cancel y por lo tanto sumará 1 al contador. Al pulsar Reset se pone todo como al principio y los contadores a cero.

Pistas:

A continuación pongo un breve esquema de los eventos que voy a controlar según el objeto

Objeto (fx:id)	Evento	Método asignado	
boton1	On Action	pusbutton	
bOK	On Action	pusbutton	
bCancel	On Key Pressed	teclaPulsada	
breset			

```
//codigos de las teclas
https://docs.oracle.com/javafx/2/api/javafx/scene/input/KeyCode.html
```

KeyCode.*ENTER*
KeyCode.*ESCAPE*

Solución:

Hello-view.fxml

```xml
<?xml version="1.0" encoding="UTF-8"?>

<?import javafx.scene.control.Button?>
<?import javafx.scene.control.Label?>
<?import javafx.scene.layout.AnchorPane?>

<AnchorPane maxHeight="-Infinity" maxWidth="-Infinity" minHeight="-Infinity" minWidth="-Infinity" prefHeight="182.0" prefWidth="325.0" xmlns="http://javafx.com/javafx/21"
xmlns:fx="http://javafx.com/fxml/1" fx:controller="teoria.primeraapp.HelloController">
    <children>
        <Label fx:id="label1" layoutX="26.0" layoutY="21.0" text="Label" />
        <Button fx:id="boton1" layoutX="83.0" layoutY="74.0"
```

```
                    mnemonicParsing="false"
                    onAction="#pushbutton"
                    text="Botón" />
            <Label fx:id="label2" layoutX="222.0" layoutY="21.0" text="Tecla" />
            <Button fx:id="bReset" layoutX="148.0" layoutY="74.0"
                    mnemonicParsing="false"
                    onAction="#pushbutton"
                    onKeyPressed="#teclaPulsada"
                    text="Reset" />
            <Button fx:id="bOK" layoutX="83.0" layoutY="114.0"
                    mnemonicParsing="false"
                    onAction="#pushbutton"
                    onKeyPressed="#teclaPulsada"
                    prefHeight="25.0" prefWidth="45.0" text="OK" />
            <Button fx:id="bCancel" cancelButton="true" layoutX="148.0" layoutY="114.0"
    mnemonicParsing="false" onAction="#pushbutton" onKeyPressed="#teclaPulsada"
    text="Cancel" />
        </children>
    </AnchorPane>
```

HelloAplication.java

```java
package teoria.primeraapp;

import javafx.application.Application;
import javafx.fxml.FXMLLoader;
import javafx.scene.Scene;
import javafx.stage.Stage;

import java.io.IOException;

public class HelloApplication extends Application {
    @Override
    public void start(Stage stage) throws IOException {
        FXMLLoader fxmlLoader = new FXMLLoader(HelloApplication.class.
getResource("hello-view.fxml"));
        Scene scene = new Scene(fxmlLoader.load(), 320, 240);
        stage.setTitle("Trasteo botones y teclas");
        stage.setScene(scene);
        stage.show();
    }

    public static void main(String[] args) {
        Launch();
    }
}
```

HelloController.java

```java
package teoria.primeraapp;

import javafx.event.ActionEvent;
import javafx.fxml.FXML;
import javafx.scene.control.Button;
import javafx.scene.control.Label;
import javafx.scene.input.KeyCode;
import javafx.scene.input.KeyEvent;

public class HelloController {
    @FXML
    private Label label2;
    @FXML
    private Button bReset;
    @FXML
    private Button bOK;
    @FXML
    private Button bCancel;
    @FXML
    private Label label1;
    @FXML
    private Button boton1;
    int contadorOK = 0;
    int contadorCancel = 0;


    public void pushbutton(ActionEvent actionEvent) {
        label1.setText("Ha pulsado el botón");
      //compruebo qué objeto botón ha sido pulsado
      //ok o cancel para contarlo
       Object obj = actionEvent.getSource();
       if (obj == bOK){
           contadorOK ++;
           label1.setText("Ha pulsado OK " + contadorOK + " veces");
       }
       if (obj == bCancel){
           contadorCancel ++;
           label1.setText("Ha pulsado Cancel " + contadorCancel + " veces");
       }
       if (obj == bReset){
           label1.setText("Label1");
           label2.setText("Tecla");
           contadorOK = 0;
           contadorCancel = 0;
       }
    }
    //codigos de las teclas
//https://docs.oracle.com/javafx/2/api/javafx/scene/input/KeyCode.html
```

```
public void teclaPulsada(KeyEvent ke) {
    KeyCode key = ke.getCode();
    if (key == KeyCode.ENTER)
        label2.setText("ENTER");
    if (key == KeyCode.ESCAPE)
        label2.setText("ESCAPE");
}
}
```

9.4 CONTROLES BÁSICOS JAVAFX

T5. Algunos ya los hemos utilizado en los ejemplos anteriores. A continuación veamos algunos más:

9.4.1 Label y Button

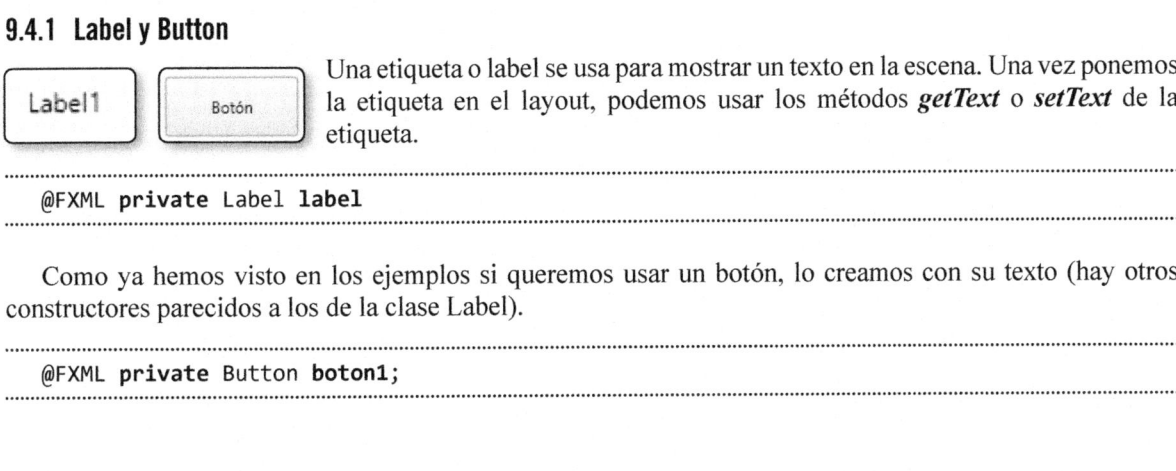

Una etiqueta o label se usa para mostrar un texto en la escena. Una vez ponemos la etiqueta en el layout, podemos usar los métodos *getText* o *setText* de la etiqueta.

```
@FXML private Label label
```

Como ya hemos visto en los ejemplos si queremos usar un botón, lo creamos con su texto (hay otros constructores parecidos a los de la clase Label).

```
@FXML private Button boton1;
```

9.4.2 TextField y TextArea

En relación con los campos de texto, los más comunes son los *TextFields*, utilizados para entradas de textos cortos, con una línea simple, y los *TextAreas*, utilizados para textos más largos, con varias filas y columnas.

```
@FXML   private TextField texto;
```

Hay algunos métodos tales como *getText* o *setText* para obtener y establecer el texto del control respectivamente. También existen métodos como *setPromptText* para establecer que el texto se borrará cuando el usuario comience a escribir algo en el campo de texto, o *setPrefColumnCount* para establecer el número de caracteres que será visible en el mismo.

Si necesitamos utilizar un *TextArea*, lo creamos con un constructor vacío o con un texto inicial, y disponemos de un par de métodos para establecer el número de filas y columnas inicial.

Cuando utilizamos un área de texto, definiremos un número de filas y columnas (caracteres por fila) en el archivo FXML. Hay algún otro método que podría resultar útil, como **setWrapText** (establece si se deben añadir las líneas que exceden el área de texto) o **getText/setText**, como en la clase *TextField*.

9.4.3 RadioButton

Normalmente los RadioButton se incluyen dentro de un grupo donde sólo uno de ellos es seleccionado a la vez. Para ello necesitamos definir un ToogleGroup, y añadirle los botones.

Para definir el grupo en la propiedad *ToogleGroup* de cada radio botón, le ponemos el mismo nombre, por ejemplo grupoRB

Y para preseleccionar uno de los RadioButton activamos la propiedad *Selected:*

Veamos un ejemplo:

TP6. ACTIVIDAD 3: elige el color. Seleccionar el color a través de un radiobutton y al pulsar el botón decir si es Rojo, Amarillo o Verde a través de un mensaje en una etiqueta.

Crea un proyecto que tenga el siguiente aspecto

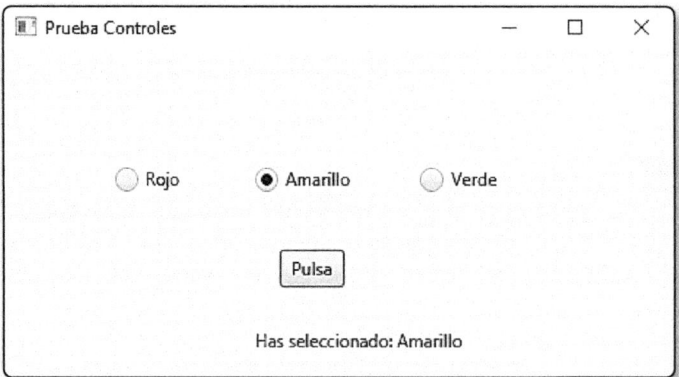

▶ Inicialmente el valor por defecto seleccionado será el Rojo. Para ello desde Scene Builder estableceremos la propiedad S*elected.*

▶ En las propiedades de cada radioButton, indicaremos que pertenecen a un grupo

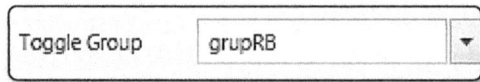

▶ Al pulsar el botón se escribirá en la etiqueta "Has seleccionado: colorDelRadiobutton".

NOTA

Está resuelto como R1 al final de la unidad y también hay disponible un vídeo-tutorial realizado por la profesora.

T7.

9.4.4 Checkbox

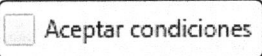 Una checkbox es un control que podemos seleccionar y deseleccionar alternativamente cada vez que hacemos click en el interior del recuadro.

```
@FXML private CheckBox chkAceptarCondiciones;
```

Para que esté seleccionado por defecto ponemos su propiedad *Selected* a true

Podemos observar las propiedades en el sample.fxml:

```
<CheckBox fx:id="chkAceptarCondiciones" layoutX="320.0" layoutY="174.0"
mnemonicParsing="false" onMouseClicked="#clickAceptaCondiciones" selected="true"
text="Aceptar condiciones" />
```

Podemos utilizar el método *setSelected* para seleccionarlo y el método *isSelected* para saber si el check está seleccionado o no.

```
public void clickAceptaCondiciones(MouseEvent mouseEvent) {
    if (chkAceptarCondiciones.isSelected())
        label2.setText("Acepta Condiciones");
    else
        label2.setText("NO Acepta Condiciones");
}
```

9.4.5 Listas

Hay dos tipos **principales** de listas que podemos utilizar en cualquier aplicación ***ListView***, con un tipo fijo de tamaño, donde se muestran algunos elementos y podemos deslizar la lista para buscar los elementos que necesitemos. También tenemos ***ChoiceBox*** o ***ComboBox*** para trabajar con listas desplegables, donde solo se muestra un elemento, y podemos seleccionar otro elemento extendiendo la lista. De todos modos, generalmente utilizado una *ObservableList* de elementos para añadir elementos a este tipo de listas. También disponemos de algunos métodos útiles para coger el elemento seleccionado o su índice. Si tenemos una variable ListView llamada lista, así es como se añadirían elementos a la lista, y luego comprobar el elemento que está seleccionado actualmente:

```
<ListView fx:id="listaListView" layoutX="29.0" layoutY="191.0" prefHeight="100.0"
prefWidth="200.0" />
```

```java
@Override
public void initialize(URL url, ResourceBundle resourceBundle) {
    listaListView.setItems(
            FXCollections.observableArrayList( "Windows", "Linux", "Mac OS
X","Ubuntu"));
    //listaListView.getSelectionModel().setSelectionMode(SelectionMode.MULTIPLE);
    listaListView.getSelectionModel().setSelectionMode(SelectionMode.SINGLE);
}
```

Se puede definir el modo de selección de la lista, es decir, si queremos que se seleccionen múltiples elementos, o queremos uno solo. Cambiamos esta característica con los métodos:

```java
listaListView.getSelectionModel().setSelectionMode(SelectionMode.MULTIPLE);
listaListView.getSelectionModel().setSelectionMode(SelectionMode.SINGLE);
```

Si queremos coger los ítems seleccionados de la lista, tenemos que coger el modelo de selección de la lista y llamar a *getSelectedItem* (para listas de selección simples) o bien *getSelectedItems* (para listas de selección múltiple). También disponemos de los métodos *getSelectedIndex* (para listas de selección simples) o bien *getSelectedIndexes* (para listas de selección múltiple).

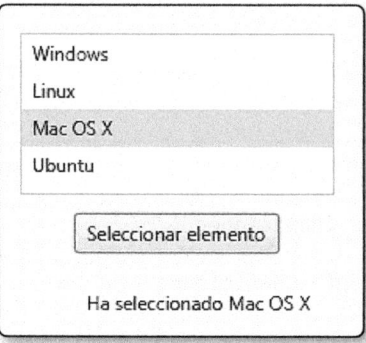

Si utilizamos una lista desplegable (como *ChoiceBox* o *ComboBox*), podemos utilizar el método *getValue* para coger el valor actual seleccionado en lugar de llamar a *getSelectionModel().getSelectedItem(),* lo que es más apropiado para listas fijas.

9.4.6 Menus

Como en cualquier aplicación de escritorio, podemos añadir un menú a nuestra aplicación JavaFx (no es usual cuando estamos desarrollando aplicaciones para móvil). El patrón que normalmente seguimos es poner una barra de menús (con unos menús por defecto dentro, que podemos editar), definimos las categorías (Menu) y añadimos los elementos del menú a las categorías

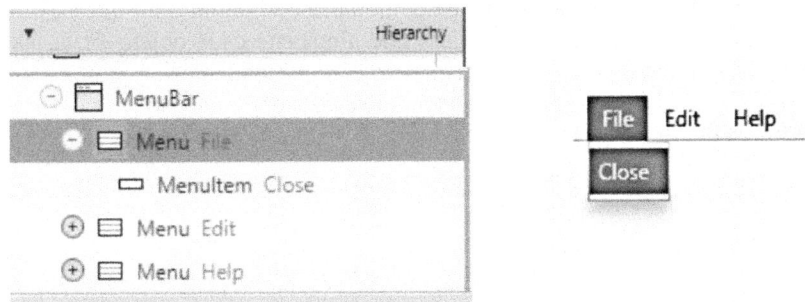

Como podemos ver en la jerarquía, necesitamos utilizar tres elementos diferentes:

▼ *MenuBar* para definir la barra donde se colocarán todos los menús .

▼ *Menu* para definir las categorías de los ítems de menú. Una categoría es un elemento que se muestra, pero que no tiene acciones asociadas (si hacemos clic en él, no ocurre nada salvo que se muestren las categorías que tiene).

▼ *MenuItem* para definir cada ítem de nuestro menú. Si hacemos clic sobre un ítem, podemos definir código asociado a dicha acción.

  ● También hay algunos subtipos MenuItem, tales como *CheckMenuItem* (ítems que pueden seleccionarse/deseleccionados, como las checboxes), o *RadioMenuItem* (grupos de ítems donde solo podemos seleccionar uno de ellos, como los radio botones). También podemos utilizar un *SeparatorMenuItem* para crear una separación entre grupos de elementos de menú.

9.4.7 Tables

Hay un control muy útil que podemos utilizar cuando trabajamos con grandes cantidades de información, o con algunos datos estructurados que necesitamos mantener visibles a la vez: tables. Este control nos permite organizar la información, así que podemos mostrar diferentes registros en distintas columnas, e información diferente sobre el mismo registro en distintas columnas.

Para tratar con las tables, utilizamos el control *TableView.* Podemos definir las cabeceras de las columnas con la clase *TableColumn.*

TP8. ACTIVIDAD 5. Por ejemplo, si queremos poner una lista de libros con su ISBN, título, autor y, crearemos una tabla como la siguiente:

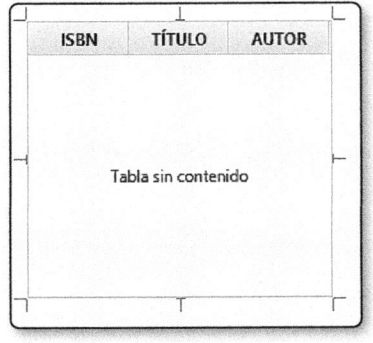

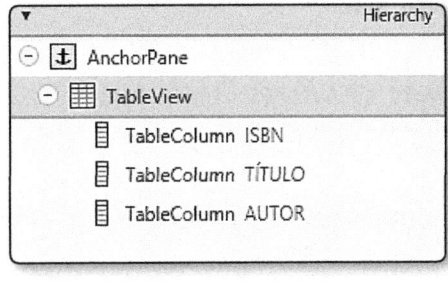

Una vez tenemos creada nuestra tabla, necesitamos llenarla con algún dato que hayamos almacenado previamente. Es recomendable crear una public class que almacene cada objeto de la tabla (cada fila), y asocie cada columna a un atributo de esa clase. En nuestro ejemplo podemos crear una clase Libro con tres atributos: ISBN, TITULO y AUTOR con sus correspondientes getters y setters:

Libro.java

```java
package sample;

public class Libro {
    String isbn;
    String titulo;
    String autor;

    //constructor
    public Libro(String isbn, String titulo, String autor) {
        this.isbn=isbn;
        this.titulo=titulo;
        this.autor=autor;
    }

    //getters y setters
    public String getIsbn() {
        return isbn;
    }

    public void setIsbn(String isbn) {
        this.isbn=isbn;
    }

    public String getTitulo() {
        return titulo;
    }

    public void setTitulo(String titulo) {
        this.titulo=titulo;
    }

    public String getAutor() {
        return autor;
    }

    public void setAutor(String autor) {
        this.autor=autor;
    }
}
```

Ahora debemos enlazar en el controlador la vista de la tabla y sus columnas. Date cuenta que definimos el tipo de los ítems que tendrá la tabla (Libro), y para cada columna, especificamos también el tipo de dato que vamos a mostrar (String, Integer,...)

```java
@FXML private TableView<Libro> tabla;
@FXML private TableColumn <Libro, String> colisbn;
@FXML private TableColumn <Libro, String> colautor;
@FXML private TableColumn <Libro, String> coltitulo;
ObservableList<Libro> datos;
```

Y asociamos cada propiedad de Libro con una columna de la tabla:

```java
@Override
public void initialize(URL url, ResourceBundle rb) {
    //texto a mostrar cuando la tabla está vacía
    tabla.setPlaceholder(new Label("No hay items para mostrar..."));

    //También asociamos cada propiedad de Libro a un objeto TableColumn
    colisbn.setCellValueFactory(new PropertyValueFactory("isbn"));
    coltitulo.setCellValueFactory(new PropertyValueFactory("titulo"));
    colautor.setCellValueFactory(new PropertyValueFactory("autor"));
}
```

> **ⓘ NOTA**
>
> Es **importante** que utilicemos el mismo nombre de parámetro en PropertyValueFactory correspondiente al getter pero sin el prefijo "get". Por ejemplo si tenemos un getter que se llama getPrecioTotal, debemos utilizar el nombre "PrecioTotal" en la columna.

Una vez hecho lo anterior, podemos crear o leer colecciones de libros con nuestra clase *FXcollections:*

```java
datos = FXCollections.observableArrayList(
new Libro("111111", "El juego de Ender", "Orson Scott Card"),
new Libro("222222", "Las aventuras de Tom Sawyer", "Mark Twain"),
new Libro("333333", "Adaptación de El Conde Lucanor", "Agustín Sanchez")
);
tabla.setItems(datos);
```

Y veremos algo así:

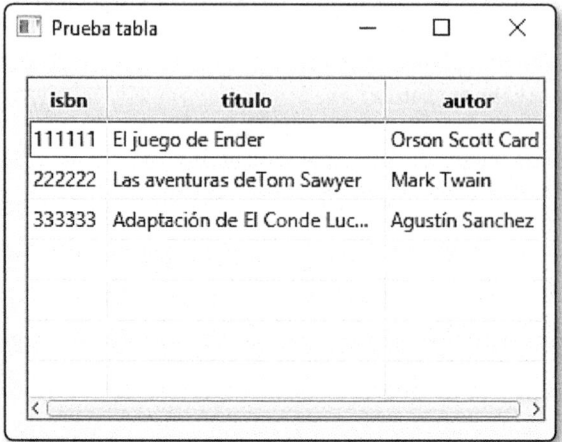

Añadir filas a una *TableView* es tan sencillo como añadir objetos nuevos a la lista asociada a la misma. En nuestro ejemplo si añadimos o borramos datos de nuestra lista observable (variable datos), la *TableView* se actualizará automáticamente.

Podemos utilizar el método **add** de la interfaz *ObservableList* para añadir elementos a la lista. Por ejemplo cuando pulsamos un botón.

```java
public void accionBoton1(ActionEvent actionEvent) {
    datos.add(
        new Libro("444444", "El enemigo conoce el sistema", "Marta Peirano")
    );
}
```

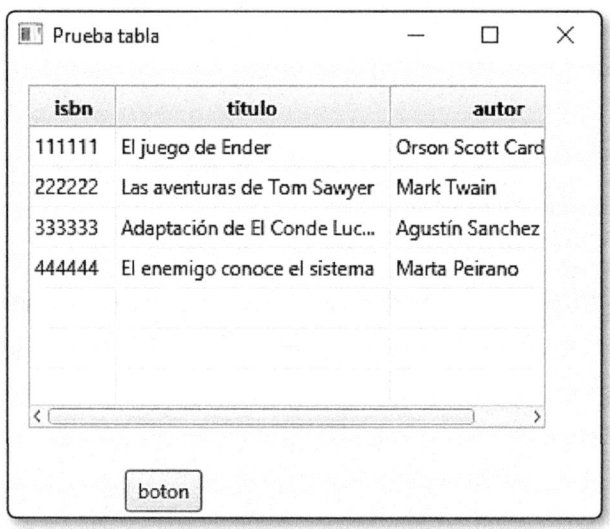

También podemos utilizar el método *remove* para borrar un elemento (o un conjunto de ellos) desde una posición (o rango) dados. Esta línea borra el último elemento de la lista/tabla:

```
datos.remove(datos.size()-1);
```

Para saber qué fila de la tabla está seleccionada actualmente, podemos utilizar los mismos métodos que habíamos visto en el control *ListView*. Típicamente, cogemos el índice del elemento que está seleccionado y cogemos el objeto del arraylist:

```
int index = tabla.getSelectionModel().getSelectedIndex();
Libro selLibro = datos.get(index);
```

Por lo que el código completo de **Controller.java** es:
```
package sample;


import javafx.collections.FXCollections;
import javafx.collections.ObservableList;
import javafx.event.ActionEvent;
import javafx.fxml.FXML;
import javafx.fxml.Initializable;
import javafx.scene.control.Button;
import javafx.scene.control.Label;
import javafx.scene.control.TableColumn;
import javafx.scene.control.TableView;
import java.net.URL;
import java.util.ResourceBundle;
import javafx.scene.control.cell.PropertyValueFactory;

public class Controller implements Initializable{

    @FXML private Button boton1;
    @FXML private TableView<Libro> tabla;
    @FXML private TableColumn <Libro, String> colisbn;
    @FXML private TableColumn <Libro, String> colautor;
    @FXML private TableColumn <Libro, String> coltitulo;
    ObservableList<Libro> datos;

    @Override
    public void initialize(URL url, ResourceBundle rb) {
        //texto a mostrar cuando la tabla está vacía
        tabla.setPlaceholder(new Label("No hay items para mostrar..."));

        //También asociamos cada propiedad de Libro a un objeto TableColumn
        colisbn.setCellValueFactory(new PropertyValueFactory("isbn"));
        coltitulo.setCellValueFactory(new PropertyValueFactory("titulo"));
        colautor.setCellValueFactory(new PropertyValueFactory("autor"));

        /*ObservableList<Libro> */
        datos = FXCollections.observableArrayList(
          new Libro("111111", "El juego de Ender", "Orson Scott Card"),
```

```
            new Libro("222222", "Las aventuras de Tom Sawyer", "Mark Twain"),
            new Libro("333333", "Adaptación de El Conde Lucanor", "Agustín Sanchez"));
        tabla.setItems(datos);

    }

    public void accionBoton1(ActionEvent actionEvent) {
        datos.add(new Libro("444444", "El enemigo conoce el sistema", "Marta Peirano"));
        //datos.remove(datos.size()-1);
        //int index = tabla.getSelectionModel().getSelectedIndex();
        //Libro selLibro = datos.get(index);
    }
}
```

Sample.fxml

```xml
<?xml version="1.0" encoding="UTF-8"?>

<?import javafx.scene.control.Button?>
<?import javafx.scene.control.TableColumn?>
<?import javafx.scene.control.TableView?>
<?import javafx.scene.layout.AnchorPane?>

<AnchorPane maxHeight="-Infinity" maxWidth="-Infinity" minHeight="-Infinity" minWidth="-
Infinity" prefHeight="326.0" prefWidth="439.0" xmlns="http://javafx.com/javafx/11.0.1"
xmlns:fx="http://javafx.com/fxml/1" fx:controller="sample.Controller">
   <children>
      <TableView fx:id="tabla" layoutX="14.0" layoutY="14.0"
         prefHeight="204.0" prefWidth="317.0">
        <columns>
          <TableColumn fx:id="colisbn" prefWidth="75.0" text="isbn" />
          <TableColumn fx:id="coltitulo" prefWidth="100.0" text="titulo" />
            <TableColumn fx:id="colautor" prefWidth="100.0" text="autor" />
        </columns>
      </TableView>
      <Button fx:id="boton1" layoutX="73.0" layoutY="243.0"
         mnemonicParsing="false" onAction="#accionBoton1" text="boton" />
   </children>
</AnchorPane>
```

9.4.8 DatePicker

T9.

El control selector de fecha o *DatePicker*, permite al usuario seleccionar una fecha de un calendario emergente que aparece cuando pulsas su botón derecho. Podemos acceder al TextFieled dentro del control DatePicker utilizando el método getEditor(). Una vez hemos accedido a ese campo de texto, podemos coger su valor fácilmente. También podemos coger el objeto *LocalDate* que representa la fecha actual utilizando *getValue()*.

```
@FXML private DatePicker datepicker;


@Override
public void initialize(URL url, ResourceBundle resourceBundle) {

    //inicializo el datepicker
    datepicker.setShowWeekNumbers(true); // mostrar los días de la semana
    datepicker.setValue(LocalDate.now()); // Seleccionar hoy por defecto
    datepicker.setEditable(false); // El usuario no puede modificar el campo de texto
}
```

9.5 CONTENEDORES JAVAFX

T10. Cada control que podemos colocar en una aplicación, como botones, etiquetas etcétera, tiene que colocarse dentro de un contenedor, también conocido como *layout managers*. Estos componentes nos permiten colocar los controles de una manera determinada, de forma que no necesitamos situar dichos componentes manualmente.

Algunos de los contenedores más comunes en JavaFX son:

▸ **HBox:** coloca los controles horizontalmente, una al lado del otro.

▸ **VBox:** coloca los controles verticalmente, uno encima/debajo del otro.

  Estos dos contenedores tienen algunas propiedades interesante en la pestaña *Properties*, tal como *Spacing* para separar automáticamente cada control del resto.

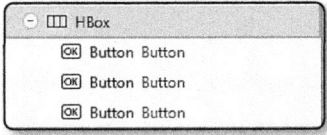   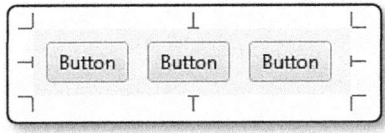   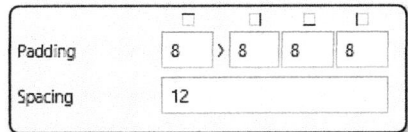

- **FlowPane:** coloca los controles uno al lado del otro hasta que no hay más espacio (vertical o horizontalmente). Entonces, va a la fila (o columna, dependiendo de su configuración), para continuar colocando más controles en un FlowPane, podemos controlar el espacio horizontal entre elementos (Hgap) y vertical (Vgap).

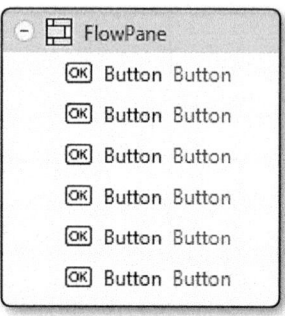

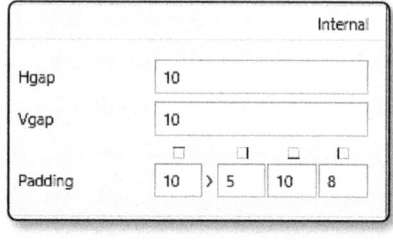

- **BorderPane**: este diseño divide el panel en cinco regiones: top, bottom, left, right y center; y podemos añadir un control o un contenedor con varios controles en cada región.

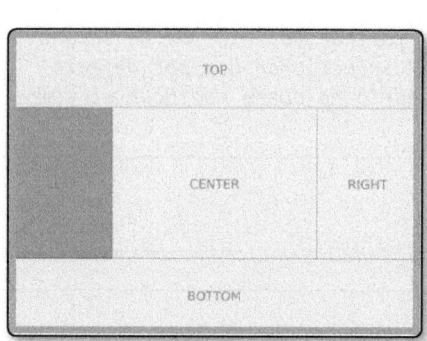

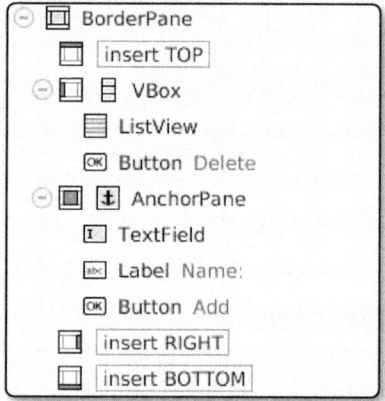

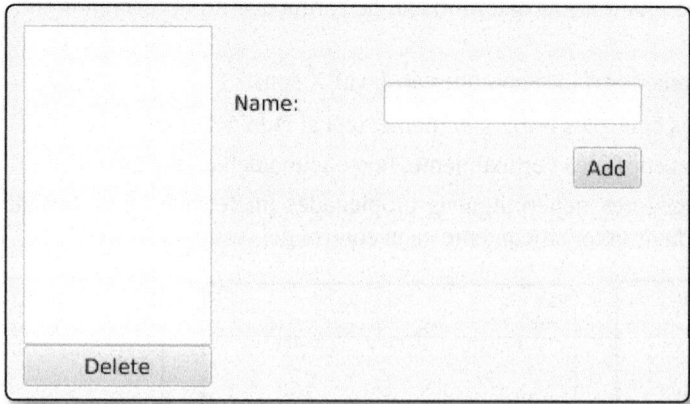

▶ **AnchorPane**: este es el más flexible ya que nos permite poner los elementos en cualquier lugar. Podemos indicar una distancia fija de un elemento a otro (o más) de los bordes del AnchorPane (top, right, bottom, left), así que cuando la ventana (y el AnchorPane contenida en ella) crece, los elementos siempre mantienen la misma distancia a los límites del contenedor.

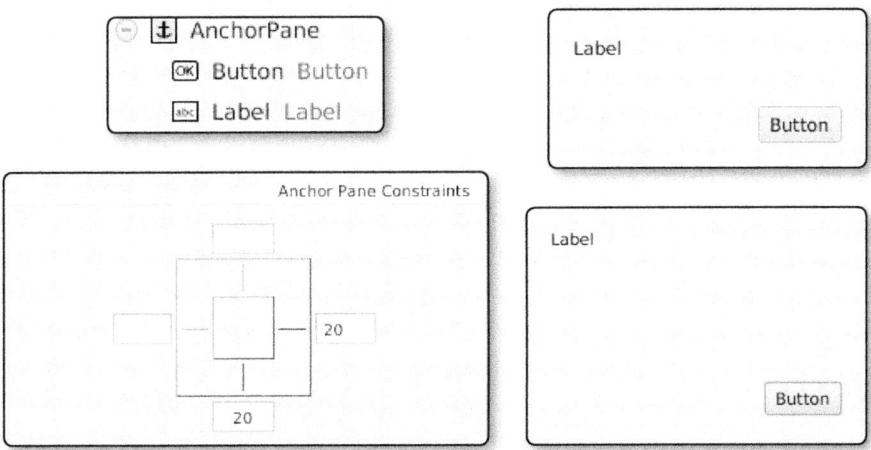

Hay otros paneles contenedores, como *GridPane* (crea una clase de tabla en el panel para distribuir los controles), *TilePane* (similar a FlowPane, pero dejando el mismo espacio para cada control, y alguno más.

9.6 EJERCICIOS RESUELTOS

▶ **R1. Solución ACTIVIDAD 3 elige el color.** Seleccionar el color a través de un radioButton y al pulsar el botón decir si es Rojo, Amarillo o Verde a través de un mensaje en una etiqueta.

Main.java

```java
package sample;

import javafx.application.Application;
import javafx.fxml.FXMLLoader;
import javafx.scene.Parent;
import javafx.scene.Scene;
import javafx.stage.Stage;

public class Main extends Application {

    @Override
    public void start(Stage primaryStage) throws Exception{
        Parent root = FXMLLoader.load(getClass().getResource("sample.fxml"));
        primaryStage.setTitle("Prueba Controles");
        primaryStage.setScene(new Scene(root, 463, 295));
        primaryStage.show();
```

```
    }

    public static void main(String[] args) {
        launch(args);
    }
}
```

module-info.java

```java
module ProbarControles {
    requires javafx.fxml;
    requires javafx.controls;
    opens sample;
}
```

Controller.java

```java
public class Controller {

    @FXML private RadioButton rbRojo;
    @FXML private ToggleGroup grupRB;
    @FXML private RadioButton rbAmarillo;
    @FXML private RadioButton rbVerde;
    @FXML private Label label1;
    @FXML private Button btnPulsa;

    public void pulsaBoton(ActionEvent actionEvent) {
        RadioButton selected = (RadioButton)grupRB.getSelectedToggle();
        label1.setText("Has seleccionado: " + selected.getText());
    }
}
```

sample.fxml

```xml
<?xml version="1.0" encoding="UTF-8"?>

<?import javafx.scene.control.Button?>
<?import javafx.scene.control.Label?>
<?import javafx.scene.control.RadioButton?>
<?import javafx.scene.control.ToggleGroup?>
<?import javafx.scene.layout.AnchorPane?>


<AnchorPane maxHeight="-Infinity" maxWidth="-Infinity" minHeight="-Infinity"
            minWidth="-Infinity" prefHeight="295.0" prefWidth="463.0"
            xmlns="http://javafx.com/javafx/11.0.1"
```

```xml
                xmlns:fx="http://javafx.com/fxml/1"
                fx:controller="sample.Controller">
    <children>
        <Button fx:id="btnPulsa" layoutX="192.0" layoutY="133.0"
mnemonicParsing="false" onAction="#pulsaBoton" text="Pulsa" />
        <Label fx:id="label1" layoutX="175.0" layoutY="185.0" text="Label" />
        <RadioButton fx:id="rbRojo" layoutX="77.0" layoutY="77.0"
mnemonicParsing="false" selected="true" text="Rojo">
            <toggleGroup>
                <ToggleGroup fx:id="grupRB" />
            </toggleGroup>
        </RadioButton>
        <RadioButton fx:id="rbAmarillo" layoutX="175.0" layoutY="77.0"
mnemonicParsing="false" text="Amarillo" toggleGroup="$grupRB" />
        <RadioButton fx:id="rbVerde" layoutX="288.0" layoutY="77.0"
mnemonicParsing="false" text="Verde" toggleGroup="$grupRB" />
    </children>
</AnchorPane>
```

▶ **R2. ACTIVIDAD 4 SUMADOR** creamos con JavaFX el proyecto con la siguiente estructura y pantalla:

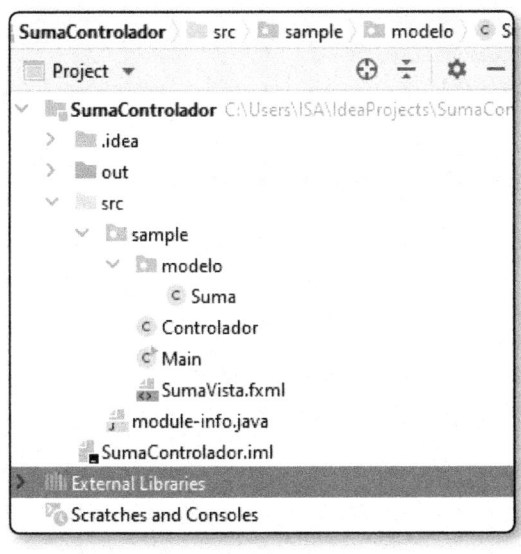
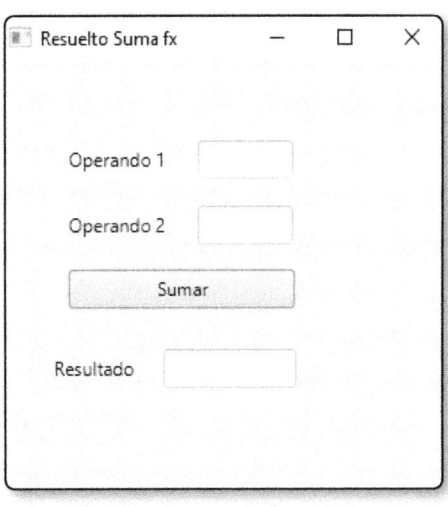

Si nos fijamos he cambiado el nombre que sale por defecto *Controller* por *Controlador*, y *sample.fxml* por *SumaVista.fxml*, recordemos que es mediante la opción *Refactor-> Rename*.

En este ejemplo vamos a ver cómo añadir cambios a la clase controladora. Necesitamos añadir algunos cambios manuales al controlador antes de que se enlace al fichero FXML. Para ser más precisos, necesitamos implementar la interfaz ***Initalizable***, asi que se añadirá el método ***initialize***. Este método se llama automáticamente cuando se muestra la aplicación, al principio, así que todo el código relacionado para controlar la inicialización, carga de ficheros y demás, se iniciará desde aquí.

```java
import javafx.fxml.Initializable;
import java.net.URL;
import java.util.ResourceBundle;

@Override
    public void initialize(URL url, ResourceBundle rb) {
        // TODO
    }
```

Lo primero que haremos es dibujar los controles, crear los campos y poner las referencias @FXML; así nos quedará el archivo de la interfaz:

SumaVista.fxml

```xml
<?xml version="1.0" encoding="UTF-8"?>

<?import javafx.scene.control.Button?>
<?import javafx.scene.control.Label?>
<?import javafx.scene.control.TextField?>
<?import javafx.scene.layout.AnchorPane?>

<AnchorPane prefHeight="256.0" prefWidth="253.0"
            xmlns="http://javafx.com/javafx/11.0.1"
            xmlns:fx="http://javafx.com/fxml/1"
            fx:controller="sample.Controlador">
    <children>
        <Button fx:id="btnSumar" layoutX="48.0" layoutY="133.0"
                mnemonicParsing="false" onAction="#sumar"
                prefHeight="25.0" prefWidth="150.0" text="Sumar"/>

        <TextField fx:id="txtOp1" layoutX="133.0" layoutY="50.0"
                prefHeight="25.0" prefWidth="64.0"/>
        <TextField fx:id="txtOp2" layoutX="133.0" layoutY="92.0"
                prefHeight="25.0" prefWidth="64.0"/>
        <TextField fx:id="txtResultado" editable="false" layoutX="110.0"
                layoutY="184.0" prefHeight="25.0" prefWidth="89.0"/>

        <Label layoutX="48.0" layoutY="54.0" text="Operando 1"/>
        <Label layoutX="48.0" layoutY="96.0" text="Operando 2"/>
        <Label layoutX="38.0" layoutY="188.0" text="Resultado"/>
    </children>
</AnchorPane>
```

El programa principal se nos genera automáticamente y cambiamos el título por "Resuelto suma fx".

Main.java

```java
package sample;

import javafx.application.Application;
import javafx.fxml.FXMLLoader;
import javafx.scene.Parent;
import javafx.scene.Scene;
import javafx.stage.Stage;

public class Main extends Application {

    @Override
    public void start(Stage primaryStage) throws Exception{
        Parent root =
                    FXMLLoader.load(getClass().getResource("SumaVista.fxml"));
        primaryStage.setTitle("Resuelto Suma fx");
        primaryStage.setScene(new Scene(root, 300, 275));
        primaryStage.show();
    }


    public static void main(String[] args) {
        Launch(args);
    }
}
```

Controlador.java

```java
package sample;

import javafx.fxml.Initializable;
import java.net.URL;
import java.util.ResourceBundle;
import javafx.event.ActionEvent;
import javafx.fxml.FXML;
import javafx.scene.control.Alert;
import javafx.scene.control.Button;
import javafx.scene.control.TextField;
import sample.modelo.Suma;

public class Controlador implements Initializable {

    @FXML   private Button btnSumar;
    @FXML   private TextField txtOp1;
    @FXML   private TextField txtOp2;
    @FXML   private TextField txtResultado;
    @Override
    public void initialize(URL url, ResourceBundle rb) {
```

```java
        // TODO
    }

    public void sumar(ActionEvent actionEvent) {
        try {
            // Obtengo los parametros
            int op1 = Integer.parseInt(this.txtOp1.getText());
            int op2 = Integer.parseInt(this.txtOp2.getText());

            // Creo una instancia del modelo
            Suma s = new Suma(op1, op2);

            // Realizo la suma
            int resultado = s.suma();

            // Muestro el resultado
            this.txtResultado.setText(resultado + "");

        } catch (NumberFormatException e) {
            // Alerta de error
            Alert alert = new Alert(Alert.AlertType.ERROR);
            alert.setHeaderText(null);
            alert.setTitle("Error");
            alert.setContentText("Formato incorrecto");
            alert.showAndWait();
        }
    }
}
```

▶ R3. ACTIVIDAD TableView 1: Personas

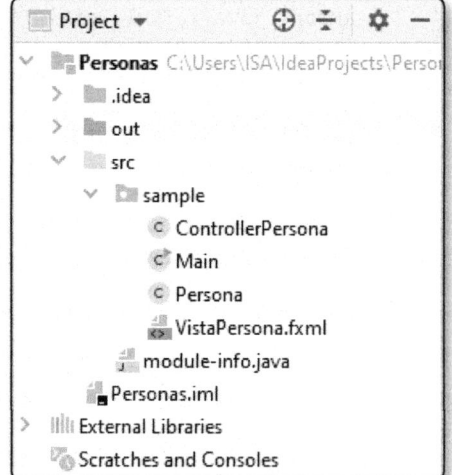

- Al seleccionar en un registro, mostrará los datos en los txt.
- Al pulsar el botón Modificar, el registro seleccionado se modificará con los datos que hay en los txt (editando el objeto).
- Al pulsar el botón Eliminar, el registro seleccionado se eliminará de la tabla.

Solución:

Main.java

```java
package sample;

import javafx.application.Application;
import javafx.fxml.FXMLLoader;
import javafx.scene.Parent;
import javafx.scene.Scene;
import javafx.stage.Stage;
import java.io.IOException;

import static javafx.fxml.FXMLLoader.load;

public class Main extends Application {

    @Override
    public void start(Stage primaryStage) throws Exception{
        try {
            Parent root=load(getClass().getResource("VistaPersona.fxml"));
            primaryStage.setTitle("Lista de personas");
            primaryStage.setScene(new Scene(root, 300, 275));
            primaryStage.show();
        }catch(IOException e){
            System.out.println(e.getMessage());
        }
    }

    public static void main(String[] args) {
        launch(args);
    }
}
```

ControllerPersona.java

```java
package sample;

import javafx.collections.FXCollections;
import javafx.collections.ObservableList;
import javafx.event.ActionEvent;
import javafx.fxml.FXML;
import javafx.fxml.Initializable;
```

```java
import javafx.scene.control.*;
import javafx.scene.control.cell.PropertyValueFactory;
import javafx.scene.input.MouseEvent;

import java.net.URL;
import java.util.ResourceBundle;

public class ControllerPersona implements Initializable {


    @FXML private TableView tblPersonas;
    @FXML private TableColumn colEdad;
    @FXML private  TableColumn colApellidos;
    @FXML private  TableColumn colNombre;
    @FXML private TextField txtEdad;
    @FXML private TextField txtApellidos;
    @FXML private  TextField txtNombre;
    @FXML private Button btnAgregar;
    @FXML private  Button btnEliminar;
    @FXML private Button btnModificar;
    private ObservableList<Persona> personas;

    @Override
    public void initialize(URL url, ResourceBundle resourceBundle) {
        personas = FXCollections.observableArrayList();

        colNombre.setCellValueFactory(new PropertyValueFactory("nombre"));
        colApellidos.setCellValueFactory(new PropertyValueFactory("apellidos"));
        colEdad.setCellValueFactory(new PropertyValueFactory("edad"));
    }

    public void agregarPersona(ActionEvent actionEvent) {
        try {
            // Obtengo los datos del formulario
            String nombre=txtNombre.getText();
            String apellidos=txtApellidos.getText();
            int edad=Integer.parseInt(txtEdad.getText());

            // Creo una persona
            Persona p=new Persona(nombre, apellidos, edad);
            // Compruebo si la persona esta en el lista
            if (!personas.contains(p)) {
                // Lo añado a la lista
                personas.add(p);
                // Seteo los items
                tblPersonas.setItems(personas);

                Alert alert = new Alert(Alert.AlertType.INFORMATION);
                alert.setHeaderText(null);
```

```java
                alert.setTitle("Info");
                alert.setContentText("Persona añadida");
                alert.showAndWait();

                //pongo en blanco los txt
                txtNombre.setText("");
                txtApellidos.setText("");
                txtEdad.setText("");

            } else {

                Alert alert = new Alert(Alert.AlertType.ERROR);
                alert.setHeaderText(null);
                alert.setTitle("Error");
                alert.setContentText("La persona existe");
                alert.showAndWait();
            }

        } catch (NumberFormatException e) {
            Alert alert = new Alert(Alert.AlertType.ERROR);
            alert.setHeaderText(null);
            alert.setTitle("Error");
            alert.setContentText("Formato incorrecto");
            alert.showAndWait();
        }
    }

    public void seleccionar(MouseEvent mouseEvent) {
        // Obtengo la persona seleccionada en el TableView tblPersonas
        Persona p =(Persona) tblPersonas.getSelectionModel().getSelectedItem();

        // Si no es nula actualizo los campos
        if (p != null) {
            txtNombre.setText(p.getNombre());
            txtApellidos.setText(p.getApellidos());
            txtEdad.setText(p.getEdad() + "");
        }
    }

    @FXML
    private void modificar(ActionEvent event) {

        // Obtengo la persona seleccionada en el TableView tblPersonas
        Persona p = (Persona) tblPersonas.getSelectionModel().getSelectedItem();

        // Si la persona es nula, lanzo error
        if (p == null) {
            Alert alert = new Alert(Alert.AlertType.ERROR);
            alert.setHeaderText(null);
            alert.setTitle("Error");
```

```java
            alert.setContentText("Debes seleccionar una persona");
            alert.showAndWait();
        } else {

            try {
                // Obtengo los datos del formulario
                String nombre = txtNombre.getText();
                String apellidos = txtApellidos.getText();
                int edad = Integer.parseInt(txtEdad.getText());

                // Creo una persona
                Persona aux = new Persona(nombre, apellidos, edad);

                // Compruebo si la persona esta en el lista
                if (!personas.contains(aux)) {

                    // Modifico el objeto
                    p.setNombre(aux.getNombre());
                    p.setApellidos(aux.getApellidos());
                    p.setEdad(aux.getEdad());

                    // Refresco la tabla
                    tblPersonas.refresh();

                    Alert alert = new Alert(Alert.AlertType.INFORMATION);
                    alert.setHeaderText(null);
                    alert.setTitle("Info");
                    alert.setContentText("Persona modificada");
                    alert.showAndWait();

                } else {

                    Alert alert = new Alert(Alert.AlertType.ERROR);
                    alert.setHeaderText(null);
                    alert.setTitle("Error");
                    alert.setContentText("La persona existe");
                    alert.showAndWait();
                }
            } catch (NumberFormatException e) {

                Alert alert = new Alert(Alert.AlertType.ERROR);
                alert.setHeaderText(null);
                alert.setTitle("Error");
                alert.setContentText("Formato incorrecto");
                alert.showAndWait();
            }

        }

    }
```

```java
@FXML
private void eliminar(ActionEvent event) {

    // Obtengo la persona seleccionada
    Persona p = (Persona) tblPersonas.getSelectionModel().getSelectedItem();

    // Si la persona es nula, lanzo error
    if (p == null) {
        Alert alert = new Alert(Alert.AlertType.ERROR);
        alert.setHeaderText(null);
        alert.setTitle("Error");
        alert.setContentText("Debes seleccionar una persona");
        alert.showAndWait();
    } else {

        // La elimino de la lista
        personas.remove(p);
        // Refresco la lista
        tblPersonas.refresh();

        Alert alert = new Alert(Alert.AlertType.INFORMATION);
        alert.setHeaderText(null);
        alert.setTitle("Info");
        alert.setContentText("Persona eliminada");
        alert.showAndWait();

    }

}
}
```

Veamos ahora el modelo:

Persona.java

```java
package sample;

import java.util.Objects;

public class Persona {
    private String nombre;
    private String apellidos;
    private int edad;

    public Persona(String nombre, String apellidos, int edad) {
        this.nombre = nombre;
        this.apellidos = apellidos;
        this.edad = edad;
```

```java
    }

    public String getNombre() {
        return nombre;
    }

    public void setNombre(String nombre) {
        this.nombre = nombre;
    }

    public String getApellidos() {
        return apellidos;
    }

    public void setApellidos(String apellidos) {
        this.apellidos = apellidos;
    }

    public int getEdad() {
        return edad;
    }

    public void setEdad(int edad) {
        this.edad = edad;
    }

    @Override
    public int hashCode() {
        int hash = 3;
        return hash;
    }

    @Override
    public boolean equals(Object obj) {
        if (this == obj) {
            return true;
        }
        if (obj == null) {
            return false;
        }
        if (getClass() != obj.getClass()) {
            return false;
        }
        final Persona other = (Persona) obj;
        if (this.edad != other.edad) {
            return false;
        }
        if (!Objects.equals(this.nombre, other.nombre)) {
            return false;
        }
```

```java
            if (!Objects.equals(this.apellidos, other.apellidos)) {
                return false;
            }
            return true;
        }
    }
```

VistaPersona.fxml

```xml
<?xml version="1.0" encoding="UTF-8"?>

<?import java.lang.*?>
<?import java.util.*?>
<?import javafx.scene.*?>
<?import javafx.scene.control.*?>
<?import javafx.scene.layout.*?>


<AnchorPane maxHeight="-Infinity" maxWidth="-Infinity" minHeight="-Infinity"
            minWidth="-Infinity" prefHeight="445.0" prefWidth="637.0"
            xmlns="http://javafx.com/javafx/11.0.1"
            xmlns:fx="http://javafx.com/fxml/1"
            fx:controller="sample.ControllerPersona">
    <children>
        <Button fx:id="btnAgregar" layoutX="25.0" layoutY="348.0"
                mnemonicParsing="false" onAction="#agregarPersona"
                prefHeight="25.0" prefWidth="149.0" text="Agregar persona"/>
        <TextField fx:id="txtNombre" layoutX="25.0" layoutY="102.0"/>
        <Label layoutX="28.0" layoutY="67.0" text="Nombre"/>
        <Label layoutX="25.0" layoutY="158.0" text="Apellidos"/>
        <TextField fx:id="txtApellidos" layoutX="25.0" layoutY="193.0"/>
        <TextField fx:id="txtEdad" layoutX="25.0" layoutY="287.0"/>
        <Label layoutX="25.0" layoutY="255.0" text="Edad"/>
        <TableView fx:id="tblPersonas" layoutX="220.0"
                   layoutY="67.0" onMouseClicked="#seleccionar"
                   prefHeight="306.0" prefWidth="403.0">
            <columns>
                <TableColumn fx:id="colNombre" prefWidth="147.0"
                             text="Nombre"/>
                <TableColumn fx:id="colApellidos" prefWidth="145.0"
                             text="Apellidos"/>
                <TableColumn fx:id="colEdad" prefWidth="105.0" text="Edad"/>
            </columns>
        </TableView>
        <Button fx:id="btnModificar" layoutX="241.0" layoutY="394.0"
                mnemonicParsing="false" onAction="#modificar"
                prefHeight="25.0" prefWidth="169.0" text="Modificar"/>
        <Button fx:id="btnEliminar" layoutX="444.0" layoutY="394.0"
                mnemonicParsing="false" onAction="#eliminar"
```

```
                        prefHeight="25.0" prefWidth="156.0" text="Eliminar"/>
        </children>
</AnchorPane>
```

R4. ACTIVIDAD TableView 2: Personas2

Copia el proyecto anterior y modifícalo para que quede así:

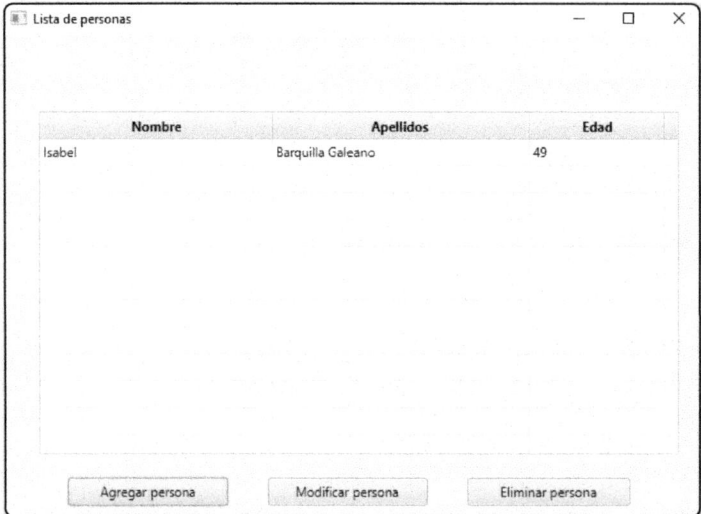 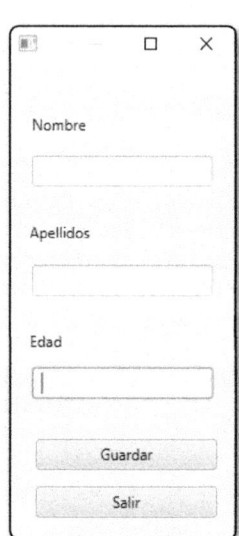

- Al pulsar el botón *Agregar persona*, saldrá la ventana que permitirá introducir los datos. Al guardar, se cerrará la ventana y se añadirán los datos a la tabla.

- Al pulsar el botón *Modificar*, el registro seleccionado se modificará desde la ventana.

- Al pulsar el botón Eliminar, el registro seleccionado se eliminará de la tabla.

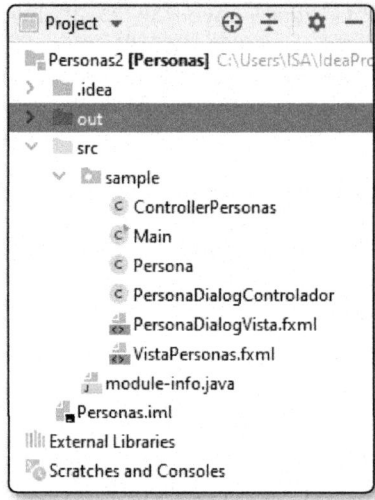

Solución:

Persona.java

(igual que el anterior)

Main.java

```java
package sample;

import javafx.application.Application;
import javafx.fxml.FXMLLoader;
import javafx.scene.Parent;
import javafx.scene.Scene;
import javafx.stage.Stage;
import java.io.IOException;

import static javafx.fxml.FXMLLoader.Load;

public class Main extends Application {

    @Override
    public void start(Stage primaryStage) throws Exception{
        try {
            Parent root=Load(getClass().getResource("VistaPersonas.fxml"));
            primaryStage.setTitle("Lista de personas");
            primaryStage.setScene(new Scene(root, 637, 445));
            primaryStage.show();
        }catch(IOException e){
            System.out.println(e.getMessage());
        }
    }


    public static void main(String[] args) {
        Launch(args);
    }
}
```

VistaPersonas.fxml

```xml
<?xml version="1.0" encoding="UTF-8"?>

<?import java.lang.*?>
<?import java.util.*?>
<?import javafx.scene.*?>
<?import javafx.scene.control.*?>
<?import javafx.scene.layout.*?>
```

```xml
<AnchorPane prefHeight="445.0" prefWidth="637.0" xmlns="http://javafx.com/javafx/11.0.1"
            xmlns:fx="http://javafx.com/fxml/1" fx:controller="sample.ControllerPersonas">
    <children>
        <Button fx:id="btnAgregar" layoutX="60.0" layoutY="394.0"
                mnemonicParsing="false" onAction="#agregarPersona"
                prefHeight="25.0" prefWidth="149.0" text="Agregar persona"/>
        <TableView fx:id="tblPersonas" layoutX="34.0"
                   layoutY="67.0" prefHeight="306.0"
                   prefWidth="589.0">
            <columns>
                <TableColumn fx:id="colNombre" prefWidth="215.0"
                             text="Nombre"/>
                <TableColumn fx:id="colApellidos" prefWidth="237.0"
                             text="Apellidos"/>
                <TableColumn fx:id="colEdad" prefWidth="123.0" text="Edad"/>
            </columns>
        </TableView>
        <Button fx:id="btnModificar" layoutX="245.0" layoutY="394.0"
                mnemonicParsing="false"onAction="#modificar"prefHeight="25.0"
                prefWidth="149.0" text="Modificar persona"/>
        <Button fx:id="btnEliminar" layoutX="430.0" layoutY="394.0"
                mnemonicParsing="false onAction="#eliminar" refHeight="25.0"
                prefWidth="149.0" text="Eliminar persona"/>
    </children>
</AnchorPane>
```

ControllerPersonas.java

```java
package sample;

import javafx.collections.FXCollections;
import javafx.collections.ObservableList;
import javafx.event.ActionEvent;
import javafx.fxml.FXML;
import javafx.fxml.FXMLLoader;
import javafx.fxml.Initializable;
import javafx.scene.Parent;
import javafx.scene.Scene;
import javafx.scene.control.Alert;
import javafx.scene.control.Button;
import javafx.scene.control.TableColumn;
import javafx.scene.control.TableView;
import javafx.scene.control.cell.PropertyValueFactory;
import javafx.stage.Modality;
import javafx.stage.Stage;

import java.io.IOException;
import java.net.URL;
import java.util.ResourceBundle;
```

```java
public class ControllerPersonas implements Initializable {

    @FXML private Button btnModificar;
    @FXML private Button btnEliminar;
    @FXML private Button btnAgregar;
    @FXML private TableView <Persona> tblPersonas;
    @FXML private TableColumn colEdad;
    @FXML private  TableColumn colApellidos;
    @FXML private  TableColumn colNombre;
    ObservableList <Persona> personas;
    /**
     * Inicializa la clase controladora
     */
    @Override
    public void initialize(URL url, ResourceBundle rb) {
        personas = FXCollections.observableArrayList();
        tblPersonas.setItems(personas);

        colNombre.setCellValueFactory(new PropertyValueFactory("nombre"));
        colApellidos.setCellValueFactory(new PropertyValueFactory("apellidos"));
        colEdad.setCellValueFactory(new PropertyValueFactory("edad"));
    }

    @FXML
    private void agregarPersona(ActionEvent event) {
        try {
            // Cargo la vista
            FXMLLoader loader = new FXMLLoader(getClass().
getResource("PersonaDialogVista.fxml"));

            // Cargo la ventana
            Parent root = loader.load();

            // Cojo el controlador
            PersonaDialogControlador controlador = loader.getController();
            controlador.inicializaAtributos(personas);

            // Creo el Scene
            Scene scene = new Scene(root);
            Stage stage = new Stage();
            stage.initModality(Modality.APPLICATION_MODAL);
            stage.setScene(scene);
            stage.showAndWait();

            // Cojo la persona devuelta
            Persona p = controlador.getPersona();
            if (p != null) {

                // Añado la persona
                personas.add(p);

                // Refresco la tabla
```

```java
                tblPersonas.refresh();
            }

        } catch (IOException ex) {
            Alert alert = new Alert(Alert.AlertType.ERROR);
            alert.setHeaderText(null);
            alert.setTitle("Error");
            alert.setContentText(ex.getMessage());
            alert.showAndWait();
        }

    }

    @FXML
    private void modificar(ActionEvent event) {

        Persona p = tblPersonas.getSelectionModel().getSelectedItem();

        if (p == null) {
            Alert alert = new Alert(Alert.AlertType.ERROR);
            alert.setHeaderText(null);
            alert.setTitle("Error");
            alert.setContentText("Debes seleccionar una persona");
            alert.showAndWait();
        } else {
            try {
                // Cargo la vista
                FXMLLoader loader = new FXMLLoader(getClass().
getResource("PersonaDialogVista.fxml"));

                // Cargo la ventana
                Parent root = loader.load();

                // Cojo el controlador
                PersonaDialogControlador controlador = loader.getController();
                controlador.inicializaAtributos(personas, p);

                // Creo el Scene
                Scene scene = new Scene(root);
                Stage stage = new Stage();
                stage.initModality(Modality.APPLICATION_MODAL);
                stage.setScene(scene);
                stage.showAndWait();

                // Cojo la persona devuelta
                Persona aux = controlador.getPersona();
                if (aux != null) {
                    tblPersonas.refresh();
                }

            } catch (IOException ex) {
                Alert alert = new Alert(Alert.AlertType.ERROR);
                alert.setHeaderText(null);
```

```java
                alert.setTitle("Error");
                alert.setContentText(ex.getMessage());
                alert.showAndWait();
            }
        }

    }

    @FXML
    private void eliminar(ActionEvent event) {

        Persona p = tblPersonas.getSelectionModel().getSelectedItem();

        if (p == null) {
            Alert alert = new Alert(Alert.AlertType.ERROR);
            alert.setHeaderText(null);
            alert.setTitle("Error");
            alert.setContentText("Debes seleccionar una persona");
            alert.showAndWait();
        } else {

            // Elimino la persona
            personas.remove(p);
            tblPersonas.refresh();

            Alert alert = new Alert(Alert.AlertType.INFORMATION);
            alert.setHeaderText(null);
            alert.setTitle("Info");
            alert.setContentText("Se ha borrado la persona");
            alert.showAndWait();
        }
    }
}
```

PersonaDialogVista.fxml

```xml
<?xml version="1.0" encoding="UTF-8"?>

<?import java.lang.*?>
<?import java.util.*?>
<?import javafx.scene.*?>
<?import javafx.scene.control.*?>
<?import javafx.scene.layout.*?>

<AnchorPane id="AnchorPane" focusTraversable="true" maxHeight="383.0"
        maxWidth="185.0" minHeight="345.0"  minWidth="185.0"
        prefHeight="383.0" prefWidth="185.0" snapToPixel="false"
        xmlns="http://javafx.com/javafx"
        xmlns:fx="http://javafx.com/fxml"
        fx:controller="sample.PersonaDialogControlador">
    <children>
```

```xml
        <Label layoutX="17.0" layoutY="213.0" text="Edad" />
        <TextField fx:id="txtEdad" layoutX="19.0" layoutY="242.0" />
        <TextField fx:id="txtApellidos" layoutX="19.0" layoutY="160.0" />
        <Label layoutX="17.0" layoutY="126.0" text="Apellidos" />
        <Label layoutX="19.0" layoutY="40.0" text="Nombre" />
        <TextField fx:id="txtNombre" layoutX="19.0" layoutY="73.0" />
        <Button fx:id="btnGuardar"
                layoutX="22.0"
                layoutY="299.0"
                mnemonicParsing="false"
                onAction="#guardar"
                prefHeight="25.0" prefWidth="149.0" text="Guardar" />
        <Button fx:id="btnSalir" layoutX="22.0" layoutY="337.0"
                mnemonicParsing="false" onAction="#salir"
                prefHeight="25.0" prefWidth="149.0" text="Salir" />
    </children>

</AnchorPane>
```

PersonaDialogControlador.java

```java
package sample;

import javafx.collections.ObservableList;
import javafx.event.ActionEvent;
import javafx.fxml.FXML;
import javafx.fxml.Initializable;
import javafx.scene.control.Alert;
import javafx.scene.control.Button;
import javafx.scene.control.TextField;
import javafx.stage.Stage;

import java.net.URL;
import java.util.ResourceBundle;

public class PersonaDialogControlador implements Initializable {

    @FXML private TextField txtNombre;
    @FXML private Button btnGuardar;
    @FXML private Button btnSalir;
    @FXML private TextField txtEdad;
    @FXML private TextField txtApellidos;

    private Persona persona;
    private ObservableList<Persona> personas;

    @Override
    public void initialize(URL url, ResourceBundle resourceBundle) {

    }
    public Persona getPersona() {
```

```java
        return persona;
    }
    public void inicializaAtributos(ObservableList<Persona> personas) {
        this.personas = personas;
    }
    public void inicializaAtributos(ObservableList<Persona> personas, Persona p){
        this.personas = personas;
        this.persona = p;

        // Cargo los datos de la persona
        this.txtNombre.setText(p.getNombre());
        this.txtApellidos.setText(p.getApellidos());
        this.txtEdad.setText(p.getEdad() + "");
    }


    public void guardar(ActionEvent actionEvent) {
        // Cojo los datos
        String nombre = txtNombre.getText();
        String apellidos = txtApellidos.getText();
        int edad = Integer.parseInt(txtEdad.getText());

        // Creo la persona
        Persona p = new Persona(nombre, apellidos, edad);

        // Compruebo si la persona existe
        if (!personas.contains(p)) {

            // Modificar o insertar
            if (this.persona != null) {

                // Modifico el objeto
                persona.setNombre(nombre);
                persona.setApellidos(apellidos);
                persona.setEdad(edad);

                Alert alert = new Alert(Alert.AlertType.INFORMATION);
                alert.setHeaderText(null);
                alert.setTitle("Información");
                alert.setContentText("Se ha modificado correctamente");
                alert.showAndWait();

            } else {
                // Insertando persona nueva
                persona = p;
                Alert alert = new Alert(Alert.AlertType.INFORMATION);
                alert.setHeaderText(null);
                alert.setTitle("Información");
                alert.setContentText("Se ha añadido correctamente");
                alert.showAndWait();

            }
```

```java
            // Cerrar la ventana
            Stage stage =(Stage) btnGuardar.getScene().getWindow();
            stage.close();
        } else {
            Alert alert = new Alert(Alert.AlertType.ERROR);
            alert.setHeaderText(null);
            alert.setTitle("Error");
            alert.setContentText("La persona ya existe");
            alert.showAndWait();
        }
    }

    public void salir(ActionEvent actionEvent) {
        persona = null;
        // Cerrar la ventana
        Stage stage = (Stage) btnGuardar.getScene().getWindow();
        stage.close();
    }
}
```

▚ R5. ACTIVIDAD Filtro en TableView : Personas

Modifica el proyecto anterior y añade un textField para poder poner un filtro a la tabla de personas cuando escribamos en el txt de arriba, filtrara los nombre de las personas que contengan el texto que se indique.

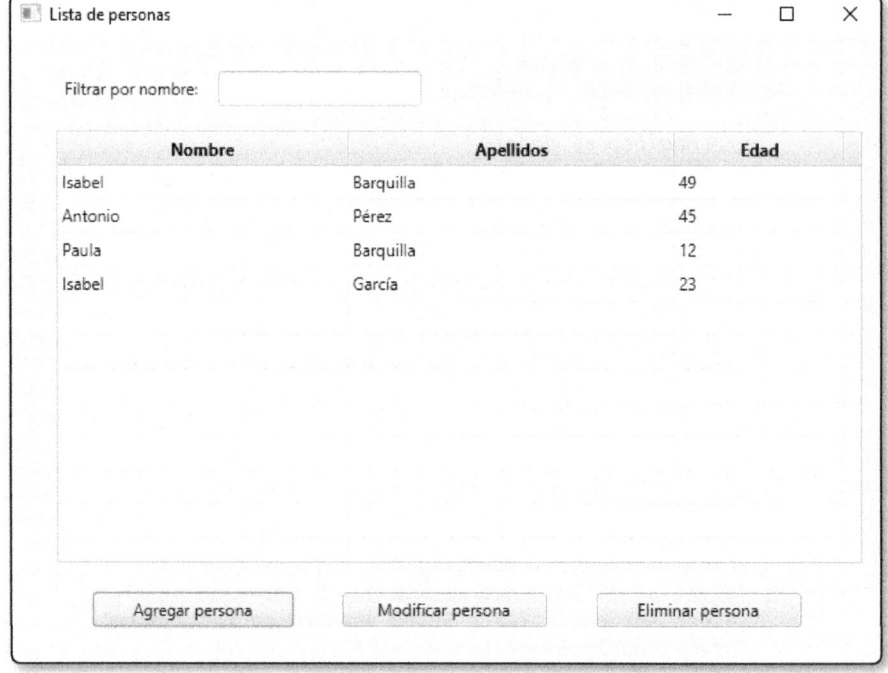

Así:

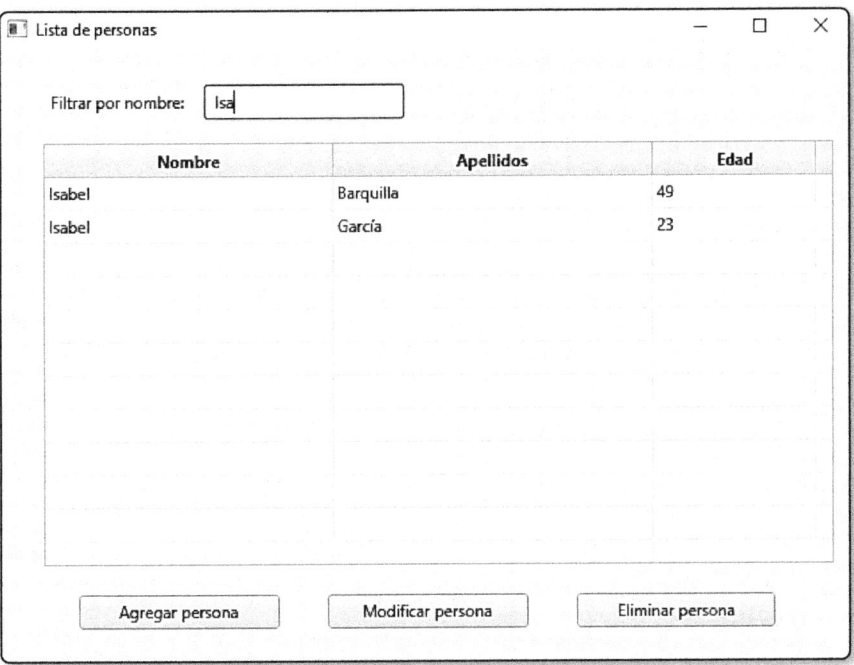

Veamos el código:

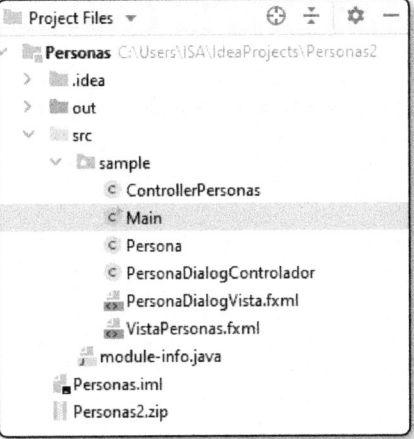

VistaPersonas.fxml

```xml
<?xml version="1.0" encoding="UTF-8"?>

<?import javafx.scene.control.Button?>
<?import javafx.scene.control.Label?>
```

```xml
<?import javafx.scene.control.TableColumn?>
<?import javafx.scene.control.TableView?>
<?import javafx.scene.control.TextField?>
<?import javafx.scene.layout.AnchorPane?>

<AnchorPane prefHeight="445.0" prefWidth="637.0"
            xmlns="http://javafx.com/javafx/11.0.1"
            xmlns:fx="http://javafx.com/fxml/1"
            fx:controller="sample.ControllerPersonas">
    <children>
        <Button fx:id="btnAgregar" layoutX="60.0" layoutY="394.0"
                mnemonicParsing="false" onAction="#agregarPersona"
                prefHeight="25.0" prefWidth="149.0" text="Agregar persona" />
        <TableView fx:id="tblPersonas" layoutX="34.0" layoutY="67.0"
                prefHeight="306.0" prefWidth="589.0">
            <columns>
                <TableColumn fx:id="colNombre" prefWidth="215.0"
                            text="Nombre" />
                <TableColumn fx:id="colApellidos" prefWidth="237.0"
                            "Apellidos" />
                <TableColumn fx:id="colEdad" prefWidth="123.0" text="Edad" />
            </columns>
        </TableView>
        <Button fx:id="btnModificar" layoutX="245.0" layoutY="394.0"
                mnemonicParsing="false" onAction="#modificar"
                prefHeight="25.0" prefWidth="149.0"
                text="Modificar persona" />
        <Button fx:id="btnEliminar" layoutX="430.0" layoutY="394.0"
                mnemonicParsing="false" onAction="#eliminar"
                prefHeight="25.0" prefWidth="149.0"
                text="Eliminar persona" />
        <Label layoutX="40.0" layoutY="29.0" text="Filtrar por nombre:" />
        <TextField fx:id="txtFiltrarNombre" layoutX="154.0" layoutY="25.0"
                onKeyReleased="#filtrarNombre" />
    </children>
</AnchorPane>
```

ControllerPersonas.java

```java
package sample;

import javafx.collections.FXCollections;
import javafx.collections.ObservableList;
import javafx.event.ActionEvent;
import javafx.fxml.FXML;
import javafx.fxml.FXMLLoader;
import javafx.fxml.Initializable;
import javafx.scene.Parent;
import javafx.scene.Scene;
```

```java
import javafx.scene.control.*;
import javafx.scene.control.cell.PropertyValueFactory;
import javafx.scene.input.KeyEvent;
import javafx.stage.Modality;
import javafx.stage.Stage;

import java.io.IOException;
import java.net.URL;
import java.util.ResourceBundle;

public class ControllerPersonas implements Initializable {

    @FXML private Button btnModificar;
    @FXML private Button btnEliminar;
    @FXML private Button btnAgregar;
    @FXML private TableView<Persona> tblPersonas;
    @FXML private TableColumn colEdad;
    @FXML private TableColumn colApellidos;
    @FXML private TableColumn colNombre;
    @FXML private TextField txtFiltrarNombre;
    private ObservableList<Persona> personas;
    private ObservableList<Persona> filtroPersonas;

    /**
     * Inicializa la clase controladora
     */
    @Override
    public void initialize(URL url, ResourceBundle rb) {
        personas=FXCollections.observableArrayList();
        filtroPersonas = FXCollections.observableArrayList();

        tblPersonas.setItems(personas);

        colNombre.setCellValueFactory(new PropertyValueFactory("nombre"));
        colApellidos.setCellValueFactory(new PropertyValueFactory("apellidos"));
        colEdad.setCellValueFactory(new PropertyValueFactory("edad"));
    }

    @FXML
    private void agregarPersona(ActionEvent event) {
        try {
            // Cargo la vista
            FXMLLoader loader=new FXMLLoader(getClass().
getResource("PersonaDialogVista.fxml"));

            // Cargo la ventana
            Parent root=loader.load();

            // Cojo el controlador
            PersonaDialogControlador controlador=loader.getController();
```

```java
        controlador.inicializaAtributos(personas);

        // Creo el Scene
        Scene scene=new Scene(root);
        Stage stage=new Stage();
        stage.initModality(Modality.APPLICATION_MODAL);
        stage.setScene(scene);
        stage.showAndWait();

        // Cojo la persona devuelta
        Persona p = controlador.getPersona();
        if (p != null) {
            personas.add(p);
            if (p.getNombre().toLowerCase().contains(this.txtFiltrarNombre.
getText().toLowerCase())) {
                this.filtroPersonas.add(p);
            }
            this.tblPersonas.refresh();
        }

    } catch (IOException ex) {
        Alert alert=new Alert(Alert.AlertType.ERROR);
        alert.setHeaderText(null);
        alert.setTitle("Error");
        alert.setContentText(ex.getMessage());
        alert.showAndWait();
    }

}

@FXML
private void modificar(ActionEvent event) {

    Persona p=tblPersonas.getSelectionModel().getSelectedItem();

    if (p == null) {
        Alert alert=new Alert(Alert.AlertType.ERROR);
        alert.setHeaderText(null);
        alert.setTitle("Error");
        alert.setContentText("Debes seleccionar una persona");
        alert.showAndWait();
    } else {
        try {
            // Cargo la vista
            FXMLLoader loader=new FXMLLoader(getClass().
getResource("PersonaDialogVista.fxml"));

            // Cargo la ventana
            Parent root=loader.load();
```

```java
        // Cojo el controlador
        PersonaDialogControlador controlador=loader.getController();
        controlador.inicializaAtributos(personas, p);

        // Creo el Scene
        Scene scene=new Scene(root);
        Stage stage=new Stage();
        stage.initModality(Modality.APPLICATION_MODAL);
        stage.setScene(scene);
        stage.showAndWait();

        // Cojo la persona devuelta
        Persona pSeleccionado = controlador.getPersona();
        if (pSeleccionado != null) {
            if (!pSeleccionado.getNombre().toLowerCase().
                    contains(txtFiltrarNombre.getText().toLowerCase())) {
                filtroPersonas.remove(pSeleccionado);
            }
            tblPersonas.refresh();
        }

    } catch (IOException ex) {
        Alert alert=new Alert(Alert.AlertType.ERROR);
        alert.setHeaderText(null);
        alert.setTitle("Error");
        alert.setContentText(ex.getMessage());
        alert.showAndWait();
    }
}

}

@FXML
private void eliminar(ActionEvent event) {

    Persona p=tblPersonas.getSelectionModel().getSelectedItem();

    if (p == null) {
        Alert alert=new Alert(Alert.AlertType.ERROR);
        alert.setHeaderText(null);
        alert.setTitle("Error");
        alert.setContentText("Debes seleccionar una persona");
        alert.showAndWait();
    } else {

        // Elimino la persona
        personas.remove(p);
        filtroPersonas.remove(p);
        tblPersonas.refresh();
```

```java
            Alert alert=new Alert(Alert.AlertType.INFORMATION);
            alert.setHeaderText(null);
            alert.setTitle("Info");
            alert.setContentText("Se ha borrado la persona");
            alert.showAndWait();
        }
    }

    @FXML
    private void filtrarNombre(KeyEvent event) {

        String filtroNombre=this.txtFiltrarNombre.getText();

        // Si el texto del nombre esta vacio, seteamos la tabla de personas con el
original
        if (filtroNombre.isEmpty()) {
            this.tblPersonas.setItems(personas);
        } else {

            // Limpio la lista
            this.filtroPersonas.clear();

            for (Persona p : this.personas) {
                if (p.getNombre().toLowerCase().contains(filtroNombre.toLowerCase()))
{

                    this.filtroPersonas.add(p);
                }
            }

            this.tblPersonas.setItems(filtroPersonas);

        }
    }
}
```

PersonaDialogcontrolador.java

```java
package sample;

import javafx.collections.ObservableList;
import javafx.event.ActionEvent;
import javafx.fxml.FXML;
import javafx.fxml.Initializable;
import javafx.scene.control.Alert;
import javafx.scene.control.Button;
import javafx.scene.control.TextField;
import javafx.stage.Stage;

import java.net.URL;
```

```java
import java.util.ResourceBundle;

public class PersonaDialogControlador implements Initializable {

    @FXML private TextField txtNombre;
    @FXML private Button btnGuardar;
    @FXML private Button btnSalir;
    @FXML private TextField txtEdad;
    @FXML private TextField txtApellidos;

    private Persona persona;
    private ObservableList<Persona> personas;

    @Override
    public void initialize(URL url, ResourceBundle resourceBundle) {

    }
    public Persona getPersona() {
        return persona;
    }
    public void inicializaAtributos(ObservableList<Persona> personas) {
        this.personas = personas;
    }
    public void inicializaAtributos(ObservableList<Persona> personas, Persona p){
        this.personas = personas;
        this.persona = p;

        // Cargo los datos de la persona
        this.txtNombre.setText(p.getNombre());
        this.txtApellidos.setText(p.getApellidos());
        this.txtEdad.setText(p.getEdad() + "");
    }


    public void guardar(ActionEvent actionEvent) {
        // Cojo los datos
        String nombre = txtNombre.getText();
        String apellidos = txtApellidos.getText();
        int edad = Integer.parseInt(txtEdad.getText());

        // Creo la persona
        Persona p = new Persona(nombre, apellidos, edad);

        // Compruebo si la persona existe
        if (!personas.contains(p)) {

            // Modificar o insertar
            if (this.persona != null) {

                // Modifico el objeto
```

```
                    persona.setNombre(nombre);
                    persona.setApellidos(apellidos);
                    persona.setEdad(edad);

                    Alert alert = new Alert(Alert.AlertType.INFORMATION);
                    alert.setHeaderText(null);
                    alert.setTitle("Información");
                    alert.setContentText("Se ha modificado correctamente");
                    alert.showAndWait();

                } else {
                    // Insertando persona nueva
                    persona = p;
                    Alert alert = new Alert(Alert.AlertType.INFORMATION);
                    alert.setHeaderText(null);
                    alert.setTitle("Información");
                    alert.setContentText("Se ha añadido correctamente");
                    alert.showAndWait();

                }

                // Cerrar la ventana
                Stage stage =(Stage) btnGuardar.getScene().getWindow();
                stage.close();
            } else {
                Alert alert = new Alert(Alert.AlertType.ERROR);
                alert.setHeaderText(null);
                alert.setTitle("Error");
                alert.setContentText("La persona ya existe");
                alert.showAndWait();
            }
        }

        public void salir(ActionEvent actionEvent) {
            persona = null;
            // Cerrar la ventana
            Stage stage = (Stage) btnGuardar.getScene().getWindow();
            stage.close();
        }
    }
```

9.7 EJERCICIOS PROPUESTOS

- **EJERCICIO P1 CALCULADORA SIMPLE**: a partir de la actividad 4 del sumador, modifica el programa para que sea una calculadora sencilla con el aspecto siguiente:

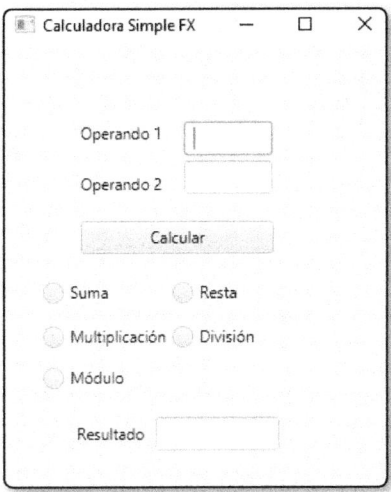

El usuario seleccionará la operación a realizar a través de los radiobotones. Recuerda agruparlos en un *ToggleGroup*. Utiliza try{...}catch para controlar que el usuario introduzca bien los operandos y que no se permita la división por cero.

▼ **EJERCICIO P2 TableView.** Modifica la actividad 5 para que se introduzcan en la lista los elementos que el usuario introduzca el isbn, título y autor. Una vez introducidos los datos en la lista, deja limpios los campos de texto.

- Al seleccionar en un registro, mostrara los datos en los txt.
- Al pulsar el botón Modificar, el registro seleccionado se modificará con los datos que hay en los txt (editando el objeto).
- Al pulsar el botón Eliminar, el registro seleccionado se eliminará de la tabla.

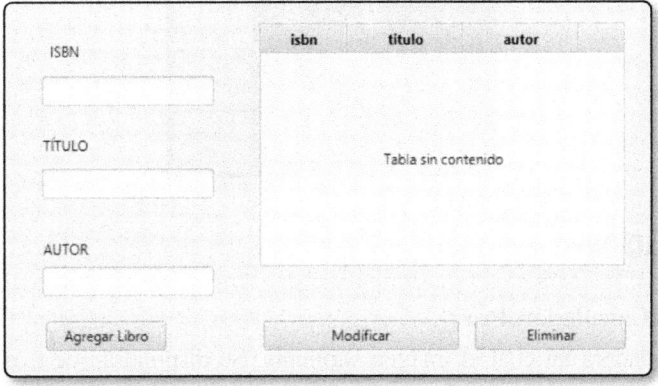

▼ **EJERCICIO P3. Bloc de notas**. Crea un proyecto denominado BlocNotasJavaFx. Utiliza un *BorderPane* (400 pixels ancho x 300 pixels de alto), y añade un menú en la parte de arriba, una *TextArea* en el centro y una *Label* al pie. El menú debe tener un *File* con cuatro elementos: Open, Save, un separador y Exit. Tendrá el aspecto siguiente:

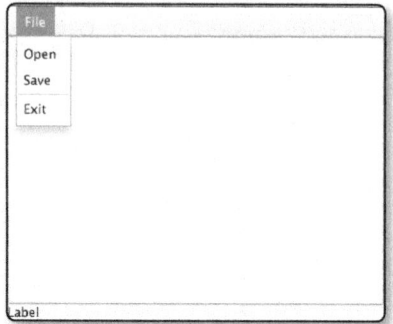

Los menús deben funcionar.

(Pista: https://docs.oracle.com/javafx/2/ui_controls/file-chooser.htm

http://acodigo.blogspot.com/2014/12/file-chooser-javafx-abrir-archivos.html

http://javainutil.blogspot.com/2013/02/javafx-abrir-y-guardar-archivos.html)

▶ **EJERCICIO P4. Calculadora**. Crea un proyecto javaFx que implemente una calculadora que tenga los siguientes elementos. Averigua cómo aplicar css para que tenga el aspecto siguiente:

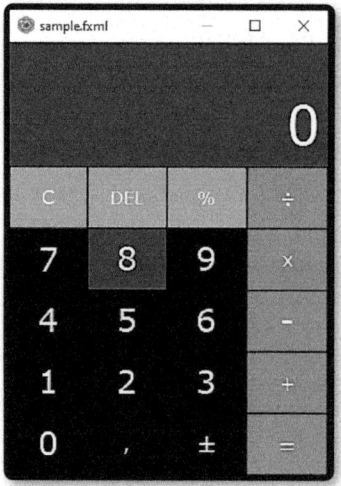

9.8 EJERCICIO AMPLIACIÓN

▶ **EJERCICIO P5 CalculadoraPro**

Realiza una calculadora tal cual la imagen siguiente. Se dispondrán de tres pestañas: Operaciones, Historial, Configuración.

Nota que en las operaciones se ha puesto la tecla Ans, que proporcionará el resultado de la última operación realizada.

El historial guarda las operaciones que se han ido realizando.

En configuración se permite seleccionar el color del fondo de la calculadora y cambiarlo.

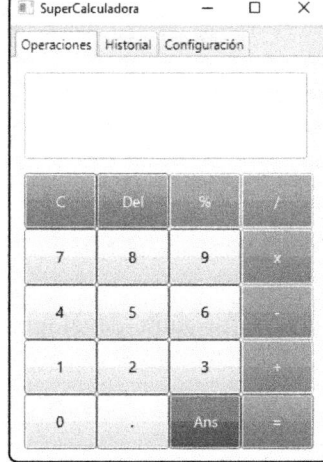
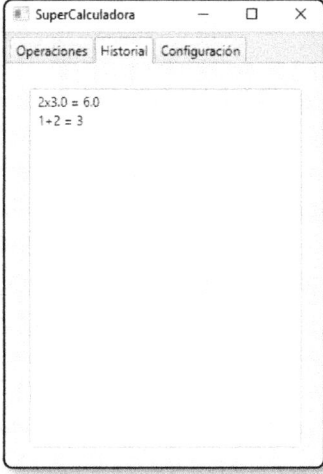
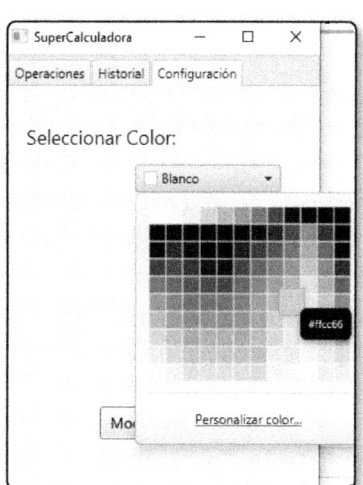

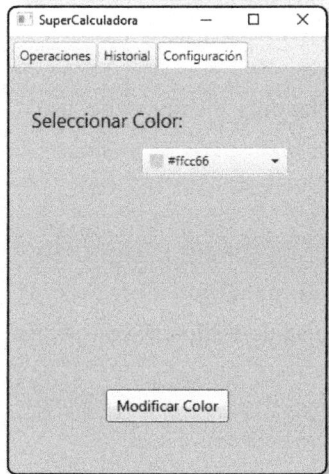

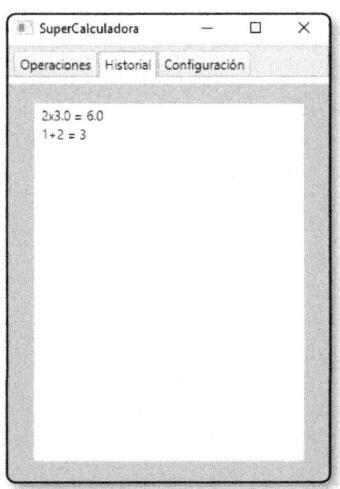
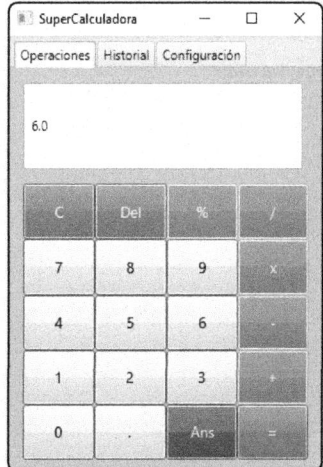

9.9 ACTIVIDADES DE REFUERZO/ AMPLIACIÓN

TUTORIAL APLICACIÓN SENCILLA JAVA INTELLIJ
https://www.youtube.com/playlist?list=PLuEZQoW9bRnR4CbS0Q6SJbGIVfspUTT5Y

TUTORIAL SPACE RUNNER
https://www.youtube.com/watch?v=DkIuA5ZEZ_U

INTRODUCCIÓN JAVAFX PARA DESARROLLO DE JUEGOS
https://gamedevelopment.tutsplus.com/es/tutorials/introduction-to-javafx-for-game-development--cms-23835

INFORMACIÓN GENERAL API JAVAFX
https://docs.oracle.com/javafx/2/api/index.html

EJEMPLOS LAYOUTS
https://www.javamexico.org/blogs/jose_manuel/iniciando_con_javafx_layouts_ejemplos_de_uso

Tutorial
https://openjfx.io/openjfx-docs/

Rellenando una tabla con bases de datos
https://www.youtube.com/watch?v=wIPXaKwhYJg

Hojas de estilo css
https://javiergarciaescobedo.es/programacion-en-java/96-javafx/481-hojas-de-estilo-css-con-javafx
https://code.makery.ch/es/library/javafx-tutorial/part4/

Guardar arraylist en ficheros
https://jnjsite.com/java-serializando-objetos-para-guardar-y-recuperar-en-ficheros/

Editor en ficheros
https://www.youtube.com/watch?v=17uSUxhRQ80

FileChooser
https://docs.oracle.com/javafx/2/ui_controls/file-chooser.htm

10

BASES DE DATOS RELACIONALES. NOCIONES DE BDOO

10.1 INTRODUCCIÓN

Una base de datos relacional almacena datos en tablas de tal manera que puedan accederse de una forma eficiente. Las tablas se componen de una serie de filas que contienen los mismos elementos.

Un SGBD (Sistema Gestor de Bases de Datos) es el responsable de manejar, almacenar y recuperar los datos de una base de datos. Si la base de datos es relacional, se denomina SGBDR (Sistema Gestor de Base de Datos Relacional) o en inglés RDBMS (Relational DataBase Mangement System).

Java tiene una API (Application Programming Interface) que permite interactuar con fuentes de datos, incluidas bases de datos de manera que podemos:

▶ Conectarnos a una base de datos.

▶ Enviar consultas de selección y actualización de la base de datos.

▶ Recuperar datos de una consulta y manejarlos.

10.2 BASES DE DATOS EMBEBIDAS

Cuando desarrollamos pequeñas aplicaciones en las que no vamos a almacenar grandes cantidades de información no es necesario que utilicemos un sistema gestor de bases de datos como Oracle o MySQL. En su lugar podemos utilizar una base de datos embebida donde el motor esté incrustado en la aplicación y sea exclusivo para ella. La base de datos se inicia cuando se ejecuta la aplicación, y termina cuando se cierra la aplicación.

Por lo general, este tipo de bases de datos vienen del movimiento *Open Source*, aunque también hay alguna de origen propietario.

Algunas de ellas son:

▼ SQLite

▼ Apache Derby

▼ HSQLDB

▼ H2

▼ Supabase

▼ Db4o

▼ Otras: Firebird, Microsoft SQL Server Compact (SQL Server CE

Nosotros veremos MySQL por ser la que se utiliza en el módulo de BBDD.

10.3 PROTOCOLOS DE ACCESO A BASES DE DATOS

En tecnologías de bases de datos podemos encontrarnos con dos normas de conexión a una base de datos SQL:

▼ **ODBC** (*Open* Database Connectivity) define una API (*Aplication Program Interface*) que pueden usar las aplicaciones para abrir una conexión con una base de datos, enviar consultas, actualizaciones y obtener los resultados. Las aplicaciones pueden usar esta API para conectarse a los servidores de bases de datos relacionales.

▼ **JDBC** (*Java Dabatase Connectivity)* define una API que pueden usar los programas Java para conectarse a los servidores de bases de datos relacionales.

Hay muchos orígenes de datos que no son bases de datos relacionales, algunos puede que ni siguiera sean bases de datos, tal es el caso de los ficheros planos y los almacenes de correo electrónico.

OLE-DB (*Object Linking and Embedding for Databases* – Enlace e incrustación de objetos para bases de datos) de Microsoft es una API de C++ con objetivos parecidos a los de ODBC, pero para orígenes de datos que no son bases de datos. OLE_DB proporciona estructuras para conexión con orígenes de datos, ejecución de comandos y devolución de resultados en forma de conjunto de filas. Sin embargo, se diferencia de ODBC en algunos aspectos. Los programas OLE-DB pueden negociar con los orígenes de datos para averiguar las interfaces que lo soportan. En ODBC los comandos siempre están en SQL, en OLE-DB pueden estar en cualquier lenguaje de datos soportado por el origen de datos; puede que algunos orígenes soporten SQL o un subconjunto limitado de SQL y otros nos ofrezcan el acceso a los datos de los ficheros planos sin ninguna capacidad de consulta.

La API **ADO** (*Active Data Objects* –Objetos activos de datos) creada por Microsoft ofrece una interfaz sencilla de utilizar con la funcionalidad OLE-DB, que puede llamarse desde los lenguajes de guiones como VBScript y JScript.

Nosotros veremos cómo acceder a los datos mediante JDBC.

10.4 LA ARQUITECTURA JDBC. ACCESO A DATOS

T2. JDBC proporciona una librería estándar para acceder a fuentes de datos principalmente orientados a bases de datos relacionales que usan SQL. No solo provee una interfaz sino que también define una arquitectura estándar, para que los fabricantes puedan crear los drivers que permitan a las aplicaciones Java el acceso a los datos. JDBC dispone de una interfaz distinta para cada base de datos (ver figura a continuación del párrafo), es lo que llamamos **driver** (controlador o conector). Esto permite que las llamadas a los métodos de las clases JDBC se correspondan con el API de la base de datos.

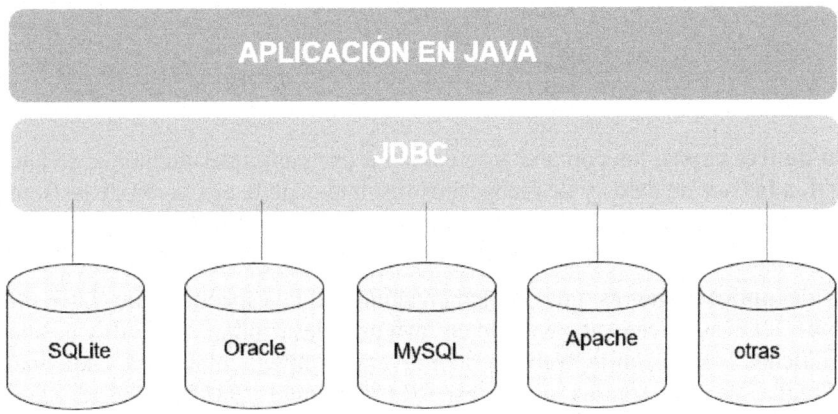

JDBC consta de un conjunto de clases e interfaces que nos permite escribir aplicaciones Java para gestionar las siguientes tareas con una base de datos relacional:

- ▼ Conectarse a la base de datos.
- ▼ Enviar consultas e instrucciones de actualización a la base de datos.
- ▼ Recuperar y procesar los resultados recibidos de la base de datos en respuesta a las consultas

10.4.1 Dos modelos de acceso a bases de datos

La API JDBC es compatible con los modelos tanto de dos como de tres capas para el acceso a la base de datos.

En **el modelo de dos capas**, un applet o una aplicación Java "hablan" directamente con la base de datos, esto requiere un driver JDBC residiendo en el mismo lugar que la aplicación (Figura 2.9). Desde el programa Java se envían sentencias SQL al sistema gestor de base de datos para que las procese y los resultados se envían de vuelta al programa. La base de datos puede encontrarse en otra máquina diferente a la de la aplicación y las solicitudes se hacen a través de la red (arquitectura cliente-servidor). El driver será el encargado de manejar la comunicación a través de la red de forma transparente al programa.

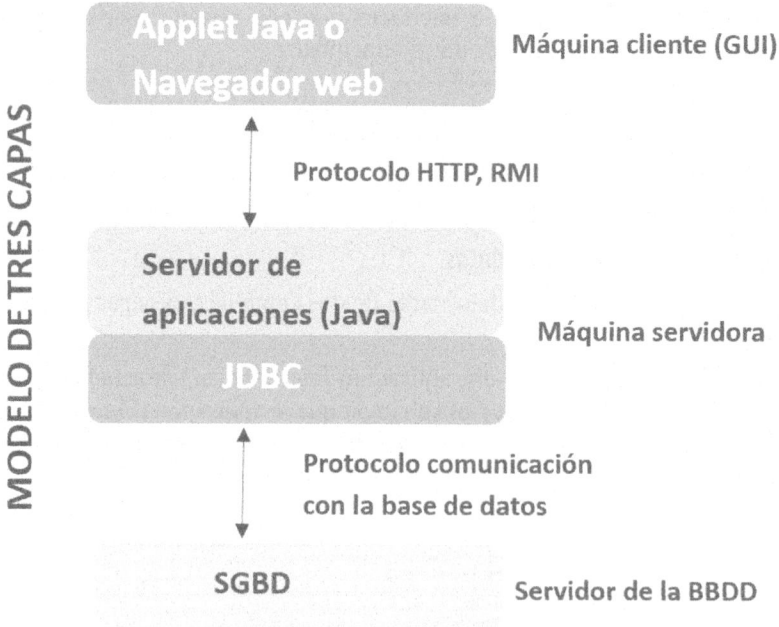

En el **modelo de tres capas,** los comandos se envían a una capa intermedia que se encargará de enviar los comandos SQL a la base de datos y de recoger los resultados de la ejecución de las sentencias. Es decir, tenemos una aplicación o applet corriendo en una máquina y accediendo a un driver de base de datos situado en otra máquina, véase Figura 2.10. En este caso los drivers no tienen que residir en la máquina cliente.

Un **servidor de aplicaciones** es una implementación de la especificación J2EE *(Java 2 Platform Enterprise Edition)*. J2EE es un entorno centrado en Java para desarrollar, construir y desplegar aplicaciones empresariales multicapa basadas en la Web. Existen diversas implementaciones, cada una con sus propias características. Algunas de ellas son las siguientes: *BEA WebLogic, IBM WebSphere, Oracle IAS, Borland AppServer,* etc.

10.4.2 Tipos de drivers

Existen 4 tipos de conectores (drivers o controladores) JDBC:

▶ **Tipo l. JDBC-ODBC Bridge** *(JDBC -ODBC bridge plus ODBC driver):* permite el acceso a bases de datos JDBC mediante un driver ODBC. Convierte las llamadas al API de JDBC en llamadas ODBC. Exige la instalación y configuración de ODBC en la máquina cliente.

▶ **Tipo 2. Native** *(Native-API partly-Java driver):* controlador escrito parcialmente en Java y en código nativo de la base de datos. Traduce las llamadas al API de JDBC Java en llamadas propias del motor de base de datos. Exige instalar en la máquina cliente código binario propio del cliente de base de datos y del sistema operativo.

▶ **Tipo 3. Network** *(JDBC-Net pure Java driver):* controlador de Java puro que utiliza un protocolo de red (por ejemplo IITTP) para comunicarse con el servidor de base de datos. Traduce las llamadas al API de JDBC Java en llamadas propias del protocolo de red independiente de la base de datos y a continuación son traducidas por un software intermedio (Middleware) al protocolo usado por el motor de base de datos. El driver JDBC no comunica directamente con la base de datos, comunica con el software intermedio, que a su vez comunica con la base de datos. Son útiles para aplicaciones que necesitan interactuar con diferentes formatos de bases de datos, ya que usan el mismo driver JDBC sin importar la base de datos específica. No exige instalación en cliente.

▶ **Tipo 4. Thin** *(Native-protocol pure Java driver):* controlador de Java puro con protocolo nativo. Traduce las llamadas al API de JDBC Java en llamadas propias del protocolo de red usado por el motor de base de datos. No exige instalación en cliente.

Los tipos 3 y 4 son la mejor forma para acceder a bases de datos JDBC. Los tipos 1 y 2 se usan normalmente cuando no queda otro remedio, porque el único sistema de acceso final al gestor de bases de datos es ODBC (es decir, no existen drivers disponibles para el SGBD); pero exigen instalación de software en el puesto cliente. En la mayoría de los casos la opción más adecuada será el tipo 4.

10.4.3 Cómo funciona JDBC

JDBC define varias interfaces que permite realizar operaciones con bases de datos; a partir de ellas se derivan las clases correspondientes. Estas están definidas en el paquete **java.sql**. La tabla siguiente muestra las clases e interfaces más importantes:

CLASE E INTERFAZ	DESCRIPCIÓN
Driver	Permite conectarse a una base de datos: cada SGBD requiere un driver distinto
DriverManager	Permite gestionar todos los drivers instalados en el sistema
DriverPropertyInfo	Proporciona diversa información acerca de un driver
Connection	Representa una conexión con una base de datos. Una aplicación puede tener más de una conexión
DataBaseMetadata	Proporciona información acerca de una Base de Datos, como por ejemplo las tablas que contiene, etc.
Statement	Permite ejecutar sentencias SQL sin parámetros
PreparedStatement	Permite ejecutar sentencias SQL con parámetros de entrada
CallableStatement	Permite ejecutar sentencias SQL con parámetros de entrada y de salida, así como llamadas a procedimientos almacenados
ResultSet	Contiene las filas resultado de la ejecución de una orden SELECT
ResultSetMetadata	Permite obtener información sobre un ResultSet, como el número de columnas, sus nombres...

La figura siguiente muestra las 4 clases principales que usa cualquier programa Java con JDBC.

El trabajo con JDBC comienza con la clase **DriverManager** que es la encargada de establecer las conexiones con los orígenes de datos a través de los drivers JDBC. El funcionamiento de un programa con JDBC requiere los siguientes pasos:

1. Importar las clases necesarias.
2. Cargar el driver JDBC.
3. Identificar el origen de datos.
4. Crear un objeto *Connection*.
5. Crear un objeto *Statement* .
6. Ejecutar una consulta con el objeto *Statement.*
7. Recuperar los datos del objeto *ResultSet.*
8. Liberar el objeto *ResultSet.*
9. Liberar el objeto *Statement.*
10. Liberar el objeto *Connection.*

10.5 QUÉ SE NECESITA PARA TRABAJAR CON BD Y JDBC

TP3. Para trabajar con JDBC necesitamos crear un entorno mínimo que permita compilar y ejecutar los programas Java. La manera más cómoda y versátil es tener en la misma máquina la BD y el resto de Software de desarrollo, así es más fácil administrar la BD y evitar problemas que puedan surgir al estar el cliente y la BD en máquinas distintas.

Para crear el entorno JDBC necesitamos:

▸ Una versión de **Java** (preferiblemente la última versión de Java SE SDK).

▸ Una **base de datos**. Usaremos MySQL que es una base de datos relacional, multihilo y multiusuario licenciada en modo dual (software libre y propietario).

▸ Los **drivers** necesarios para conectarse a la BD. Con MySQL tendremos que instalar Connector/J. Para instalar estos drivers necesitaremos modificar la variable CLASSPATH y situar el fichero JAR en su ubicación correcta.

En lugar de instalar solo MySQL podemos instalar MAMP (tutorial en https://www.youtube.com/watch?v=S5ZcpyHR7R8 y de esta manera instalamos Apache, MySQL, PHP y PhpAdmin, lo que me permitirá administrar y manejar la BD desde un navegador web.

A continuación, vamos a instalar en Intellij el plugin para que nos salga el menú de bases de datos. Para ello nos vamos a Settings → Plugins y buscamos **Database Navigator**. Y pulsamos *Install*, que nos instalará el soporte para distintas bases de datos tal cual se muestra en la figura:

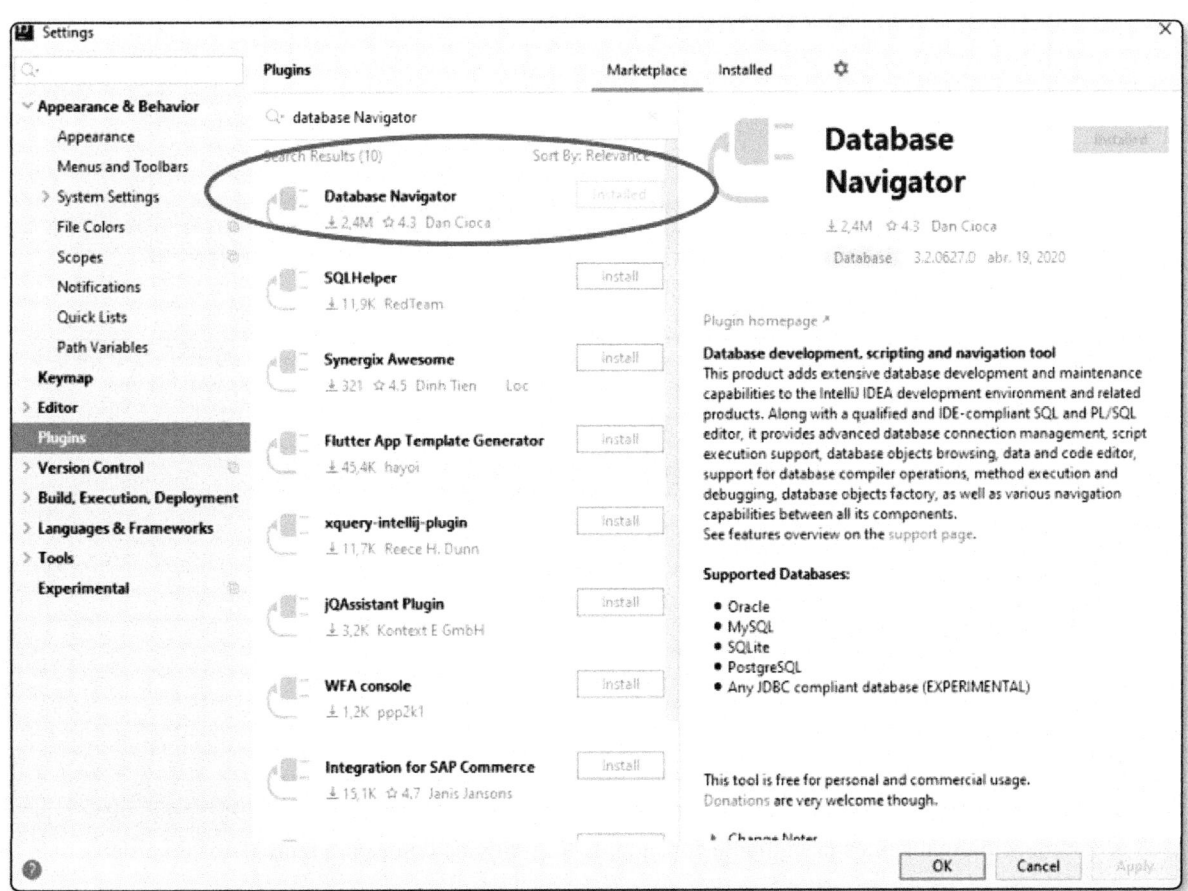

Actividad guia

TP4. Para este ejercicio creamos desde MySQL una base de datos y un usuario con nombre *"ejemplo"*, la clave del usuario *"root"* es *"root"*. Este usuario tiene todos los privilegios sobre la base de datos.

A continuación, creamos las tablas ejecutando las siguientes consultas, utilizando la pestaña SQL en el MAMP:

Run SQL query/queries on database EJEMPLO:

```
1   CREATE TABLE departamentos(
2       dept_no TINYINT(2) NOT NULL PRIMARY KEY,
3       dnombre VARCHAR (15),
4       loc VARCHAR(15)
5       ) ENGINE INNODB;
```

Run SQL query/queries on table ejemplo.departamentos:

```
1   CREATE TABLE empleados(
2       emp_no SMALLINT(4) NOT NULL PRIMARY KEY,
3       apellido VARCHAR(10),
4       oficio VARCHAR(10),
5       dir SMALLINT,
6       fecha_alt DATE,
7       salario FLOAT(6,2),
8       dept_no TINYINT(2) NOT NULL,
9       CONSTRAINT FK_DEP FOREIGN KEY (dept_no) REFERENCES departamentos (dept_no)) ENGINE INNODB;
10  |
```

Una vez creado podemos ver que se ha creado la estructura:

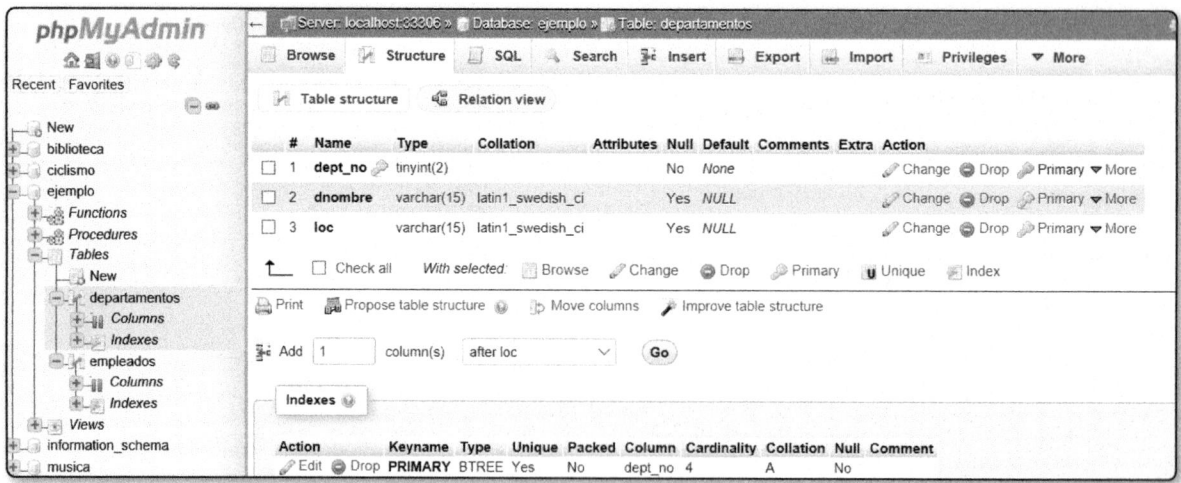

Y a continuación realizamos la siguiente consulta de inserción de datos para tener datos de prueba.

Ejecutar la(s) consulta(s) SQL en la tabla ejemplo.departamentos:

```
 1  INSERT INTO departamentos
 2  VALUES("10", "CONTABILIDAD", "SEVILLA");
 3
 4  INSERT INTO departamentos
 5  VALUES("20", "INVESTIGACION", "MADRID");
 6
 7  INSERT INTO departamentos
 8  VALUES("30", "VENTAS", "BARCELONA");
 9
10  INSERT INTO departamentos
11  VALUES("40", "PRODUCCION", "BILBAO");
12
13  INSERT INTO departamentos
14  VALUES("50", "INFORMATICA", "ALMASSORA");
```

Así tendremos introducidos los datos siguientes en la tabla *departamentos*

dept_no	dnombre	loc
10	CONTABILIDAD	SEVILLA
20	INVESTIGACION	MADRID
30	VENTAS	BARCELONA
40	PRODUCCION	BILBAO
50	INFORMATICA	ALMASSORA

Para poder trabajar con el programa necesitamos obtener el JAR que contiene el driver MySQL (en el ejemplo hemos utilizado ***mysql-connector-java-8.0.20.jar***) e incluirlo en el CLASSPATH o añadirlo a nuestro IDE (lo haremos más adelante).

Para buscar el jar vamos a la URL https://dev.mysql.com/downloads/connector/j/ o en la URL http://www.mysql.com/products/connector/ también podemos descargar el conector.

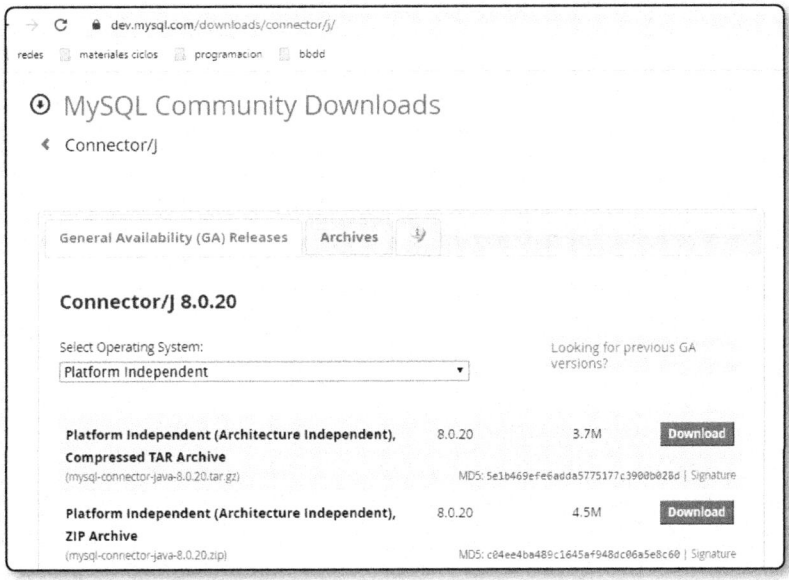

Tutorial de cómo descargar e instalar el archivo .jar del Driver JDBC MySQL para Java en un proyecto: mysql.connector-java.X.X.XX-bin.jar

https://jmguimera.blogspot.com.es/2016/03/como-descargar-el-archivo-jar-del.html

10.6 CONEXIONES CON BASES DE DATOS

T5. Antes de trabajar con la BD hay que establecer una conexión con la misma. JDBC se conecta a las bases de datos utilizando una de estas dos clases:

▼ *DriveManager*. Es la forma más sencilla de conectarse a la BD. La conexión con la BD se hace especificando una dirección URL.

▼ *DataSource*. Esta clase hace que los detalles sobre la BD a la que se conecta sean transparentes a la aplicación.

Veamos un ejemplo donde se utiliza la clase *DriverManager* para establecer conexiones con la BD. Tenemos que importar el paquete **java.sql** cuando el programa use el JDBC. El siguiente código permite realizar una conexión con una BD MySQL:

```java
import java.sql.Connection;
import java.sql.DriverManager;


//............
        try {
            Connection c =
                DriverManager.getConnection("jdbc:mysql://localhost:3306/test",
                                            "isabel", "barquilla");
            System.out.println("Conexión con éxito");
        } catch (Exception e) {
            e.printStackTrace( );
        }
```

Para establecer la conexión se usa el método *getConnection* de la clase *DriveManager*, al que se le pasan tres parámetros:

▼ La URL: "*jdbc:mysql://localhost:3306/test*", donde localhost es la dirección de la máquina donde residen los datos, 3306 es el puerto donde se escucha la BD y test es la BD a la que se conecta el programa.

▼ El usuario con el que se conecta a al BD "isabel".

▼ La password de dicho usuario "barquilla".

10.7 HERRAMIENTAS DE BASE DE DATOS EN INTELLIJ

10.7.1 Crear un Datasource

TP6. Abrimos el menú View → Tool Windows → DB Browser, como se muestra en la imagen:

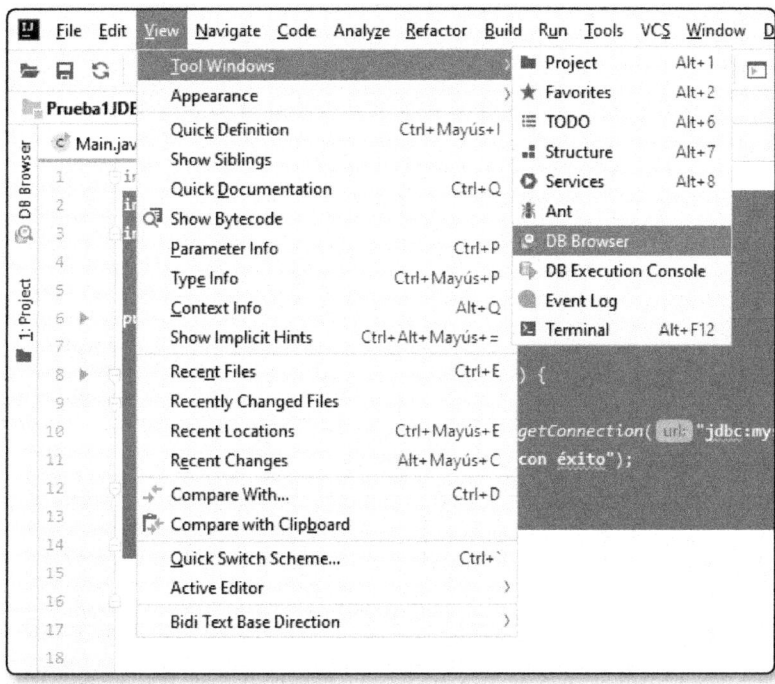

Entonces veremos en el DB Browser un ➕ y lo pulsaremos para poder seleccionar la opción MySQL, que es la que nos interesa:

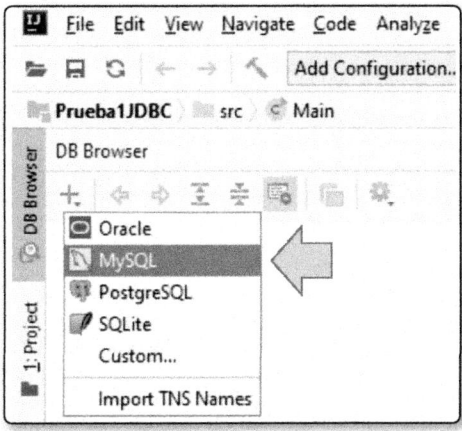

Al pulsar podremos configurar la información de conexión a nuestra base de datos **ejemplo.**

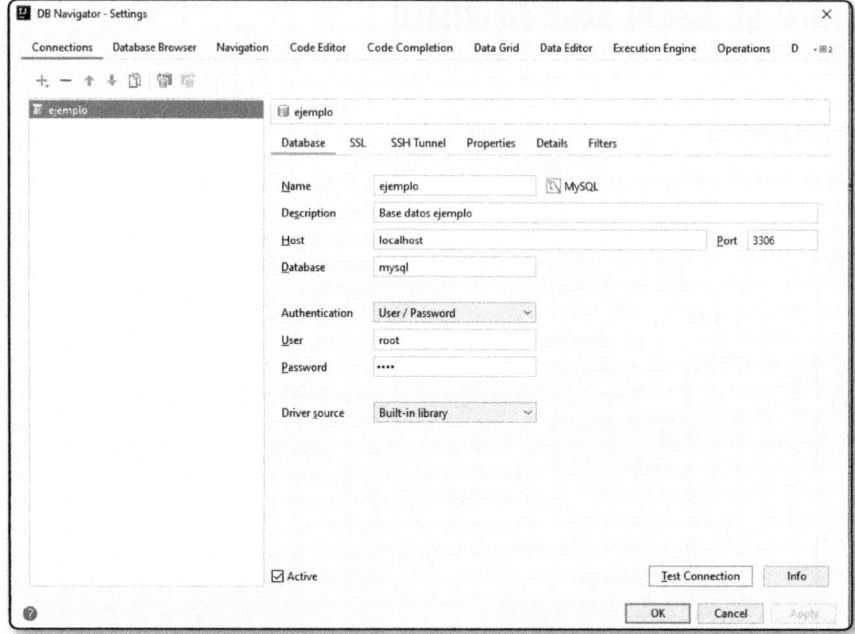

Al pulsar *Test connection* sale un error de time zone.

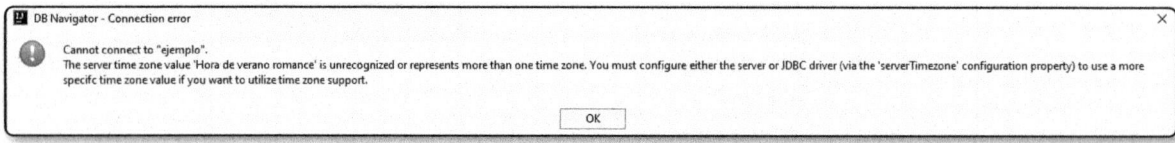

Compruebo en MySQL la zona horaria que tiene el sistema, y sale hora de verano romance. Que es el error que da Intellij. Por lo que significa que el IDE coge otra zona horaria y habrá que hacerlo coincidir.

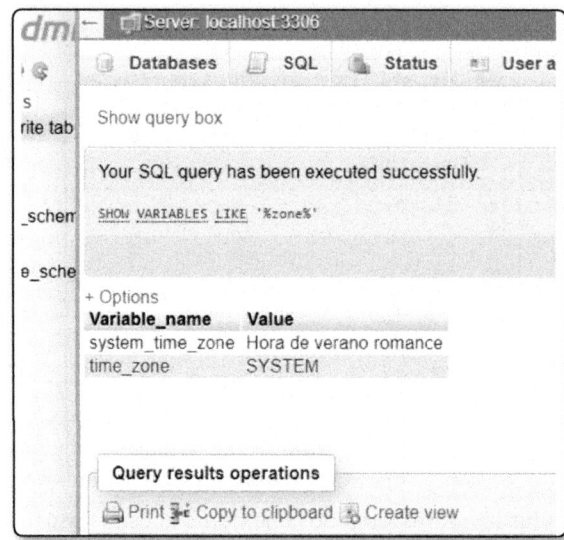

Cambiamos la configuración.

En la pestaña *Properties* ajustamos un par de propiedades: *serverTimezone = UTC* y *useTimeZone = true*. Tal y como se muestra en la figura:

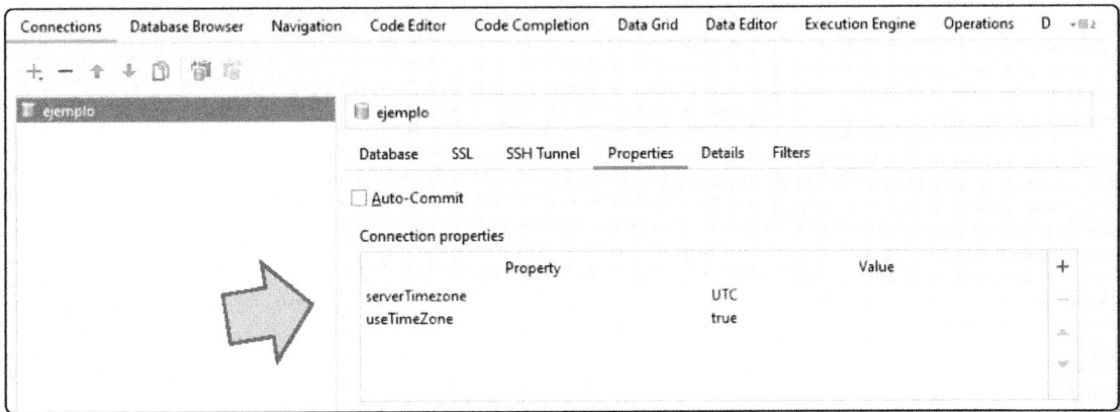

Probamos y la conexión ya funciona. No obstante le vamos a poner el el driver que habíamos descargado, y le pulsamos a *Reload Drivers*.

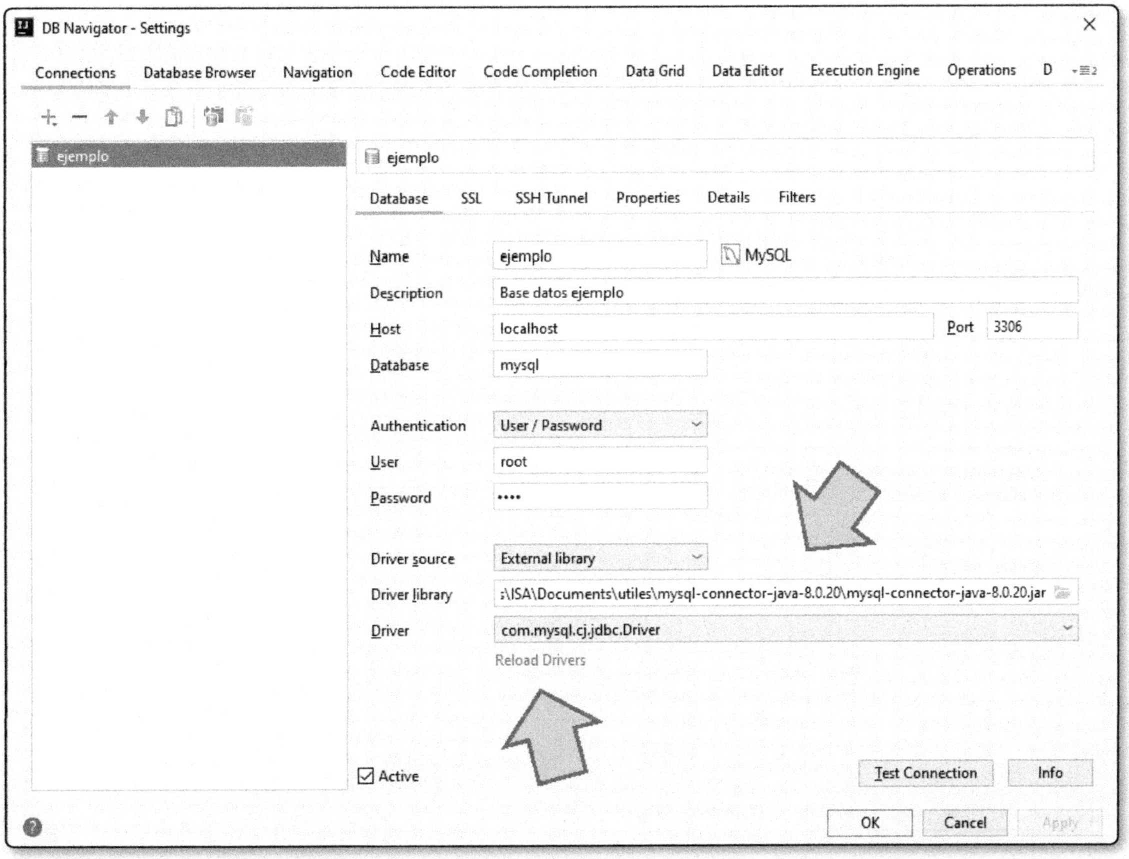

Ahora, volvemos a la pestaña *Properties* y ya podemos comprobar que conecta con la base de datos pulsando el botón *Test Connection*:

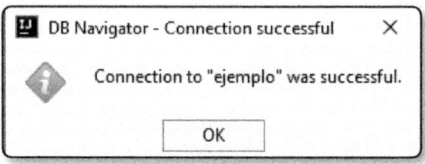

10.7.2   Ejecutar consultas desde el BD Navigator

TP7. Incluso podemos ejecutar consultas desde el mismo navegador del Intellij abriendo una consola y ver el resultado de la misma.

Abrimos la consola correspondiente a la base de datos y al Schema *ejemplo*. En el lado derecho de la pantalla sale la consola, y ahí escribimos la consulta que deseemos ejecutar. En este caso ponemos SELECT * FROM departamentos; para poder visualizar el resultado en la parte inferior izquierda. Tal y como se muestra en la figura siguiente:

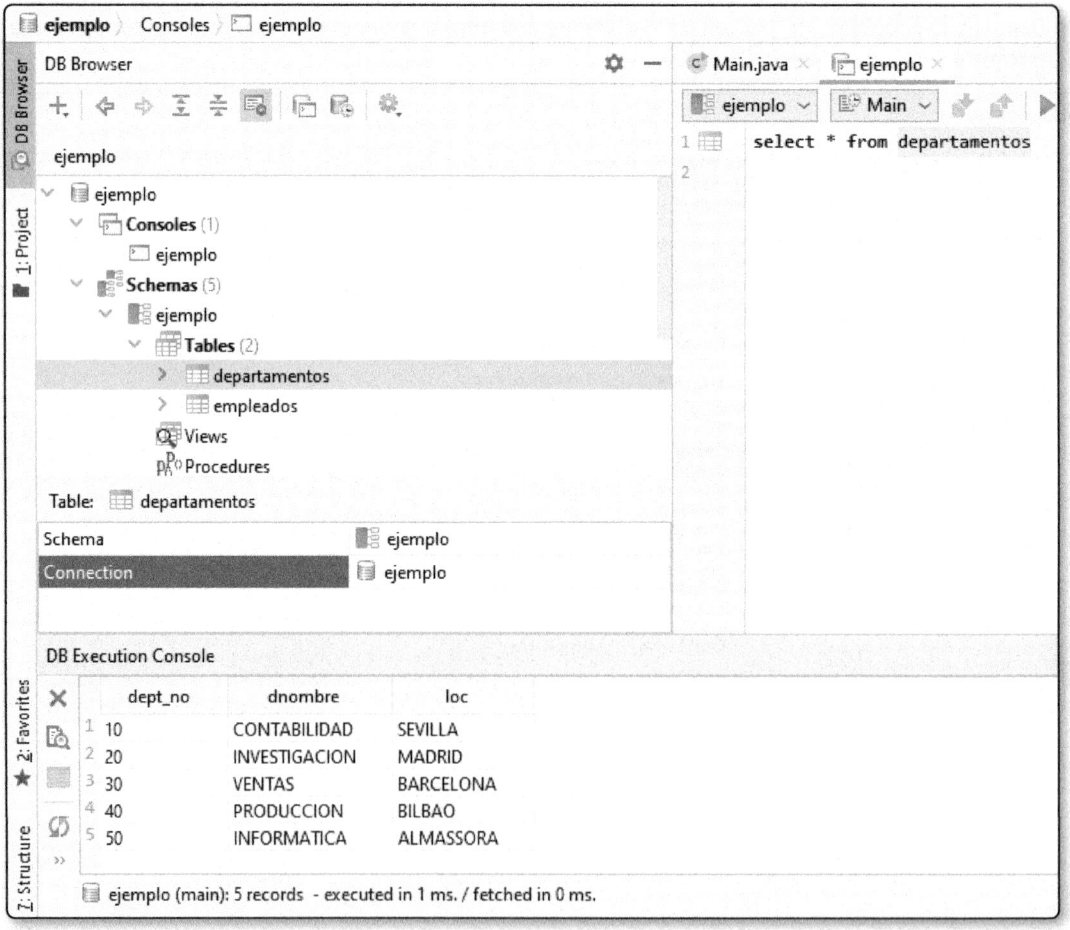

```
select * from departamentos
```

	dept_no	dnombre	loc
1	10	CONTABILIDAD	SEVILLA
2	20	INVESTIGACION	MADRID
3	30	VENTAS	BARCELONA
4	40	PRODUCCION	BILBAO
5	50	INFORMATICA	ALMASSORA

ejemplo (main): 5 records - executed in 1 ms. / fetched in 0 ms.

TP8. ACTIVIDAD: creamos un proyecto nuevo y le añadimos desde *Project Structure* → *Global Libraries* los drivers ***mysql-connector-java-8.0.20.jar***

El programa siguiente ilustra el funcionamiento de JDBC accediendo a la base de datos *ejemplo* y mostrando el contenido de la tabla *departamentos*:

```java
import java.sql.*;

public class Main {

    public static void main(String[] args) {
        try {
            // Cargar el driver
            Class.forName("com.mysql.cj.jdbc.Driver");

            // Establecemos la conexion con la BD
            // Connection conexion = DriverManager.getConnection("jdbc:mysql://localhost/
ejemplo", "root", "root");
            String URL = "jdbc:mysql://localhost:3306/ejemplo?useTimeZone=true&serverTim
ezone=UTC";

            Connection conexion = DriverManager.getConnection(URL, "root", "root");

            // Preparamos la consulta
            Statement sentencia = conexion.createStatement();
            String sql = "SELECT * FROM departamentos";
            ResultSet resul = sentencia.executeQuery(sql);

            // Recorremos el resultado para visualizar cada fila
            // Se hace un bucle mientras haya registros y se van visualizando
            while (resul.next()) {
                System.out.printf("%d, %s, %s %n", resul.getInt(1), resul.getString(2),
resul.getString(3));
            }

            resul.close(); // Cerrar ResultSet
            sentencia.close(); // Cerrar Statement
            conexion.close(); // Cerrar conexión

        } catch (ClassNotFoundException cn) {
            cn.printStackTrace();
        } catch (SQLException e) {
            e.printStackTrace();
        }

    }// fin de main
}
```

10.8 GESTIÓN DE ERRORES. MANEJANDO SQLEXCEPTIONS

TP9. Si estás trabajando con un programa que acceda a una base de datos con Java JDBC seguro que has tenido que enfrentarte a controlar SQLException, que es la excepción que se lanza cuando hay algún problema entre la base de datos y el programa Java JDBC.

Para acceder a la información de un error producido por una excepción SQL podemos utilizar los métodos básicos siguientes:

Método	Función
String getMessage()	Devuelve una cadena que describe el error. Es un método heredado de la clase *java.lang.Throwable*
String getSQLState()	Devuelve una cadena que contiene un estado definido por el estándar X/OPEN SQL
String getErrorCode()	Devuelve un entero que proporciona el código de error del fabricante. Normalmente será el código real devuelto por la base de datos

Por ejemplo, cuando realizamos una consulta debemos de poner nuestro código que maneje el ResultSet dentro de un bucle try-catch.

```java
try {
    //código  Cargar el driver y establecer la conexión

    // Preparamos la consulta
    Statement sentencia = conexion.createStatement();
    String sql = "SELECT * FROM departamentos";

    ResultSet resul = sentencia.executeQuery(sql);
    // Recorremos el resultado para visualizar cada fila

    while (resul.next()) {
        System.out.printf("%d, %s, %s %n", resul.getInt(1),
                resul.getString(2), resul.getString(3));
    }
    // Cerrar ResultSet, Statement y conexión
} catch (ClassNotFoundException cn) {
    cn.printStackTrace();
} catch (SQLException e) {
    System.out.printf("HA OCURRIDO UNA EXCEPCIÓN: %n" );
    System.out.printf("Mensaje      :%s %n", e.getMessage());
    System.out.printf("SQL estado   :%s %n", e.getSQLState());
    System.out.printf("Código de error :%s %n", e.getErrorCode());
}
```

Si queremos navegar por las causas del error o ver la lista de cadena de excepciones tenemos un par de métodos más:

- **.getCause()**, nos devuelve una lista de objetos que han provocado el error.
- **.getNextException()**, devuelve la cadena de excepciones que se ha producido. De tal manera que podemos navegar sobre ella para ver en detalle de esas excepciones.

Para navegar por las causas del error, el método .getCause() lo vamos a volcar sobre un objeto *Throwable* sobre el que iremos viendo todas las causas que ha generado. El código será el siguiente:

```
//navegar por las causas del error
Throwable t = e.getCause();
while(t != null) {
    System.out.println("Causa: " + t + "\n");
    t = t.getCause();
}
```

Para el caso de la lista encadena de excepciones nos volvemos apoyar en un bucle para ir recorriéndola. De cada una de las excepciones vamos a mostrar los datos básicos del error.

```
//gestionar cadena de excepciones
SQLException ex = e.getNextException();
while (ex != null) {
    System.out.println("Código de Error: " + e.getErrorCode() + "\n" +
            "SLQState: " + e.getSQLState() + "\n" +
            "Mensaje: " +e.getMessage() + "\n");
}
```

Sugerencia para tratar las excepciones, podemos llamar a una función *printSQLException* como la siguiente:

```
public static void printSQLException(SQLException ex) {
    ex.printStackTrace(System.err);
    System.err.println("SQLState: "+ ex.getSQLState());
    System.err.println("Error code: "+ ex.getErrorCode());
    System.err.println("Message: "+ ex.getMessage());
    Throwable t = ex.getCause();
    while (t != null) {
        System.out.println("Cause: "+ t);
        t = ex.getCause();
    }
}
```

Esta función, una vez producido el error, muestra por pantalla el código SQLState, el código de error y el mensaje de error. Además mostrará las diferentes causas del error producido (hasta que la causa sea null).

10.9 LA CLASE STATEMENT

T10. Existen tres tipos de objetos Statement:

▶ **Statement**. Sirve para enviar órdenes SQL sin parámetros a la BD.

▶ **PreparedStatement**. Hereda de *Statement*. Se usa para ejecutar comandos SQL con o sin parámetros de entrada ya precompilados.

▶ **CallableStatement**. Hereda de *PreparedStatement*. Llama a procedimientos almacenados de base de datos. Permite trabajar con parámetros de entrada y de salida.

Un objeto de la clase Statement se crea mediante el método de Connection *createStatement*. Con el objeto Statement se pueden ejecutar comandos SQL y recibir los resultados. Para crear un objeto Statement con éxito primero hay que conectarse con la BD. El siguiente código muestra cómo hacerlo:

```
String URL = "jdbc:mysql://localhost:3306/ejemplo?useTimeZone=true&serverTimezone=
UTC";
Connection conexion = DriverManager.getConnection(URL, "root", "root");
```

Anteriormente, hemos ejecutado sentencias SQL mediante la interfaz Statement (sentencia), esta proporciona métodos para ejecutar sentencias SQL y obtener los resultados. Como **Statement** es una interfaz no se pueden crear objetos directamente, en su lugar los objetos se obtienen con una llamada al método *createStatement()* de un objeto **Connection** válido:

```
Statement sentencia = conexion.createStatement();
```

Al crearse un objeto **Statement** se crea un espacio de trabajo para crear consultas SQL, ejecutarlas y para recibir los resultados de las consultas. Una vez creado el objeto se pueden usar los siguientes métodos:

▶ *ResultSet executeQuery(String)***:** se utiliza para sentencias SQL que recuperan datos de un único objeto **ResultSet**, se utiliza para las sentencias SELECT.

▶ *int executeUpdate(String)*: se utiliza para sentencias que no devuelven un ResultSet como son las sentencias de manipulación de datos (DML): INSERT, UPDATE y DELETE; y las sentencias de definición de datos (DDL): CREATE, DROP y ALTER. El método devuelve un entero indicando el número de filas que se vieron afectadas y en el caso de las sentencias DDL devuelve el valor 0.

▶ *boolean execute(String)*: se puede utilizar para ejecutar cualquier sentencia SQL. Tanto para las que devuelven un **ResultSet** (por ejemplo, SELECT), como para las que devuelven el número de filas afectadas (por ejemplo, INSERT, UPDATE, DELETE) y para las de definición de datos como por ejemplo CREATER. El método devuelve *true* si devuelve **ResultSet** (para recuperar filas será necesario llamar al método *getResultSet()* y *false* si se trata de un recuento de actualizaciones o no hay resultados; en este caso se usará el método *getUpdateCount()* para recuperar el valor devuelto.

TP11. ACTIVIDAD: en el ejemplo siguiente **execute()** ejecuta una sentencia select, devuelve *true*; por tanto, es necesario recuperar las filas devueltas usando el método *getResultSet()*:

```java
import java.sql.*;

public class EjemploExecute {

    public static void main(String[] args) throws ClassNotFoundException, SQLException {

        // Cargar el driver
        Class.forName("com.mysql.cj.jdbc.Driver");

        // Establecemos la conexion con la BD

        String URL = "jdbc:mysql://localhost:3306/ejemplo?useTimeZone=true&serverTimezone=
UTC";
        Connection conexion = DriverManager.getConnection(URL, "root",
                "root");

        String sql="SELECT * FROM departamentos";
        Statement sentencia = conexion.createStatement();
        boolean valor = sentencia.execute(sql);

        if(valor){
            ResultSet rs = sentencia.getResultSet();
            while (rs.next())
                System.out.printf("%d, %s, %s %n",
                        rs.getInt(1), rs.getString(2), rs.getString(3));
            rs.close();
        } else {
            int f = sentencia.getUpdateCount();
            System.out.printf("Filas afectadas:%d %n", f);
        }

        sentencia.close();
        conexion.close();
    }//main
}
```

Los objetos statement se cierran automáticamente por el garbage collector (recolector de basura) de Java. La llamada al método *close()* hace que se libere inmediatamente los recursos y se eviten posibles problemas con la memoria.

Si cambiamos la orden SQL por esta otra: *String sql = "UPDATE departamentos SET dnombre = LOWER(dnombre)"*; entonces la variable valor será *false* y la salida del programa será diferente.

A través de un objeto **ResultSet** se puede acceder al valor de cualquier columna de la fila actual por nombre o por posición, también se puede obtener información sobre las columnas como el número de columnas devueltas por una orden SELECT usando el método ***getMetadata()*** de un objeto **ResultSet**. Algunos de los métodos ***getxxx()*** para la obtención de valores son los siguientes:

Método	Tipo Java devuelto
getString(int númerodecolumna)	String
getString(String nombredelacolumna)	
getBoolean(int númerodecolumna)	Boolean
getBoolean(String nombredelacolumna)	
getByte(int númerodecolumna)	Byte
getByte(String nombredelacolumna)	
getShort(int númerodecolumna)	short
getShort(String columna)	
getInt(int númerodecolumna)	int
getInt(String nombredelacolumna)	
getLong(int númerodecolumna)	long
getLong(String nombredelacolumna)	
getFloat(int númerodecolumna)	float
getFloat(String nombredelacolumna)	
getDouble(int númerodecolumna)	double
getDouble(String nombredelacolumna)	
getBytes(int númerodecolumna)	byte{}
getBytes(String nombredelacolumna)	
getDate(int númerodecolumna)	Date
getDate(String nombredelacolumna)	
getTime(int númerodecolumna)	Time
getTime(String nombredelacolumna)	
getTimestamp(int númerodecolumna)	Timestamp
getTimestamp(String nombredelacolumna)	

Para más información sobre los métodos referentes a ResultSet consulta el enlace siguiente:

https://docs.oracle.com/javase/8/docs/api/java/sql/ResultSet.html

Ahora realiza la actividad resuelta **R1**.

10.10 CREACIÓN DE TABLAS CON JDBC

Para los siguientes ejemplos, se va a crear en MySQL la base de datos **basket**, que tendrá la siguiente estructura de tablas QUE CREAREMOS DESDE JAVA.

En esta estructura existen dos tablas, la de los equipos y la de los jugadores. Cada jugador tiene un equipo en el que juega y un equipo se compone de varios jugadores.

Las sentencias de creación de las dos tablas en MySQL son las siguientes:

```
CREATE TABLE EQUIPO (TEAM_ID integer NOT NULL,
    EQ_NOMBRE varchar(40) NOT NULL,
    ESTADIO varchar(40) NOT NULL,
    POBLACION varchar(20) NOT NULL,
    PROVINCIA varchar(20) NOT NULL,
    COD_POSTAL char(5),
    PRIMARY KEY (TEAM_ID)
)
```

Tenemos en cuenta estas sentencias para crear las tablas con JDBC desde nuestro programa en Java.

Creamos el Datasource para nuestra base de datos **basket** en Intellij y lo configuramos igual que hicimos con la base de datos ejemplo.

TP12. ACTIVIDAD ¿Quieres jugar en equipo? Para poder jugar en equipo, necesitamos crearlo. Una vez tenemos las sentencias de creación las incorporamos a un método de la clase que nos ayudará a crear las dos tablas:

```java
import java.sql.*;
/**
 *
 * @author isabel
 */
public class CreaTablas {
    public static void printSQLException(SQLException ex) {
        ex.printStackTrace(System.err);
        System.err.println("SQLState: " + ex.getSQLState());
        System.err.println("Error code: " + ex.getErrorCode());
        System.err.println("Message: " + ex.getMessage());
        Throwable t = ex.getCause();
        while (t != null) {
            System.out.println("Cause: " + t);
            t = ex.getCause();
        }
    }


    public static void createEQUIPO(Connection con, String BDNombre) throws SQLException
    {
        String createString = "CREATE TABLE  EQUIPO (TEAM_ID integer NOT NULL, "
                + "EQ_NOMBRE varchar(40) NOT NULL,        "
                + "ESTADIO varchar(40) NOT NULL,     "
                + "POBLACION varchar(20) NOT NULL,       "
                + "PROVINCIA varchar(20) NOT NULL,        "
                + "COD_POSTAL char(5), "
                + "PRIMARY KEY (TEAM_ID))";
        Statement stmt = null;
        try {
```

```java
            stmt = con.createStatement();
            stmt.executeUpdate(createString);
        } catch (SQLException e) {
            printSQLException(e);
        } finally {
            stmt.close();
        }
    }//Fin createEQUIPO

    public static void createJUGADORES(Connection con, String BDNombre) throws
SQLException{
```

```java
        String createString = "CREATE TABLE JUGADORES ("
                + "PLAYER_ID integer NOT NULL, "
                + "TEAM_ID integer NOT NULL, "
                + "NOMBRE varchar(40) NOT NULL,"
                + "DORSAL integer NOT NULL, "
                + "EDAD integer NOT NULL, "
                + "CONSTRAINT CP_PLAYERID PRIMARY KEY (PLAYER_ID),"
                + "CONSTRAINT FK_TEAMID FOREIGN KEY (TEAM_ID) REFERENCES EQUIPO (TEAM_
ID))";

        Statement stmt = null;
        try {
            stmt = con.createStatement();
            stmt.executeUpdate(createString);
        } catch (SQLException e) {
            printSQLException(e);
        } finally {
            stmt.close();
        }
    }

    public static void main(String[] args) throws SQLException, ClassNotFoundException {

        try {
            // Cargar el driver y establecer conexión
            Class.forName("com.mysql.cj.jdbc.Driver");
            String URL = "jdbc:mysql://localhost:3306/basket?useTimeZone=true&serverTime
zone=UTC";
            Connection con = DriverManager.getConnection(URL, "root",
                    "root");

            //Creamos las tablas en la bbdd
            createEQUIPO(con, "basket");
            createJUGADORES(con, "basket");
        } catch (SQLException e) {
            printSQLException(e);
        }

    }
}//fin clase CreaTablas
```

10.11 CARGA DE TABLAS CON JDBC

Una vez creadas las tablas de la base de datos, necesitamos introducir los datos en la misma. Veámoslo siguiendo nuestro ejemplo de equipos y jugadores.

TP13. ACTIVIDAD: trae jugadores a tu equipo. Para formar los equipos tenemos que incorporar los equipos y los jugadores que los forman. Esto es insertarlos en la base de datos.

```java
public static void cargaEQUIPO(Connection con, String BDNombre) throws
        SQLException {
    Statement sql=null;
    try {

        sql=con.createStatement();
        sql.executeUpdate("INSERT INTO EQUIPO " +
                "VALUES (1, 'ESTEPONA', 'MONTERROSO', 'ESTEPONA' , 'MALAGA','29680')");

        sql.executeUpdate("INSERT INTO EQUIPO " +
                "VALUES (2, 'ALCORCON', 'SANTO DOMINGO', 'ALCORCON' ,
'MADRID','28924')");

        sql.executeUpdate("INSERT INTO EQUIPO " +
                "VALUES (3, 'ALBASKET', 'CASTELLON', 'ALMASSORA' ,
'CASTELLON','28924')");


    } catch (SQLException e) {
        printSQLException(e);
    } finally {
        sql.close();
    }
}
```

```java
public static void cargaJUGADORES(Connection con, String BDNombre)
        throws SQLException {
    Statement sentencia=null;
    try {
        sentencia=con.createStatement();

        //Carga datos del equipo 1, Estepona
        sentencia.executeUpdate("INSERT INTO JUGADORES "
                        +"VALUES (1, 1, 'JOSE ANTONIO', 1, 42)");

        sentencia.executeUpdate("INSERT INTO JUGADORES "
                +"VALUES(2, 1, 'IGNACIO', 2, 62)");

        sentencia.executeUpdate("INSERT INTO JUGADORES "
```

```
            +"VALUES(3, 1, 'DIEGO', 3, 20)");

        //Carga datos del equipo 2 Alcorcon
        sentencia.executeUpdate("INSERT INTO JUGADORES "
                +"VALUES(4, 2, 'GASOL', 1, 37)");

        sentencia.executeUpdate("INSERT INTO JUGADORES "
                +"VALUES(5, 2, 'LUIS FERNADO', 2, 37)");

        sentencia.executeUpdate("INSERT INTO JUGADORES "
                +"VALUES(6, 2, 'ANTONIO', 3, 40)");

        //Carga datos del equipo 3 Almassora
        sentencia.executeUpdate("INSERT INTO JUGADORES "
                +"VALUES(7, 3, 'LEANDRO', 1, 33)");

        sentencia.executeUpdate("INSERT INTO JUGADORES "
                +"VALUES(8, 3, 'PABLO', 2, 37)");

    } catch (SQLException e) {
        printSQLException(e);
    } finally {
        sentencia.close();
    }

}
```

10.12 RECUPERAR INFORMACIÓN DE LA BASE DE DATOS

Una vez tenemos la información guardada, nos interesa poder consultarla recuperando los datos de la base de datos. Seguimos con el ejemplo del equipo para ver cómo se hace.

TP14. ACTIVIDAD ¿Quién está en mi equipo? Necesitamos saber en qué equipo están los jugadores. Para ello podemos utilizar el método siguiente:

```
public static void verEQUIPO(Connection con, String BDNombre) throws
        SQLException {
    Statement sentencia=null;
    String query="select EQ_NOMBRE, ESTADO, POBLACION," + "PROVINCIA from EQUIPO";
    try {

        sentencia=con.createStatement();
        ResultSet rs=sentencia.executeQuery(query);

        while (rs.next()) {
            String equipo=rs.getString("EQ_NOMBRE");
            System.out.println("Equipo: " + equipo);
```

```
                String estadio=rs.getString("ESTADIO");
                System.out.println("Equipo: " + estadio);

                String poblacion=rs.getString("POBLACION");
                System.out.println("Equipo: " + poblacion);

                String provincia=rs.getString("PROVINCIA");
                System.out.println("Equipo: " + provincia);
                System.out.println("*******************************");
            }
        } catch (SQLException ex) {
            printSQLException(ex);
        } finally {
            sentencia.close();
        }
    }
}
```

En este método se usa el objeto *ResultSet*, el cual representa un conjunto de datos recuperado de la base de datos (matriz de datos). Este *ResultSet* llamado **rs** recibe la información cuando se ejecuta la sentencia SQL mediante el objeto **sentencia** de la clase *Statement*.

Se pueden crear objetos *ResultSet* a partir de cualquier objeto que implemente la interfaz *Statement,* como por ejemplo, *PreparedStatement*, *CallableStatement* y *Rowset*.

El acceso a los datos mediante el *ResultSet* se denomina cursor. Este cursor es un puntero a una zona de memoria donde residen los datos recuperados por la sentencia SQL. Inicialmente se coloca en una posición anterior a la primera posición de los datos recuperados y mediante la llamada al método *ResultSet.next()* vamos posicionándonos en la siguiente fila de datos recuperados. Esto se suele hacer utilizando un bucle, al final del bucle cuando ya no hay más datos, el método *next()* devuelve *false*.

10.13 LA INTERFAZ RESULTSET

T15. La interfaz *ResultSet* tiene métodos para recuperar y manipular los datos relativos a comandos SQL realizados a una BD. Dependiendo de sus características existen distintos tipos de *ResultSet*:

▶ **TYPE_FORWARD_ONLY**. Es el cursor por defecto. Es unidireccional y solo se mueve en un sentido hacia delante (de la 1ª a la última fila).

▶ **TYPE_SCROLL_INSENSITIVE**. Este cursor se puede mover hacia delante y hacia atrás siempre teniendo en cuenta la posición en que se encuentra el cursor. Si los datos de la BD cambian, no le afectará, contiene los datos que se recuperaron cuando se ejecutó la sentencia SQL.

▶ **TYPE_SCROLL_SENSITIVE**. Cursor igual que el anterior pero cuando los datos con los que está trabajando cambian en la BD, el cursor al moverse trabaja con los datos más actuales reflejando los últimos cambios realizados.

Concurrencia

Determina si los datos del *ResultSet* son actualizables en la BD o no. Hay dos niveles de concurrencia:

▸ **CONCUR_READ_ONLY**. Es el tipo de concurrencia por defecto. El objeto *ResultSet* **NO** puede actualizarse utilizando la interfaz ResultSet.

▸ **CONCUR_UPDATABLE**. El objeto *ResultSet* puede actualizarse utilizando la interfaz ResultSet.

No todos los drivers JDBC soportan la concurrencia con la BD. El método *DatabaseMetaData. supportsResultSetConcurrency* devolverá **true** si el nivel de concurrencia es soportado por el driver, y **false** en caso contrario.

Persistencia

Cuando se llama al método *Connection.commit* puede implicar que los objetos *ResultSet* que estaban abiertos en la transacción se cierren. Esto puede provocar errores en el programa. Mediante la propiedad *holdability* del cursor se puede especificar funcionamiento del cursor cuando se ejecuta un *commit*.

Cuando se llama a los métodos *createStatement*, *prepareStatement* y *prepareCall* del objeto *Connection* se le pueden pasar las siguientes constantes:

▸ **HOLD_CURSORS_OVER_COMMIT**. Los cursores *ResultSet* **NO** se cerrarán cuando se ejecuta el método *commit*.

▸ **CLOSE_CURSORS_AT_COMMIT**. Los cursores *ResultSet* **SI** se cerrarán cuando se ejecuta el método *commit*.

El tipo de persistencia varía dependiendo de la SGBD. Algunas BD no soportan alguno de estos tipos de persistencia.

10.14 LOS CURSORES

Los cursores en JDBC son los *ResultSet* vistos anteriormente. Cuando se crea un *ResultSet* este se posiciona antes de la primera fila de datos. Por defecto los cursores son unidireccionales y se mueven solo hacia delante, pero se pueden crear cursores bidireccionales y usar métodos para desplazarse por los datos. Estos métodos son:

▸ **next()**. Mueve el cursor una posición hacia delante. Devuelve true si el cursor está posicionado en una fila y false si está después de la última fila. Es el único método del cursor por defecto (TYPE_FORWARD_ONLY).

▸ **previous()**. Mueve el cursor una posición hacia atrás. Devuelve true si el cursor está posicionado en una fila y false si está antes de la primera fila.

▸ **first()**. Coloca el cursor en la primera fila. Devuelve true si el cursor contiene al menos una fila y false en caso contrario.

▸ **last()**. Coloca el cursor en la primera fila. Devuelve true si el cursor contiene al menos una fila y false en caso contrario.

▸ **beforeFirst()**. Coloca el cursor antes de la primera fila.

▼ **afterLast()..** Coloca el cursor después de la última fila.

▼ **relative(int rows).** Mueve el cursor rows filas de forma relativa a la actual posición.

▼ **absolute(int row).** Coloca el cursor en la posición especificada en row.

10.14.1 Modificación y actualización de la base de datos

Modificación clásica de datos en las tablas

TP17. La modificación de una tabla en una BD es similar a las inserciones y borrados en las tablas. Únicamente cambia la sintaxis SQL. El siguiente método muestra un procedimiento básico de actualización de una columna en una BD:

```
public static void modificaEQUIPO(Connection con, String BDNombre) throws
        SQLException {
    Statement sentencia= null;
    try {

        sentencia= con.createStatement();
        sentencia.executeUpdate("UPDATE EQUIPO SET ESTADIO= 'CASTELLON' WHERE TEAM_ID =
1");
    } catch (SQLException e) {
        printSQLException(e);
    }finally {
        sentencia.close();
    }
}
```

Modificación de datos en las tablas utilizando ResultSet

TP18. Como veremos en el siguiente ejemplo, en Java podemos crear *ResultSet* bidireccionales y actualizables. El siguiente método actualiza la edad de los jugadores y le suma el valor introducido en el parámetro entero *cuantoMas*.

```
public static void modificaEdadJugadores(Connection con, int cuantoMas) throws
SQLException {
    Statement stmt=null;
    try {
        stmt=con.createStatement();
        stmt=con.createStatement(ResultSet.TYPE_SCROLL_SENSITIVE, ResultSet.CONCUR_
UPDATABLE);
        ResultSet rs=stmt.executeQuery("SELECT * FROM JUGADORES");
        while (rs.next()) {
            int i=rs.getInt("EDAD");
            rs.updateInt("EDAD", i + cuantoMas);
```

```
            rs.updateRow();
        }
    } catch (SQLException e) {
        printSQLException(e);
    } finally {
        stmt.close();
    }
}
```

La propiedad TYPE_SCROLL_SENSITIVE hace que el objeto *ResultSet* creado pueda moverse bidireccionalmente de forma relativa a la posición actual y la propiedad CONCUR_UPDATABLE hace que se puedan modificar los datos del cursor y estos se repliquen en la BD. Hasta que no se invoca al método *ResultSet.updateRow* no se actualizará la BD.

10.15 BASES DE DATOS ORIENTADAS A OBJETOS

T19. Las bases de datos orientadas a objetos (BDOO) están diseñadas para trabajar con datos de tipo **objeto** y no siguen los modelos de datos clásicos de las BD Relacionales, sino que los datos manejados serán clases y objetos.

Los programadores de los lenguajes OO tienen el problema del almacenamiento y recuperación de los datos de manera eficiente y sencilla, ya que si utilizan los modelos relacionales se pierden algunas ventajas de trabajar con la Orientación a Objetos (hay que hacer una transformación entre objetos y datos relacionales y viceversa). La diferencia de paradigmas es la que impulsó a crear los SGBDOO para evitar las dificultades del paso de modelo de objetos al modelo relacional. Con estos sistemas de BD se pueden almacenar y recuperar los objetos directamente.

10.15.1 Bases de Datos Orientadas a Objetos comerciales

Veamos algunas BDOO disponibles en el mercado:

- **Objectivity/DB.** Es una BDOO que ofrece soporte para Java, C++, Python y otros lenguajes. Ofrece un alto rendimiento y escalabilidad. No es producto libre pero tiene versiones de prueba durante un periodo de tiempo determinado.

- **db4o.** Es una BDOO Open Source para Java y .NET. Tiene licencia GPL.

- **Intersystems Cache ®.** Es una BDOO que ofrece soporte para Java, C++, .NET, etc. Maneja grandes volúmenes de información y ejecutan sentencias SQL más rápido que algunas BD Relacionales consumiendo pocos recursos y poco hardware.

- **EyeDB.** Sistema gestor de BDOO basado en la especificación ODMG de la compañía francesa SYSRA. Proporciona un modelo avanzado de objetos (herencia, colecciones, arrays, métodos, triggers, etc.), un lenguaje de definición de objetos, un lenguaje de manipulación y consulta de datos e interfaces de programación para C++ y Java. Es un Software libre y se distribuye bajo licencia GNU.

10.16 CARACTERÍSTICAS DE BASES DE DATOS ORIENTADAS A OBJETOS

Las **características** de las BDOO son similares a los lenguajes de programación OO. Veamos algunas de las más importantes:

- ◤ Las BDOO se entienden como un sistema de modelado del mundo real. Cada entidad del mundo real será un objeto en la BD.

- ◤ Los objetos tienen un identificador único que los identifica y diferencia de los demás objetos del mismo tipo. Cada vez que se quiera modificar un objeto se debe recuperar de la BD, modificar y almacenar nuevamente. Esta operación es totalmente diferente de los SGBDR.

- ◤ Pueden existir objetos con la misma información, pero diferente identidad. Cuando se modifican los valores de los atributos, el objeto sigue siendo el mismo.

- ◤ Es posible almacenar objetos complejos en la BD sin realizar operaciones especiales en la BD.

- ◤ El concepto de herencia se mantiene incluso en la BD.

- ◤ El usuario es el que modela los objetos de la BD y etiqueta los atributos y métodos que son visibles en la interfaz del objeto y cuáles no.

- ◤ El SGBDOO se encarga de acceder a los miembros de los objetos sin necesidad de escribir métodos para acceder a ellos.

- ◤ Acceso rápido a los datos dado que no hace falta realizar joins de tablas.

- ◤ Algunos SGBDOO permiten un control de versiones.

- ◤ Implantación de conceptos del modelo OO como polimorfismo, sobrecarga, sobreescritura, etc.

Gracias a estas características, las BDOO son más apropiadas cuando tenemos una gran cantidad de tipos de datos diferentes, objetos con comportamientos avanzados o con un gran número de relaciones entre ellos.

Ventajas de las BDOO:

- ◤ No se deben reensamblar los objetos cada vez que se accede a la BD. El resultado de las consultas son objetos, por tanto la velocidad de procesamiento se aumenta.

- ◤ Cuando cambia un objeto la forma de actualizarlo en la BD es almacenándolo. Esta acción suele ser una secuencia simple de comandos de código.

- ◤ La reutilización (característica de los lenguajes OO) se mantiene con lo que se mejoran los costes de desarrollo.

- ◤ El acceso a la información a través de objetos en una aplicación desarrollada como tal es más natural que hacerlo a través de tablas y filas.

- ◤ El control de acceso y concurrencia se facilita enormemente dado que se pueden bloquear el acceso a ciertos objetos incluso en una jerarquía completa de objetos.

- ◤ Estos sistemas funcionan de forma eficiente en entornos cliente/servidor y arquitecturas distribuidas.

- ◤ No hace falta redefinir las relaciones entre objetos pues ya existen en el modelo de objetos y la BD se encarga de hacer persistente lo ya diseñado.

Limitaciones de las BDOO:

▸ En las BD Relacionales existe un lenguaje SQL para acceder a los datos, en las BDOO no disponemos de ningún lenguaje.

▸ La estructura de las BD Relacionales es simple y fácil de entender, no es así en las BDOO.

▸ Existen aplicaciones que, aunque están escritas con lenguajes OO, en ciertas ocasiones es más eficiente almacenar los datos en BD Relacionales debido a las consultas que se van a realizar sobre ellas.

▸ Se reduce la velocidad de acceso debido a que la BDOO debe tener en cuenta las relaciones de herencia entre clases.

▸ En ocasiones cuando se deben realizar consultas complejas resulta más adecuado la BD Relacional accedida mediante SQL.

10.17 INSTALACIÓN DEL SGBD

TP20. Se ha elegido el gestor de BDOO **db4o**, que es una BD con licencia GPL.

Db4o es una verdadera base de datos de objetos. Es un simple jar distribuible con cualquier aplicación sin necesidad de tener que instalar nada. Tampoco se necesita drivers de tipo JDBC o similar.

Db4o es una BDOO nativa de Java. La distribución es un único zip y su contenido es el siguiente:

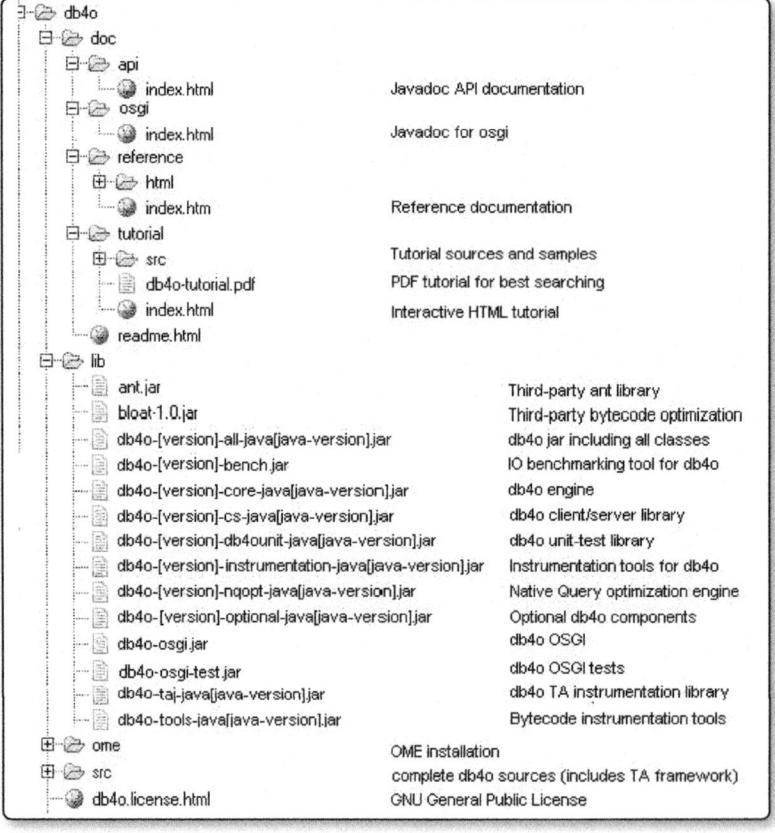

La instalación consistirá en instalar el motor de la base de datos que son las clases necesarias para hacer que funcione la API en toda su extensión y alguna aplicación para visualizar los datos con los que se está trabajando. Sin esta última aplicación se estaría trabajando a ciegas con los datos, lo cual no es operativo.

Actividad

Instala db4o, documentando todo el proceso en un documento .odt o .docx. Sube la actividad en la tarea correspondiente del aula virtual.

Pistas:

https://bdooinfo.wordpress.com/db4o-instalacion/

Versions: db4o plugin - IntelliJ IDEs | JetBrains

10.18 LA API (APLICATION PROGRAM INTERFACE)

La documentación del API viene en formato JavaDoc en el directorio \doc\api del zip de la base de datos.

Una de las interfaces más importantes es la siguiente:

com.db4o.ObjectContainer

▼ Este contenedor puede representar una BD en modo monousuario o un cliente de un servidor db4o.

▼ Esta interfaz proporciona métodos para almacenar, consultar y borrar objetos, así como realizar transacciones sobre la BD.

▼ Cada ObjectContainer representa una transacción. Todas las operaciones realizadas en la BD se hacen en modo transaccional de tal manera que cuando se haga un commit() o rollback(), automáticamente se inicia la siguiente transacción.

▼ Cada ObjectContainer mantiene sus propias referencias a los objetos instanciados y almacenados.

10.19 OPERACIONES BÁSICAS CON LA BASE DE DATOS

TP21. Antes de comenzar a trabajar con la BD vamos a crear una clase que va a ser la candidata a utilizar cuando interactuemos con la BD. La clase será:

```
public class Alumno {
    private String nombre;
    private int edad;
    private double nota;

    public Alumno(){
        nombre=null;
        edad=0;
        nota=0;
    }
    public Alumno(String n, int e, double no){
        nombre=n;
```

```java
        edad=e;
        nota=no;
    }
    public String getNombre() {
        return nombre;
    }
    public void setNombre(String nombre) {
        this.nombre = nombre;
    }
    public int getEdad() {
        return edad;
    }
    public void setEdad(int edad) {
        this.edad = edad;
    }
    public double getNota() {
        return nota;
    }
    public void setNota(double nota) { this.nota = nota;
    }
    public String toString() {
        return this.nombre + "( " + this.edad + ") Nota: " + this.nota;
    }
}
```

La clase Alumno almacena los datos de los alumnos y tiene los métodos mínimos para trabajar con ella. A partir de aquí, veremos las operaciones básicas,que se pueden realizar con esta BD.

10.19.1 Crear/Acceder a la base de datos

Existe una estructura básica de trabajo con la BD que es la siguiente: apertura de BD (conexión) - realizar operaciones - cerrar BD (desconexión).

Esta secuencia de trabajo general en Java es de la siguiente forma:

```java
public static void main(String[] args) {
    ObjectContainer bd=Db4oEmbedded.openFile(Db4oEmbedded.newConfiguration()
                                            , "alumnos.db4o");
    try {
        //REALIZAR OPERACIONES O LLAMADAS A MÉTODOS
    } finally {
        bd.close();
    }

}
```

Acción	Objetivo
Db4oEmbedded.openFile(Db4oEmbedded. newConfiguration(), "alumnos.db4o")	El método **openFile** abre una BD y si no existe la crea. Tiene dos parámetros: el primero de tipo Configuration, que se obtiene con la llamada a Db4oEmbedded.newConfiguration() y el segundo que es el nombre del fichero donde se aloja la BD
bd.close()	Se insta al objeto de tipo ObjectContainer a cerrar la BD

Si al abrir la BD ésta no existe previamente, se creará. La BD sólo se puede abrir una vez, si se hacen varias aperturas de la BD (sin cerrarse), se creará una excepción del tipo *DatabaseFileLockedException*.

10.19.2 Almacenar objetos en la base de datos

Para almacenar objetos en la BD basta con llenar el objeto que se va a almacenar y llamar al método *store()* del objeto bd creado del tipo *ObjectContainer*. Veamos un ejemplo:

```java
public static void almacenarAlumnos(ObjectContainer bd){
    Alumno a1=new Alumno("Juan Pardo",23, 8.75);
    bd.store(a1);
    System.out.println(a1.getNombre()+ " -> Almacenado");
    Alumno a2=new Alumno("Pere Amorós",24, 6.25);
    bd.store(a2);
    System.out.println(a2.getNombre()+ " -> Almacenado");
    Alumno a3=new Alumno("Isabel Barquilla",26, 9);
    bd.store(a3);
    System.out.println(a3.getNombre()+ " -> Almacenado");
}
```

Salida por pantalla:

```
Juan Pardo -> Almacenado
Pere Amorós -> Almacenado
Isabel Barquilla -> Almacenado
```

10.19.3 Recuperar objetos en la base de datos

TP21. De la misma forma que con BD Relacionales tenemos un lenguaje de consultas llamado **SQL** (Structured Query Language), en BDOO usaremos otro lenguaje llamado **QBE** (Quero By Example) que es totalmente diferente a SQL.

Para mostrar el resultado de las consultas realizadas a la BD crearemos un método *mostrarResultado()* que toma como parámetros un ObjectContainer (conjunto de objetos) y va recorriéndolo, mostrando uno a uno los objetos recuperados.

Veamos el código:

```java
public static void mostrarResultado(ObjectSet res){
    System.out.println("Recuperados "+res.size()+ " Objetos");
    while(res.hasNext())
      System.out.println(res.next());
}
```

Si queremos recuperar **todos los objetos** de la BD, se le pasará un objeto Alumno vacío (datos de tipo String a null y campos numéricos a 0) que le indica a la BD que deberá recuperar todos los objetos.

El siguiente código recuperará todos los objetos del tipo Alumno de la BD:

```java
public static void muestraAlumnos(ObjectContainer bd){
    Alumno a=new Alumno(null, 0, 0);
    ObjectSet res=bd.queryByExample(a);
    mostrarResultado(res);
}
```

Salida por pantalla:

```
Recuperados 3 Objetos
Juan Pardo  (23) Nota: 8.75
Pere Amorós (24) Nota: 6.25
Isabel Barquilla (26) Nota: 9.0
```

Si queremos recuperar **un alumno concreto** de la BD por su nombre o cuya edad valga por ejemplo 26, se le pasará un objeto Alumno cuyo campo edad tenga el valor 26:

```java
public static void muestraAlumnos(ObjectContainer bd){
    Alumno a=new Alumno(null, 26, 0);
    ObjectSet res=bd.queryByExample(a);
    mostrarResultado(res);
}
```

```
Recuperados 1 Objetos
Isabel Barquilla (26) Nota: 9.0
```

10.20 CONSULTANDO LA BASE DE DATOS

Db4o tiene la posibilidad de consultar la BD mediante tres tipos de sistemas:

1. **QBE (Query By Example).** Es el sistema visto anteriormente.

2. **NQ (Native Querys).** Son consultas nativas. Es la interfaz principal de la BD aconsejado por los desarrolladores de db4o.

3. **SODA (Simple Object Data Access).** Es la API interna. Se puede utilizar para una mayor compatibilidad o para generar consultas dinámicamente. Es mucho más rápida ya que los otros tipos de consultas deben traducirse a SODA para ejecutarse.

QBE es la forma más básica de consultar la BD. Es sencilla porque funciona presentando un ejemplo y se recuperan los datos que coincidan con el mismo, pero esto hace que tenga muchas limitaciones como son:

▸ No se pueden utilizar expresiones avanzadas (como operadores AND, OR, NOT, etc.) a diferencia de otros lenguajes de consulta.

▸ Hay que presentar un ejemplo con las limitaciones que ello conlleva.

▸ No se puede preguntar por objetos cuyo valor de un campo numérico sea 0, String vacío o algún campo que sea null.

▸ Se necesita un constructor para crear objetos con campos inicializados.

10.21 EJERCICIOS RESUELTOS

▸ **R1. EJERCICIO InsertarDep.java:** insertar un departamento pasando los datos del argumento a través de los argumentos de main(). El primer parámetro es el departamento, el siguiente el nombre y el tercero la localidad. Antes de ejecutar la orden INSERT construimos la sentencia SQL en un String, las cadenas de caracteres (en este caso el nombre del departamento y la localidad) deben ir encerradas entre comillas simples.

Solución:

Para pasar los parámetros vamos al menú *Run → Edit Configuration* y nos salen las opciones donde podemos indicar los parámetros que queremos pasar al main separados por espacios en blanco.

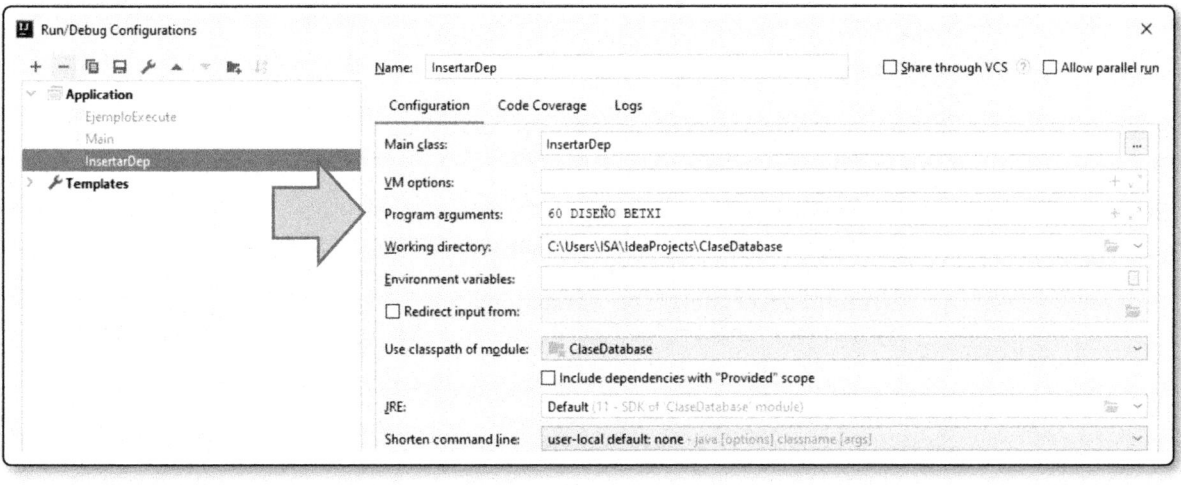

```java
import java.sql.*;

public class InsertarDep {
    public static void main(String[] args) {
        try {
            // Cargar el driver
            Class.forName("com.mysql.cj.jdbc.Driver");
```

```java
        // Establecemos la conexion con la BD
        // DriverManager.getConnection("jdbc:mysql://localhost/ejemplo", "root",
    "root");
        String URL = "jdbc:mysql://localhost:3306/ejemplo?useTimeZone=true&serverTi
    mezone=UTC";
        Connection conexion = DriverManager.getConnection(URL, "root",
            "root");

        /*System.out.println(args[0]);
        System.out.println(args[1]);
        System.out.println(args[2]);*/

        // Recuperar argumentos de main
        String dep = args[0]; // num. departamento
        String dnombre = args[1]; // nombre
        String loc = args[2]; // localidad

        //Construir orden INSERT
          String sql = String.format("INSERT INTO departamentos VALUES (%s,
                                '%s', '%s')", dep, dnombre, loc);
          // Visualizamos la consulta
          System.out.println(sql);

        //https://docs.oracle.com/javase/7/docs/api/java/util/Formatter.html

        Statement sentencia = conexion.createStatement();
        int filas=0;
        try {
          filas = sentencia.executeUpdate(sql.toString());
          System.out.println("Filas afectadas: " + filas);
        } catch (SQLException e) {
          //e.printStackTrace();
            System.out.printf("HA OCURRIDO UNA EXCEPCIÓN:%n");
            System.out.printf("Mensaje    : %s %n", e.getMessage());
            System.out.printf("SQL estado: %s %n", e.getSQLState());
            System.out.printf("Código de error : %s %n", e.getErrorCode());
        }

        sentencia.close(); // Cerrar Statement
        conexion.close(); // Cerrar conexión

    } catch (ClassNotFoundException cn) {
      cn.printStackTrace();
    } catch (SQLException e) {
      e.printStackTrace();
    }
  }// fin de main
}// fin de la clase
```

⊩ **R2. EJERCICIO Los coches del concesionario**

Necesitamos incorporar una serie de datos procedentes de un fichero a una base de datos. El fichero tiene el siguiente formato:

- Matricula marca modelo color año precio DATOS:
- 8012-CLY RENAULT MEGANE NEGRO 2003 2350
- 5068-GDB VOLSWAGEN PASSAT GRIS 2008 13500
- 3268-BVN OPEL ASTRA NEGRO 2002 2000

La BD se llama **concesionario** y la tabla se llama **coches** (hay que crearla). Se pide programar un método creaTablacoches() que cree la estructura de la tabla coches con el siguiente formato:

Matricula (PK)	varchar(8) NOT NULL
Marca	varchar(40) NOT NULL
Modelo	varchar(40) NOT NULL
Color	varchar(20) NOT NULL
Anio	integer NOT NULL
Precio	integer NOT NULL

Solución:

```
import java.io.BufferedReader;
import java.io.File;
import java.io.FileNotFoundException;
import java.io.FileReader;
import java.io.IOException;
import java.sql.*;
import java.util.StringTokenizer;

public class Coches
{
    public static void printSQLException(SQLException ex)
    {
        ex.printStackTrace(System.err);
        System.err.println("SQLState: " + ex.getSQLState());
        System.err.println("Error code: " + ex.getErrorCode());
        System.err.println("Message: " + ex.getMessage());

        Throwable t = ex.getCause();

        while( t != null )
        {
            System.out.println("Cause: " + t);
            t = ex.getCause();
        }
    }

    public static void creaTablaCoches(Connection con, String BDNombre) throws
SQLException
```

```java
    {
        String createString = "create table if not exist COCHES("
                + "MATRICULA varchar(8) NOT NULL,"
                + "MARCA varchar(40) NOT NULL,"
                + "MODELO varchar(40) NOT NULL,"
                + "COLOR varchar(20) NOT NULL,"
                + "ANIO integer NOT NULL,"
                + "PRECIO integer NOT NULL,"
                + "PRIMARY KEY (MATRICULA))";

        Statement sentencia= null;

        try
        {
            sentencia= con.createStatement();
            sentencia.executeUpdate(createString);
        }

        catch( SQLException e )
        {
            printSQLException(e);
        }
        finally
        {
            sentencia.close();
        }
    }// fin creaTablaCoches

    public static void cargaTablaCoches(Connection con, String BDNombre, String
archivo) throws SQLException
    {
        Statement sentencia= null;

        try
        {
            sentencia= con.createStatement();
            File fe = new File(archivo);
            FileReader fr = new FileReader(fe);
            BufferedReader br = new BufferedReader(fr);
            String s;

            while( (s = br.readLine()) != null )
            {
                StringTokenizer str;
                str = new StringTokenizer(s);

                String comando = "INSERT INTO COCHES VALUES ("
                        + " '" + str.nextToken() + "', " // MATRICULA
                        + " '" + str.nextToken() + "', " // MARCA
                        + " '" + str.nextToken() + "', " // MODELO
                        + " '" + str.nextToken() + "', " // COLOR
                        + str.nextToken() + ", " // ANIO
                        + str.nextToken() + ")"; // PRECIO
```

```java
                System.out.println(comando);

                sentencia.executeUpdate(comando);
            }

            if( fr != null )
                fr.close();
        }
        catch( FileNotFoundException fnf )
        {
            System.err.println("Fichero no encontrado " + archivo);
        }
        catch( IOException e )
        {
            System.err.println("Se ha producido una IOException");
            e.printStackTrace();
        }
        catch( SQLException e )
        {
            printSQLException(e);
        }
        catch( Throwable e )
        {
            System.err.println("Error de programa" + e);
            e.printStackTrace();
        }
        finally
        {
            sentencia.close();
        }
    } // fin cargaTablaCoches

    public static void main(String[] args)
    {
        Connection con = null;

        try
        {

            // Cargar el driver y establecer conexión
            Class.forName("com.mysql.cj.jdbc.Driver");
            con = DriverManager.getConnection( "jdbc:mysql://localhost:3306/concesio
nario?useTimeZone=true&serverTimezone=UTC\"", "root", "root" );

            creaTablaCoches( con, "concesionario" );
            cargaTablaCoches( con, "concesionario", "coches.txt" );
        }
        catch( Exception e )
        {
            e.printStackTrace();
        }
    }
} // fin main
```

10.22 EJERCICIOS PROPUESTOS

▶ **P1.** Con los datos en la base de datos del ejercicio resuelto "Los coches del concesionario", se pide crear una interfaz gráfica JavaFx para poder visualizar los datos de los coches en stock en el concesionario. La interfaz deberá tener el siguiente aspecto: (debes deshabilitar el botón una vez se haya mostrado el último coche disponible).

▶ **P2.** El concesionario nos ha pedido aumentar la funcionalidad de la interfaz del ejercicio

1. Nos piden crear los botones Insertar y Borrar. Con el primero se podrá insertar los datos del coche que está visualizando en la base de datos; con el segundo se podrán borrar los datos del coche que se está visualizando. El botón insertar previamente deberá comprobar antes de insertar que el coche que se quiere insertar no exista en la base de datos. El aspecto de la interfaz será similar a:

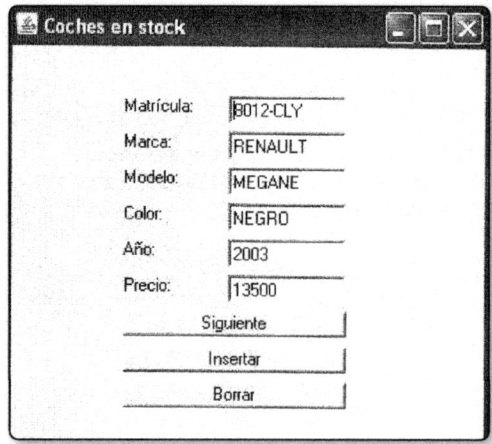

2. Implementa el programa de manera que:
   - Al pulsar el botón *Agregar coche*, saldrá la ventana que permitirá introducir los datos. Al guardar, se cerrará la ventana y se añadirán los datos a la tabla.
   - Al pulsar el botón *Modificar coche*, el registro seleccionado se modificara desde la ventana.
   - Al pulsar el botón *Eliminar coche,* el registro seleccionado se eliminara de la tabla.

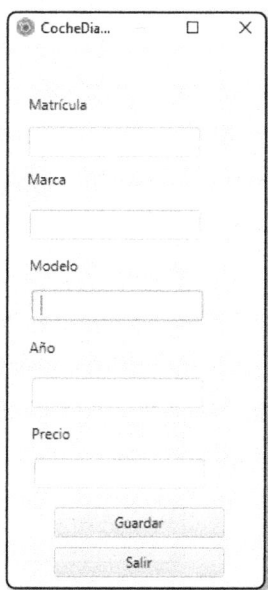

P3. Implementa un programa con una interfaz gráfica que permita insertar en una tabla de una base de datos los resultados de la lotería primitiva. Se deberá almacenar la jornada, la fecha y los cinco números más el complementario. El programa deberá comprobar que todos los campos están cumplimentados y que ningún número se repite. La fecha se introducirá a través de un datePicker.

Pistas:

- Crea la base de datos en mySql y puedes utilizar la sentencia de creación de tabla

```
--
-- Estructura de tabla para la tabla `sorteo`
--

CREATE TABLE IF NOT EXISTS sorteo (
  sorteo int(11) NOT NULL,
  fecha date DEFAULT NULL,
  n1 int(11) NOT NULL,
  n2 int(11) NOT NULL,
  n3 int(11) NOT NULL,
  n4 int(11) NOT NULL,
  n5 int(11) NOT NULL,
  n6 int(11) NOT NULL,
  c int(11) NOT NULL COMMENT 'complementario',
  r int(11) NOT NULL COMMENT 'reintegro'
) ENGINE=InnoDB DEFAULT CHARSET=latin1;
```

- Accede al tutorial y aprende el uso de la librería *jfoenix* https://www.youtube.com/watch?v=TBzNEM2c4U8
- Puedes descargar aquí la librería en http://www.jfoenix.com/ (la última a día de hoy es la *jfoenix-9.0.8.jar*).

Debe tener un aspecto similar al siguiente:

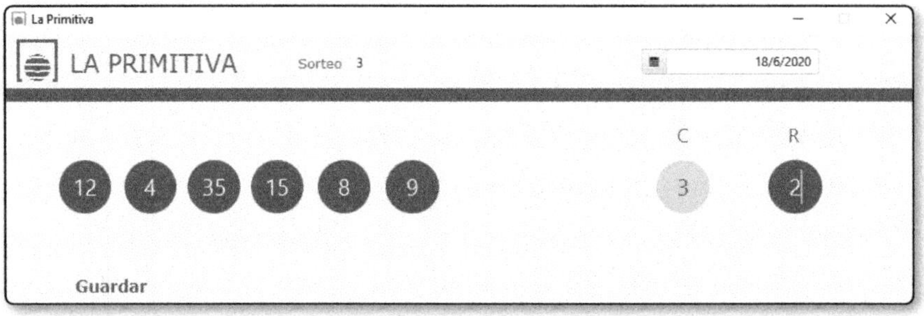

Lo ejecutamos y ponemos varios resultados, comprobamos en la consola que ofrece Intellij que se han insertado en la base de datos:

DB Execution Console

	sorteo	fecha	n1	n2	n3	n4	n5	n6	c	r
1	1	4 jun. 2020 2:00:00	1	2	3	4	5	6	7	8
2	2	14 jun. 2020 2:00:00	11	3	5	32	44	19	6	7
3	3	18 jun. 2020 2:00:00	12	4	35	15	8	9	3	2

P4. Se pretende crear un programa de gestión de un hotel llamado LB Hotel, que controle las entradas, salidas y la sincronización a tiempo real con los datos almacenados en la base de datos. Se muestra la base de datos y pantallas.

lb_hotel.sql

```
--
-- Table structure for table `clientes`
--

CREATE TABLE `clientes` (
  `Nombre` varchar(15) DEFAULT NULL,
  `Apellido` varchar(30) DEFAULT NULL,
  `Dni` varchar(20) NOT NULL,
  `Telefono` varchar(15) DEFAULT NULL,
  `num_hab` int(11) NOT NULL
) ENGINE=InnoDB DEFAULT CHARSET=utf8;
```

```
--
-- Dumping data for table `clientes`
--

INSERT INTO `clientes` (`Nombre`, `Apellido`, `Dni`, `Telefono`, `num_hab`) VALUES
('David2', 'Ch2', '123456F', '111114', 7),
('David', 'Ch', '12345F', '11111', 7),
('Jose', 'Manuel', '456457J', '12786', 4);

-- --------------------------------------------------------
```

```
CREATE TABLE `habitaciones` (
  `Numero` int(2) NOT NULL,
  `Tipo` varchar(20) DEFAULT NULL,
  `Precio` int(10) DEFAULT NULL,
  `Ocupacion` int(2) DEFAULT NULL,
  `Dias` int(3) DEFAULT NULL
) ENGINE=InnoDB DEFAULT CHARSET=utf8;

--
-- Dumping data for table `habitaciones`
--

INSERT INTO `habitaciones` (`Numero`, `Tipo`, `Precio`, `Ocupacion`, `Dias`) VALUES
(1, 'Individual', 10, 0, 0),
(2, 'Individual', 10, 0, 0),
(3, 'Individual', 10, 0, 0),
(4, 'Doble', 20, 1, 2),
(5, 'Doble', 20, 0, 0),
(6, 'Doble', 20, 0, 0),
(7, 'Suite', 40, 2, 3),
(8, 'Suite', 40, 0, 0),
(9, 'Suite', 40, 0, 0);
```

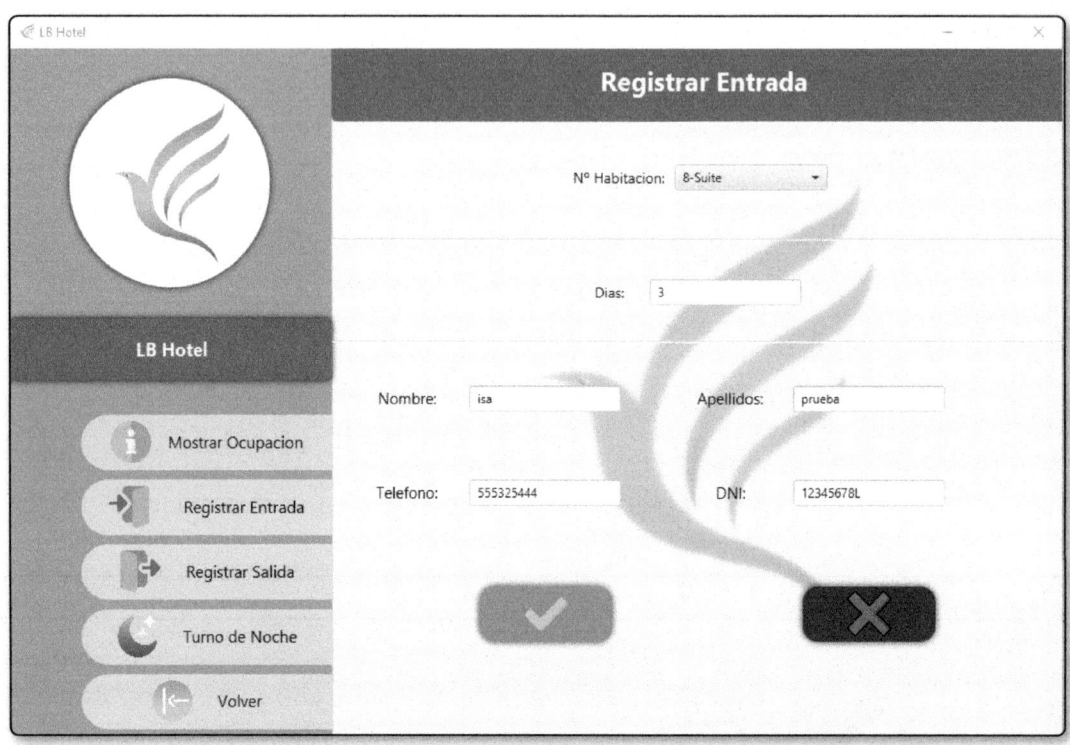

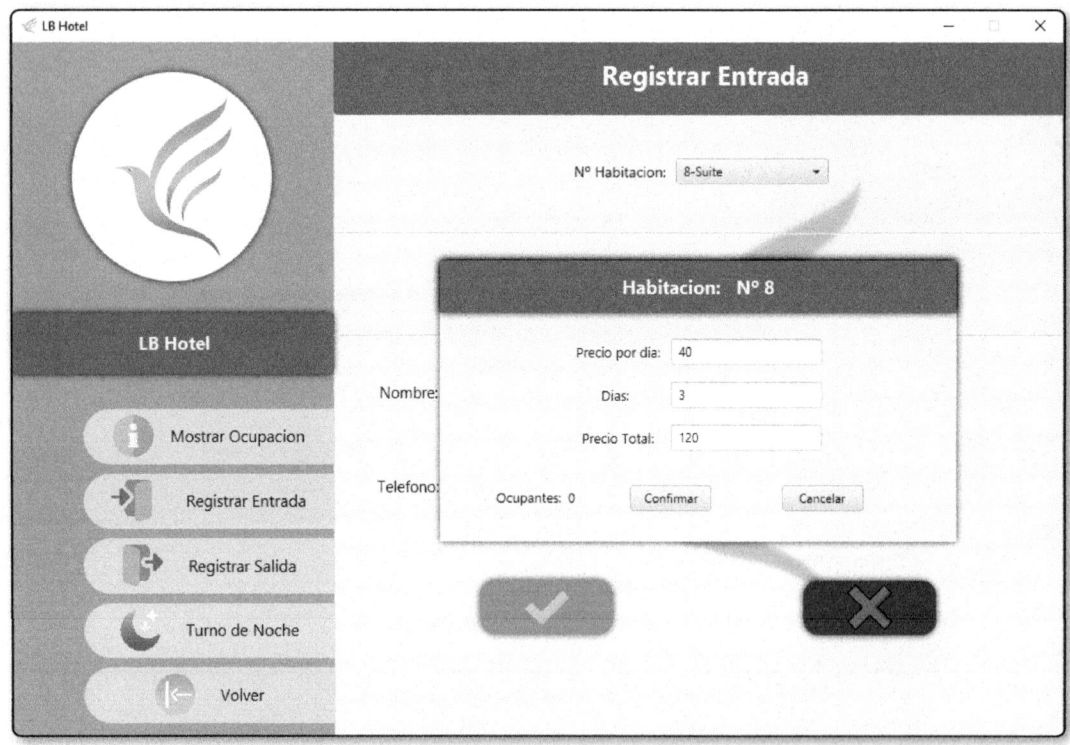

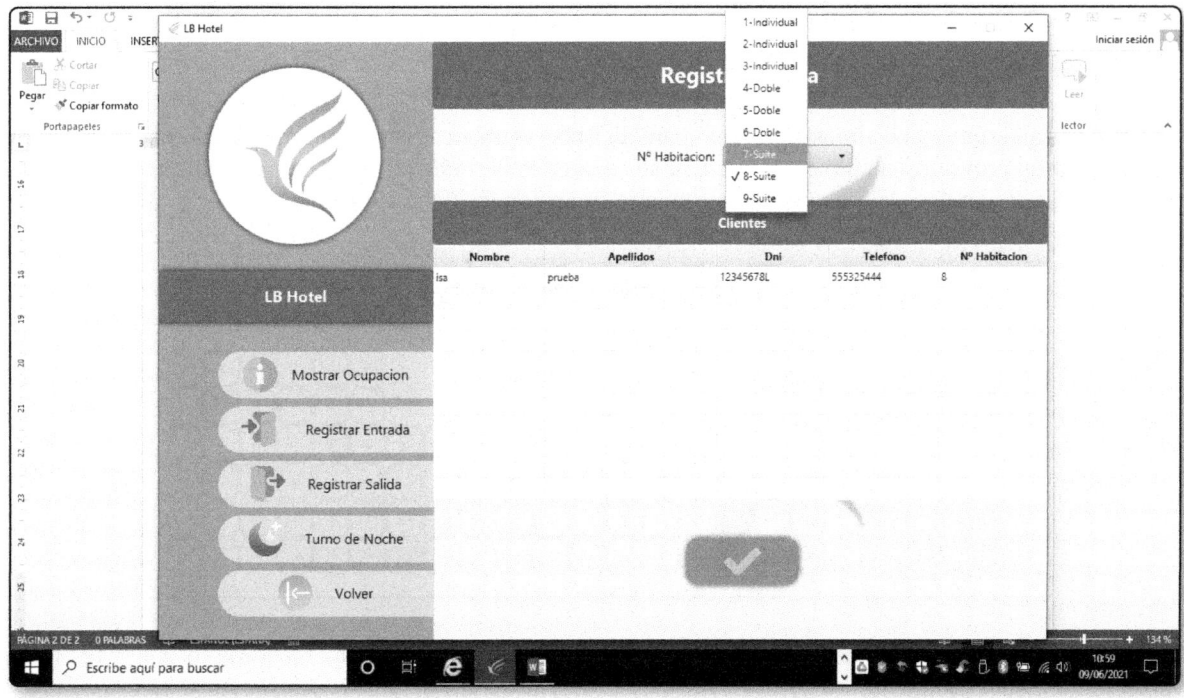

El trabajador del turno de noche se entretiene en las horas de madrugada: (Nota, busca el código del juego en internet, no tienes que programar el juego).

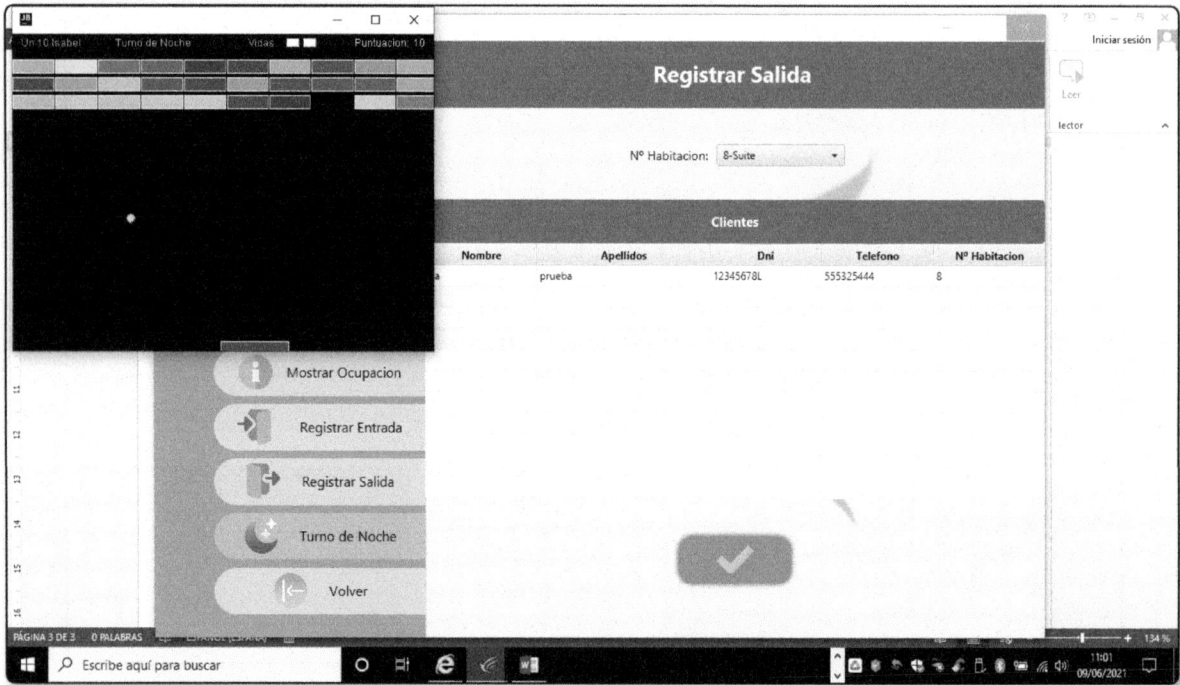

10.23 ACTIVIDADES DE AMPLIACIÓN. ISA DESAFÍA

En temas anteriores ya hicimos algún reto para disfrutar y practicar con la programación. Esta vez te reto a programar un proyecto sencillo en el que realices una tabla periódica de elementos; donde cada elemento es un botón, y si lo pulsas sale otra ventana con la información de dicho elemento.

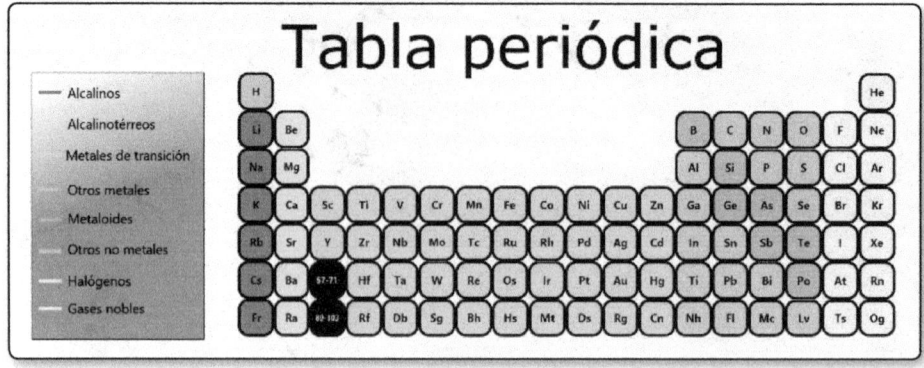

Hasta aquí tenemos una buena base para que realices tu propio proyecto. El límite lo pones tú. Todo esfuerzo tiene su recompensa.

SÍGUENOS EN INSTAGRAM Y ACCEDE GRATIS A NUESTRA BIBLIOTECA DIGITAL DURANTE 30 DÍAS.

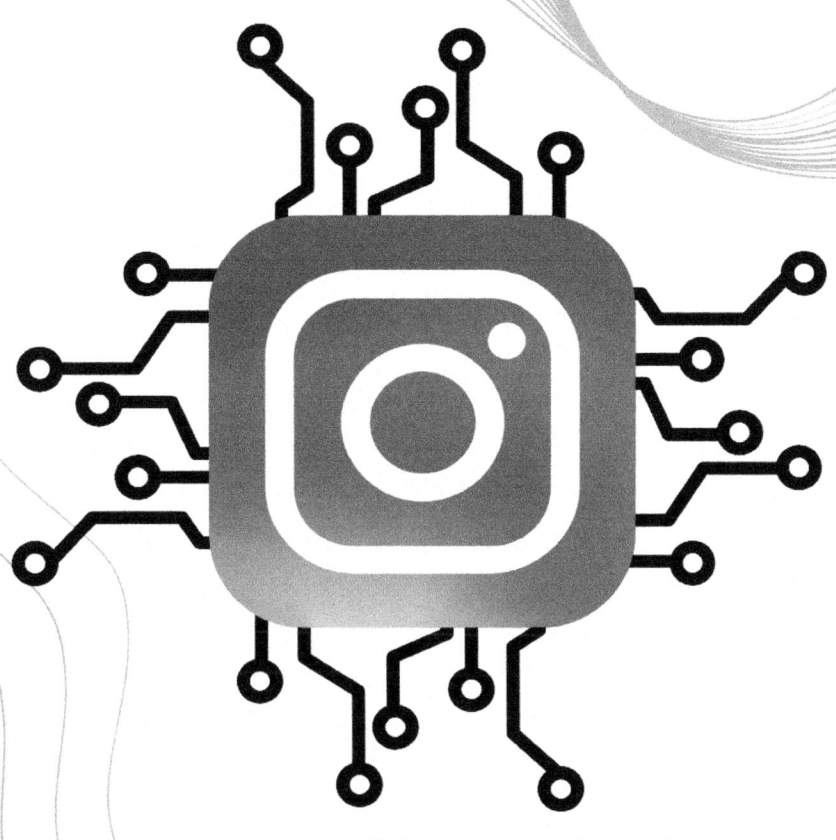

@grupoeditorialrama

¡ENVÍANOS TU MAIL POR PRIVADO!

 Grupo Editorial
ra-ma 40 ANIVERSARIO